小さな学校
カルティニによるオランダ語書簡集研究

京都大学東南アジア
地域研究研究所
地域研究叢書
37

富永泰代 著

京都大学
学術出版会

目次

凡　例 —— iv

序章　Door Duisternis tot Licht と Brieven ● 1

第 1 節　民族英雄像の何が無視されたのか　——　3
第 2 節　先行研究の整理　——　18
第 3 節　本書の構成　——　24

第 1 章　背　　景 ―― 閉されたジャワ社会の下で ● 27

第 1 節　植民地国家オランダ領東インド Nederlandsch Oost Indië の
　　　　官僚制度と教育制度　——　30
第 2 節　19 世紀後半における交通・通信の発展と社会変化　——　39

第 2 章　カルティニの生涯 ● 45

第 1 節　ヨーロッパ人小学校で学ぶということ　——　47
第 2 節　閉　　居　——　51
第 3 節　慣習と戦う　——　62

第 3 章　カルティニの読書 ● 85

第 1 節　20 世紀転換期におけるカルティニの読書環境
　　　　―― オランダ語書籍の入手　——　87
第 2 節　オランダ人の手による東インドの作品
　　　　―― オランダ植民地文学と学術論文　——　102

| 第3節　19世紀末ヨーロッパの女流作家 | 117 |

第4章　カルティニの社会活動
── ジュパラの木彫工芸振興活動 ● 145

第1節　*Eigen Haard* 寄稿をめぐって	149
第2節　活動状況	157
第3節　カルティニの伝統美術工芸振興活動と 　　　アベンダノンとの関係性の考察	196

第5章　失われたカルティニの声を求めて
── カルティニの理想と現実 ● 215

| 第1節　失われた女性達の声を求めて | 217 |
| 第2節　カルティニの理想と現実 | 252 |

第6章　「光と闇」をめぐって
── 1911年版書名と編集の考察 ● 283

第1節　カルティニの「光と闇」概念について	285
第2節　アベンダノン編 *Door Duisternis tot Licht* 　　　── 書名の命名と「切り貼り」による編集	298
第3節　ラデン・アジュン・カルティニと呼ばれて	318

結　語 ● 347

* * * * *

資料 I	*Brieven*［Kartini 1987: 62-75］より 「1901 年 8 月 8-9 日付アベンダノン夫人宛書簡（創作物語付）」 翻訳資料	── 355
資料 II	パネ抄訳版 *HABIS GELAP TERBITLAH TERANG* より 「1901 年 8 月 8-9 日付アベンダノン夫人宛書簡」翻訳資料	── 368
資料 III	カルティニ関連年表	── 370
あとがき		── 373
引用文献目録		── 377
掲載写真　出典一覧		── 385
索　引		── 387

カルティニ生誕 140 年を記念して、彼女の誕生日である 4 月 21 日に本書を刊行する。

凡　　例

・アベンダノン夫人宛書簡とアベンダノン氏宛書簡はすべて *Brieven*（1987 年版）から引用し、*Door Duisternis tot Licht*（1911 年版）と同じ文章をイタリックにして、アベンダノンの編集を可視化した。また、カルティニがいつ発言したのかを明らかにするために、引用文の文末に書簡の日付を添えた。

・覚書（翻訳）の引用を便宜上［富永 1987］と表記して書簡の引用文と区別し、その筆致を比較検討できるようにした。

・1987 年版に無く 1911 年版に存在する語句は〚　〛を用いた。筆者の註釈は〔　〕に入れた。

・書名に定訳のない場合、原語の後の（　）にその意味を記した。

・固有名詞には原語音表記を用いた。インドネシアに関する人名、地名等の表記は『インドネシアの事典』［土屋・加藤・深見 1991］に準じた。また、アベンダノンのように夫妻で登場する場合には、便宜上、アベンダノン夫人、アベンダノン氏と記載した。両者を区別することを意図して人名に敬称を添える方法を用いたのであって、他意は全くない。

・綴り字はそれぞれの出典に基づいて書写した。インドネシア語では 1972 年まで用いられた旧綴り edjaan lama も使用した（例えば、植民地時代の史料を書写した人名・地名の場合、「u」が「oe」となっている）。オランダ語の場合も、それぞれの出典に基づいて書写しているため、旧綴りが含まれる。

なお、本書は、筆者の博士学位論文を加筆・修正したものである。

序　章

Door Duisternis tot Licht と *Brieven*

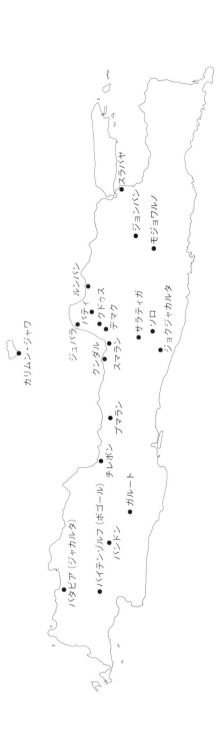

図　ジャワ島（書簡中に登場する主な地名およびカルティニが訪問した場所）

第1節　民族英雄像の何が無視されたのか

1. カルティニの英雄像と *Door Duisternis tot Licht* の問題点

　インドネシアの民族運動と女性解放運動のさきがけとして名高いカルティニ Raden Adjeng Kartini（1879-1904）は、1964 年、インドネシア共和国国家独立英雄 Pahlawan Kemerdekaan Nasional に列せられた。1985 年にはその肖像が紙幣に採用された。今も誕生日（4 月 21 日）は「カルティニの日 Hari Ibu Kartini」として祝賀行事が催されている。また彼女は、1911 年に出版された *Door Duisternis tot Licht*[1] によってオランダ文学の一角を占める「オランダ植民地文学 Nederlandsch-Indische Letterkunde」の作家と認識され、*Lexicon van de Nederlandse Letterkunde*（オランダ作家人名事典）に名をとどめている［Lissens 1986: 214］。

　偶然に手にした本のなかで清純そうな女性の写真が目にとまった。それがカルティニとの初めての出会いであった。彼女が女性解放を唱えた「良妻賢母」であること、ブパティ（県長）令夫人で出産後に早逝したと記されているにもかかわらず、「ラデン・アジュン・カルティニ」という娘時代の名称で「インドネシア共和国国家独立英雄」に認定されていること等を読み進めるうちに、カルティニに「胡散臭い」印象とわだかまりを覚えた。が、彼女の純粋な真性をその写真は映し出していた。彼女は何者なのか。どのような人生を歩んだのであろうか。そして、カルティニは、本当は何を語り伝えようとしていたのか。

　後の章で述べるように、カルティニの死後ほどなくして、当時のオランダ語有力紙 *De Locomotief* の第一面に「追悼記事」が掲載され、次のように顕彰されていた。「カルティニの活動は女子教育よりも木彫工芸振興活動の方が広く知られ、『忘れられた辺境』といわれたジュパラの知名度を高めたことはカルティ

---

[1]　原題を直訳すれば「闇を通って光へ至る」という意味である。邦訳には、「暗黒を越えて」・「光は暗黒を越えて」・「闇黒を越えて光明へ」・「闇を越えて光へ」・「闇から光へ」等がある。オランダ語 door には「通り抜けて、過ぎ去って、終わって」という意味があることから、原題の方が上述の邦訳より「光 Licht と闇 Duisternis」のコントラストを鮮明に描写している。

ニの業績、それはジュパラ住民が皆知るところである」[*De Locomotief* 1904 年 10 月 10 日号]。しかし、カルティニは冒頭で述べたように顕彰され Pahlawan（独立英雄）となった。一体いつの間に、なぜ、地場産業振興への貢献が無視されたのか。また、なぜ「カルティニとだけ呼んでください」[Kartini 1911: 13, 1987: 135, 265] というカルティニの希望が無視され、一体いつから「ラデン・アジュン Raden Adjeng」すなわちジャワ貴族の未婚女性の称号を付けた名称が定着していったのか[2]。

従来の研究で、カルティニは 20 世紀初頭におけるインドネシア民族主義運動史の中に位置付けられ、常に倫理政策と結びつけて扱われてきた。そして、その主要な史料として用いられているのが、まさに *Door Duisternis tot Licht* であり、本書が問題とする作品である。

一般に、オランダ植民地史とインドネシア史において 1900 年をもって時代を画し 20 世紀を「新時代」の到来とされる。例えば、ベネディクト・アンダーソン B. Anderson は次のように指摘する。

> 20 世紀初頭以降、どれ程多くの新聞・定期刊行物の名前に輝く光のイメージが含まれていたことか。一部の学者は「闇を歩いている所に偉大な光を見た」かのように、それを伝統から近代への移行を意味すると読もうとした [Anderson 2005: 134]。

確かに土屋健治は、

> 20 世紀初頭のインドネシアでは「モデルン modern」[3] という言葉が進歩の概念を示す用語と共に用いられ、「かがやき」(cahaya)、「ひかり」(sinar) のように「ヤミ」の反対語と共に用いられ独立運動を支える理念と結びつき [土屋 1991: 165]

とした。カルティニもこのような認識をもとに論じられてきた。進歩を「ひかり」とするイメージに、彼女の *Door Duisternis tot Licht* という書名の影響が極めて大きいことは、これまでにも指摘された。例えば、土屋健治は、

---

2) 後述するように「カルティニとだけ呼んでください」と書簡に複数回にわたり願いをこめて記されている。が、実際に、文献の「索引」で他のジャワ人には称号を省略して名前が記載されるなか、「ラデン・アジュン・カルティニ」と掲載されるケースが多々ある。それは、その呼称が社会的に定位したことを意味する。一方、インドネシアの事情に詳しくない者が「ラデン・アジュン」を固有名詞（名前の一部）と誤解する事例は後を絶たない。

3) 「モデルン」というオランダ語は、そのまま「モデルン」というインドネシア語に転訛し、「より良い明日」を示す語として、ナショナリストと若い世代とが好んで用い、高く揚げる理念となった [土屋 1991: 165]。

カルティニのポートレイト

カルティニを〈ヤミ〉から〈ヒカリ〉への〈進化〉のプロセスという引照基準において彼女を位置付けようとする傾向を促し、カルティニをこの命名の「枠」の中に収めてしまうことが一つの伝統となっている［土屋 1986: 222-223］。

と指摘する。インドネシア史とナショナリズムの研究では、20世紀の時代精神をカルティニに見出そうとし、インドネシアの独立達成の物語の中にカルティニが定位され、結果的にカルティニを取り巻いた世界の検証に終始した。

しかし、そもそも書名が *Door Duisternis tot Licht* と称する以上何がカルティニが見た「闇 duisternis」であるか、何が彼女が求めた「光 licht」であるか、あるいは彼女を取り巻いた「光と闇」の正体が何であるか、その分析がなされるべきであろう。従来の研究は、「光と闇」をただ抽象的な概念として取り扱い、カルティニが求めた「光」と見ざるを得なかった「闇」について、具体的に考えることなく、その結果、カルティニ個人の実像がまったく考察されなかったと言っても過言ではない。このような研究傾向を導いた主な要因は、*Door Duisternis tot Licht* がほとんど唯一の史料であったことにある。

本書では、カルティニ自身が「光と闇」として何を「意味」しようとしたかを論じ、また、なぜ、カルティニが「光と闇」という表現方法を、とくにアベンダノン夫人宛書簡で用いなければならなかったのかを考える。それは、カルティニを考える上で最も重要な命題のひとつである。なぜなら、先述したように、従来の研究が「20世紀の時代精神」をカルティニの「光と闇」という表現に見出そうとするのは、*Door Duisternis tot Licht* の題名にとどまることなく、実際にアベンダノン夫人宛書簡のなかで、しばしば目にするこの文言に起因するからである。

よく知られているように、*Door Duisternis tot Licht* は、カルティニの文通相手であったオランダ領東インド政庁教育・宗教・産業局 Departement van Onderwijs, Eeredienst en Nijverheid 長官アベンダノン J. H. Abendanon（1856-1925）によって編まれた。この本はオランダ社会に広く迎えられた［Geertz 1964: 23, Soeroto 1984 (1977): 425］。しかし、出版当初から、アベンダノンの編集はさまざまな憶測や懐疑をまねいていた[4]。さらに、カルティニの実態と乖離

---

[4] 1921年に *Soerabaiasch Handelsblad*（スラバヤ新聞）紙上において、カルティニが本当に書簡を書いたのか否かについての論争があった。カルティニの書簡は副理事官夫人ホーヘナート G. A. Hogenraad の指導と添削のもとに書かれたといわれる（副理事官の在任期間は1899年6月5日〜9月13日）。それに対するアベンダノンの反論は、書簡が出版目的で書かれたものではなかった

ジャワのオランダ語有力紙
De Locomotief 1904.10.10.

第一面に「〈ティガ・スダラ〉から」と題した追悼記が掲載された。執筆者は、カルティニの連載を担当した *De Echo* 編集長ホルスト。「カルティニの活動は女子教育よりも木彫工芸振興活動の方が広く知られ、『忘れられた辺境』といわれたジュパラの知名度を高めたことは、ジュパラ住民が皆知るところである」と、記されている。

ため、語句や文章スタイルに校正が行われたが、それがカルティニの精神的使命を低めるものではない。校正は語形・変化形程度のレベルの修正であり文章を変えることをしていない。ジャワ人女性が立派なオランダ語で正確に書簡を綴ったことを示すことが、書簡の編集の目的ではない。ジャワ人女性の心を認識できるオランダ語で記された思想を一冊にまとめた事の方が重要である。言葉に対する感覚は、疑いようも無く東洋の色彩があるとし、カルティニの書簡には加筆・修正していないことを重ねて明言している［Termorshuizen 2004: 167-174］。第6章第3節参照。

した想像すなわち「カルティニの虚像」が形成されたともいわれていた。

　以下に述べるように、*Door Duisternis tot Licht* だけを史料に用いたカルティニ論は、アベンダノンの編集の影響は免れないであろう。とくに、カルティニの場合は「書き記した言葉だけによって後世に語り伝えられる例は、カルティニをおいてほかにあまりない」と記されるように［土屋1991: 148］、書簡に負うところが絶大である。しかし、今日までアベンダノンの編集が吟味されずに *Door Duisternis tot Licht* が引用されている。

　この問題を解くために、本書は、1987年に出版された書簡集 *Brieven: aan mevrouw R. M. Abendanon- Mandri en haar echtgenoot*（以降 *Brieven* または1987年版と記す）を主要な史料に用いる。本書の目的は、アベンダノンの編集によって失われたカルティニの声に耳を傾け、忘却された事実を掘り起こすことにある。同時に、*Door Duisternis tot Licht* の編集を吟味の対象とし、両テクストの比較検討によって、オランダの植民地支配の目的性と旧態依然としたジャワ社会において、カルティニの何が無視され否定されたかについて論じる。そうして、洋式教育を受けたカルティニが、いかにして、慣習遵守を強要され時代の制約を受ける葛藤のなかで、オランダ語書籍とオランダ語による文通によって、19世紀末ヨーロッパの新思潮を知り自ら進んでその系譜に位置付け、人としての尊厳と平和を求めたのか。その軌跡を描き、世界史的な意味を問う。

　なお、*Brieven* と *Door Duisternis tot Licht* の両テクストを比較する際には、前者を1987年版、後者を1911年版と呼ぶ。本書で挙げたアベンダノン夫人宛書簡とアベンダノン氏宛書簡はすべて *Brieven* から引用し、1911年版と共通する文章を斜体で示した。

2.　問題の原点としての *Door Duisternis tot Licht*

2.1.　アベンダノン編 *Door Duisternis tot Licht* の構成の実際とその影響

　カルティニ研究における問題の原点は史料にある。まず、1世紀にわたって主要テクストとして用いられている *Door Duisternis tot Licht* の史料価値を問うことが、何よりの要事である。本項では、はじめにその概要を記し、次に史料としての問題点を検討する。

　Door Duisternis tot Licht には、カルティニが1899年5月から1904年9月まで約5年半の間に書いた105通の書簡が収録されている。名宛は次の10名で

あった[5]。

1. ローザ・アベンダノン R. Abendanon（政庁教育・宗教・産業局長官夫人）
2. ヘンリ・アベンダノン J. H. Abendanon（政庁教育・宗教・産業局長官）
3. エドワルト・C. アベンダノン E. C. Abendanon（アベンダノン夫妻の子息、通称ディディ、エディ、地質学の専門家）
4. ニコラス・アドリアニ N. Adriani（オランダ聖書協会が派遣したトラジャの言語・文化の専門家）
5. ギュンター・アントン G. K. Anton（ドイツ人、イエナ大学教授、国際法と政治学の専門家）
6. ヒルダ・デ・ボーイ・ボアスベーン H. G. de Booy- Boissevain（総督付副官の妻）
7. ヘンリ・ファン・コル H. H. van Kol（SDAP 社会民主労働党議員）
8. ネリー・ファン・コル N. van Kol（ファン・コルの妻、文筆家）
9. シャルロッテ・オーフィンク・スール M. C. E. Ovink- Soer（副理事官の妻、文筆家）
10. エステラ・ゼーハンデラール E. H. Zeehandelaar（通称ステラ、アムステルダムの公務員）

　アベンダノンが書簡を収集する段階で、文通相手が全ての書簡を提供したわけではない。たとえば、エステラ・ゼーハンデラール（以降、書簡中の通称ステラを使う）は 25 通の書簡と数葉の葉書を所有していたが、提供された書簡は 15 通にすぎない[6]。そして実際に、*Door Duisternis tot Licht* に掲載されたステラ宛書簡は 14 通であった［Kartini 2005: 16］。また、編集時に削除された文章が特定できる書簡は、アベンダノン夫人宛書簡・アベンダノン氏宛書簡・ステラ宛書簡だけである。それ以外の文通相手に宛てた書簡は今も行方知れずのため、削除の内容はわからない。ただ、*Door Duisternis tot Licht* の中でしばしば目にする「ミシン目」が、削除の形跡を今に伝えている。
　確かに、*Door Duisternis tot Licht* は、多様性に富む 10 名の文通相手に宛て

---

5) 編者アベンダノン（1852-1925、オランダ領スリナム、パラマリボ出身）は 1874 年にライデン大学を卒業後、官吏としてバタヴィアに赴任しアンナ・エリザベス（1856-1882、バタヴィア出身）と 1876 年に結婚、子息 3 名は皆ジャワ出身である。1883 年にローザ（1857-1944、プエルトリコ出身）とハーグで再婚した。1900 年から 1905 年まで東インド政庁教育・宗教・産業局長官を務めたのち帰国［Kartini 1987］。退官後、*Door Duisternis tot Licht* を出版し、ジャワに「カルティニ学校」を開設した。他の文通相手については、第 3 章で述べる。
6) 提供されなかった書簡 11 通の中ですでに消却された書簡もあり、25 通の全書簡を通じての考察は不可能である。ステラ宛書簡については J. Coté の編集による、カルティニからステラへ宛てた書簡のみを蒐集した資料［Kartini 2005］を用いた。

たカルティニの筆致を通じて、世界各国で読者を得た。しかし、詳細に分析すると、実は強い集中がある。*Door Duisternis tot Licht* に掲載された書簡の半数が、アベンダノン夫人宛書簡とアベンダノン氏宛書簡である。これに次ぐステラ宛書簡は全体の1割強にすぎず、3位以下の7名の文通相手に宛てた書簡を合算しても約3割にしかならない[7]。したがって、アベンダノン夫人宛書簡とアベンダノン氏書簡が、カルティニの動向を知るための主な拠所となる。しかもアベンダノン夫妻を除く文通相手宛書簡は1901年と1902年に集中し、クリスマスなど慶事への返礼が中心である。とくに、カルティニがオランダ留学を断念し、かつ結婚を決意した1903年以降では、書簡数の3分の2がアベンダノン夫人宛とアベンダノン氏宛の書簡であり、他にはファン・コル夫人とアドリアニ博士、E. C. アベンダノンからそれぞれ2通、ステラとアントン博士から1通ずつ収録されているにすぎない［永積 1980: 78-79］。つまり、1903年と1904年について、*Door Duisternis tot Licht* 所載の書簡はアベンダノン宛書簡を中心に構成されている。

　アベンダノンの編集の特徴は書簡の形体を採用せず、全ての書簡の礼辞と結辞が省略されている。一般に、欧文書簡では本文における時候の挨拶が不要な代わり、冒頭における礼辞は欠くことができず、親疎の程度で表現法が異なることから、名宛の人物と差出人との関係を表出する。それは結辞においても同じことが言える。さらに、アベンダノンが本文の複数の段落を削除したため起承転結を欠き、カルティニ書簡本来の構成は失われている。すなわち、アベンダノンの編集を経た書簡はもはやカルティニの原文を留めず、代わりにアベンダノンの恣意性が表出した書簡集が編まれたことは否定できない。

　次なる問題は、アベンダノンの出版目的である。アベンダノンは初版の序文に「出版の目的は、書簡の著者が構想したジャワ人首長の女子のための寄宿制・全日制学校の設立にあり、出版社から私に支払われた全ては、ラデン・アジュン・カルティニ学校 Raden Adjeng Kartini-School にむけて、その財政の礎を築くものである」と記している［Kartini 1911: viii］。第二版の序文に「ラデン・アジュン・カルティニ学校（イタリック体で表示）設立の関心をこの版も喚起す

---

[7]　ステラとの文通期間について、アベンダノンよりも1年余り先立つ1899年5月25日付書簡がカルティニからの第1信であり、1911年版に収録された最後の書簡は1903年4月25日と付され、両者は4年間にわたり文通による親交を温めた。第6章第3節のステラによるカルティニの追悼記時を参照。

る」と述べ [Kartini 1912: viii]、第三版の序文にも「この版もラデン・アジュン・カルティニ学校（イタリック体で表示）のために出版する」と述べる [ibid: x]。このような出版目的を遂行する編集姿勢は、カルティニのイメージに大きな影響を及ぼした。たとえば、女子教育の機会を閉ざすジャワの慣習（閉居）を強調する紙面作りによって、カルティニは人的交流空間から距離を置く理念先行型の女性という誤解を受けた。また、カルティニが日常の身辺で取材した女性の声はほとんど採録されなかった。すなわち、1911年版には倫理政策を語るアベンダノンが表出しているのである。そして何よりも、アベンダノンの出版目的によって、カルティニの意思とは全く無関係に、「ラデン・アジュン・カルティニ像」が形成された。

　さらに、*Door Duisternis tot Licht* が 1911 年に刊行された後の出版状況について述べる。初版はファン・ドルプ社 G. C. T. van Dorp & Co. から刊行され、出版地はスマラン Semarang・スラバヤ Soerabaja・ハーグ 's-Gravenhage と印刷されている[8]。1912 年 3 月、第二版の序文によれば「初版は数ヶ月で売り切れた」とある。さらに同年 11 月、第三版の序文には「7 ヶ月で第二版の 3000 部が完売し、第三版が必要となった。喜ばしきかぎり」とある。初版からわずか 1 年余で総計 8000 部に達し、アベンダノンは成功を収めた[9]。版権がハーグの N. V. Electrische Drukkerij Luctor et Emergo に移った第二版以降はオランダでのみ出版され、第四版（1923 年）までが同じ版元から刊行された。第五版（1976 年）はアムステルダム Amsterdam にあるナブリンク Nabrink から出版された。すなわち、カルティニの書簡は初版以来オランダで読み継がれ、伝記も編まれた[10]。

---

8) バタヴィア Batavia をはじめ植民地各都市に店舗を展開し、オランダ語、英語、フランス語、ドイツ語など西洋諸語の書籍を扱う最も有名な書店であり、オランダ本国と植民地東インドを、出版物を介して情報面から繋ぐ役割を果たしたといっても過言ではないであろう。当時のオランダ語有力紙の広告欄には頻繁にファン・ドルプ社の「新刊入荷」告が見受けられる。カルティニとの係わりでは、スマランのファン・ドルプ書店での木彫工芸展に作品を出展している（第 4 章第 2 節で述べる）。

9) 1911 年版の商況については第 6 章第 2 節で詳しく述べる。

10) カルティニの伝記はオランダでいち早く編まれ、1943 年にフィールホウト [Vierhout 1943] がカルティニの伝記を上梓し、次いで 1945 年にオランダ植民地文学の女性作家ゼッヘレン [Zeggelen 1945] がカルティニをインドネシアの女性解放覚醒の先駆者として描いた小説を発表した。インドネシアが日本軍政下にあった時期に伝記が書かれたことは、オランダ人が戦時中にカルティニ、インドネシアに対して示した認識を考えるうえで興味深い。

このように *Door Duisternis tot Licht* が版を重ね、カルティニがオランダ本国と植民地社会で知られ始めた 20 世紀初期は、東インドで民族運動が萌芽・展開した時代であった。*Door Duisternis tot Licht* はインドネシアのナショナリスト達に読み継がれ影響を与えた[11]。次のような回想や独立インドネシアの教科書の記述は、この書物の影響の大きさを物語っている。スカルノ政権時代の閣僚であったアブ・ハニファ Abu Hanifah は、

> インドネシア・クラブ De Indonesische Club が入っていたジャカルタの「クラマット Kramat 106 番〔青年の誓い Sumpah Pemuda が行われた所〕」に、ジュパラのレヘントの令嬢であったカルティニの肖像があり、解放のための闘争の象徴で、カルティニが既婚か否か、関知することではなかった [Hanifah 1951 (1949): 6]。

という。そして、1952 年に印刷されたインドネシアの中等学校用教科書 *Sedjarah Indonesia*（インドネシアの歴史）ではカルティニの肖像写真を掲載し、

> R. A. カルティニはインドネシアの女子に男子と同じ教育を教授することをめざし、女性の地位向上に努めたことを顕彰し、R. A. カルティニの誕生日（4 月 21 日）は女性達によって祝われている [Sundoro 1952: 120-121]。

という。引用したこの文章は、「技術と知識の進歩の時代 Djaman Kemadjuan teknik dan pengetahuan」の単元に収録されていた。1964 年、カルティニは Pahlawan Kemerdekaan Nasional すなわちインドネシア共和国国家独立英雄に列せられた。いわゆる「第一世代」と呼ばれる独立から十数年間の指導者達は、カルティニを次のように認識していた。

> 彼らは進歩を信じ、今から思えば例外的であるが高学歴、深い洞察力をもって変革を最前線で取り組み、というのは、変革に取り組むことが独立の真髄であり、スカルノ Soekarno をはじめ彼らはカルティニと同じように進歩と解放を信じていたから、カルティニを「イブ Ibu〔インドネシア語で母の意味〕」と捉えるのではなく、自分達と同じ精神の持ち主として理解した [Sears 1996: 196-197]。

　すなわち、カルティニはインドネシア共和国初期には解放の象徴として考えられていた。こうして、「ラデン・アジュン・カルティニ」は公式にインドネ

---

11) この点については、[土屋 1991: 164-180] で詳細に述べられている。

シア共和国の歴史上の人物として認知された。

2. 2.　*Door Duisternis tot Licht* のインドネシア語訳版の問題点とその影響

　Door Duisternis tot Licht は刊行後、さまざまな言語に翻訳され広く知られた[12]。1922 年、マレイ語の翻訳書が出版され、次いで地方語版 ── ジャワ語（1938 年）、スンダ語（1930 年）、マドゥラ語、バリ語 ── が刊行、1938 年にインドネシア語版がパネ Armijn Pane（1908-1970、スマトラ出身の作家）による翻訳で刊行された（以降パネ抄訳版と記す）［Kartini 1976: xxv-xxvii］（出版年は［Kartini 1987: xiv-xv］を参照した）。マレイ語版とインドネシア語版のタイトルは共に *Habis Gelap Terbitlah Terang* であった。それは「闇が尽きて光がきらめく」という意味で、オランダ語の題目を踏襲している［土屋 1991: 150］。一般に、インドネシア語抄訳版を通じてカルティニが知られ、先述のようなオランダ語原書を読むインドネシア人は少数であった。

　パネ抄訳版はオランダ時代に第二版（1939 年）、スカルノ時代に第三版（1951 年）・第四版（1962 年）・第五版（1963 年）が出版された。スハルト時代になって第六版（1968 年）が出版され第七版（1972 年）・第八版（1978 年）と重ねた。1979 年、カルティニ生誕百周年に *Door Duisternis tot Licht* のインドネシア語完訳版 *Surat- Surat Kartini*（カルティニ書簡集）が刊行された[13]。実に初版から 68 年、パネ抄訳版から 40 年の歳月を経て、やっと情報量は 1911 年の初版時と足並みをそろえた。とはいえ、*Brieven* を基準にすれば、インドネシア語でカルティニの原書簡の約 3 割が公開されたに過ぎなかった。その時、パネ抄訳版は第九版を重ねていた。それは、パネ抄訳版で形成されたカルティニのイメージを払拭する難しさを意味した。

　そして、カルティニは婚姻後の名称ではなく、表紙に掲げられた「ラデン・アジュン・カルティニ Raden Adjeng Kartini」すなわち令嬢時代の呼称が公認され、基本的にムスリムが大半を占めるインドネシア人女性の地位向上のシン

---

12)　第四版序文によれば、英語（1920 年、1960 年、1976 年）、アラビア語（1926 年）、フランス語、ロシア語に翻訳され、スペイン語はアベンダノン夫人の翻訳であった［Kartini 1976: xxv-xxvii］（出版年は［Kartini 1987: xiv-xv］を参照した）。日本語版は、パネ抄訳版を基にして牛江清名が 1940 年に、早坂四郎が 1955 年に翻訳し、刊行された。

13)　完訳版では、1911 年版の副題の中の gedachten 思想というオランダ語が、インドネシア語の renungan 瞑想と翻訳された。それは、カルティニが生前に実現できなかった美しい理想が、随所に散りばめられて編集された 1911 年版を、総体的に表す命名といえよう。

ボルとして語られている[14]。

マレイ語とインドネシア語の翻訳版についての詳細は第6章で述べるが、この場ではパネ抄訳版の問題を2点挙げる。

① 表題はマレイ語版もインドネシア語版も同じであるが、インドネシアで *Habis Gelap Terbitlah Terang* といえばパネ抄訳版を意味し、以来今日まで版を重ねている。

② パネ抄訳版は *Door Duisternis tot Licht* の3割、*Brieven* の1割にも満たない抄訳であり、カルティニが挙げた実例はことごとく割愛されている。

カルティニにパネ抄訳版を用いてアクセスする限り、等身大のカルティニを知ることは難しい。すなわち、原文書簡の9割が失われたパネ抄訳版は、恣意的なカルティニ像を形成する恐れがある。現実に、若き乙女のイメージを維持しつつ良妻賢母、女性解放運動家、民族運動の先駆者、倫理政策の好例、教育者、文筆家など、またその逆にカルティニは何もしていない等々さまざまに言われる。まさにこの「曖昧性」によって、「都合のよい」カルティニ像が形成されてきた。

たとえば、スカルノ時代に無かった「イブ Ibu（母）」のイメージが、カルティニに定着するのはスハルト時代のことであった [Sears 1996: 8, 197]。「カルティニの日 Hari Ibu Kartini」（4月21日）には「イブ・キタ・カルティニ Ibu Kita Kartini（我らの母カルティニ）」を唱歌し、カルティニに良妻賢母のイメージを演出した[15]。カルティニを祝うはずの催事に、実はカルティニを用いてファッ

---

14) たとえば、「国家独立英雄カルティニ」について、解説を中学用副読本（1985年版）に求めると、冒頭で「カルティニを女性解放の先駆者とし、男性と同じ権利を獲得するため、教育によって女性の地位高揚を目指したとする。次いで略歴では、インドネシア人女性の進歩の手段として教育を提唱する過程で、カルティニが読書で知りえたヨーロッパの女性とインドネシアの女性を比較し思索を深め、オランダ人に書簡で男女同権を説いたことに言及する。そして、編集・出版された書簡集 *Door Duisternis tot Licht* には、女性の進歩を目指し男性と同レベルへ引き上げるというカルティニの理想が見出される」と、特筆されている。それはまさに、アベンダノンの出版目的であった女子教育の推進を反映する記述である。程度の差こそあれ、伝記を含めインドネシア人の手によるカルティニ関連の書籍は、上述の範疇にある。また、筆者が1986年（*Brieven* の出版以前）に行った大学生を対象としたアンケート調査で、カルティニは「インドネシアの女性の解放に努力した女性」という回答が9割強を占めた。すなわち、副読本やそれに即したカルティニ関連の書籍の内容が見事に反映された回答であった。

15) カルティニの日（4月21日）の祝賀行事について、筆者がインドネシアで調査を行った1985-1987年には、ダルマ・ワニタ（公務員家庭を中心とする婦人会）が主催する「カルティニコンテ

ションの側面から女性を動員する意図がみえる。したがって、いわゆる「お墨付きのカルティニ像」をインドネシアで批判することは難しい。「作られたカルティニ像」についてテイラー Jean G. Taylor は、生前のカルティニは身体を締め付けない服やローヒールを用いたこと、ほとんど髪飾りなどを付けない女性であったことを具体的に示し、カルティニの日に女性が着用する、身体を縛りつけるような動きのとれない正装いわゆる「カルティニスタイル」との違いを指摘し、さらに、スハルト時代にカルティニへの称賛を演出する「カルティニスタイル」を通じて、ジャワ人女性のコスチューム[16]が広められ正当化されたと指摘する［Sears 1996: 37-38］。それは、国民統合の過程で、集団性における多数派の自己中心主義という傾向が混入しやすい弱点［古田 1996: 83］を浮き彫りにしたといえよう。

確かに、1911年版やパネ抄訳版は「ラデン・アジュン・カルティニ像」を形成する役割を果たした。しかし、それは、真意を無視された一人の女性に対する抑圧性を意味する。同時に、カルティニに即効性を求めて「消費」すればその効力は低下し、カルティニの存在を薄れさせることになる[17]。

何よりも、カルティニ研究に求められることは、カルティニの失われた声に耳を傾けることにある。

2.3. 史料としての *Door Duisternis tot Licht* の欠陥点と *Brieven* の重要性

1911年版と1987年版を比較・分析し、1911年版の編集で原書簡から落とされた事実を発見し、検討することは、カルティニ研究の可能性を拓く上で不可欠である。

まず、1987年版の概要について述べる。それは、オランダのKITLV (Koninklijk

スト」が各地で開催されていた。女性は「カルティニの日」を機会としてサロン saorong（インドネシアの民族衣装に相当、ジャワでは一般にバティックの木綿を使用）等を買い求め、カルティニを模したジャワ貴族の装束で出場した。そして、「カルティニに最もよく似たと評された」女性が優勝者に選ばれた。それはスハルト政権時代が求める「相応しい女性像」を意味した。また、学校では、カルティニをテーマとした「詩」のコンクールを開催するところもあった。
16) クバヤ kebaya と呼ばれるジャワ人女性の上衣とカイン・パンジャン kain panjang と呼ばれる腰巻布を着用した正装を意味する。
17) たとえば、フローレス島をフィールドとする青木恵理子（文化人類学者）は、フローレス島の女性達が「ジャワ人のカルティニ」として捉え、「自分達」のこととは思えないから無関心であると指摘する（2008年、筆者インタビュー）。この指摘は、ジャワ以外のほかの地域にも当てはまることであろう。

Instituut voor Taal-, Land-, en Volkenkunde の略、王立言語・地理・民族学研究所）で編集・出版され、表題 *Brieven : aan mevrouw R. M. Abendanon Mandri en haar echtgenoot*（書簡集 ── アベンダノン夫人とその夫へ宛てた）が示すように、アベンダノン家に届いた書簡が 1900 年 8 月 13 日から 1904 年 9 月 7 日まで収録されている。その序文で編者ヤケット F. G. P. Jaquet は、

> 1986 年にハーグ在住のアベンダノンの孫に当たる人物と面会し、カルティニと彼女の身内の書簡および写真、カルティニ基金関係の書類が保管されているのを知った。これらの書簡の出版によって、カルティニと家族の日常や 20 世紀初頭のジャワにおける植民地の状況を容易に捉えることができるであろう [Jaquet 1988: 75]。

とする。さらに、ヤケットが強調する点は、*Door Duisternis tot Licht* は編者のアベンダノンが目的をもって出版したが、*Brieven* の出版には何の意図もないことにある [ibid: 75]。*Brieven* に収録されている書簡の内訳は、次の通りである。

- カルティニ（105 通、内、カルティニと妹の連名の書簡 3 通）
- 妹ルクミニ（23 通）、カルディナ（7 通）、カルティナ（2 通）、スマトリ（1 通）
- 父親ソスロニングラット（1 通）
- カルティニの夫ジョヨアディニングラット（1 通）
- アベンダノン家の訪問カード（カルティニ、ルクミニ、カルディナ、計 3 通）
- カルティニのアベンダノン夫人へ贈呈した創作物語（1 本）

もちろんここには言うまでもなく、1911 年版でアベンダノンが採用しなかった書簡が収録されている。本書では、上述のカルティニの書簡 105 通と創作物語 1 本を加えて「カルティニ・ドキュメント」と呼ぶ。その内訳は、アベンダノン氏宛書簡 9 通と夫妻宛書簡 4 通を除くと、すべてアベンダノン夫人宛書簡である。次に、1911 年版と一線を画す主な点を 3 つ挙げる。

① 全文が省略されず掲載されている。
② プライベートな手紙に記された、広く流通することを前提としない記録資料である。
③ カルティニが見た社会矛盾や個人的な経験などの事例が数多く記されている。

まず、「カルティニ・ドキュメント」を基にして、1911年版に収録されたアベンダノン宛書簡数（アベンダノン夫人宛書簡46通、アベンダノン氏宛書簡5通および夫妻宛書簡1通）を比較する。アベンダノン夫人宛書簡・アベンダノン氏宛書簡・夫妻宛書簡が1911年版の編集で削除された比率は、平均すると7割強である。年毎に次に示す[18]。
・1900年分書簡（文通を開始した8月から12月まで）の削除比率が6割
・1901年分書簡の削除比率が8割
・1902年分書簡の削除比率が8割
・1903年分書簡の削除比率が8割
・1904年分書簡（9月まで）の削除比率が7割

アベンダノンが採用したアベンダノン夫人宛書簡46通、アベンダノン氏宛書簡5通および夫妻宛書簡1通は、出版の目的性と合致する文章は残し、目的に沿わない文章は削除する手法で編集がなされている。したがって、原書簡の起承転結は瓦解されカルティニの主張は換骨奪胎された。

ここでアベンダノンが書簡を「合成」した例を挙げておこう。

① 1987年版に存在しない日付の書簡 ── 複数の書簡からの「切り貼り」で合成

例）　1911年版の1901年1月21日付アベンダノン夫人宛書簡には、同年5月25日付同夫人宛書簡の一部と、同年1月31日付同夫人宛書簡から切り取られた文章が貼り付けられている。したがって、1901年1月21日付アベンダノン夫人宛書簡は1987年版に無い。

② 2～3日分の書簡を合成

例）　アベンダノン氏宛1903年2月1・4・17日付書簡3通を「切り貼り」で2月1日付書簡とした。その結果、1911年版に収録された1903年2月付書簡は1通となった。カルティニの伝記を著したスロトS. Soerotoは、その著書に「Kartini Jatuh Sakit（カルティニ病に倒れる）」という一節を割き「1ヶ月余りの間、1通も書簡を書いていないカルティニは、書簡も書けないほどの重病」という説を書いている［Soeroto 1984 (1977): 307-308］[19]。

---

18)　「カルティニ・ドキュメント」を筆者が翻訳した全文の行数を分母とし、Door Duisternis tot Licht と共通する文章すなわちの斜体文の行数を分子として算出した。

19)　カルティニは同年3月4日付アベンダノン夫人宛書簡で自身の病を述べているが、アベンダノンの編集がスロトの誤解を招いたことは否めない。

スロトの事例は、アベンダノンの編集が後世の作品に影響を及ぼした一例として挙げることができよう。
　③　異なる文通相手宛の書簡を合成
　例）　1903年5月14日付アベンダノン氏宛の書簡が、同年同月18日付夫人宛書簡と合せて抜粋と調整がなされた。
　④　書簡中の一箇所を別の書簡に貼り付け
　例）　1902年9月15日付書簡から一部を切り取り、12月12日付書簡中に貼り付ける。

　アベンダノンの恣意的な「切り貼り」による「合成書簡」は、カルティニが提示した事実を我々に伝えることを妨げる。一般に、書簡集では書簡の時系列と名宛は重要な点であるが、アベンダノンはこの2点を無視して編集した（上述③）。アベンダノンが夫人宛書簡の一部を自分宛の書簡に貼り付け、夫人宛書簡を削除した行為は、アベンダノン夫人のみならず差出人であるカルティニの尊厳にかかわる問題である。とくに①と②について第6章第2節で論じ、アベンダノンが編集作業を通じて「物語」を作り出す過程を検討する。

　さらに、2つの書簡を対照すると、アベンダノンが1911年版でカルティニによる地場産業（木彫工芸）の振興活動と、ジャワの女性問題を大幅に削除した事実が判明した。前者は、アベンダノンに頻繁に書簡を送る必要があった両者の関係性、すなわちカルティニがアベンダノンに対し演じた役割が浮かび上がる（第4章で述べる）。後者は、カルティニは知人の女性達を挙げ、その場にいた女性にしか分らない思いを今日に伝えている（第5章で述べる）。

　以上のことから、*Door Duisternis tot Licht* は *Brieven* に比べてカルティニを知る上での史料価値の低さを露呈するといえよう[20]。

第2節　先行研究の整理

　今日までのカルティニ研究について、1911年版だけを用いた研究（A）と1987年版も用いた研究（B）に分けて述べる。

---

20)　これまでオランダとインドネシアの双方で「カルティニ伝」が数多く編まれたが、*Door Duisternis tot Licht* だけを基軸とする評伝は、信憑性に疑問符が付くといえよう。

1. （A）1911 年版だけを用いた先行研究

　オランダで 1911 年に、デフェンテル C. Th. van Deventer（1857-1915、倫理政策の唱道者）が De Gids に「カルティニ」を論じ、翌年に小冊子となって出版された [Deventer 1912]。それは、カルティニに言及した最も初期の論文であると同時に、デフェンテル論文に代表されるように、オランダ統治時代、カルティニは倫理政策の文脈で言及された。カルティニ研究では、ボウマン H. Bouwman はオランダ語の雑誌・新聞を用いて、カルティニを取り巻く記述や資料を多く引用した Meer Licht over Kartini（カルティニにもっと光を）を上梓した [Bouwman 1954]。ニューウェンハウス R. Nieuwenhuys は、カルティニをオランダと東インドの「二つの祖国のはざま tussen twee vaderlanden」に生き、両者の視点をもつ者と認識し [Nieuwenhuys 1988: 199-214]、またカルティニをオランダ植民地文学の中に定位した [Nieuwenhuys 1987: 314-322, 1975: 89-106]。フレーデ・デ・ステュールス Vreede‐De Steurs はカルティニの家族と家庭内のアダットを解説し、ギアツ Hildred Geertz の分析 [Geertz 1964: 1-26] に対して不鮮明な点を指摘し、またプラムディヤ [Toer 1962] の主張を支持してカルティニの「庶民性」を強調し [Vreede-De Steurs 1965: 233-243]、さらに、カルティニの女性解放の戦いがインドネシア民族の社会的解放へ統合され、「国家独立英雄」という公的象徴として神聖視されるカルティニは、もはや個人的な史実が失われているとする [Vreede-De Steurs 1968: 392-393]。しかし、Door Duisternis tot Licht で形成された「カルティニの虚構性」を指摘するには、史料の欠如に阻まれ、実像を提示するには至っていない。

　カルティニ研究でしばしば用いられるインドネシア語資料として、次の2作品が著名である。プラムディヤのカルティニ評伝 [Toer 1962]、苦節を経たその再版 [Toer 2000(1997)] と、カルティニが「国家独立英雄」に列せられた以降に出版されたスロト [Soeroto 1977] のカルティニ伝である[21]。プラムディヤはアベンダノンの編集に対して批判的であったが、1987 年版のカルティニの書簡

21）プラムディヤやスロトのカルティニ論を評したものとして、土屋 [土屋 1991]、ルーサーフォード [Rutherford 1993] があり、また、それらはカルティニがインドネシア共和国でどのように捉えられてきたかを解説している。

が提供されなかった当時は推測の域を出なかった[22]。1979 年、カルティニ生誕百年を記念した論集 *Satu Abad Kartini* が編まれた。このほかのインドネシア語資料も、基本的にカルティニを「独立英雄」として文化・社会統合の文脈で顕彰し、インドネシア・ナショナリズムの先駆者、またフェミニズムの先駆者とするカルティニの描写に収斂される。

インドネシアのフェミニズムを論じた *Kartini Centenary*（カルティニ生誕百年記念論集）が 1980 年にオーストラリアで上梓され、「カルティニ ── 生涯・業績・影響」が巻頭論文として掲載された ［Thomson Zainu'ddin 1980: 1-29］。ほかにも、カルティニの妹カルディナ ［Kardinah 1966: 283-289］ や、スバディオが「多妻家庭」観について考察した ［Soebadio 1978: 94-100］。

前節で述べたように、*Door Duisternis tot Licht* とそのインドネシア語翻訳書が版を重ねた時代は、インドネシアが独立を達成して新国家の建設に邁進し、インドネシア・ナショナリズム研究が盛んに行われた時期と軌を一にする。*Door Duisternis tot Licht* を史料に用い、カルティニを民族運動の好個の素材として挙げるのは、第 6 章で述べるファーニヴァル ［Furnival 1939: 242］ だけではない。ケーヒン ［Kahin 1952: 64］、ウェルトヘイム ［Wertheim 1964: 208］、スメイル ［Smail 1971: 282］ は、著作の一段落にカルティニを「民族運動の先駆者」として記載した。わが国においても、永積が思想史の観点からカルティニを「民族意識覚醒の先駆者」として論じ、インドネシア民族運動の啓蒙段階にカルティニを位置付けた ［永積 1980: 70-97］。土屋は、欧米の諸論文が 20 世紀初頭をインドネシア・ナショナリズムの起点とすることに対し、カルティニのうちに 19 世紀と 20 世紀の連続性を指摘し、その時代に生まれた精神が民族運動の時代に引き継がれ、インドネシア共和国が形成される過程を、文化統合・社会統合から描き出した ［土屋 1984, 1986, 1991］。

概して、従来の研究ではカルティニが「何であったか」、すなわち「民族主義の先駆者」、「女性解放運動の先駆者」として認識されたことはよく理解することができる。しかし、当時のカルティニが「どうであったか」についての考察が、これまでの研究において僅少であることは、1987 年版が刊行されていなかったことにある。女性が伝統的価値観によって社会的に束縛された状況下で、何かを成し遂げる、すなわち、結果を出すという展望それ自体が机上の空

---

22) 1987 年に筆者が行ったプラムディヤへのインタビューによる。プラムディヤの著作 *Panggil aku Kartini saja*（私をカルティニとだけ呼んでください）については、本論で随時取上げる。

論であった時、それはカルティニにとって何を意味したのか。アベンダノンの編集はそれを十全に提示していない。そればかりか「ジャワに女子校開設」という出版目的が編集に反映し、洋式教育を強調するテクストは次のような影響を及ぼしました。たとえば、ケーヒン G. M. Kahin は、

> 教育がナショナリストの運動の初期段階での主な手段であり、この文脈に沿う最も重要な努力は、ラデン・アジュン・カルティニが始めた。〔中略〕彼女が近代的な女子教育を唱導したことが、全体として文化的な民族運動を力付けたことにおいて重要であった。彼女の活動はインドネシア民族運動で女性が果す重要な役割を最初に表明するものであった [Kahin 1952: 64]。

とする。また、スメイル J. Smail は 1900 年 1 月 12 日付書簡を引用して、「カルティニは東インドに新時代が到来した事に十分気付いていた」とし、次のように続ける。

> 出版された書簡に記録された彼女の生涯は、自己発見の旅路であった。その特別な資質は、幼少の頃ジュパラのレヘントである父親が培ったプリヤイの環境がもたらしたものではなく、ヨーロッパ人小学校での教育がもたらしたものであった。そこで彼女はオランダ語を学び、最新のヨーロッパ思想が提供する全ての事にアクセスできた。そのことが彼女の人生行路をしばしば難儀にした。というのは、彼女には慣れ親しんだジャワの伝統の残像がみられたからである。しかし、彼女は自身を取り巻く新しい東インドを見ることができるようになり、東インドで自己の果たすべき使命に着手することができた。カルティニに起こったことは、東インドの他所でも起こっていた。〔中略〕政治の前にそれゆえ、教室授業という狭い意味と、自己発見というより根本的な意味において教育が来るのである [Smail 1971: 281-282]。

「出版された書簡」すなわちアベンダノンの目的性を反映する文面を読めば、洋式教育の重要性と「ヨーロッパ人小学校」と「ジャワの伝統的家庭」を往還するカルティニの姿が浮かび上がる。従来の研究では、上述のようにカルティニを取り巻く世界やカルティニが見ることができるようになった「新しい東インド」について論じられ、カルティニがインドネシア独立運動史に再生される過程が描かれた。それは、アジアの新興諸国の独立が輝いていた時代には、アジアのナショナリズムを論ずることは、基本的には独立という輝かしい成果をもたらした成功物語を書くことを意味していた [古田 1996: 3]。こうして、カル

ティニはインドネシア民族運動史の初期段階に位置付けられた。

　しかし、再生される以前のカルティニは提示されない。後で述べるように、カルティニが唱えたことは、ジャワの因習からの解放とオランダ人との協調であった。カルティニはその方法を模索してオランダとジャワの間で葛藤し、書簡に自らの姿を写し出した。しかし、アベンダノンの編集による *Door Duisternis tot Licht* を主な史料とすれば、乏しい史的事実を結果から見た観念によって、構築されたカルティニ像が提示される場合が生じる。すなわち、*Door Duisternis tot Licht* とその翻訳版はカルティニ個人の解放を民族の解放へ転化する余地がある。それは、カルティニがイメージしたことの組み換えが始まることを意味する。

　カルティニが見ざるをえなかった世界が、カルティニ個人にとってどのようなものであったかを考慮すべきであろう。そして何よりも、カルティニが「個人」の解放・自立をどのように求めたかを検討すべきであろう。

2.　(B) Brieven を用いた研究

　カルティニを主題とする複数の論文を発表しているテイラー［Taylor 1989a, 1989b, 1993, 1997］は、*Brieven* の短評（全文4頁余りの書評）で、1911年版であまり言及されなかった「多妻家庭」の実態と姉妹間の長幼の序、スマランの理事官やデマックの叔父とカルティニの関係を指摘し、また、アベンダノンの編集を「カルティニの長々しいたわいないおしゃべりを上手く手短にまとめた」と高く評価する［Taylor 1989b: 156-160］。しかし、カルティニはそこに真実を込める特徴があり、第6章第2節で述べるように、会話や事例の削除はカルティニの真意を抹消することにつながる。

　また、ヤケット［Jaquet 1988, 1995］はアベンダノンの編集とオランダ人のカルティニ受容について、

> 倫理政策の時代に西欧型の教育を受けたインドネシア人の出現を、オランダ人が実感したこと、および文面から政治問題を除いたことにあった［Jaquet 1988: 77］。

とし、それがカルティニの没後7年を経て出版したにも拘らず、アベンダノンが成功を収めた理由とする。とくに、コーテ J. Coté［Coté 1998, 1999, 2004, 2008］が以下の題名の研究書を出版したことに注目する。

"The correspondence of Kartini's Sisters: Annotations on the Indonesian Nationalist Movement, 1905-1925", *Archipel*, 55, 1998.

Realizing the Dream of R. A. Kartini: Her Sisters' Letters from Colonial Java, Athens, 2008.

コーテの研究手法は、カルティニとアベンダノン夫人の往復書簡の現物の丁寧な翻訳やカルティニの妹達など関係文書の蒐集と翻訳［Kartini（Coté）1992, 2005, 2015］を中心として、筆者の研究手法と近い。しかし、基本的には、筆者が批判の対象とするインドネシア民族主義の中に位置付けられたカルティニ研究に関する叙述を、超えるものではない。

その他に、後の章で引用するファン・ホフウェヘン［Van Hofwegen 1990］、ルーサーフォード［Rutherford 1993］、テルモスハウゼン［Termorshuizen 2004］、アンテン［Anten 2005］などカルティニに関する論文は途切れることなく書かれている。

以上のことから、*Brieven* はプライベートな手紙に記された、広く流通することを前提としない貴重な記録資料であること、一方、1911年版書簡はアベンダノン、すなわち東インドを支配したオランダ人が選定した文章で構成された「ラデン・アジュン・カルティニ物語」であることを、ここで再度強調したい。しかし、21世紀をむかえても1987年版を用いず、1911年版だけを主要史料とするカルティニ論を目にする。ここでそれらの誤りを挙げることはしない。しかし、基本姿勢として *Brieven* の3割に満たない1911年版を主要史料とする研究・論文は、抜本的に見直す必要があろう。

また、先行研究には *Brieven* を用いる・用いないにかかわらず、アベンダノンの編集を批判の対象としない共通点がある。その背後には、カルティニはアベンダノンによって表象され、ジャワ人女性という低い地位から浮かび上がり甦って現在に至るという、アベンダノンの貢献への称賛がある。一方、カルティニは *Door Duisternis tot Licht* が死後に刊行されたため、アベンダノンの編集に言及する機会を与えられなかった。

本書では全ての章を通じて、1911年版と1987年版を比較検討し、そして、アベンダノンの編集を吟味し、失われたカルティニの実声と可能性を論じる。

第3節　本書の構成

　第1章から第3章では20世紀転換期の世界とジャワ社会、そして、カルティニの「世界認識」へとフォーカスを絞り込みながら、カルティニを知るための基調となる次の2点に言及する。

① 　カルティニが洋式教育を受け、西洋人とオランダ語で文通し洋書を多読した初期のジャワ人女性であったことを述べる。彼女は読書と文通によって自ら情報ネットワークを構築し、ヨーロッパの新知識・情報からの学びを通じて自己の経験を照射し、ジャワの因習に固守する人々と対峙し、彼女の時代には答えの出ない問いを生涯問い続けた軌跡を辿る。

② 　オランダの植民地支配が、ジャワの慣習や家父長制は温存しジャワ貴族を官吏に調達し、植民地官僚制の強化を優先目的とし、その傘下に現地人官吏の令嬢としてカルティニが位置づけられていた意味を検討する。

　第4章と第5章では、1911年版でほとんど削除されたため従来の研究では検討されることはなかったカルティニの社会活動や政策提言などについて、主に次の3点を検討することによって、カルティニを植民地的な「大オランダ」や、民族主義的な「インドネシア」という枠組はめ込んできた従来の研究と一線を画すカルティニを提示する。

① 　地場産業振興活動：木彫工芸振興活動の特徴と、カルティニとアベンダノンの関係性について従来の女子教育ではなく地域振興活動を通して検討する。

② 　声なき女性の代弁者としての使命：カルティニが日常の身辺で取材した女性たちの諸事例を挙げて検討する。

③ 　カルティニの教育理念と倫理政策における教育政策を比較し、とくに、カルティニが唱道した学校におけるオランダと東インドの交流活動、さらに、相互理解と協調の意味を考える。

　従来の研究では、倫理政策の文脈でカルティニを取り巻く植民地社会における伝統から近代への移行について検討が行われ、カルティニは「近代精神」を体現する「原住民」の象徴として描かれた。第6章では従来の文脈とは異なる

方向性を求めて次の3点を検討する。

① なぜカルティニはアベンダノン夫人宛書簡に集中して「光と闇」の二元論を採用したのか。そのなかで、カルティニが見ざるをえなかった「闇」と彼女が求めた「光」を考察する。

② アベンダノンの出版事業を照射して *Door Duisternis tot Licht* という題目の命名を考察する。

③ まず、カルティニ本人の意に反して「ラデン・アジュン・カルティニ」の呼称が定着した過程を新聞・雑誌・追悼記等を用いて検証する。さらに、カルティニが良妻賢母、民族主義の先駆者、フェミニズムの先駆者、教育家等さまざまに語られる原因を考察する。

以上の検討を通じて、1911年版すなわちオランダの倫理政策の文脈によるカルティニ表象の修正を図り、さらに、「インドネシア民族主義の先駆者」に回収されない新たなカルティニ像を提示する。

第1章
背　　景

閉されたジャワ社会の下で

インドネシア共和国は、東西 5200 km、南北 1900 km、島の数は 1 万 3000 を越すといわれる世界一の多島国家である。その地理的特徴は、タナ・アイル tanah air（インドネシア語でタナ tanah が土地を意味し、アイル air が水を意味する合成語で祖国を意味する）という言葉が明示し、また、ジャワ Jawa を根拠地として活躍したオランダが、東南アジアで獲得した島々を「エメラルドで出来たベルト gordel のように赤道に巻きついた」[Multatuli 1860: 272] と形容したことにも表れている。

オランダ人としては初めて、ハウトマン C. de Houtman（1565?-1599）がジャワ海に到達したのは、1596 年であった。すなわち、アムステルダム Amsterdam から喜望峰を経てインド洋の大海原を渡り、ジャワを結ぶ航路が開拓された瞬間であった。1602 年にオランダ東インド会社 Vereenigde Oost Indische Compagnie（略称 V.O.C.）が設立され、1609 年に総督 Gouverneur-Generaal を置き、1619 年にバタヴィア Batavia（現在のジャカルタ Jakarta）を建設した。この時からバタヴィアは、インドネシアの群島内のみならず東西貿易・アジア域内貿易のセンターとしての役割を担い、アムステルダムとアジア各地域を定期船で結ぶネットワークの一大拠点となった。

オランダの植民地経営は、熱帯農産物によってヨーロッパ市場における利潤の追求を基本姿勢とした。植民地経営の対象となる主要な農産物の品目は 19 世紀までの香辛料、19 世紀半ばをピークとするコーヒー、19 世紀中葉から 20 世紀前半にかけての砂糖、そして 20 世紀前半に始まるゴムというように、その時々の世界市場を反映して変遷したが、土地と労働力の調達とそれを通じての農産物の収奪という基本的性格は不変であった [土屋 1982: 57-58]。この性格を端的に表現した政策が、よく知られる強制栽培制度である。

カルティニが生まれた 1870 年代は、後で述べるようにオランダの政策転換によって、強制栽培制度から自由主義政策へ移行した時期であった。そして、カルティニが生きた時代は、オランダ本国では Groot Nederland（大オランダ）という言葉が用いられ、それは産業革命が完成したオランダ本国と、原料を供給する植民地をまとめた領域を意味した。「大オランダ」の中では、東インドがその天然資源と面積で他の植民地を圧倒し東はイリアン Irian から西はアチェ Aceh に至るまで、広大なオランダ領東インド Nederlandsch Oost Indië の完成をみた時代であった。この植民地国家の枠組みこそが、現代のインドネシア共和国の枠組みとなる。またカルティニの生涯は、アチェ戦争（1873-

1904)²³⁾ に代表される反植民地抵抗と同時進行している。本章は、カルティニ Kartini（1879-1904）が生きた時代の背景を明らかにし、この時期におけるオランダの支配が、東インド社会のみならず、そのなかで成人していくカルティニ個人に何をもたらしたかを、植民地官僚制や近代的教育制度の導入、交通・通信の著しい発展など文化的・社会的側面から述べる。

第1節　植民地国家オランダ領東インド Nederlandsch Oost Indië の官僚制度と教育制度

1.　植民地官僚機構の一翼として ── プリヤイの変容

　オランダのみならず、周知のようにヨーロッパの18世紀は幾多の戦争が繰り返された。イギリスとフランスの世界商権をめぐる勢力争いはヨーロッパに

---

23)　オランダはスマトラ東岸のシアク Siak 王国とシアク条約を1858年に締結して保護国にし、同時にシアクの配下にあった周辺の小王国（タミアン Tamiang・デリ Deli・ランカット Langkat 等）もオランダの保護国とした。が、これらの諸小王国に対しアチェ王国も宗主権を主張していた。つまり、明確な国境で区切られた空間を「国家」の支配領域とする「国際標準」の考え方と、アチェとシアクの関係のように支配領域の境界線を確定するという発想はなく、周辺の諸小王国が双方それぞれの支配の下にある状況を肯定するといったローカルな国家観とは、全く相容れることがなかった。なぜなら、東南アジアの伝統的な政治圏は、政治的・文化的中心都市があり、その中心都市を模範として文化的に従属する周辺地域があり、またその中心からの文化的影響が、水の波紋が広がるように拡散し、遂には消え、境界がはっきりせず、中心と周辺の関係のみによって成立する圏的な空間だからである［桜井 2003: 9］。したがって、「国」空間の捉え方の差異が表出した事件といえよう。このような状況の中で、オランダは1871年にイギリスとスマトラ条約を締結し、スマトラの一切がオランダに委ねられた。それまで英蘭両国の植民地争奪戦の上に独立を保たれていたアチェ王国であったが、オランダとの関係が険悪化するなか1873年、オランダの攻撃を受けた。アチェはゲリラ戦で対抗し1880年代以降は「ジハード（jihad 異教徒に対する聖戦）」と称して優勢を保った。が、1896年以降スヌック・フルフローニェ C. Snouck Hurgronje 等の進言を基にオランダは積極策に転じた。アチェ軍と交戦した蘭印軍（略称クニル　KNIL Koninklijk Nederlands Indisch Leger）の前線にいた多くの兵士達は、ジャワ人、マナド人、アンボン人等の現地採用の住民であったため、「原住民」同士の戦いの様相を呈し両軍に多くの犠牲者がでた。このことは互いを「彼等」と捉えて疑わず、同じ東インドに住む「原住民」という意識が無かった事を意味する。1904年、オランダはアチェを制圧した。

止まらず、アメリカの独立戦争そしてアジアにおいても例外ではなかった。とくに、第四次英蘭戦争（1780-1784）によって、オランダ船はアジア域内でイギリス海軍の攻撃を受けた。もちろん、ヨーロッパ－アジア間の航海でも同じようにイギリス海軍による攻撃、拿捕は免れず、加えてオランダ本国の港は封鎖され、オランダとバタヴィアの通商は途絶えオランダ東インド会社は甚大な損失を被った。18世紀末にはオランダ東インド会社の経営は困窮を極めたが、最大の要因は言うまでもなく軍事費であった。結果的に、オランダの海運、貿易、金融は降下の一途を辿った。1789年にフランス革命が勃発し、その余波を受け1794年にフランス革命軍がオランダに侵攻し、翌年、フランス革命の理念を支持する親仏派がバターフ共和国を建設した。そして、オランダ東インド会社は破産状態であることが明白となり、1799年に議会によって解散させられた。オランダ東インド会社の多額の負債は国家が承継した。

　イギリスが1797年にバターフ共和国に宣戦布告すると、ロンドンに亡命したオラニエ公ウィレム5世は植民地をイギリスの保護下に入れるよう命じ、イギリスとフランス・オランダ間で戦争が繰り返され、戦争はオランダを荒廃させた。1810年にナポレオンがオランダを直轄領に合併すると、イギリスは1811年にジャワ島を占領したが、ナポレオンの没落によって1816年にイギリスのジャワ島占領が終わり、オランダの統治が再開された。そして、1824年に両国間で英蘭条約を締結し、互いの勢力範囲を確定した[24]。

　その後もオランダの経済は度重なる戦争やベルギーの独立（1830年）等に

---

24) 内容は以下のようであった。①イギリスの所有するスマトラ島南部ベンクーレンとオランダが所有するマラッカ Malacca を交換。②イギリスのシンガポール領有を確認。③両国のマラッカ海峡自由航行権を保障。④アチェ Atjeh 王国の独立を承認。こうして、マラッカ海峡の東側に海峡植民地 Straits Settlements、西側にオランダ領東インド Nederlandsch Oost Indië という植民地国家が出現した。この時に明記されたマラッカ海峡のほぼ中央を走る境界線が、「ムラユ Melayu 世界」を二つに分割した。それが現在のインドネシア共和国とマレーシア連邦との国境となっている。また、英蘭条約が締結された経緯が示すように、シンガポール建設（1819年）にみられるような19世紀の東南アジアの植民地化とは、欧米諸国がその暴力によって、東南アジアの諸地域の経済と文化を、欧米の作り出した「国際標準 global standard」に従属させた時代であり、現在の東南アジアの領域、国際秩序、諸「近代」機構の多くは、この植民地化と反植民地化闘争の過程を通じて、確定されたものである［桜井 2003: 190］。またこの条約は、オランダが威勢の盛んなイギリスと外島をめぐって、拡張競争に曝された実態を表出した。

よって瀕死の重傷を負った[25]。1830年、強制栽培制度 Cultuurstelsel[26] が総督ファン・デン・ボス van den Bosch（1780-1844）によって実施された。それは、ヨーロッパ市場で高利を得る熱帯特産物を栽培あるいは製品化し、オランダ王立商事会社 Nederlandsche Handelsmaatschappij が独占販売し、赤字財政を黒字財政へ転換させることを命題とした。

オランダは人件費の抑制のため伝統的支配者層を使い、サワ（sawah 水田地帯）にもラダン（radang 畑地帯）にも、デサ（desa）ごとに農民の土地と労働力を調達させた。この伝統的支配者こそがプリヤイ priyai（ジャワ貴族層、宮廷官吏）であった。プリヤイは、オランダ東インド会社が1755年にマタラム Mataram 王国（1578-1755）をスラカルタとジョグジャカルタに分割した際に、植民地政庁の官吏に組み込まれたのであった[27]。以降、プリヤイは、たとえばブパティ bupati（県長）、パティ pati（県長補佐）、ウェダナ wedana（郡長）、また、ジャクサ jaksa（検察官）、警察など職掌に分化され俸給生活の人となった。こうして、植民地官僚制の中にジャワの伝統的支配機構を継承した原住民官僚機構 Inlandsch Bestuur と、それを監督するヨーロッパ人官僚機構 Europeesch

25) ジャワ戦争（1825-1830）が挙げられる。ハメンクブォノ3世の長男の名を冠してディポネゴロ戦争とも呼ばれ、王位継承戦争の側面があったところにオランダが乗じ、20万人以上の死者が出たと伝えられる。加えて、産業革命がオランダより先行していたベルギー南部の工業地帯や、毛織物やダイヤモンド加工業が盛んなアントワープの分離はオランダ経済に痛手であった。

26) ジャワ、スマトラ、スラウェシの一部で、住民に特定作物の栽培を義務付けその輸出で得られた収益を本国財政に繰り入れる制度であった。コーヒー、砂糖、藍がその3大主要作物で、砂糖や藍の加工の一部が政庁と契約したヨーロッパ人、華人経営の工場で行われたほかは、栽培、収穫、政庁の倉庫への納品は住民により、外国への輸送と販売はネーデルランド商事会社 NHM によって行われた。作物の栽培は村単位で管理され、作物の種類と量、栽培用地の選定と労働力の調達はオランダ人官吏から現地人首長、次いで村長へと指令、執行された。現地人首長、村長には生産量と地位に応じた栽培歩合、住民には栽培金銀が支払われたが、栽培賃金のうちかなりの部分が地租等の税金として政庁に還流した。この制度によりオランダの国家財政は莫大な収益をあげ、オランダ国内の産業革命も進んだ。しかし、民間企業が台頭し自由主義思想が広まるとともに強制栽培制度を批判する声も高まった。また『マックス・ハーフェラール』によりコーヒー強制栽培の苛酷さが告発されたり、中ジャワの一部で農村の疲弊のために飢饉が起きたりしたこともオランダ世論による批判を強めるきっかけになった［加納 2012: 40-41］。『マックス・ハーフェラール』については第3章第2節で述べる。

27) オランダ東インド会社以来の植民地支配機構は、熱帯農産物を世界市場と結合することによって利潤を獲得するという、本質的に商業資本的な植民地経営を円滑にならしめるための機構として特徴付けられ、そして、オランダは土地と労働力を最小コストで調達することに腐心した。そのために用いられた政策は伝来の統治機構を温存し、強化することによって、政庁が自前の官僚制度を作り上げこれを機能させることを極力節約することであった［土屋 1981: 57-58］。

Bestuur の二重の組織が生まれた。すなわち、プリヤイは植民地官僚制の重要な一環である「原住民官僚 Pangreh Pradja」へ変質した[28]。

プリヤイすなわち現地人首長達に課せられた役割は、熱帯農産物の作り手を十全に掌握することにあった。後述するように『マックス・ハーフェラール Max Havelaar』には、耕作時から収穫時まで現地人首長達によって管理され、過酷な生活を強いられた住民が描かれる。オランダ人はその背後で監督している。だから、ジャワの住民が直接オランダ人とふれあう機会はそれほどなかった。このようにして、オランダはジャワの農民を支配する目的を遂行するために、プリヤイをオランダの傘下に入れることになった。もちろん、この傘の頂点に総督 Gouverneur- Generaal が君臨した。また書簡には、ブパティと華人との関係[29]が描写されている［Kartini 1987: 251］。また、ブパティである父親はカルティニを同伴してアラブ人の結婚披露宴に出席している［ibid: 249］。彼らはオランダ人のみならず外来東洋人と仕事を通じて関わり合いをもつ立場にあった。

事実、ブパティ達現地人首長がオランダに支配される者であると同時に、ジャワ住民を支配する者であることを意味した。そのゆえに、オランダ人官吏はブパティの住民に対する支配力を無視できなかった。彼らが反対するであろう課題、たとえば後述するように、女子校設立など女性問題についての取り組みには消極的であった。このような御都合主義の上に両者の関係は成り立っていた。また、カルティニ書簡には、理事官すなわちブパティの上司に相当するヨーロッパ人官僚が主催するレセプションに、カルティニがブパティである父親に伴われ出席する場面が幾度も描かれる。それはオランダの傘下にあるプリヤイの立ち位置を如実に示していた。

カルティニはジャワの慣習にしたがって、父の庇護の下にいなければならなかった。それは同時に、ブパティの令嬢としてカルティニもまた植民地官僚機構の傘下にあったことを意味する。率直に言えば、カルティニはこの双方から重圧を受ける立場にあった。だからといって、当時の未婚女性が父の庇護から自立することは良しとされなかった。カルティニがジャワで生きていく限り、この傘の外に出ることは極めて難しい状況にあった。

先述したオランダ人高官達との社交の場において、オランダのエチケットと

---

28) Pangreh Pradja については、［Sutherland 1980］に詳しく述べられている。
29) プリヤイの官僚達と華人との関係については、［白石 2000: 71-74］に詳しく述べられている。

オランダ語会話が求められた。ブパティはそれらを学ばせる目的で子女をヨーロッパ人小学校へ通わせた。東インド政庁入庁を希望する子達にはオランダ語の「読み・書き」を習得することが求められた。とくに、1870年から実施された自由主義政策と、世界規模の交通・通信の発達にともない植民地経営が拡大すると、人件費を抑え人手不足を補うには、オランダ語の読み書きが可能で、文書を書き写す官吏を植民地で調達する必要があったからである。

2. 植民地支配下の教育政策と社会の流動性

2.1. 倫理政策以前の教育政策

　従来、ジャワの伝統的教育は、師と子弟が起居を共にして自活し、各々の霊力を現実の王に向かって収斂せしめる方法を授けるとともに、それを直接に宇宙の主宰者に収斂させるための修業が積み重ねられる［土屋 1982: 45］、例えばプサントレンにみられるような一種の宗教教育であった。一方、政庁が導入した教育は、官吏・医師・技師など人材の養成を目的とする世俗教育であった。それはオランダ語で洋式教育を授けることを意味した。学校にはカリキュラムがあり、知識の授受は一定で平等である。同時に、政庁の運営する教育制度は、地方の中小都市からバタヴィアへ収斂されるツリー状構造であり、その幹は現地人官吏の養成にあった。植民地の官僚制と教育政策は不可分であった。つまり、政庁の教育政策はジャワの伝統的教育とは制度も目的も全く異なっていた。

　1816年、ヨーロッパ人小学校 Europeesche Lagere School が東インドへ赴任するオランダ人の子女のために設置され、オランダ人教師によってオランダ本国と同じカリキュラムで授業が行われた。プリヤイの子女は非公式に入学を許された。1860年までに、第1級ヨーロッパ小学校と第2級ヨーロッパ人小学校に大別された。前者は学費納入可能な家庭の子女を対象とし、7歳までにオランダ語をしっかりできる児童のみが入学を許されたから、家庭で第一言語としてオランダ語を話さないユーラシアンは事実上排除され、生粋のオランダ人子女が多く通う一方、後者は困窮するオランダ人を救済する目的性があったため無償であった［Stoler 2003: 131］。両校を分かつ科目はフランス語であった。第1級ヨーロッパ人小学校には正規科目としてフランス語が授業に組まれ、無償校には放課後にフランス語コースが設置されたが、いずれの小学校において

もプリヤイ等現地の子女が入学する場合は授業料を納めることが求められた [Govaars 1999: 103]。そして、1864 年、ヨーロッパ人小学校が公式にヨーロッパ人ではない児童に開放された [Kroeskamp 1974: 469] が、6-7 才児で既にオランダ語を話せる者以外は入学できないとする規定があった [Soeroto 1977: 39]。同時に、下級官吏登用試験 Kleinambtenaarsexamens が実施され、ユーラシアンやプリヤイに官吏登用の道が開かれた。また、オランダ式中等学校 Hooger Burger School（以降 HBS と略す）へ進学することも可能になった。

1851 年、ジャワ医学校 Dokter Djawa School と師範学校 Kweekschool が設立された。両校ともにプリヤイを対象とした中等教育機関である。当初の政庁の教育政策は一般の初等教育よりエリート教育を主眼とした。HBS の 3 年次生には商業学校、獣医学校、農学校その他各種の上級専門学校への進路が、5 年次生で卒業すればオランダの高等教育機関へ進学する道が開かれた。

このような 19 世紀後半の洋式教育の発展に対応して、ブパティの中には、子女のオランダ語教育の必要性を痛感し、洋式教育を授ける者も現れた。オランダ語教育の成果は彼らが社会に出る 19 世紀末に現れ始めた。

それは何よりも教育を受けた若者が、近代教育の意味、それから伝えられる近代精神の意味を理解し、そして、植民地社会の中の自らのエリート性を自覚させた。この自覚が社会における教育の重要性を一層高めた [Kroeskamp 1974: 469][30]。そして、1893 年に首長学校 Hoofden School（1879 年設立）が OSVIA（原住民官吏養成学校 Opleidings School voor Inlandsche Ambtenaren）に、1900 年にジャワ医学校が STOVIA（原住民医師養成学校 School tot Opleiding van Indische Artsen）に拡充された。

一方、初等教育では、1893 年の教育改革によって「原住民小学校」がオランダ語を使用する 5 年制の第一級学校 Eerste Klasse School とマレイ語・地方語を使用する 3 年制の第二級学校 Tweede Klasse School に分かれた。前者は伝統的支配階層や裕福な家庭の子女を対象とし、政庁やオランダ企業の事務職員の養成を目指すものであった。このように、洋式教育が官吏登用の道を開く一方で、たとえばカルティニのように、獲得した新しい知識・情報を基に自己をそして世界における自己の位置を認識し、社会における自己の役割を果す者

---

30) 一例としてカルティニの兄弟姉妹を挙げると、兄弟はもとよりカルティニを含む姉妹もオランダ小学校で学んだジャワ人の草分けであり、その中には HBS からオランダへ留学した兄やレヘントに就任した兄もいる [富永 1991: 38]。

が、19世紀末のジャワに現れ始めた。

2.2. 倫理政策実施後の教育政策

　強制栽培制度の後に実施された自由主義政策は、ヨーロッパ私企業の自由な経済活動の展開が、植民地住民の経済生活の向上を促すと考えられたが、机上の空論以外の何ものでもなかった。植民地住民の困窮状態の責任はオランダにあるという批判がオランダ本国で出始め、ファン・デフェンテル C. van Deventer（1857-1915）が1899年に「名誉の負債 Een Eereschuld」という論文を発表した。その主旨は、強制栽培制度によって吸い上げた巨額の富を現地人からの負債とみなし、福祉政策の形で植民地住民への返済義務を負うとしたものである。「名誉の負債」論は当時の世論に支持され、この結果、1901年に倫理政策 Ethischepolitiek と呼ばれる政策がとられた。倫理政策の骨子は教育政策と小さな政府をめざす地方分権政策[31]、そして負債返済を名目とする住民福祉政策であった。この教育政策には以下のような目的があった。

> ひとつは「土地と労働力の調達」の範囲を空間的に拡大し構造的に深化させるために、植民地官僚制を拡大・整備するとともにその支配構造を「草の根」の末端まで及ぼすという側面であった。それは、植民地支配の中核をなす植民地内務省 Binnenlandsch Bestuur の強化と整備を根幹とし、この内務省に対応する形で従来の「原住民貴族官僚」Pangreh pradja に加えて、新たに多量の「土民官吏」Inheemsche ambtenaren を植民地官僚として調達することを意味していた。この結果、同じ貴族に属しながら従来の官僚層よりさらに出自の低い貴族に、オランダ語の読み・書き・話す技術を得る機会が開かれることになった。もうひとつは、キリスト教の伝道とヨーロッパ近代精神の伝道を機軸とする「伝道精神」が、政策のイデオロギーとして掲げられた［土屋 1982: 61］。

　オランダの意図は、現地人官吏を増大させて植民地統治を担わせ、より効率的な植民地経済支配を目指すことにあった。現地人官吏の養成の基軸は、オランダ語による洋式教育の普及にあった。第一級学校には、オランダ語が1907年に導入され、1914年にヨーロッパ人小学校と同じく7年制となり、HIS

---

31) たとえば、1918年に設立された総督の諮問機関であるフォルクスラート Volksraad は、オランダ本国からの権限委譲政策で原住民の自治能力を育成する意図があった。総督が任命する議長、総督任命議員と選挙人からなり、ヨーロッパ人・外来東洋人・原住民に区分された。当初38議席中15議席であったが、1931年以降は60議席中30議席がインドネシア人に割り当てられた。それはまたオランダとの協調を志向する民族主義者の活動の場となった［永積 1980: 204-208］。

(Hollands-Inlandsche School オランダ語現地人学校) と改称された。すなわち HIS を卒業すれば OSVIA に進学が可能となり、制度上、従来は世襲であったレヘントへの道が開かれたことを意味した。さらに、HIS の卒業生を対象とする中等学校 MULO (Meer Uitgebreid School) やその上部中等学校 AMS (Algemeene Middelbare School) が設置され、HIS の生徒達に大学進学の道も開かれた。第二級学校は 1907 年に 5 年制となり、HIS に改変される前の第一級学校とほぼ同じ水準に達した。政庁はその主旨を「政庁に勤務したいと希望する者、もしくは、商業やその他の職業に就いて所得を得たいと希望する者のために設けられた」と説明している [ibid: 81]。そして、それに代替する「大衆教育」として、1907 年に 3 年制の村落学校 Sekolah Desa が開校され、読み・書き・算数が土地の言葉で教授された。すなわち、洋式教育が 20 世紀初頭に行政村レベルまで拡張した。

とくに、専門教育について、10 年制に拡充された STOVIA では、卒業時にオランダ本国の大学受験資格を得ることが可能となり、留学が以前に比して容易となった。また、法律学校 Rechts School、農学校 Landbouw School、獣医学校 Veeartsen School 等が開学し、さらに 1919 年にはバンドン工科大学 Technische Hoogeschool te Bandung が、20 年代に入ると医科、法科の単科大学がバタヴィアで開設された。

この近代的教育制度のもと、オランダ語を学び学歴・資格を得て、従来は世襲を慣例とした職業を選択することが可能となり始めた。加えて、政庁の業務の拡大と比例して、従来の内務官僚、医師、学校教師のほかに電信電話、国営鉄道、農業技術指導員などさまざまな職種が開かれた。さらに、教育課程で修得した資格を活かし、政庁に入庁しない「自由」を手中にした者が出現した。彼らはオランダ語を通じて新思潮を知り、自らの手腕で生きる道を選んだ新しい知識層であった。それは、彼らが受けた教育環境ゆえに自らを問い、自己の役割を認識し行動する若者達であった。それは、以下のスカルノ Sukarno (1901-1970) の描写に代表される。

> なぜ「われわれ」はこのような旅をしているのか。なぜ「われわれ」は出身地も言語も文化も違うのに、こうしてスラバヤの HBS で机をならべ、オランダ語で教育を受けているのか。それは「われわれ」がオランダ領東インドの原住民であるからである。「われわれ国民」の意識はここから生まれた。インドネシアのナショナリズムは学校の教室で誕生した [白石 1997: 9]。

支配者の言語であるオランダ語で、学校教育を受ける「われわれ」の意識が描写される。このような民族意識の表出は、1908年にSTOVIAの学生を中心にインドネシア最初の民族主義団体であるブディ・ウトモ Budi Utomo にもみられた[32]。そして、ブディ・ウトモの結成を皮切りに、1911年にはサレカット・イスラム Sarekat Islam[33]、翌1912年に東インド民族主義を掲げる東インド党 Indische Partij、1920年にインドネシア共産党 Partai Komunis Indonesia、そして1927年にスカルノが率いるインドネシア国民党 Partai Nasional Indonesia が結成された。そして、翌1928年には「青年の誓い Sumpah Pemuda」が採択された[34]。それは植民地支配を前提とする領域概念「東インド」からの転換を明確に示した。

　従来の倫理政策やインドネシア・ナショナリズムの研究では、先述したように、倫理政策下の「学校の教室」つまり教育制度を通じてインドネシアの民族意識が生じ、その青年達の特徴は自らの伝統的社会を対象化し、同時に別の社会を意識する視座をもちアイデンティティを確立した知識層と言われる。そし

32) 倫理政策の時代の空気を反映した民族運動の先駆的な団体。設立日5月20日は「民族覚醒の日」として定められている。結成の背景にはSTOVIAの前身ジャワ医学校の卒業生であるワヒディン・スディロフソド M.Ng. Wahidin Soedirohoesodo（1857-1916）の活動があり、それに呼応したストモ Soetomo（1888-1938）やG. マングンクスモ Goenawan Mangoenkoesoemo（1890-1929）等の学友によって結成された。しかし、指導権が学生から次第にプリヤイの官僚に移行し、政庁との協調するジャワ族の団体の色彩が色濃くなり、サレカット・イスラムやインドネシア共産党の活動の影で政治的影響力を失った。ワヒディンについて第5章第2節第3項を参照。また、ブディ・ウトモとカルティニの姉妹達の関係については第6章第3節第1項を参照。

33) 例えば、サレカット・イスラムはヨーロッパ人小学校からOSVIAに学んだティルトアディスルヨ Tirtoadisoeryo（1880-1918、インドネシアジャーナリズムの先駆者といわれ、原住民で初めてマレイ語新聞『メダン・プリヤイ』を創刊）の協力を得て設立され、1912年ごろから指導力を発揮したチョクロアミノト Haji Umar Said Cokroaminoto（1882-1934、OSVIA卒）をはじめ、幹部は洋式教育を受けたプリヤイ出身者達が多かった。東インド党では、ユーラシアンのダウエスデッケルを中心に、スワルディ・スルヤニングラット Soewardi Soerjaningrat（1889-1959、STOVIAに学ぶ。タマン・シスワの指導者であり後の教育文化相、デワントロの名前で有名）やチプト・マングンクスモ Tjipto Mangoenkoesoemo（1886-1942、STOVIA卒）が指導者であり、出自や文化の違いにかかわりなく東インドに居住する全ての住民が参加できる政党を結成し、東インドを祖国としてその独立を獲得することを唱えた。

34) インドネシア民族主義運動の指導者を輩出したオランダ留学生の団体「インドネシア協会 Indonesische Vereniging」の幹部らの活動も加わって「プムダ・インドネシア Pemuda Indonesia」という団体が結成され、「青年の誓い」の文案が練られ、その主旨は「我々インドネシア青年男女は、インドネシア国という唯一つの国をもつことを、インドネシア民族という唯一つの民族であることを確認し、インドネシア語という統一言語を使用する」ことであった。「青年の誓い」については［永積 1980: 254-261］に詳しい。

て、倫理政策による教育効果と社会的流動性によって、彼らは前世代と比べて前途洋々であった。しかし、それは教育を受ける機会に恵まれた男子に限られ、実際に男女共学とは名目に過ぎなかった[35]。たとえば、倫理政策の推進者（「倫理派」）として名高いアベンダノンや、後の章で述べるオランダ本国の国会議員ファン・コル H. H. van Kol（1852-1925）は、カルティニと面識をもち、カルティニをヨーロッパ文化の「伝道者」として倫理政策を推進する構図を描いた。しかし、実際のカルティニはジャワの慣習に阻まれ教育改革を享受することはなかった。彼女は倫理政策開始からわずか数年後、ブディ・ウトモも知らずに永眠した。1914年（カルティニの死後十年）、女子師範学校がジャワに開校されたが、既に師範学校設立から半世紀が過ぎていた。すなわち、政庁は、ジャワの家父長制や慣習を温存して、プリヤイを官吏に調達し植民地官僚制の強化を優先目的としたのであって、旧態依然とした慣習から女子を解放するために教育政策を推進したのではなかった。

第2節　19世紀後半における交通・通信の発展と社会変化

オランダでは1850年代から進行し始めた産業革命によって1870年代以降は経済に急速な発展がみられた。ドゥ・プッテ I. Fransen van de Putte（1822-1902）が1863年、植民地大臣に就任し会計法が制定されると、東インドの予算がオランダ連邦議会に提出され討論の対象となる機会が開かれた。また、産業革命の進展と資本主義体制の展開に対応して、1865年には藍、翌年にはタバコの強制栽培が廃止された。

1870年、植民地大臣ドゥ・ワール Engelsfertus de Waal（1821-?）の時代に農地法が制定された[36]。すなわち、土地利用の門戸を民間に開放する政策に転換し、ヨーロッパ人企業家には土地の自由な賃貸が認められた。また同年、政庁

---

35) 第5章第1節第2項で述べるカルティニのスヌック C. Snouck Hurgronje 批判を参照。
36) 内容は、以下のようであった［和田・森・鈴木 1978: 102-103］。
・原住民の土地所有権を正式に認め、非原住民への土地譲渡を禁じる。
・住民の土地については私企業の賃貸借を認める。
・国有地に関しては式場に75年以下の長期借地権 erfpacht が認められた。
・所有権の立証されない土地は全て国有地とする。

の管理下にあった製糖業を私企業への転換を旨とする砂糖法が制定され、1879年から13年間のうちに砂糖の強制栽培制度が廃止されることになった。コーヒーの強制栽培制度は1917年まで存続したとはいえ、大部分の作物における強制栽培制度の廃止は、国家的植民地経営が終わったこと意味した。

　新しい時代を画した自由主義政策の意図は、以下のファーニヴァルの言に代表される。

> もし国家が法律と秩序の維持に専心するならば、経済的動機・個人所得の欲望に従った経済プロセスの無制限の進行こそが一般的福祉の増大につながる［Furnival 1939: 222］。

　つまり、一般個人の経済活動が政庁の規制緩和の下に推進すれば、実は植民地の富を増大させることになるとする。そして、東インドでは20世紀転換期にかけてサトウキビ、茶、キナ、タバコ等熱帯農産物の生産量が伸長し、錫や石油の産出もさかんになった。それらは、オランダ本国の加工業や中継貿易の繁栄と不可分であった。東インド政庁は、民間資本を招致し、世界市場むけ商品作物の生産拡大を目指すために、物流のインフラストラクチャーの整備を喫緊の要事とし、東インドの運輸・通信の発達に力を注いだ。

　オランダと東インドを結ぶ蒸気船の定期便は、カープスタット Caapstad（現ケープタウン Cape Town）経由で1845年より開設されていたが、1869年にスエズ運河が開通すると、アムステルダムとバタヴィアが1ヶ月で結ばれた[37]。東南アジア海域の主要都市と欧州を結ぶ定期航路の開設にイギリス、フランス、ドイツ、オランダが参入し、東南アジアへのアクセスが格段に容易となった[38]。「スエズ運河経由による蒸気船の定期航路」は、人と物が市場を求めて動き回る新しい時代の引き金を引いた。これまでのスンダ・クラパ Sunda Kelapa 港に代わって海外貿易を担うために、1877年から着工されたタンジュン・プリ

---

37) オランダ蒸気船会社 Stoomvaart Maatschapij Nederland が1870年に設立され次の年から運河を航行し始め、1877年にはスエズ運河を航行したオランダ船の総数が63隻を数え、イギリス、フランスに次いで第3位を占め、この順位はその後も長い間変らなかった［永積 1980: 42］。

38) 当時の東インドの新聞に掲載された欧米各国の郵船の広告は、本国と植民地の人的・経済的交流の急速な進展を表出し、グローバルな時代の到来を告げていた。19世紀後半は文字通り Le Tour du mond en quatre-vingts jours（『八十日間世界一周』1873年出版）に象徴される地球規模の「輸送革命」を経験した時代であり、そのマレイ語による翻訳・刊行は（1890年）、東インドにおいてこそ「交通革命」がもたらす世界の一体化を追体験できる読書環境が、この時期に出現したことを意味する。

オック Tanjung Priok 港が 1886 年に完成して大型船舶の係留を可能とし、輸送量を飛躍的に増大させた。東インド域内では、1812 年にジャワ－スマトラ間に定期航路が就航し、1852 年にはバタヴィア－スラバヤ－マカッサル Makassar －テルナテ Ternate －アンボン Ambon －メナド Menado を巡航する郵船が開かれていたが、スエズ運河の開通が航路の発展に拍車をかけ、1890 年までには植民地の主要な拠点が全て郵船網で結ばれた［土屋、加藤、深見 1991: 162（加藤担当）］。

また、鉄道網についても同じことが言えた。1862 年、中ジャワでサトウキビ栽培が行われたタングン Tanggung と港スマラン Semarang を結ぶ鉄道の敷設工事（全長 25 km、1867 年開通）が始まった[39]。次いで、1870 年にはスマラン－ジョグジャカルタ Yogyakarta 間に、そして西ジャワ・東ジャワ・スマトラと鉄道網が延伸した。それは、1879 年すなわちカルティニが生まれた年には 372 km であったが、1899 年には 3008 km に達した［和田・森・鈴木 1977: 134][40]。

20 世紀以降は自動車の登場で道路網も緊密化の一途をたどり、植民地支配のネットワークが全土に及んで官庁・学校・裁判所があまねく行き渡り、その拡大に拍車をかけた［土屋、加藤、深見 1991: 162（加藤担当）］。

さらに、通信の発達が同時に進行した。1856 年、バタヴィア－バイテンゾルフ Buitenzorg（現在のボゴール Bogor）間に最初の電信が開通した。ついで、バタヴィア－スラバヤ間とスマラン－アンバラワ Ambarawa 間の電信回線が敷設された。海底ケーブルも 1880 年後半以降、植民地各地を緊密に結び付けられていった。また、電話が 1876 年に発明されると、直ちにオランダ本国で使用され、時を経ずして 1881 年にバタヴィアで初の電話会社が設立された。

---

39) ジャワ島では 1920 年代半ばまでに今日使われている鉄道網がすべて完成した。それまでは、総督ダーンデルス H. W. Daendels（1762-1818、在任 1808-1811）が対英防衛戦略の一環として建設した、バタヴィア－スラバヤ間の北海岸幹線道路（現通称 Jalan Daendels）が主要な幹線であった。この道路には駅遥が敷設され、郵便の輸送に使われたため、別に「大郵便道路 Grote Postweg」と呼ばれた。その後、鉄道網の拡張と迅速性によって、鉄道が郵便の輸送に使われるようになった。北海岸幹線道路によるジャワ島東西間移動には 6 日を要したが、鉄道ではわずか 1 日半に短縮された［加納 2003: 28, 31］。

40) 1890 年のブニング社版『アルマナック』にはジャワ・マドゥラの鉄道時刻表と料金表が 32 頁にわたり掲載され、当時のジャワ島は、鉄道延長キロ数にして約 900 km が開通し、旅客のべ数は 600 万人であった［土屋 1992: 138］。このように、時間のシンボルである鉄道情報がマレイ語で掲載されたことは、人・モノ・情報の移動が激しさを増し、生活様式の変化を意味する。

第 1 章 背景

そして、電話回線がバタヴィア－タンジュン・プリオック港間、次いでスマラン－スラバヤ間に、1890年代にはバタヴィアと主要な植民地都市たとえばスマラン、スラバヤ、バイテンゾルフの間等に敷設された。20世紀に入ると遠距離回線の敷設が、海底ケーブルの利用や鉄道に沿って伸長した。

情報は人を介してもたらされた時代を超克し、互いに顔を知らない者の間を飛び交い始めた。輸送革命は、歴史を通じて二つの世界を結ぶ東南アジアの地理的条件において、社会変容に決定的な意味をもった［桜井2003: 233］。まずなによりも市場が世界規模で急速に拡大した。また保健衛生学や西洋医学の進歩は、オランダ人が家族を伴って東インドへ渡航する条件をととのえた［富永1991: 38］。この結果、物流を預かる都市在住のヨーロッパ人の規模が拡大した。東インド域内の植民地都市、たとえば、スマラン（1880年の人口

オランダ－東インド往復航路定期便開設を告げるポスター（1883年）
マルセイユを経由しスエズ運河・地中海側の「玄関」に位置するポートサイドPort Saidへ到着する大型蒸気船を彷彿とさせる。

は約7万人）には約3000人のヨーロッパ人が居住し、1880年代初期には山手に位置するチャンディCandiで小規模ながらもヨーロッパ人のコミュニティーが形成されていた［Termorshuizen 1988: 76］。当時、東インドに居住するオランダ人とヨーロッパを繋ぐ主要な媒体が、活字メディアであった。植民地に居住するオランダ人は、オランダをはじめヨーロッパの動向を把握する事に熱心であったから、海運・造船の発達を利用して、オランダからの出版物の輸送量が増加した［ibid: 145］。ヨーロッパから来航した男性のみならず、東インドにおける読書の担い手として大きな存在であったオランダ人女性も、オランダから書籍を取り寄せた。女性達は本国と同じ生活様式を求め、植民地都市にはオランダ人の需要を満たすビジネスが展開された。

たとえば、当時、スマランで発行されていた日刊紙 *De Locomotief*（「デ・ロコモティーフ」）の広告欄には、ゾラ E. Zolaを筆頭にドーデ A. Daudet、ユゴー V. Hugo、フローベール G. Flaubert等のフランス語の原書や、ディケンズ C.

タンジュン・プリオック港

スエズ運河開設にともなって1877年に工事が開始され、インドネシア最大の港として機能した。独立後は、原油基地を含む工業地帯を形成した。

上 築港前の寒村タンジュン・プリオック、バタヴィア（現在のジャカルタ）の中心部から北東10 kmに位置する。

中 築港中のタンジュン・プリオック

下 1886年竣工、東インドの各港から郵船が到着した。写真中の積み荷はKPM（オランダ王立郵船）で保留されたのちオランダへ向かった。

第1章 背景 | 43

DickensやH. ジェームズ Henry James 等の英米の小説等の掲載がみられた。さらに、同紙を購読することによって、当時すでに全世界に電信網をもっていたロイター通信社 Reuters が配信する、世界のニュースを知ることができた。西洋の最新の文化はそのまま東インドに流入していった［富永 1991: 39-45］[41]。また、De Locomotief のように東インド在住のオランダ人を対象としたオランダ語新聞は、スマランのみならずバタヴィアやスラバヤ等の植民地都市で発行されていた[42]。オランダ人だけでなくオランダ語が解せる個人であれば誰でも、あまねく世界の公開情報にふれることができるのである[43]。それはまた、19世紀のヨーロッパで急速に進歩を遂げる活字メディアを通じた、機会の平等と公正の追求にふれることでもあった。カルティニのような個人でさえ、国境を越えて届けられた思潮のなかに普遍志向を見出すことができた。たとえば、「onze shoone aarde 我々の美しい地球」［Kartini 1911: 162］という、カルティニの言葉が表出する世界の一体化といったニュアンスは、まさにこの交通情報革命の只中にあった19世紀末のジャワ人社会だからこそ、出現しえたのである。

　運輸・通信の目覚しい進歩は、当時にあって想像もつかないほどの圧倒的な時間の短縮を可能にすると同時に、自身の環境を超越した空間にいる面識のない人々と、通信手段を使って相互に自由なコミュニケーションをはかる可能性を拓いた。では、カルティニは何を受容し、何を発信したのか。そして、カルティニは時代の制約をどのように越えようとしたのか。カルティニの失われた声を、次章から掘り起こし、Door Duisternis tot Licht で形成された「カルティニの虚構性」をあきらかにしていく。

---

41)　第3章第1節を参照。

42)　De Locomotief とともに、東インドを代表する商業新聞としてバタヴィアで発刊された Java Bode（1852-1958）、スラバヤで発刊された Soerabaiasch Handelsblad（1837-1958）が挙げられる。いずれもが19世紀中葉に創業している。一方、政庁の機関紙には Javasche Courant（『ジャワ官報』）があり、これは1810年、ダーンデルス総督の時に発刊された「バタヴィア植民地新聞」を前身とする。

43)　例えば、オランダで当時大きな反響を呼んだヨング夫人 de Jong van Beek en Donk の代表作 Hilda van Suylenburg（ヒルダ・ファン・スイレンブルフ）は1898年に刊行されたが、カルティニは「既に3回も読破した」ことを1899年5月25日付ステラ宛書簡に記し、また1900年出版されたボレル H. Borel の Het Jougtje（『少年』）の読後感想を同年8月23日付書簡で述べたことは、小説が刊行されてカルティニの書簡に言及されるまでが、極めて短期間である点に、当時の運輸・通信の迅速性が表出する［富永 1991: 42］。

第 2 章
カルティニの生涯

第1節　ヨーロッパ人小学校で学ぶということ

　ラデン・アジュン・カルティニ Raden Adjeng Kartini（以下カルティニとだけ記す）は、1879年4月21日に中ジャワのジュパラ Djepara 県マヨン Majong 郡に生まれた。1880年、父のソスロニングラット R. M. A. A. Sosroningrat（?-1905）はブパティ Bupati（県長、オランダ語官職名レヘント regent）に任命され県都ジュパラへ異動し、彼女はそこで人生の大半を過した。ソスロニングラットには11人の子があり、カルティニは第5子であった。

　ソスロニングラットは男女を問わず子供達すべてをヨーロッパ人小学校へ通学させ、カルティニも6歳（1885年）の時に入学した[44]。ソスロニングラット自身もヨーロッパ人小学校に学んだ経験があったからである。さらに、ソスロニングラットの父であるチョンドロネゴロ P. A. Tjondoronegoro 4世（1811?-1866）[45] は1861年に C. E. ファン・ケステルン van Kesteren を子供達の家庭教師としてオランダから招聘した。ケステルンは後に著名なジャーナリストとして *De Indische Gids* の編集を手がけた人である。このことが示すように、子供達は男女の別なくオランダ語に熟達した人物からそれを学び、西洋式の教育とその恩恵を時代に先がけて享受することができた。その当時、チョンドロネゴロは、保守的なブパティから、プリヤイに相応しくない奇態なやり方であると非難された。が、ソスロニングラットとその兄弟達は全てブパティに就任したため、官職を得てその地位を保持するためにも洋式教育の必要性が認識されるようになり、次第に他のブパティもそれを見習うところとなった。カルティニは生前の祖父にまみえることはなかった。しかし、折にふれて手紙の中で祖父

---

44) カルティニと学友レッツィーの会話において、レッツィーが受験勉強の一環として休み時間に取り組むフランス語を、カルティニが正規科目でないことを指摘する［Kartini 1987: 7-8］ことから、カルティニが通うヨーロッパ人小学校は第2級ヨーロッパ人小学校と判断できる。が、その立地はブパティ公邸に隣接し、校長の令嬢レッツィーはオランダ本国の師範学校そしてカルティニの兄達は HBS へ進学した実績を持つことが、カルティニ書簡から判明する。したがって、カルティニ達が在籍したヨーロッパ人小学校では、前章で述べた第2級ヨーロッパ人小学校におけるレベルの低さは、あまり見受けられないと言えよう。

45) 1836年、父親の引退後クドゥスのブパティに任用された。1850年デマックに異動し、強制栽培制度のもとで大飢饉が起こったデマック地方の立て直しに成功し、1852年に「パンゲラン」の称号を授与された。また、二人の子息はオランダ語ができるブパティとして顕彰された。

について言及している。

> チョンドロネゴロ家の進取の気象については多くの記録や言い伝えがあります。祖父は随分前に亡くなりましたが、今もその名を留め、尊敬され、共感されています。祖父は息子にも娘にもヨーロッパ式の教育を与えた最初の人物で、先駆者であり、真に志の気高い人間でした［1901年11月29日付アベンダノン夫人宛書簡．Kartini 1987: 107］。

そして、19世紀末つまりカルティニの子供時代になると、ソスロニングラットとその兄弟のように洋式教育を受けた者がオランダ語教育の重要性を自覚し、その子女に同じ教育を授けようとした。が、当時の慣習ではまだまだ女子が男子と机を並べるなど考えられなかった。しかし、ソスロニングラットは、息子達だけでなく娘達にも教育を与えた。

ヨーロッパ人小学校のカリキュラムは本国オランダのそれと同一であった。教科として読本・書き方・算術・地理・歴史などを学び、オランダの「帝国」の領域も教えられていた。すなわち、彼女自身が住むジャワは「帝国」の一部であることを認識していた。例えば、『祖国の歴史』という教科書の内容は、オランダの歴史を主とした西洋史であった。カルティニ達は「外国の歴史」を自分達の歴史として学習し、採点された。後に、彼女は以下のように記している。

> *De Vaderlandsche Geschiedenis*（『祖国の歴史』）を一瞥すると、学校時代のうんざりした事を思い出しますが、かつてはどうでもよかった事や、単に解らないという理由で無視していた多くの事柄が、今では生き生きと感じ興味を覚え、以前に比して一層理解できます［1902年4月8日付アベンダノン夫人宛書簡．ibid: 155］。

当時、オランダ人には常識であってもカルティニ達には見も知らぬ事の数々が、理解を妨げ「うんざりした」思い出になったのであろう。しかし、一度学校で習った知識と経験は、大人になった時に別の視点で再度見ることができ、それがかつてとは違って興味深く生き生きと感じることもある。それは、彼女にとって、学校の基礎教育が一過性ではなく生涯にわたって息づいていることを示している。カルティニはこの意味で「学校教育」を経験した初期の女性であった。学校は、彼女にとって人種の壁を越えて同年輩の子達が集う場であり、小さなヨーロッパ世界であり、それが広い世界へと繋がっていることを実感させる空間であった。彼女の言葉でいえば、まさに「叡智の殿堂」であった［Kartini 1987: 9］。彼女のヨーロッパ人小学校での学校生活は、彼女およびソス

チョンドロネゴロ一族

カルティニの祖父チョンドロネゴロ4世の子息達は中ジャワ北海岸でブパティに就任、カルティニの叔母・姉妹・従姉妹も同地域へ嫁ぎ、「チョンドロネゴロ一族の領地」の様相を呈した。

上　左からカルティニ、カルディナ、ルクミニ。
中　カルティニの叔父ハディニングラット（右）とラデン・アユ（正妻）。
下　中ジャワでは主に水稲耕作が行われていた土地に、強制栽培制度でサトウキビが栽培された。東インドの糖業は当時世界一の生産量を誇った。

ロニングラット家さらにはジャワ社会とは全く違う価値観や思考法を、日常的に知ることのできる場であった。

　カルティニは5年生のころ、学友レッツィー Letzy Detmar（ヨーロッパ人小学校校長令嬢）に次のように言われたことがある。「私が教師になって戻って来た時、ここに配属になるかも、私はクラスの前に座っているはずよ。大きくなったらカルティニは何になりたいの」カルティニは答えに窮した［ibid: 7］。学友が本国の師範学校に入学するために受験勉強をしているにも拘らず、カルティニは自身の進路に思い及ばなかったことに愕然とした。帰宅後、カルティニはその質問に対する答えを長兄スラメトから得て、一旦は落ち着きを取り戻した。しかし、「ラデン・アユ Raden Aju（正妻）になる」という答えを、カルティニは鵜呑みにしなかった。彼女はこれまで知らなかったラデン・アユの実態を観察し始めた。その結果、カルティニは次のような見解に達した。

> ラデン・アユになることは、何世紀ものあいだ絶対視されてきた慣習、つまり女性は誰となどと問う権利を有することなく嫁がされ、一人の男性の所有物にならなければならないという慣習を受け入れることでした［1900年8月付アベンダノン夫人宛書簡, ibid: 7-8］。

　一般に、ジャワ貴族の娘がラデン・アユになることは、両親もそれを望み祝福されるべきことであった。しかし、カルティニは他者に与えられた問題を改めて自分の課題として捉え直し、観察・分析した。結果、「正答」から大きく外れた。ジャワ社会では確かに「そういう事になっている」のであるが、カルティニには「ジャワの正答」は無理を強いる「常識」に思われた。一般に、「女性は誰となどと問う権利を有することなく嫁がされる」ことは、後述する『イエスタ・ベーアリング』に登場する西洋人女性の境遇（第3章第3節1項参照）と比して、洋の東西の大差はなかった。が、問題に気付いた女性が声を上げ始めた事実を、カルティニはオランダ語活字メディアで知り得た。上述は、カルティニもリアルタイムで声を挙げた一人の女性という証左である。

　カルティニは年齢が上がるにつれて、それ相応の問題が生じる度にそれを問い続け、自力でその意味を捉えることに挑戦した。そのたびに、カルティニは自身の見解とジャワの常識の乖離に直面し、価値観が対立する経験を繰り返し苦悩した。が、その葛藤から知性が芽生えカルティニを育て上げた。その最初の一歩がレッツィーとの会話、すなわち、子供達が一度は話題にする「将来、

何になる？」という問いから始まった。

第 2 節　閉　　居

　閉居とはジャワ語でピンギタン pingitan と呼ばれ、ジャワ貴族の娘が年頃に達すると結婚するまで屋外に出ることを禁じる慣習であった。一般に、それはジャワ貴族の娘に相応しい作法を身につけ結婚に備える期間でもあった。ここで、閉居の慣習に従うことはカルティニにとって実際に何を意味したのかを考察したい。

　カルティニは兄達やオランダ人の学友と同じように進学を希望したが、12歳半になると閉居の慣習に従うことを強要され、卒業まで半年を残してヨーロッパ人小学校を退学した。

　カルティニはその時、飛ぶことを教えられた娘が「鳥籠に入れられた」と痛感した［Kartini 1987: 9］。「鳥籠」の中での暮らしは、閉鎖的な因習の中での生活を強いられることを意味し、この慣習によって行動の自由や学問の自由を失うことを彼女は自覚していた。カルティニは暫くの間独学を続けたが、刺激のない毎日に、やる気も失せて自習をやめた。カルティニは深い孤独の中にあった。

1.　長姉スラストリとの確執

　当時、長姉スラストリ R. A. Soelastri（1877-?）も閉居中であった。長姉はカルティニよりも 2 歳年長で、ヨーロッパ人小学校に学んだ経験があったが慣習を当然として受け入れていた。たとえ 2 歳の年の差であっても、厳然とした長幼の序が存在した。それは、相異なる思想をもつ二人の姉妹を隔てた。

> 姉妹の生き方や性格は全く異なり、古い慣習に強く捉えられた姉の目には妹は間違っていると映り、両者の心の通い合う関係など問題外であり、姉妹は疎遠でした。姉は変な考えを持つ妹と付き合う者をきらいました［1900 年 8 月付アベンダノン夫人宛書簡, Kartini 1987: 10］。

カルティニは、肉親に自らを理解してもらえない苦悩を抱えつつ、姉と比較し考えたことを次のように記している。

> なぜ異常に思われ疎外され、他者と非常に異なるのか。他者が思うように自分も考えてみたりしつつ、他者との異なる点についてしばしば考察しました。そうするうちに、オランダ語の知識で培った考えが目を覚まし、両親に申し訳ないと嘆き悲しみつつも、再び目覚めた考えに惹きつけられていきました [ibid: 10]。

長姉との確執で特筆すべきことは、カルティニが日常身辺で起こった事柄に深く注目して問題意識をもち、考えを全く異にする長姉の立場に立って姉を考察していることである。カルティニは小学校時代、他者とは歴史・文化・社会背景の異なるヨーロッパ人であり、「私はこう思うが、レッツィーならどう考えるか」と考える、すなわちヨーロッパ人の立場に立ち事物を見つめる経験を重ねた。彼女は幼少の頃から、目の前の現実を外部の視点から捉え直す経験を日々積み重ね、思考を繰り返すうちに、自らとは全く異なる他者の視点で事物を見つめることを習得した。結果、カルティニはジャワ文化が生来の文化であっても絶対視するのではなく、全てを相対化する柔軟な精神を身につけた。そのゆえに、カルティニは姉を変だと感じるように、姉から見ればカルティニも変だと思われていることを受け入れることができた。同時に、彼女は学校時代にオランダ語の知識を通じて培った考えが、自己の中に根付いていることに気付き、自己を再発見した。

しかし、両親に申し訳なさを感じ、カルティニは己を責めた。なぜなら、両親が子達をヨーロッパ人小学校へ通学させた目的は、オランダ語と西洋の作法を習得させるためであり、それ以上は何も望んではいなかったからである。が、彼女は両親の望まない事をしてしまった。それゆえ彼女は両親に対して「申し訳なく」感じたのであった。ここに、当時のジャワの家族の中におけるカルティニの位置および親子関係の慣習が示され、カルティニはそれを容認しているが故に苦悩していることが認識される。

しかし、一度ヨーロッパ人小学校に学んだカルティニは、そのような苦しみを感じる必要のない別の世界を知り、空間を移せばそのような「常識」など存在しない所で、不都合無く生きている人々がいることを知っていた。オランダ語という言葉の学習を通じてその背後にある文化の精神を学ぶことは、非難される対象にはならないことを感じ取っていたのであろう。その時、カルティニ

は「再び目覚めた考えに惹きつけられていく」ありのままの自分を受け入れた [ibid: 10]。カルティニはこの苦渋の判断による「自己の再発見」の後、行動を起こし始めた。カルティニはジャワの慣習を当然のように受け入れるのではなく、違うと思えば挑戦し、自身の可能な範囲で慣習に従うことを止めた。その一例を次に見てみたい。

2. 長兄スラメトとの確執

長兄スラメト R. M. Slamet Sosroningrat（1873-?）が学業を終え、自宅近くに職を得て両親と同居を始めた。それまでカルティニは家族の冷たい態度に悩み、単調で退屈な生活に気が滅入り、閉居に悩み慣習に苦悩した。そして今度は兄の苛めが彼女の苦悩をさらに深めることになった。カルティニは長兄に対してとった態度を次のように記している。

> 兄の言いなりになる子ではありません。「年下の者は年上の者に従うこと。特に、妹は兄の言う事を聞かなければならない」と、兄に言われても従いませんでした。兄より遅くに生まれたという理由で兄に従うことは全くばかげていると思い、そのようにしませんでした。ただ己の良心に従うのみでした。そして、兄が正しいと確信しなければ、兄に譲歩しませんでした［1900年8月付アベンダノン夫人宛書簡，Kartini 1987: 11］。

これに対して、

> 兄は6歳年少の妹が大胆にも彼の意思に反すると、最初は驚きそして怒り心頭に達しました。兄はこの不謹慎な者の鼻をへし折らなければなりません。妹は全てにおいて間違いをして、些細なことであっても兄に叱責されました。兄と妹が対立しない日は無く、兄は妹に心が血で滲むきつい言葉を投げつけ、妹は自己の権利あるいは兄が踏みつけたいと思った他者の権利を擁護し、独裁者である兄にただ一人で立ち向かいました。〔中略〕それを見ている家族は妹が正しいと判っていても、何も言わずに事の成り行きを容認していました。妹は兄にイエスと言うべきところをノーと言うので、妹の生意気な態度を助長すべきではないと思っているからでした [ibid: 11]。

当時のジャワの慣習では、一家の長である父親 Bapak には絶対に服従の態度を示さなければならなかった。そして、長兄はその第2番目に位置した。すなわち、結婚前に両親を亡くした場合、長兄が保護者となった。ジャワの慣習

に従えば、兄の言動に異議を唱える妹に非があることは明白であった。それゆえ、譲歩しない妹に対して兄が「最初は驚く」のは、妹の行為がジャワの慣習を逸脱して極度に非常識だからであった。その驚きと怒りは正比例した。しかも、その兄の行為をジャワの慣習が支持した。だから、家族のほかの者は沈黙し傷ついたカルティニを見て見ぬ振りをした。カルティニは家族という最も身近な者達のなかで常に孤立し、孤独の中で自己の無力さを痛感した。しかし、なぜ、「開明的」と言われるソスロニングラット家に、兄のような人格を持つ者が育ったのか。日常身辺で起こった問題の究明がここでも始められた。そこでカルティニが気付いた事は、どんな強圧的な男性も最初は母親に育てられ、母親は兄と娘とで違った育て方をしていることであった。

> 兄は子供の頃、母親によって最初に我儘を教わり、次に女性は男性より序列が低いことを教わりました。母親やおばや知り合いの女性が、「たかが女に過ぎない」と、蔑みの口調で言うのを兄はしばしば耳にしました。これでは女性が女性を低めていることを、男性に教えていることになります [ibid: 11]。

　それは母親、すなわち女性が自らのうちに慣習を取り込んでいる状況であった。そして、その役割や規範を当然のことのように引き受けていることだった。そのゆえに、当の女性が男尊女卑の発言を平気で行っているのであった。女性は慣習の犠牲者だと思っていたが、同時にその担い手でもあることに彼女は気付いた。それは、女性が自ら抑圧を受容するという実状であった。「彼女達が女性を蔑むのを聞くと、血潮が怒りで煮えたぎりました」と、彼女は記している [ibid: 12]。

　また、それは女性だけの問題ではなかった。カルティニはジャワ社会における長兄という立場を考察し、「兄はお世辞や諂う利己的な周囲の者達によって自己を見失い、誤った方向へむかうに任せていた大きな少年」と、兄のことを認識した [ibid: 14]。それは男尊女卑の家父長制の文化が原因であった。カルティニは「兄に対して同情し」、長兄も同時に犠牲者でもあることを認識した。カルティニの気付いた問題は、より根源的な抑圧そのものであった。

　しかし、カルティニがそれに気付いたからといって事態は好転しなかった。兄は妹の自由・自立・解放への憧れを聞いて嘲笑し続け、兄の男尊女卑の言動は彼女を苦しめた。「女は何の役にも立たない。女をどうしようと男の勝手だ」という兄の言葉に対し、カルティニは次のような反論を回想して手紙に書いて

いる。

> 私達も人間、男性と同じ人間です。それを証明する機会を私に与えて、自由を束縛する手枷足枷から私を解放して！　それが許されるなら、私は人間、男性と同じ人間であることを証明しますと、心の中で叫びました [ibid: 12]。

　まさに、カルティニが指摘するように女性には「機会」がなかった。女性にとっての最大の難関は先ず機会を得ることであった。それが女性にとっての19世紀末のジャワの実状であった。事実、カルティニはスタートできさえすれば、独力でもって屈しないで進むことができるという思いを、実際に口に出して言うことすらできなかったのである。なぜなら、「女性には権利が無い」と彼女が書いているように [ibid: 11]、何の権利も有していない自身を認識したからである。

　家父長制に支えられた性差・年齢差別が当然とされたジャワの慣習の下にあって、カルティニは権利を主張するどころか「無視された」社会で生きていることを認識せざるをえなかった。

> 兄が言うように、「ジャワの娘が生きていくには二つの道しかありません。結婚さもなければ……恥！」という目の前の生々しい現実だけを見つめました。心は悲しみで打ちのめされました。〔中略〕男性の気まぐれで生き延びていくのです [ibid: 12]。

　カルティニは旧態依然としたジャワ社会を反映する兄の意見に反感をもっていた。しかし、カルティニは誰かに働きかけることを、まだ知らなかった。彼女の最も身近な存在である親との関係について、「ジャワの親子関係は疎遠です。土地の慣習は両親の腕の中での魂の安らぎを否定しています。ジャワの作法は常に物静かで感情を表に出しません」と記されており [ibid: 7]、家父長制に基づく親子関係は、彼女を苦悩から救い出すことはできないという認識を示している。このような日常で、カルティニは「我々を辛い人生から救い出してくれる死よ！　なぜ恐れられているの。私は感謝し喜んで死について行きますのに」と、思いつめるようになった [ibid: 12]。

　しかし、カルティニは自身の問題を独力で解決する努力を怠りはしなかった。カルティニは新しい生き方を模索した。彼女はその答えをヨーロッパの書籍に求め、読書を重ねて人生の危機を乗り切った。読書について、カルティニの言葉を引用する。

人間の英知で創られた想像上の世界に引き戻ることは、正に苦しみを与える冷淡な人達を避けるためでした。不快な生活を忘れることが許される、そして言葉には言い表せない楽しさを得ることのできる素晴しい本がたくさんありました。〔中略〕文学は一度だけの喜びを与えるだけではなく、限りない多くの教訓を与えることを知った時、どれほど嬉しく思ったことでしょう。本がなければこのような悲惨な日々を生き抜くことができたでしょうか。若い心に恐ろしく圧し掛かる重圧感で、衰弱してしまったことでしょう。本はオランダ語の知識を目覚めさせ、飢え乾いた魂に栄養を与えました [ibid: 13]。

カルティニの読書については次章で詳しく述べたい。

カルティニが閉居中に見たこと考えたことは、換言すれば、彼女が閉居を強要されたがゆえに見ざるをえなかった世界であり、彼女の現状認識を表明するものであるといえよう。そこには、彼女自身がどうあるかを見つめ、分析し、受け入れていく過程が見出される。こうして、カルティニは自身の目標を達成するために、今の自己をどう変え、現状をどのように変えるのか、それを行動に移し始めた。

3. 姉妹間の慣習を打破する

カルティニが16歳の時、彼女の生活に転機がおとずれた。長兄が転任し長姉は結婚したのであった。カルティニは、「自分の傍で他人のように暮していた妹達を知るようになりました。もはや長姉は妹達のあいだで邪魔をしていません」と書いている [ibid: 15]。ジャワの慣習に従えば、長姉の言う事は妹達には絶対であり、長姉が他の妹達とカルティニが親しくすることを嫌ったために、慣習と長姉にしたがって、妹達はカルティニと疎遠な生活を送っていたのであった。今度はカルティニが実家では最年長となり、長姉スラストリのように恐れる存在ではなく、慕われる存在になりたいと思った。

> 自由と平等を自ら切望しているのであれば、先ず他の者にそれを与えるべきではないでしょうか。妹達との関係は自由であり、それを強いるものであってはなりません。したがって、自由な関係を妨げる全てのものを取り除くべきです [ibid: 15]。

カルティニはその主張の通り年齢差に基づくジャワの慣習を止めた。そして、カルティニは1歳下のルクミニ R. A. Roekoemini (1880-1951) と、2歳下のカルディナ R. A. Kardinah (1881-1971) と部屋を共有した。カルティニは姉妹3

人の間でジャワ語を使うことも止めた [ibid: 15]。なぜなら、ジャワ語は常に自己と相手の年齢や性や身分の差を意識して、正しく話すことが求められる言葉であるから、実際に 3 人が同等の立場で議論するには不適切な言葉であると、カルティニは考えたのであった。

> 我々の家庭の中に今までとは異なる考えが存在します。たとえば、三姉妹の結束です。我々の目標は自由と平等です。愚かな慣習を捨て、美しい人格を形成します。我々は格式ばらずに自然にそれを育てます。他者より先に生まれたとか後に生まれた等を問題に致しません。先ず、年齢差というナンセンスなことをやめましょう。年長者の権利は年少者のために除去しましょう。我々の間では意見の一致が見られます。ことに我々三姉妹は結束しています。日ごとにその結束が強まり高まるように感じます。母との関係も、小言を言われますが誠実です。母の心無い言葉や行為は昔を思い出させますが、また、古い時代の名残として正しくなくても行わなければならない事がありますが、私は致しませんし、母は私のリベラルな考えを正面きって攻撃いたしません。可愛い実の娘であるルクミニが私と同じほど逸脱しているからです [ibid: 31]。

　ここで、カルティニは彼女の行動範囲において独力で可能であると判断したことを、行動に移していることが窺える。
　カルティニが学業半ばで閉居を強要された時、「兄達やヨーロッパ人の学友がしなくてもよいことを、自分がなぜしなければならないのか」という問題と向き合わなければならなかった。そして、カルティニは閉鎖的な固定観念を強要される自身を徹底的に直視し、現実を吟味する能力を備えるようになった。そして、兄や姉との確執は「兄弟喧嘩」のような私的な問題ではなく、そこには男尊女卑や年齢差別という大きな問題が呈されていることに気付いた。それは、カルティニが伝統的価値観に束縛された状況下で見た不条理であった。カルティニはそれが単なる兄や姉に対する不平不満ではなく、不条理に対する「正当な怒り」であることを認識できたからこそ、躊躇わずに書き表すことができた。
　そして、兄や姉が実家を去った後、自己の可能な範囲でできることを実行に移し始めた。カルティニは慣習や制度は変えることができることを、初めて行動に現した。彼女は行動を起こすことによって、自己をより深く認識すると同時に現状も一層よく見えるようになり、ささやかなレベルで実行可能な変革を、身辺から開始した。ここに、当時のカルティニが「変わるもの」と「変わ

らないもの」を見分けることが、徐々にできるようになっていく過程を見ることができよう。その原動力は、カルティニの現実を吟味する能力であり、不条理に対する「正当な怒り」であったことを再度ここに強調したい。

4. 閉居に対する保護者の解釈について

閉居はジャワ人の娘に外出や外界との交流を禁じていることを先述したが、では実際に、その許容範囲はどのようなものであったのであろう。それは娘の保護者の閉居に対する解釈によるところが大きい。

1900年8月付の書簡を見てみると、閉居中の4年のうちに、ラマダンの初めの墓参の際にソスロニングラットはカルティニと長姉を同伴している [Kartini 1987: 14]。また、ソスロニングラットがカルティニ達2人を叔父の家に連れて行ったことが一度あった。「家から外へ出ることができた」ことは、「稀」であったと書かれているように [ibid: 14]、閉居の原則は「娘の外出を禁じ、家から他の所へ行く事を許可しない」ことであり、結婚するまで深窓で暮らすことである。が、両親とくに父親の解釈・判断によって娘は外出が許されるという具体例をカルティニは呈しており、それ自体が当事者の記録した貴重な史料といえよう。

とはいえ、ソスロニングラットの閉居の慣習に対する解釈は上述の程度であった。1900年12月21日付アベンダノン夫人宛書簡には、「父は我々の望みを判っています。父が実現できない我々の強い願いがあります。我々が心の底から願う夢、それは自由です。父もそれを望んでいますがどうすることもできません」と記されている [ibid: 31]。また、オランダ人が閉居を行わないように求めたが、ソスロニングラットはそれを受け入れなかった。

> ヨーロッパ人の友人達は、非常に残酷な決断を取りやめるよう、私の両親が考えを変えるように、私のために努力してくれました。しかし、それは功を奏せず、両親は説得されませんでした。私は「監獄」に入らなければなりませんでした [1899年5月25日付ステラ・ゼーハンデラール宛書簡. Kartini 1911: 6]。

しかし、父は花嫁修業として娘達に手芸を習うことを許した。そのインストラクターがオーフィンク・スール M. C. M. Ovink-Soer 夫人（副理事官の妻であり作家、1894年から1899年までジュパラに滞在）であった。カルティニはオー

フィンク夫人との出会いを「我々の人生に決定的な変化をもたらしました。堅く閉じられたカブパテンの扉が夫人のアプローチで開き、長い間閉じ込められていた小鳥達は夫人と一緒に飛び立ちました」[Kartini 1987: 34] と述べる。オーフィンク夫人は毎日午後にブパティ邸を訪れ、オランダ語でカルティニ達に手芸を教えた。それは、カルティニ姉妹がオランダ語の会話を練習する機会でもあった。ジャワの娘が外国語を学ぶことを慣習は禁じていたが、カルティニ姉妹はそれを許されていたのであった。オーフィンク夫人は *De Hollandsche Lelie*（オランダの百合）に度々寄稿する進歩的な女性であり、ジャワの女性や子供の日常をオランダの読者に伝えていた。夫人の姉で画家のエリーズ・スール Elise Soer もその雑誌の寄稿者であった。カルティニも *De Hollandsche Lelie* の熱烈な愛読者になった。また、カルティニは E. スールに絵画を教わったこともあった [Kartini 1987: 172]。オーフィンク夫人は 1899 年に副理事官である夫の異動にしたがってジョンバン Jombang に移り、カルティニと文通を始めた。書簡の中にある moedertje Mie（moedertje はオランダ語で母さんの意味）とはオーフィンク夫人のことであり、カルティニが「母」と呼んだ最初のオランダ人の女性であった。

カルティニはオーフィンク夫人と過した日々を次のように回想した。

> 私が多くのオランダ人の女性と比肩するという、あなたの言う事が本当ならば、それはオーフィンク夫人のおかげです。なぜなら、夫人は我々ジャワの女の子に、実の姉のように接してくださったからです。教養豊かな洗練されたオランダ人女性が、ジャワの女の子に良い影響を与えてくださいました。たとえ時間と距離に隔てられても娘達と心が通い合うことを、お母様〔オーフィンク夫人〕はよくご存知です。ご夫妻を実の父母のように思います。互いに多くの経験を分かち合いました。ご夫妻のジュパラ滞在中、互いに心から共に生きました [1899 年 11 月 6 日付ステラ宛書簡, ibid: 32]。

「実の姉」、「ママ」、「実の父母」という表現に、カルティニのオーフィンクに対する共感を認識できる。カルティニはオーフィンク夫人との交流を通じて互いに与え合い、感謝し、共に生きるという認識をもち得た。カルティニが自身と異なる人々に敬意を、そしてジャワとは異質の文化に好奇心をもって臨んだ背景には、オーフィンク夫人との温かい心の交流が存在した [富永 2018: 184-187]。

1896 年、カルティニはクドゥンプニャリンで教会の献堂式に参列した。す

なわち、それはソスロニングラット家が公衆の面前で閉居の慣習を破ったことを意味した。当時ジュパラに赴任していた理事官セイトホフ Piet F. Sythoff（1894 年からジュパラで勤務、1897 年にスマランへ理事官として転出、書簡中にOom Piet すなわちピートおじ様とも表記される）がカルティニ姉妹を外の世界へ連れ出したのであった。カルティニは、セイトホフとの出会いを次のように書き記している。

> 我々を外へ引き出してくださったのは、理事官です。理事官のご到着の時に、我々はお出迎えを致しました。それまではプンドポへ入ることも面識をもつこともできず、面会するためには部屋か裏の廊下へ行かなくてはなりませんでした。我々が如何に自由への道を一歩ずつ歩んだかをこの 6 年間は表しています。自由への最初の一歩を手助けいただいたのは、セイトホフ氏でした［1902 年 1 月 3 日付アベンダノン夫人宛書簡, Kartini 1987: 128］。

それ以降、カルティニ姉妹はジュパラの域内で外出を重ねるようになった。このことは、おそらくソスロニングラットがオランダ人の上司の意見を聞き入れて、娘に外出することを許したからであろう。特筆すべきは、カルティニが父親よりはるか高位の理事官を「Oom Piet（ピートおじ様）」と呼ぶ点である。カルティニは理事官が閉居を否定したことに意見の一致を見出し、身分・人種を超克して Oom Piet と呼ぶ行為で共感を示した。

その後、セイトホフがスマランへ異動し、カルティニ達は理事官主催のレセプションに出席したことを書簡に度々記している。「父親のオランダ人上司からの」はたらきかけが、出席を可能としたのである。したがって、ソスロニングラットが信念や強い意思に基づき娘を閉居から解放したのではないゆえ、世間の風当たりに耐え切れず病に倒れた。

しかし、1896 年以降、父親がブパティを務めるジュパラの中において、カルティニは閉居の慣習からかなり自由になったことは事実である。父親が容認した木彫工芸の振興をはじめとするカルティニの社会活動については第 4 章で述べたい。

20世紀初頭のジュパラ

上　ジュパラのブパティ（県長）公邸。
中　ジュパラの中心街へ通じるクナリ kenari の並木道。
下　ジュパラの漁港、背後に漁村の家々が立ち並ぶ。

第 3 節　慣習と戦う

　オランダでは国王ウィレム Willem 3 世が 1890 年に死去し、その後継者がウィルヘルミナ Wilhelmina（188-1962）女王に決まったが、幼少であったため王妃エムマ Emma が摂政となった。女王の正式な即位は 1898 年であり、アムステルダム新教会において「即位戴冠式」が執り行われた。植民地においても各地で「女王戴冠祝賀会」が催された。ソスロニングラットはカルティニ、ルクミニ、カルディナも同伴してスマランへ赴いた。恐らく、理事官セイトホフの配慮があったのであろう。カルティニ父娘は総督も臨席する祝賀会に出席した。すなわち、閉居を打破した。カルティニは妹ルクミニと同年齢の女王に女性として親しみを感じ、オランダ史上初の女性の国家元首の誕生に、新しい時代の到来を予感した。カルティニはその時の様子を次のように記している。

> ウィルヘルミナ女王御即位の時に、親は我々に自由を「公式に」回復してくれました。我々は初めてジュパラを離れることを許され、式典に出席するため父に伴われてスマランへ行きました。もちろん、我々の行動は大きな勝利であり、正しかったと思います。ジャワ貴族の未婚の女性が公衆の面前に姿を現したことは、その場の空気を妙な雰囲気にし、「世間」を驚かせました。この異常な光景は人々の話題の的になりましたが、ヨーロッパ人の友人達は喝采をしてくれました。我々はそれを嬉しく思いました［1899 年 5 月 25 日付ステラ宛書簡．Kartini 1911: 6］。

　1899 年、カルティニは De Hollandsche Lelie の編集長ウェルムスケルケン・ユニウス S. M. C. van Wermeskerken-Junius（1853-1904）に文通相手を求める旨の手紙を書いた。そして、編集長は誌上で次のようにカルティニを紹介し、読者に呼びかけた［富永 1991: 54］。

> ジャワ人の女性がオランダに住む本誌読者と文通を希望しています。その方は教養あふれ啓蒙的な教育を受けた思慮深く心の温かい人物で、意見の交換ができる教養ある文通相手を探しています。文通をご希望の方は編集部までお問合せください。追って先方の住所をお知らせします［De Hollandsche Lelie 1899 年 3 月 15 日号］。

　アムステルダムに住むゼーハンデラール Estella H. Zeehandelaar（書簡中の呼

称はステラ stella であるため本文中でもそれを用いる）が、カルティニの求めに応じた。カルティニはステラより5歳年少であった。ジャワの慣習上、2歳上の姉はカルティニに自分に敬意を表するよう求めたが、一方で、ステラは年齢差による上下関係を求めはしなかった。カルティニはステラが意味する姉妹とは上下関係でなく、水平な関係であることを認識した［富永 2010: 39-40］。当時のヨーロッパにおいても女性が有職であることは稀有であったが、ステラは公務員であり、また SDAP の党員で社会福祉活動にも従事する進歩的な女性であった。カルティニはジャワでは想像すら覚束ない社会で活動する女性の実例を、突然に目の当たりにしたといえよう。カルティニはステラについてアベンダノン夫人宛の手紙に、次のように書いている。

> ［ステラは］私の心の友であり、高い教育を受け洗練された女性で、頭脳明晰で健康的な考えと温かい心の持ち主です。彼女は我々の戦いに共感し、常に我々のために難儀な事でも愛情をもって行います。私も彼女に全幅の信頼をおき、友情と愛情の証を多く見出しました［1902年6月10日付アベンダノン夫人宛書簡，Kartini 1987: 171-172］。

両者の「共感」[46]、そして意見交換から得られる知的な刺激やステラの鼓舞が、カルティニの勇気と創造力を培った。カルティニは文通を重ねステラの生き方に共感し、自身もステラと同じように「仕事を見つけ、人の役に立つ人生を送りたい」と思いはじめ、その思いを1900年12月21日付アベンダノン夫人宛書簡に記し［Kartini 1987: 36］、その夢のような思いが現実の目標へとなっていった。

1900年4月、カルティニは *De Echo*（こだま、ジョグジャカルタで発行されたオランダ語女性誌）に連載記事を執筆することになった。それは慣習を破る行為であった。さらに、カルティニは Tiga Saudara（ティガ・スダラ、三姉妹の意

---

[46] 共感 sympathie という言葉について、西洋人である文通相手、そして、カルティニも次のように感じ取っていたといえよう。それは、自己の世界の外へ連れ出し、幸福が自己満足によって定義されないことを保証し、想像力によって他者を感じる力を得て、自分もそのような想像力による同一視の対象であることを認識して初めて真の道徳的存在になり得る、という広い意味をもっていた［Hunt 2007: 64-65］。

　カルティニは、後述するように、オランダ語による読書を通じて他者を感じる力を高め、「共感する」ことを体験し学習し、そして、この共感する力は文通や社会活動、さらに彼女の地球的発想に通底する。それを「同情」と翻訳した場合、「令嬢カルティニの憐憫の情」と同義になり彼女の真意が伝え難いと判断し、本書では一貫して「共感」と翻訳する。

味）というペンネームを用いて、閉居の慣習にしたがっていない日常を描き、それを当時の主たるメディアであった活字を媒体として公然と知らしめたのであった。同年8月、カルティニはオランダ東インド政庁の教育・宗教・産業局長官であるアベンダノンとその夫人ローザ Rosa (1857-1944) の訪問を受けた。アベンダノンは当時長官に就任したばかりで、ジャワの女子のための寄宿学校の設立を計画し、それについてカルティニと会談したのであった。夫人はカルティニに教師になるために学校で学ぶことを勧めた [ibid: 71-72]。この時からアベンダノン夫人とカルティニの文通が始まり、カルティニの亡くなる直前まで文通が続いた。同年9月には夫妻の招きを受けて、カルティニ姉妹は生まれて初めてバタヴィアを訪れた。それは明らかに閉居の慣習では禁じられた行為であった。

　しかし、その旅はカルティニとルクミニを慰めるための両親の配慮であった。旅からの帰宅後一日を経ずして叔父が来訪し、カルディナの縁談が親達の間でまとまった。慣習では、それは両親が決めることでカルディナ本人の同意を求める必要はなかった。そのため、姉妹は両親の本心を知らず、カルティニは自身の縁談だと誤解し「ラデン・アユだけは絶対に嫌！」という思いを強くするとともに [ibid: 21]、姉妹は近々設立されるといわれるジャワ人を対象とする女子校の教師になることを思い描いていた。そして、この年の末には、国費で教師養成のために数名の現地人青年をオランダへ派遣したという記事を *Het Onderwijs*（教育）から引用し、カルティニは次のように願い出た。

> 私が現地人女子校の教師になるための教育を公費で受けることは可能でしょうか。長官であられますご主人様にお尋ねいただきたく存じます［1900年12月21日付アベンダノン夫人宛書簡．ibid: 37］。

　それは夢を語っていたカルティニが、現実に目標を達成するための具体的な方法を模索し始めたことを意味した。

1. 妹カルディナの結婚問題

　カルティニが一夫多妻制に反対を唱え、女性の地位向上を目指した人物であることは、周知の事実である。しかし、そのきっかけは何であったのかについて書かれたことはなかった。そのひとつが妹カルディナの結婚問題であった。

では、なぜ一般には慶事である結婚を女性の惨事としてカルティニは問題視したのであろうか。カルティニは自身の経験を基にして次のように記している。引用文、ママ（原文 mama）とはラデン・アユつまりカルティニの義母を、母とはカルティニの生みの母を指す。

> 私がなぜ現地人社会において特に女性の悲惨な状況を変えたいと極度に切望するのか。私は女性の惨状を身近に見て、その苦悩に深く共感するからです。私には母親が二人います。私は地獄に住み、苦悩の世にもう何年も浸っています。幼少の頃から悩み続けました。私は母の悩む姿を見てきました……私は彼女の子供ですから。それは地獄の苦しみ、私は日々非常に辛く感じ死にたいと思い、そうしていたでしょう。父を心から愛していなければ。
> ママは私を好きではなかった時期もありましたが、それはママのせいではなく、そのことでママを責めたことはありません。今ほど明解に判らなくても、ママに課されたことは人間のレベルを超えていると認識していました。すなわち、自分の生んだ子と一緒に義理の子を育て、その子らの母親を演じなければなりません。そして、母はお手伝いさんにすぎません。非常に気の毒なママと母！　母は父と一緒になった時、女主人〔ラデン・アユ〕が家に入ってくることを判っていました。父は何も告げず、ママは結婚後に知りました。すなわち、ママより先に家に女と、その子供もいて、さらに子供が生まれようとしていることも。地位・名誉・表敬・既婚が現地の女性のアルファとオメガです。昔も今も現地の女性は何一つ判っていません。ママは困難な仕事を果しました。義母の娘三人、そして私の兄弟妹は本当にママの実の子のように、愛されました。義母の心は長い間私には閉ざされ……それは人の性でしょう。私は……姉つまりママの実の娘よりも……ママには許せないことでした〔1900 年 12 月 21 日付アベンダノン夫人宛書簡，ibid: 30〕。

それは、子供が見た「多妻家庭」における母子関係の苛酷な現実であった。それ自体、当時の当事者である女性の記述自体が希少であり、価値ある勇気ある行為としてここに挙げた。上述の手紙では、カルティニは子供の立場からそれに反対を唱えている。カルティニは閉居のため、外界と閉ざされることによって「現場」を見据えざるを得なかった。

> おお！　私の運命に降りかかるポリガミ（一夫多妻）と呼ばれるおぞましい不正に加担させられる時が、いつかは来るでしょう……。「私は嫌！」と声を上げて泣き、心の中でその叫びが何千倍にもなって響きました。しかし、思い通りにはいきません。我々女

> 性は産声を上げてから死ぬまでこのような状況の下で、耐え忍ぶことを強いられます［1900 年 8 月付アベンダノン夫人宛書簡，ibid: 6］。

　カルティニは現場から目を逸らすことなく、次第に「現場の観察」に徹するようになっていった。その時、ジャワ人女性に生まれた偶然が必然に転化した。それは同時に、カルティニがジャワ人女性として逃れられない事態と正面から取り組むことでもあった。なぜなら、カルティニはそれが次のように連鎖を生むと認識していたからであった。

> 私が苦悩した地獄の苦しみを、そして私の母が経験した苦悩を私が生じさせることになるのでしょう。私は母の座を引き継ぐのでしょう。それは罪深く、そして男性に付き従うことを拒めません［1900 年 12 月 21 日付アベンダノン夫人宛書簡，ibid: 31］。

　ここで「私の母」とはカルティニの生母ンガシラ Ngasirah を意味する。生母はカルティニ達のいる本屋に住むことが許されず、使用人達の暮す棟に住んでいた。「母」とはラデン・アユを意味し、このままだとカルティニは「母を再生産する」運命にあると危惧し、ラデン・アユになりたくないという意志を固めていた。それは女性の立場から見ると不正であると書簡中に表わし［ibid: 6］、カルティニはそれを不正と認識するからこそ、「女性と子供には呪いの的である根深い慣習と対決するようになりました」と、決意を表明することができた［ibid: 6］。事実、カルティニは一夫多妻制を「生涯をかけて戦う悪」と記した［ibid: 33］。しかし、そのように考えること自体、当時のジャワの常識とカルティニの見解はこの問題においても大きく乖離した。
　では、なぜカルティニはそこまで言い切ることができたのであろうか。それは子供を育てる役割を担う女性のみならず、子供本人の成長に悪影響を及ぼすことを自覚していたからである。カルティニはそれが子供に与える影響について複数の事例を挙げ、手紙に書き記し憂えるが、ここにカルティニの叔父であるハディニングラット R. M. A. A. Hadiningrat（または Adiningrat、デマックのブパティ）の子供の事例を挙げたい。

> 叔父はジョグジャのスルタンの妹君と結婚しています。スルタンの妃の親戚筋に当たります。娘が誕生し我々はその娘をベンドロ・グスティ Bendoro Goesti と呼ばなければなりませんし、もちろん敬語で話さなければなりません。王家の母をもつ娘ですから。彼女には庶民出身の母親をもつ姉がいますが、姉は妹に「高い称号」を付けて呼び、敬

ティガ・スダラ（三姉妹）
アベンダノン夫人へ贈られた写真。アベンダノン夫人からプレゼントされた三人お揃いのハート形ペンダントをつけている。「……貴女様の三つ葉のクローバの一葉が、摘み取られる定めとなりました。でも、御記憶の中に、この写真のように三姉妹をお留め置きください。三つ葉は茎で一つになっていますから三人の心はひとつです……」[Kartini 1987: 136]

カルティニ、ルクミニ姉妹のポートレイト
アベンダノン夫人へ贈られた写真。「私たちの最愛のお母様へ　心からの愛をこめて、奥様の娘たちより」[Kartini 1987: 316]

語で話さなければなりません。すなわち、王家出身の正妻の子達を高位の称号で呼ばなければならず、それは父親の意志です。〔中略〕子供達は父親を呼ぶ時にはアディパティ Adipati を付けて呼びますが、王家の血を引く子は父親を普通に父と呼び、母親を普通に母と呼びます［1902 年 12 月 14 日付アベンダノン夫人宛書簡, ibid: 244］。

　カルティニは、一家庭に同居する複数の妻達の子供、すなわち異母兄弟姉妹に生じる身分差を指摘する。カルティニはそれを「物質的に豊かでも不幸せ」と表現し、「子供達は何かが欠落している事を感じ取っていますが、それが何であるかをわかっていません」と述べている［ibid: 244］。その原因は叔父がこのような状況を容認していることにあると指摘し、次のように問う。

> 私は叔父の知性を十分に認めますが、知性と輝く心が十全に備わっていることは、この世ではありえないことなのでしょうか［ibid: 244］。

　カルティニが教育を考える時、心の育成を重視する姿勢の背後には、上述のような経験があった。叔父のハディニングラットはオランダのデルフトで工学を学んだ経験をもち、政庁の鉄道部門に勤務し、1881 年にデマックのブパティに就任した。ハディニングラットは、1902 年ごろにはジャワでオランダ語に秀でたブパティ 4 名の中に挙げられた［Sutherland 1980: 49］。すなわち、カルティニは叔父のように知性があっても上述のような事例を叔父が容認し、その弊害を認めず、いつまでたっても進歩が見られない状況を目の当たりにしていた。

　また、カルティニは幼少の頃に受けた苦い経験も鑑みて、人格の陶冶に取り組むことが、女性の悲惨な状況を変える原動力になると考えていた。そして、三姉妹が力を合わせて何ができるのかを模索していた。そのような時に、カルディナの結婚問題が突如浮上した。

　1901 年 2 月、カルディナが突然発病した。病の原因は「結婚の決定」を知らされたことにあった。三姉妹の中で最年少のカルディナが先に嫁ぐため、姉達に配慮して水面下で縁談が進められていたのであった。その時のことを「凶報は妹を墓場へと追いやり、病気で 3 日間生死の境をさまよいました。結果、ルクミニも病に倒れました」と、1901 年 3 月 8 日付アベンダノン夫人宛書簡に記している［ibid: 50］。同年 3 月、アベンダノン長官が姉妹の奨学金を政庁に申請した。翌月、父が発病し、心臓に異常が見つかった。6 月、父は奨学金の件を取り下げた。「どのようなことであれ父の感情が昂ぶることは差し控えなければなりません。我々は運命に対して抗し難いのです！」と、カルティニは自

身を納得させている［ibid: 56-57］。その後、父は快復した。9月、カルディナが再び突然発病し、2月と同様の症状であった。医師によれば、「奇病に罹り、その原因は神経衰弱」で、「医師は手の施しようがなかった」と、同月30日付書簡に記されている［ibid: 87］。今で言うところの極度のストレスからくる心因性のものであろう。次いで、父親もルクミニも病に倒れた。ジュパラではコレラが流行していた。

11月、新郎から結婚式の日取り決定を知らせる手紙が届いた。そこには、カルティニから妹に結婚を受け入れるよう説得することが求められていた。この問題で母親とカルティニは対立した。

> 人は私を憐れみます。なぜなら、私は選ばれるべき幸福な人間ではなく、妹は輝きを放つ幸福な人間と思われているからです。私の嫉妬のため妹はそれを望まない。私に面目を失わせないために！　我々を最もよく知る母がそう思っていたとは！　私は思いの丈を母に話しました。母は私の言う事は誤りだと申しました。〔中略〕母はこの問題と我々の事が4月の父の容体悪化の原因だと申しました。私はカルディナを墓場へ送るつもりかと反論しました。母は我々の望む事は誤りだと申しました。母は何も判っていません。母にとって最善とは古く昔ながらの馴れた道を行くことです。母の夢は我々が結婚して人間になること！　未婚の者は人間ではないということです！［1901年11月20日付アベンダノン夫人宛書簡, ibid: 97］

ラデン・アユである母親は旧態依然としたジャワ社会に棲息し、苦しめられているにも拘らず規範を自らの内に取り込み、役割を引き受けていた。さらに、母親は自ら受容した抑圧を今度は娘を通して再生産しようとしているが、母親にはその自覚がなかった。それは、単なる母と娘の対立及びカルディナの私的危機という個人的な問題であるのみならず、社会的な問題を示唆しているといえよう。しかし、ジャワの慣習は娘に意見を表明することを禁じていた。したがって、その言動で母が怒りを覚えることは当然であり、慣習を破るカルティニは「常識はずれ」な女性として非難された。

> 私は自らの考えや民衆の惨状、男性のエゴイズム、女性の無知・無力がもたらす事態に怒りを込めて十全に表現するために、ジャワ語かオランダ語のいずれか一つに取り組む所存です。私は「理想」を研磨します。私は近親者だけでなく他人も賛同するようにそれを書く時、もどかしさをおぼえます。メリットなどありません。私は重荷を背負い、世間の嘲笑を買い、また、私の事などどうでもよい人には馬鹿かと思われ相手にもされ

ません！　たぶん、私が意思を十全に表明する言葉を持ち得ないことは、都合のよい事なのでありましょう［1901年9月30日付アベンダノン夫人宛書簡, ibid: 91］。

カルティニの擁護も虚しくカルディナは結婚を決断したが、そのショックで精神的な苦痛に悩まされた。カルティニは、「妹を待ち構える事態を思うと、胸が張り裂けそうになります。その決断が妹に犠牲を強い続けさせることを私は認識しています」と記している［ibid: 110］。1902年1月末、カルディナは結婚式を挙げジュパラを去ったが、カルティニの予測した通り4月には「自暴自棄の叫びをあげた」手紙を実家に書き送り、結婚に同意したことを非常に後悔した。カルティニは妹が変調をきたしていることを察し、プマランへ見舞いに行った。そこで見たことは、次のような妹の姿であった。

> 信頼できる妹の乳母だけが妹の味方、妹が何とか持ちこたえているのは乳母の御蔭です。〔中略〕妹は、他人が用意したものを使うなと注意されます。我が子を取り上げられた女性が激しい痛みを覚え、憎き敵である妹に何をするかわからないからです。妹はその女性の子供の一人を虐待しました。〔中略〕妹は我慢できずに叔母に言うと、叔母はそれを言うなと叫び、自身の過去を思い出して妹を助けることができませんでした。妹の義理の父に対して叔母は心の裡を語り、彼を不機嫌にしたことがあり、今はそうしません。妹の夫も妹が意気消沈すると自暴自棄になります。妹は思い悩み部屋へ引きこもり、そこへ来た夫に長々と苦悩を話しても、夫は妹の不幸を受け止めることができませんでした。その不幸によって妹は夫も不幸にしました［1902年4月22日付アベンダノン夫人宛書簡, ibid: 161-162］。

カルティニは愛すべき妹が結婚問題で苦悩する姿を目の当たりにし、妻の立場から一夫多妻制の問題を書簡の中でしばしば取り上げている。1901年11月29日付書簡の中で2人の女性を例に挙げ、次のように記している。

> 預言者の娘であるファーティマ Fatimah について次のような話があります。彼女の夫が新しい女性を家に連れてきた時、彼女の父親は彼女をどう思うかと、ファーティマに尋ねました。彼女は「何も思わない」と、プライドをもって答えました。父親は生卵をひとつ娘の胸に押し当てました。その預言者は再度同じ事を尋ねて卵を割ると、ゆで卵になっていました。娘がバナナの木に寄りかかるとそこは黒焦げになり葉も枯れました。女性の核心はそれ以来何も変わりません。この話は男性の権利の残酷さについて多くを教えています。文句も言わず男性に侍る一人以上の女性となり、顔色も変えず耐え忍ぶ

ことを、世間は名誉と看做しますが、我々女性には非常に辛く大きな苦悩です。外面は何事もないように見えますが、内的世界が潜む緞帳の端を揚げると多くの悲哀を見るでしょう。〔中略〕

現地人官吏の2番目の妻になった人がいました。最初の妻は気がふれて子供達を残して家を出ました。2番目の女性が正妻となり、義理の子達の世話をよくしました。彼女は勤勉且やりくり上手で、子達は立派な教育を受けることができました。息子達は彼女に感謝し続けています。ある日、夫は街へ出かけ夕刻に帰宅すると妻に外へ出てくるように言いました。客を同伴していましたので妻は部屋を用意し外に出てみると、客は非常に若い女性でした。その時……その時、夫は妻に告げました。夫の女であることを。年老いた妻である彼女は、夫の若い妻と全てを共有しなければならないのでした。
恐るべき現実が彼女を貫き、彼女は倒れました。目覚めると直に離婚を求め、最初は取り合わなかった夫も妻の強い要求に遂に諦め、妻が要求した文書を与えました。その夜、彼女は家を出て実家に戻り〔中略〕彼女が長い間病気であったと聞きました。快復後、彼女はあの恐怖の夜に夫に書かせた手紙に目を留めると、彼女が夫から逃げたと書かれ、まだ離婚していない事が判明しました。
夫には彼女を自由にさせる気など毛頭なく、件の女性は家を出ており、彼女は夫と和解し元の鞘に戻りました。彼女はあの恐るべき夜に他人の権利を侵害することに手を貸さないことを誓いました。娘時代にそうした事がありました。彼女が14歳の時に両親は娘を嫁がせました。彼女は何も判らず両親に従い、そのために罰を受け、別の女性によって脇へ押しやられる苦悩を知りました。彼女は誓いを守り続けています。先ごろ、夫が姪を妻のある男性と結婚させましたが、彼女は結婚式の手伝いを拒み、夫の怒りに公然と反抗しその家で式は執行されませんでした。我々は彼女をよく知り尊敬しています。彼女は自身の天性に感謝し、自らを育て上げました。彼女は家の外で学んだ事はなく、さまざまな本を読み多くを学びました。深い思慮に基づく優れた理解力にしばしば驚かされ、真に素晴しい女性、教育を受けたことはないのですが我々のように考え悩みぬいて成長した女性の一人です［1901年11月29日付アベンダノン夫人宛書簡，ibid: 104-105］。

　二つの例はともに、女性が因習によって社会的に束縛された状況にあることを如実に示す事例である。女性の従属的立場は慣習を後ろ盾にしており、女性を夫と家庭に縛り付けた状況が描かれている。カルティニは同じ状況に置かれた二人の女性を取り上げているが、その対照は際立っていて興味深い。ファーティマは、慣習を受け入れ自分で自分を縛ってしまう人であり、役割を引き受

けながら「引き受ける自分」が意識の範疇の外にある人の事例である。彼女はそれを拒否しない自分を正当化すべく、「何とも思わない」と自他に言い聞かせている。不快な事を不快な事として主体的に捉えることをしない。カルティニは、イスラーム黎明期の預言者の娘ファーティマの挿話を通じて、女性が自ら抑圧を受容し続けることを善しとする現実を描き出している。それは受身の痛み・悲しみであり、その先には何も見えず、状況を変えることはできない。

　一方、「2番目の妻」は「脇へ押しやられる苦悩」を知ることによって、受身で「苦悩」を訴え続ける被害者意識にとどまることなく、誓いを立て動き出そうとする主体的な姿勢が見受けられる。カルティニが彼女に尊敬の念を感じるのは、その姿勢に社会をも動かす可能性を感じたからではないだろうか。そして後者の女性と同じく、カルティニも問題と向き合い「考え悩みぬいて成長した女性の一人」として自身を位置付け、表明している。カルティニが上述の女性の有り様を記すこと自体、女性の地位について公然と発言する人がほとんどいない時代において、それを指摘した初期の人物としてカルティニを捉えることができよう。だが、それを変えていくことは並大抵のことではなかった。

　しかし、カルティニには同時代を生きるステラ・ハルツハルト・ゼーハンデラールの存在があった。ステラは既婚後も変わらず女性の地位向上を目指すと同時に、福祉活動にも携わっていた。前向きなステラの姿勢がカルティニには励みとなり、精神的に強力な支えとなっていた。

2.　ファン・コルの来訪とカルティニの留学問題

　1902年4月、国会議員であるファン・コル Henri H. van Kol（1856-1926）が東インド植民地視察に際し、カルティニを訪問した。彼はデルフト Delft で工学を修め、1876年から1892年まで東インド政庁の技師として灌漑の普及に従事し、ジャワでネリー Nellie Porreij と結婚し、帰国後は下院議員に選出された。彼は当時、「倫理派」の有力議員であった。また、夫妻は後述する東西協会の創立当初からの会員であった［Soeroto 1984: 263］。

> かねてより私と文通しているオランダ在住の女性が、我々の戦いや理想に強く共感し、ファン・コル氏に我々のことを知らせました。彼女は快く我々を応援し最善を尽くしてくれます。彼女は個人的に氏と知り合いではありませんが、同じ党員でジャワ人の温か

い友人でもある国会議員が彼女とその夫の親友です。彼女は我々の計画をその国会議員に話し、議員がファン・コル氏にそれを話しました。それ故、氏はこちらへいらしたのです［1902年6月10日付アベンダノン夫人宛書簡，ibid: 167］。

「文通しているオランダ在住の女性」とはステラを意味し、カルティニは以前から教師志望であることを彼女にも伝えていた。アベンダノン夫妻と会談をする1900年8月以前、それは「夢」でしかなかったが、アベンダノン夫人に「修道院かどこかそのような所で勉強する」ことを勧められて以来［ibid: 72］、願望成就のために「家から離れて学ぶ」という計画へと具体化し、彼女の頭から離れなくなってしまった。行き先は、最初はバタヴィアであった。同時に、アベンダノン氏は女子校の開設の計画を進めていた。カルティニとアベンダノン夫妻はその新設校で「カルティニが教える」という夢を共有していた。1901年3月、アベンダノンは三姉妹の奨学金を政庁へ申請し、6月にソスロニングラットが取り下げを申し出たが、それでもカルティニは夢を諦めず、同年8月にジュパラのヨーロッパ人小学校へ赴任したフラーセル Anni Glaser（カルティニより2歳年長、書簡中の呼称はアンニまたはアニーおよびアネケ）を師として、師範学校を目指して勉強を続けた。アベンダノン夫人も彼女のために必要な教科書を郵送し、勉学を支援し続けた。結局、女子校設立の計画はブパティ達が反対し頓挫した。が、アベンダノン氏は奨学金の申請を取り下げてはいなかった。しかし、「バタヴィア遊学」に関する具体的な話が氏から提案されることはなく、1900年8月の会談から何の進展もみられなかった。その間に、カルティニの夢は「オランダ留学」へと膨らんでいった。

ステラはこの過程におけるカルティニの苛立ちと苦悩をよく知る人物であり、ファン・コル氏にカルティニの件を伝え、氏の東インド視察の際にカルティニとの会談が実現したのであった。その会談を機会に、カルティニはファン・コル夫人 Nellie van Kol- Porreij（1851-1930）とも文通を始めた。夫人は当時の女性としては珍しい有職者であり、女性と子供向け雑誌を編集していた。カルティニは文通開始直後から夫人を「お母様」と呼んだ。それはカルティニが夫人の言動に共鳴することを意味した。同年6月、ファン・コル氏は本国政府にカルティニ姉妹の留学奨学金を請願した。

時を同じくして、カルティニは会談の中で留学目的を次のように述べたことをアベンダノン夫人に伝え、その上で「ファン・コル氏の来訪の件を奥様に早

くお伝えしなかったことをお許しください」と書き送っている〔ibid: 167〕。それは、ファン・コル氏との会談から2ヶ月近くが経っていた。

> オランダ行きの私の目的は勉強、職業訓練、特に教育にあります。故郷に戻って現地人首長の娘達の学校を開設するために、教育のためにオランダ行きを希望します。〔中略〕私は我々の計画と理念、すなわち人々のために地域のために、その水準を高めるために働くことができればどれ程嬉しく、我々の人生も素晴しく思えることかと述べると、ファン・コル氏は関心を持って聞いてくださいました。もちろん、全ての人々を一度に教育することは難しいことですが、上層の現地人首長の娘達ならそれを民衆に伝えることが可能であること、そしてまず母親が教育を受ける必要があることを述べました。我々が社会における女性の重要性を説明申し上げた時、ファン・コル氏ほど判ってくださる方は他に無いと確信しました〔1902年6月10日付アベンダノン夫人宛書簡, ibid: 169〕。

一方、アベンダノン夫妻はカルティニにバタヴィア遊学を勧めたが、カルティニはそれを拒んだ。

> アンニに託された御言伝で再度ジレンマに陥りました。お二方の仰せは御尤も、感謝していますが、オランダへ行けば何とかなると思いますし、帰郷後のことも考えています。一体誰に我々はバタヴィアで出会うのでしょうか。今、我々のために戦う人は誰一人いない事だけは確かです。全てが変わって、この先どうなるのでしょう。
> 奥様のお近くということだけでしたら、喜んで躊躇なくバタヴィアを選んだでしょう。でも、妹の望む勉強ができません。我々がここに留まれば教師になる勉強をしますが、それは妹の意に反します。〔中略〕家政学はジャワ人女性にも魅力があり、母親は娘が料理や手芸ができればよいと思っていても実際には行われていません。それは心の成長にも影響を与えます。それは具体的で、目で見て美しいと感じ共感を呼び、ジャワ人に適っています。我々はできる限りジャワ人に尽くしたく思います。妹が具体的な知識を授ける仕事に従事できれば幸いです〔1902年7月15日付アベンダノン夫人宛書簡, ibid: 180-181〕。

さらに、続けて、

> 感謝すべき支援が外から届いていることをお知らせしなければなりません。最近ファン・コル夫人から心温まるお手紙を拝受しました。そこには、我々の戦いへの共感や我々の抱える問題について書かれてありました。〔中略〕ファン・コル夫人は心の支え

以上のものを、ご自身の何かを与えてくださいました。心の中にあるとても深い何かを。我々の傍にいて我々の中に常にある何か。それゆえ我々は強くなれるのです。もう恐れません。〔中略〕ファン・コル夫人が我々にしてくださった事そして今後してくださることに対して深謝します [ibid: 181-182]。

この書簡以降、カルティニはアベンダノン夫人宛書簡に、ファン・コル夫人を賞賛する表現を多用するようになった。一方、同年8月10日すなわち文通を開始して2年の歳月が流れて初めて手紙の中で、アベンダノン夫人に対して「私のお母様、奥様は私のお母様です。私の心の母です」と書き [ibid: 191]、その近しさを強調しながらも、夫人に対する反論を述べるスタイルを続けた。

1902年10月27日付書簡からカルティニはアベンダノン夫人を「私の愛する実のお母様へ」と、書簡の冒頭に書き始めた [ibid: 222]。が、文面は夫人の属するヨーロッパ社会に対する批判であり、夫人に対する反論であるため「お母様」ではなく「奥様」を連発する。

我々がヨーロッパ人の社会を理想的な社会であると思っていらっしゃるご様子、我々が奥様の社会をどのように見ているのか、御理解頂く必要があると存じます。〔中略〕我々に好感をもつヨーロッパ人は余りいないことを知っています。我々に誠意のある方は十指に足りません。多くは体裁や打算で心を寄せる振りをしています。もし今バタヴィアの御宅にお邪魔したら、一体誰が我々を快く迎えてくれるのか、我々が分ってないとでもお思いでしょうか。我々を我々として受け止めてくれる人は一人か二人だけです。世間では、我々は教育・宗教・産業局長官とアベンダノン夫人のお気に入りであると思われています。奥様が世間の人に機嫌を取らせ、世間は奥様に倣って我々の機嫌を取るのです。それをもう幾度も目にしました [1902年10月27日付アベンダノン夫人宛書簡, ibid: 225]。

これほど激しい批判は、夫人宛書簡のなかでは稀な例であった。

カルティニはファン・コル氏が交霊術 spiritisme を行うことについて、次のようにアベンダノン夫人に記している。

それは霊を呼ぶのではなく、信じることの素晴しさをファン・コル氏が我々にお示しになったことを、私は嬉しく思いました [1902年7月15日付アベンダノン夫人宛て書簡, ibid: 184]。

カルティニはこのような話題をアベンダノン氏との間でもったことがなかっ

た。また、定期購読した週刊誌 De Echo に神智学のトピックが掲載されたことから、カルティニはそれを客観的に認識していたであろう。つまり、カルティニはこの件をアベンダノン夫人に書き送ることで、ファン・コル氏との親しさや急速に深まった信頼度を示す意図があったと考えられる。何事にも新しい事に関心を持つカルティニは、早速それを試したことを書簡にも記しているが、実際に「全く面識の無い人が既に神智学者になっていることを告げて来」たり、「我々を神智学に転向させたいと思う面識の無い人が、科学では困難な事象を教えるべく、それに関する情報を送ってきた」ことに対して、「我々をそうするには極めて難しいでしょう。『気をつけよ』が我々のキーワードです」と、彼女は深入りしていないことを同日付のアベンダノン夫人宛の手紙に記している [Kartini 1987: 194]。カルティニが留学問題の関係等で世間から非難を受ける状況にあって、彼女は神智学の概念そのものよりも、アンニや妹達と一緒に「オランダ人に教えてもらった新しい事」を通じて、興味津々かつ心弾む出来事を一時的に楽しんだのであろう。しかも、その「お告げ」を自分の言動に有利に結びつけて書き記していくさまは、彼女の前向きな気性を表しているといえよう。

　De Locomotief（「デ・ロコモティーフ」）紙に会談のニュースが掲載されたあと[47]、「ジャワ貴族の令嬢が SDAP（社会民主労働党）の人と付き合う」と非難を受けたと記された 1902 年 10 月 12 日付アベンダノン夫人宛て書簡によれば、「東インドとオランダで大物達が留学を快く思わない」との声がカルティニの一家に届き、兄の昇進を阻み家族はもとより姉妹の嫁ぎ先をも巻き込み、さらに叔父（デマックのブパティ）とスマランの理事官セイトホフも、反対したことが記されている。[ibid: 215]。カルティニの声を聴いてみよう。

　　大物達が我々の計画に賛成でないのは、彼らと敵対する社会主義者の方々と我々は仲がよくて、資本主義の敵が我々をハーグで擁護したからからです。それは極めて明白です。大物達が我々をよく理解すれば偏見は無くなると思います。なぜなら、たとえ貴族に生まれても我々は五臓六腑において民主主義者であり、ファン・コル家と出会うかなり前からその願望があったからです。〔中略〕心の狭い世間の人々の満足のために我々が犠牲になるのでしょうか。世論のために最善すなわち良心を犠牲にしています。我々はその見返りが何かを知りたく思いますし、その背後に隠された事を知らなければなりません。我々が陰謀の網の中にいることを恐ろしく感じます［1902 年 10 月 12 日付アベ

---

[47]　1902 年、日刊紙 De Locomotief 4 月 25 日号と 28 日号に掲載された「Met van Kol op reis ファン・コル氏旅行同行記」について、ファン・コル氏に同行したストール記者の記事を指す。

ンダノン夫人宛て書簡，ibid: 215］。

　上述の趣意は、カルティニがファン・コルと出会う以前からあった「願望」について、ファン・コルと共鳴したことを、彼女自らアベンダノン夫人に対し表明することにあった。

　はじめは彼女の「夢」であった留学問題は、もはや彼女の個人的問題の域を越えてしまっていた。さらに、カルティニは国会議員からの手紙の内容を伝え、アベンダノン夫人に次のように書いている。

> 「今は植民地大臣のルートがあり、ファン・コル氏と共に働きかける可能性もなくは無いが、ここオランダでは多くの者がさまざまな情報に巻き込まれることを心してください。あなたはあなたの問題のためにアベンダノン氏に打ち勝つことに挑戦してください」
> どういうことですか、お母様。我々はこちらに恐るべき手強い敵がいることを直ちに手紙に書きました。結論として、「あなた方の問題はこちらでは政治の問題です。あなたの夢が実現してもそれは極めて政治的プロセスの結果に過ぎません」と書かれています［1902年11月20日付アベンダノン夫人宛て書簡，ibid: 236］。

　カルティニが「アベンダノン氏に打ち勝つことに挑戦してください」と記された差出人の書簡を引用してまでアベンダノン夫人に訴えようとしたことは、「オランダ留学」という夢の実現のために、アベンダノン氏が動いてくれなかったという事実にある。それは同時に、夫人も認識するところであったからである。

　本国政府に提出した留学請願書は、1902年11月26日にファン・コルの尽力で下院を通過した。このことをカルティニはアベンダノン夫人に次のように知らせている。

> 今朝、オランダの我々の友達から手紙が届きました。11月26日の議会で次のことが決定しました。「東インドにおいて我々の教育課程が修了していない場合、大臣は例外を認めてオランダで教育を受けるための助成金を支給する」と、〔中略〕この件を再三お尋ねになり、ファン・コル氏から何かあれば直ちに知らせるように仰せで、この件に非常に関心をお持ちであることをよく存じ上げておりますゆえ、手短にお知らせ申し上げます［1902年12月30日付アベンダノン夫人宛て書簡，ibid: 260-261］。

　上述から、アベンダノン夫人の役割は、留学問題に関するカルティニとファ

ン・コルの動きを把握し、夫すなわちアベンダノン長官に伝えることにあったと考えてよいだろう。カルティニはそれを認識している。

　1903年1月、アベンダノン氏が視察の途中にジュパラを訪問し、カルティニやソスロニングラットと会談をした結果、カルティニは留学を止める決心をした。次の2通の手紙が示すように、ソスロニングラットがアベンダノン氏の来訪を勧誘することに非常に熱心であったことが判る。

> 両親はジュパラへのご訪問を心から歓迎し、拙宅へお立ち寄りくださることを願っています。そうなれば、我々も大変嬉しく心から感謝いたします。我々の所への緊急の訪問を快諾してくださるようにお願い申し上げます［1903年1月14日付アベンダノン氏宛書簡，ibid: 265］。

さらに続けて、

> 明日クディリ経由でスラバヤ入りなさることを新聞で読みました。昨夜、私が両親と家族を代表して、スマラン御訪問の際にジュパラの拙宅へお立ち寄り願うことを、プサンガンの住所へ手紙を書きました。
> 私はその要望を今一度行います。バタヴィアへお送りした手紙がお手元に届いていないのではないかと心配で、一昨日手紙を書いた時には既にご出発なさったことを全く知りませんでしたので。父が私の所へ新聞を持参してはじめて知ったしだいです。
> 我々の要望をお聞き入れ頂きますようお願い申し上げます。拙宅へお立ち寄りがご無理であれば、スマラン入りなさる日時と滞在期間を仰せ頂ければそれだけで幸甚、スマランでお会いしたく御滞在先もお教え願えますでしょうか —— 我々は是非再会してお話したく存じますので、こちらへのご訪問が不可能の折は、お目にかかりお話するために別の手立てを講じるよう努める所存です［1903年1月15日付アベンダノン宛書簡，ibid: 265-266］。

　これまで、留学問題についてはアベンダノン氏がカルティニを説得して断念させたといわれてきた。が、上述の書簡によれば、アベンダノン氏との面談のアポイントを積極的に取っているのはカルティニの家族、特に父親ソスロニングラットの方である。そして、面談後の第1報で、「オランダへ行く可能性は閉ざされた」とカルティニは記し、次のように父親の反応を書いている。

> 木曜日に電報を拝受して暗雲から差し込む光を見ました！　そのお陰で父は快復し、さらにご来訪によって父は一層快復しました。〔中略〕そして父は健康を取り戻したかの

ように我々と話し合いました［1903 年 1 月 25 日付アベンダノン氏宛書簡，ibid: 268］。

続く第 2 報では、

> 我々が家に留まるという事実に喜び極まり、両親は貴殿にとても感謝しています。我々は絶対にオランダを希望していましたが、今バタヴィアへ行くことになっても教師になる計画にほとんど変更が無いことが喜びです。ただ、母は我々が家にいて欲しいと思っています。良かったに違いないですよね。それは我々が望むことですもの［1903 年 2 月 1 日付アベンダノン氏宛書簡，ibid: 269］。

とあり、カルティニに留学を断念させることに関しては、アベンダノン氏のみならず彼女の両親がなによりもそれを願っていることがわかる。恐らく父親は娘をはじめから手放す気はなかったのであろうが、本国から国会議員であり一政党の党首が来訪し、その提案を否定することがはばかられ、さらに、娘の留学が「正夢」になると思わなかったのであろう。そして、ファン・コル氏が請願を通過させたところで留学辞退を強制したのであった。その際に、娘を説得してくれる人物としてアベンダノン氏はうってつけであった。手紙の結びに、「父は快復し再び歩き回ったり馬車に乗ったりしています」とあるのは［Kartini 1987: 271］、大変印象的である。

では、アベンダノン氏はどのようにカルティニを説得したのか。

> オランダへ行くこと自体が問題だという視点で、私は見ていませんでした。オランダへ行ってしまったら、「西洋かぶれ blandas」になると「知人」は言うでしょうし、多くの親達も我々に子供を託すことを躊躇するでしょう。この点に開眼することが間に合って神に感謝します［1903 年 2 月 1 日付アベンダノン氏宛書簡，ibid: 270-271］。

子供を託されない。アベンダノンは開校しても生徒が集まらないというカルティニの不安を見事に突いている。上述の文章は書簡の末尾に添えられ、カルティニはそれをどこまで受け入れたのかは疑問であるが、ここに、アベンダノン氏の説得の内容が表れている。会談のことが「デ・ロコモティーフ」紙に掲載されて以降、カルティニは世間から次のように非難されたと記している[48]。

---

[48] カルティニが受けた非難・中傷について、カルティニが閉居の慣習を止め公式の場に出席し始めた頃から、「monster 化物」の類の誹謗を受け、さらに、オランダ留学問題がジャワ社会に知れわたると厳しく非難されたことが、1902 年 10 月 27 日付アベンダノン宛書簡［Kartini 1987: 222-232］に詳説されている。が、アベンダノンの編集でそのほとんどは割愛された。

> 我々には皆が遠ざかる程の噂が広まっていました。普通、ジャワの男性は人々の話題に上り中傷され、嘲笑されている我々のようなとんでもない非常識な女性と、係わり合いになろうとは思いません［1903 年 7 月 14 日付アベンダノン夫妻宛書簡，ibid: 309］。

次に、カルティニがアベンダノン氏の来訪直後に彼の子息に宛てた手紙を見よう。

> 長期間オランダにいるとジャワ社会から忘れられ、病気の父の事も気がかりであること。帰郷後はオランダ育ちの令嬢と看做され、子供の教育を託すのを拒絶されると学校設立は難しくなる。したがって、勉強するならバタヴィアの方がよい。現地人の娘を教育するのに特定の資格は無いから、奨学金の支給を待つ間に貴女の学校を開いた方がよい［1903 年 1 月 27 日付 E.C. アベンダノン宛書簡，Kartini 1911: 463-464］。

同年 6 月、カルティニはブパティ公邸に、ジャワ貴族の幼い娘達を生徒として受け入れ教育を開始した。これが、オランダ領東インドにおける現地人女性が開設した最初の女子校であったと言われている。カルティニの学校については、第 5 章で述べたい。

3. カルティニの結婚問題

1903 年 7 月、カルティニはジョヨアディニングラット R. A. Djojoadiningrat と婚約した。彼はオランダ人の支援を受けてオランダに留学した経験があった。カルティニは同月 14 日付親展で、「私は 6 人の子持ちで 3 人の女のいるレンバン Rembang のブパティの婚約者です」と、アベンダノン夫妻に報告している［Kartini 1987: 308］。その書簡の中で、カルティニは結婚の事を「悲しい知らせ」と書き、その理由を次のように述べた。

> 私達は負けたのです。このことで妹は傷つき倒れ、私も失望感に陥り、感情を昂ぶらせてはいけないと医師に強く言われています。私は悩みぬきました。父の寿命を縮めることはできませんし、大好きな人々に災いをもたらすことはできません。愛する人々が不幸になるくらいなら、自ら心臓に致命傷を負わせる方がましです。それが、私の信念に如何に犠牲を強いているか、十分おわかりのことでしょう［1903 年 7 月 14 日付アベンダノン夫妻宛書簡，Kartini 1987: 307］。

同年8月25日付書簡を読むと、婚約者には子供が6人ではなく7人いると訂正し、カルティニと彼の最年長の長男とは8歳しか違わないとある [ibid: 326]。さらに、10月22日付書簡では、「彼の長男のことで嫌になりました。長男は私を我慢ならないのです。できる限り理解しようと私は努めていますが。でも多分、その年で苦悩することは彼にはよいことでしょう」とあり、両者共に苦しむ様子が記されている [ibid: 338]。カルティニは、「ぞっとするような恐ろしい日々」が待ち受けていると、複数の手紙に書き、「このような将来を私は決して望んでいませんでした」と、結婚式の数日前の11月3日付書簡の中で明言している [ibid: 340]。

　これまでカルティニは一夫多妻制を批判し、その中で苦しむ女性達を助け出すことを使命とし、教育をその解決手段の一つに挙げていた。しかし、カルティニは結婚を承諾したことによって、自分が助けようとした女性の側に加わることを痛感し絶望すると同時に、同居することになる婚約者の女性達とその子供達を思った。

> 私は何度も激しい痛みを伴って、子達の母親である3人の女性のことを考えました。彼が祝いの席で婚約を公表した時、その憐れな女性達の思いはいかようであったでしょう。私は神に彼のため、そして私自身への許しを乞いました。願わくは、その酷い苦悩が無垢な子供達に報復されることがありませんように。今わかりました。彼の娘達が我々の苦悩を全く知ることのないようにすることが、私の人生の崇高な使命であることを [1903年7月24日付アベンダノン夫人宛書簡．ibid: 314]。

　このような状況が実際に降りかかっても、カルティニは上述の女性達を非難しなかった。カルティニは、女性が女性をバッシングする構図の中に存在することを欲しない人物であったことが、ここでも明確に示されている。それは、カルティニの大きな特徴であるといえよう。

　なお、婚家で「3人の女性」と同居することについて、カルティニは嫁いで初めて知ったと言われてきたが、上述の手紙にあるように婚約が決まった時からカルティニはそれを認識し、苦悩しつつ結婚したことがわかる。

　「政庁の決定が唯一私達を助け出すチャンスでした」と記しているように、「教師になるためにバタヴィアで学ぶ許可」を待ち続けていたが、その結果が届いたのは相手が「両親の返事を受理したのと正に同日でした。遅かりし！」と、悔しがっている [ibid: 308]。また、同月10日の葉書では、「両親の祈りの

第2章　カルティニの生涯　81

方が我々の祈りよりも強かったということです。両親の切なる願いが我々の願望より先に成就しました」とある［ibid: 307］。カルティニは婚約と政庁の決定との一連の流れを不審に思い、アベンダノン夫人に次のように問うた。

> 私の酷い病気、レンバンのブパティの来訪、政庁の決定とその後の結婚の申し込み。一人でこのように巧みに考え出すことはできません。貴女が全てを知る唯一の人物、そのお話の少しでもお聞かせください、お母様。結婚するために私が自分でやったと人に思われ蔑まれています。私を知り父が私にお慈悲をと仰ぐ神が存在します！　もう十分です！［ibid: 314-315］

　結局、カルティニは結婚問題においても両親に抗うことはできなかった。それは、カルティニがステラに初めて認めた手紙を彷彿とさせる。

> 私は因習から解放される方法を昼夜考えていますし、たとえそれが根強くても打破できると思いますが、それよりも私を旧態依然とした世界に強く縛るものがあります。それは私を生み育て私に全てを与えてくれる親の愛情、私はそれを絶ちがたい。常に変わらぬ愛情を十分に示し、心をこめて育ててくれた親を失望させる権利が、私にはあるのでしょうか。私が心の趣くままにやりたいことをすれば、親は病膏肓に入るでしょう［1899年5月25日付ステラ宛書簡，Kartini 1911: 2-3］。

　また、カルティニは結婚を決意した直後にもこのようにも記している。

> 両親がその切なる願望を成就したことによって、苦い果実を取ることがありませんように。両親は私の幸福をただひたすら願っています。両親が他者の立場に立って考え、反対意見をもつ者の立場に立って考えることは、もはや老いの身には相当難しいことなのです。私に誤りがあったのなら神に許しを請います。両親が間違ったことをしても神の慈悲がありますように。我々親子は互いを信頼しています［1903年7月14日付アベンダノン夫妻宛書簡，ibid: 307］。

　しかし、神の慈悲はなかった。1903年11月、カルティニは実家で挙式した後、ルクミニをはじめとする妹達に事業（後の章で述べる木彫り等美術工芸振興活動と女学校の運営）を託してジュパラを去った。レンバンでの新生活の中で、カルティニは子供のこころを育み守ることを重視する私学校の設立を構想し、また、産業の振興に努めオランダの協同組合の方法を取り入れようとしていた。翌年9月13日、彼女は長男を出産したが、産後の肥立ちが悪く4日後の

17日に永眠した。25歳であった。父親のソスロニングラットもその後を追うように4ヵ月後、1905年1月16日に亡くなった[49]。

このように、カルティニは彼女の生きた時代では答えの出ない問いを、生涯問い続けた。そして、その問いがジャワの慣習の廃止を、家父長制に支えられたジャワ社会の枠組みの変更を迫った。

---

49) その直後からカルティニの追悼記事が各誌で編まれたことを、第6章第3節で述べる。

第 3 章
カルティニの読書

第1節　20世紀転換期におけるカルティニの読書環境
　　　　── オランダ語書籍の入手

　カルティニにとって本を読むことは、何を意味したのか。従来、カルティニの記事が掲載された雑誌名や本の題名に言及されることがあっても、その内容が考察されることはなかった。そもそも、20世紀転換期のジャワの田舎町ジュパラで、閉居に追い込まれたカルティニは、どのようにして洋書を入手しえたのだろうか。カルティニの父親や兄カルトノが、彼女に「本を手渡してくれた」という記述がある［Kartini 1987: 10, 13］。確かに、カルトノは留学中もオランダから本・雑誌を実家へ送り届けた。しかし、カルティニの謝辞は、父や兄の彼女に対する愛情の深さを示そうとしたものであっても、ジュパラにおける洋書の供給の一般状況を示すものではない。当時の状況をニューエンハウスは、

> 彼女は書籍を直接オランダへ注文したこともあったが、結果は運次第であり、また東インドでの書籍の取引きでは当時はまだ何もかも不備であったにも拘らず、彼女はお気に入り、特に道義にかなった多くの教訓を含む書籍について書簡に書いていた［Nieuwenhuys 1978: 317］。

とする。
　1911年版で彼女は書籍受領の謝辞を述べているが、全ての書名は知り得ない。一方、1987年版には、アベンダノン夫人に書籍名とその贈り主などを記した文章が複数存在する。このような物品の授受は私的な問題と解され、1911年版では削除されたのであろう。本節では、文通相手各人がカルティニの洋書の入手に果たした役割をみる。
　まず、アベンダノン夫人は *Het Onderwijs*（教育）という雑誌や、カルティニが師範学校を受験するために必要な書籍をバタヴィアから郵送した。

> お手紙と一緒に教科書12冊を頂戴し御礼申し上げます。ご夫妻には千回御礼を申し上げます。直に頁を繰りました。恐悦至極、心置きなく勉強に勤しめます。本にカバーをつけました。わくわくします。ルクミニは植物学や動物学に強い関心を示しています。手にし誠に嬉しく知恵がつく喜び！　さらなる知識を積み増すことができましょう［1902年3月27日付アベンダノン夫人宛書簡，Kartini 1987: 151］。

また、カルティニは結婚祝いとして書籍の贈呈を夫人に希望している（本節の表3（100頁）参照）。一方、アベンダノン氏は東インドの文化に関する論文や自らの報告書を夫人の書簡とともに郵送した。具体的には第4章でカルティニとアベンダノンをめぐる関係で言及する。

　夫妻の息子であるE. C. アベンダノン（1878-1962）はラーゲルレーヴSelma Logerlöf（1858-1940、女性初のノーベル文学賞受賞者）の著作 *Gösta Berling Saga*（『イエスタ・ベーアリング伝説』）（1891年）を紹介し、読後感想の交換を約束した（第3節で述べる）。

　言語学者アドリアニは、トラジャの文化や言語に関する論文などを郵送した。

> 文通を考え出した人に感謝してもしきれません。それは暮らしの中に愛と善をもたらしました。未だ決して十分に評価されていない発明である文通がなければ、我々の人生はどうなっていたことでしょう。本や出版物に記された優れた思想は我々を育て高め、そして、その思想を生み出した人から直接受ける影響は一層大きいインパクトがあります。お手紙を拝受すると祭りのような心地になります。ネリー〔ファン・コル夫人〕が「人生の幸福と愛から思想が広まる」と仰せのように、お手紙をくださる個人を通じて、我々は素晴しい思想を理解します。興味深い記事を執筆なさった方を個人的に存じ上げますことを、その方から直接に玉稿を頂戴し大変な名誉と存じます。御著書に記された事について、ご本人様から直接お伺いできますことを誠に素晴しく存じ、このような我々の切なる願いが叶う時は無上の喜びに存じます。その時が再来することを希望し、長く待たせないでと願うばかりです。また、このたびは教育的で心躍る興味深い読み物をお送り頂きましたご親切に衷心よりお礼を申し上げます〔1902年9月24日付アドリアニ博士宛書簡, Kartini 1911: 408-409〕。

　とくに、妹ルクミニへアドリアニから複数の書籍が送られ、カルティニがその謝辞を述べていることから、到来した書籍を姉妹は共に享受したのであろう。

　引用文中に言及されたファン・コル夫人は編集者・作家として活躍し、オランダから数多くの読み物をカルティニのもとへ郵送した。

> ご自身の著作を束にしてお送りくださいました。子供向けですが大人にも読んで欲しいと私は思いました。読み応えがあります。夫人は深く共感した事を素直に綴っていらっしゃいます。女性問題や宗教等重い問題を取り扱い、読者と夫人との対話が掲載されて

います［1902 年 7 月 15 日付アベンダノン夫人宛書簡，Kartini 1987: 184］。

ファン・コル夫人はカルティニの読書アドバイザーといえよう[50]。ファン・コル夫人は子供向けの雑誌 *Ons Blaadje*、*Volkskinderbibliotheek* を立ち上げ編集長として自ら執筆し、また、女性向けの雑誌 *De Vrouw* も立ち上げ編集長を務めた。その著作はオランダと東インド双方の新聞や雑誌にしばしば掲載され、たとえば、*De Gids*（1899 年 11 月 1 日号）に掲載された代表作 *Wat zullen de Kinderen Lezen ?*（子供たちは何を読むべきか）は日刊紙 *De Locomotief*（1899 年 11 月 13 日号）に取上げられ、週刊誌 *De Echo*（同年 12 月 24 日号）で絶賛された。カルティニは書簡中にファン・コル夫人の著作やその書評が掲載された雑誌名を挙げている。たとえば、*Amsterdammer*、*De Vrouw*、*De Echo*、*De Hollandsche Lelie*、*Oost en West*、*De Hollandsche Revue*、*Koloniaal Indië*、*Bintang Hindia*、*Ons Blaadje*、すなわち、カルティニがこれらの雑誌を読んだことを示している。読了後、カルティニは著者であるファン・コル夫人から助言を直接に得て、感謝し喜びであったと言う。

イエナ Jena 大学の教授アントン Günter K. Anton（1864-1924）[51]は彼の論文やドイツ文学、オランダで話題の文学作品をカルティニ姉妹へ郵送した。彼の論文 *Een tot verbond met Nederland*（原題 *Ein Zollbundnis mit den Niederlanden,*

---

50) カルティニはこの 4 ヵ月後にも「著作を束にして頂いた。心穏やか、素直な気持ちにさせます」という謝辞を送っている［Kartini 1987: 184］。読書を通じたカルティニとファン・コルの交流の深まりを示す。

51) ドイツ人のアントンは、ドイツ東部のイエナ市にある 1558 年設立の正称フリードリヒ・シラー大学の国際法の碩学であり、代表作 *Geschichte der preussischen fabrukgesetzgebung: bis zu ihrer Aufnahme durch die Reichsgewerbeordnung*（1891 年）等 30 余りの著作を著したが、カルティニの生前、どの程度ドイツ語からオランダ語に翻訳されたかは定かではない。引用文から推察して、アントン夫人が博士の論文をドイツ語からオランダ語に翻訳していることから、アントン夫人はオランダ人であり、おそらく下記の引用からアベンダノンの知人であると思われる。カルティニとの出会いは、1900 年 12 月 21 日付アベンダノン夫人宛書簡に次のように記されている。
　アントン Anton 博士と奥様が 10-12 日に拙宅にご滞在になり、あなた様ご夫妻からのご挨拶を賜りました。有難うございます。ご夫妻の差し迫った御来訪を承った時、「きっとアベンダノン夫人がよくご存知のはず」と、即座に言った私は間違っていませんでした。アントン家と知り合えたことは、大きな喜びです［Kartini 1987: 38］。
　さらに、1901 年 1 月 1 日付アベンダノン夫人宛書簡には、「アントン夫人は木彫工芸品を数点ご注文になり、1 月末までに完成の折はあなた様へ送るよう言われました」と記されている［Kartini 1987: 42］。また、1901 年 1 月 9 日付ステラ宛書簡には、「最近、イエナ大学のアントン教授が奥様を伴ってご研究にかかわる旅の合間に拙宅をご訪問なさいました」と記されている［Kartini 1911: 98］。

Dresden, 1902) についてカルティニは次のように書いている。

> 我々は大いなる関心をもって博士の玉稿 *Een tot verbond met Nederland* を拝読しました。お送り頂きましたご親切に対し衷心よりお礼を申し上げます。博士のご厚情に痛み入ります。博士の玉稿をきっかけとして書かれた様々な論評を読みました。また、「デ・ロコモティーフ」紙の編集長 P. ブロームスホーフト氏の記事から大きな話題となり、議論を呼ぶアントン教授の論文の翻訳が、博士の愛する教養の高い奥様の手に成るオランダ語訳であることを理解しました［1902年10月4日付アントン博士宛書簡. Kartini 1911: 414］。

上述の著作のように、カルティニには異色の分野ともいえる経済関係の専門書を読み、文通を通じて視野を広げる機会が与えられたことを記しておきたい。この他に、アントンは F. ロイター Fritz Reuter（1810-1874）、クペールス Luis Couperus（1863-1923）、ボシュメイル Carel Vosmaer（1826-1888）の著作および『ギリシア神話』などを郵送した。

オーフィンク夫人とステラ・ゼーハンデラールは本・雑誌を紹介し、書簡に記事の筆写を同封し、カルティニと意見を交換した。両者について本章第3節であらためて述べる。

このように *Door Duisternis tot Licht* に登場するカルティニの文通相手は、オランダ語の書籍の「供給者」であった。しかも、そのうち7名が自ら論考・エッセイ等を印刷・出版している執筆の経験者、つまり当時の文筆エリートがその切り口でカルティニに書籍を選んで贈り続けた。もちろん、それらの書籍は彼女の「お気に入り」であり、文通相手にリクエストする文面も存在した。しかし、最終的には文通相手が書籍を選択したと思われる。さらに、文通相手はその読後感想を引き出した意味において、カルティニの読書に決定的に重要な役割を果たしたといえよう。カルティニは自己の考えをオランダ語という母語ではない言葉で文章化する作業を通じ、文通相手とコミュニケーションを構築した。すなわち、文通相手はカルティニの読書のインプット（洋書の入手）とアウトプット（読後の意見交換）の両方にかかわりをもった。

これらの文通相手の他に、フラーセル Anni Glaser が「洋書の供給者」であった。彼女は1877年にオランダで生まれ師範学校を卒業し、1901年から1年間ジュパラへヨーロッパ人小学校の教師として赴任した。フラーセルは東インドへ所持した全書籍を、カルティニが随時使用することを許した。また、カル

ティニはフロヌマン J. Groneman と文通し著作を頂いたと記しているが、後の学術論文の項で述べる。

では当時の東インドにおいて、カルティニは文通相手の提供する書籍以外にどのような図書サーヴィスを享受したのであろうか。

> 私が読物に事欠かなかったのは、読物の箱 leestrommel に手を伸ばすだけで済んだからです［1900 年 8 月アベンダノン夫人宛書簡．Kartini 1987: 13］。

上述の「読物の箱」とは、書店と契約し書店から一定期間貸し出される本・雑誌が入った箱 trommel を意味し、特に当時の東インドで見受けられた書店経営の一手法であり、オランダおよび東インドを代表する雑誌、例えば、*De Gids*[52]、*De Nieuwe Gids*[53]、*Eigen Haard*、*De Hollandsche Revue* 等が毎号供給されていた。書簡には *De Gid*、*De Nieuwe Gids* に掲載されたと記されボレル Henri Borel（1869-1933）、デ・ウィッツ Augusta de Wit（1864-1939）、ヤコブス Aletta Jacobs（1854-1929）、トネット Martine Tonnet、メルシエール Hélène Mercier（1839-1901）、ファン・コル夫人等の作品名がある。「読物に事欠かなかった」、「父は私に本を与え甘やかす」［Kartini 1987: 13］という言から、ソスロニングラットが書店との契約を継続・更新していたことを意味する。

カルティニはそれらの雑誌の「読書案内」で本と出会い思潮を知り、そして本を求めた。したがって、カルティニが「お気に入り」の本として記した書籍以外にも、彼女はもっと多くの書籍に目を通すことができた。書簡に現れたオランダ語による作品名と著者名は、カルティニが単に興味をおぼえた作品として感想を述べたものだけでなく、文通相手との共通の関心事や話題として採り

---

52) 『デ・ヒッズあるいは道標』という名称で 1837 年に創刊され現在も存続する世界で最も古い雑誌の一つである。創刊当初の中心人物はポットヒーター E. J. Potgieter（1808-1875）、ブスケン・ヒューツ C. Busken Huet であった。文学を含む社会生活についてあらゆる視座における記事が掲載され、オランダの文化生活に新しい勢いを与えた雑誌である。国外の文芸思潮の評論も掲載された［Meijer 1978: 239］。

53) 『デ・ニューヒッズあるいは新道標』という名呼で 1885 年に創刊、1880 年代のオランダにおける文学運動から生まれた文芸評論誌であった。中心人物はクロース Willem Kloos（1859-1938）、ホルテル Herman Gorter（1864-1927）、フルウェイ Albert Verwey（1865-1937）、ファン・エーデン Frederik van Eeden（1860-1930）であった。その特徴は文芸にとどまらず女性解放問題、社会主義、芸術、科学にまでジャンルを広げ、また自己を解放させることに努めた作風をもち、当時の時代思潮が映し出されていた。例えば、第 1 巻にはファン・エーデンの作品や詩などの文芸作品のほかに、ローマ法に関する作品も掲載された［ibid: 239］。

上げられた書籍だけに限られたとするべきだろう。

次に、カルティニの読書方法について、書簡から言及箇所を次に抜粋する。

> 苦悩する魂のために気の休まる友達を見出した。それがオランダ語の本であった。〔中略〕目に入るものは何でも読んだ。読んだものは全て理解した。一度読んで解らなければ二度、三度と読み返し四度目には理解した。知らない単語はメモし、兄〔カルトノ〕の帰省時にその意味を尋ねると、兄は喜んで教えてくれた。読書は一度だけの喜びを与えるのではなく、限りない多くの教訓を与えることに気付いた［ibid: 13］。

カルティニは知らない単語が偏在する文章を前に、辞書を用いず繰り返し読み文脈から単語の意味を推し測り、大意を理解した。その過程において彼女は洞察力・思考力を深めた。カルティニは覚書「ジャワ人に教育を」の中で「教育の効果的な方法は読書である。読書は優れた先生である」［富永 1987: 204］という一文を記し、読書が人を育てることを経験に即して主張した。

新聞には、東インド発行の新聞とヨーロッパから取り寄せた新聞があった。後者にはオランダのほかにイギリス、フランス、ドイツで発行された新聞も購読が可能であった。ここでは、カルティニが最も深くふれあった東インド発行の新聞について述べる。ソスロニングラット家は新聞を定期購読しており、カルティニは毎日読みその思潮から影響を受けたと考えられる。書簡では *De Locomotief* という新聞について、カルティニが幾度も言及している。その一例を次に挙げよう。

> 最近「デ・ロコモティーフ（東インドで最も有名な日刊紙）」に原住民が書いた記事がありました。歯に衣着せず書かれた事は、この数年来大部分の原住民官吏が悩んでいるにもかかわらず未だに手付かずの状況です。ブパティも下級官吏も筆者の声に耳を貸さず、オランダ人官吏はその事をどのようにお考えなのでしょうか。政庁が内務役人の再編成によって経費を節減し、オランダ人官吏だけでなく原住民官吏にも利益をもたらしたことを理解していますが、記事の筆者は民衆のための利益を求めています。また、ヨーロッパ人官吏と原住民官吏の公用語としてオランダ語の義務付けも要求しています。すばらしい！　兄だけが唱えている事ではないのです［1900年1月12日付ステラ宛書簡，Kartini 1911: 61］。

De Locomotief は1852年に *De Semarangsche Nieuws- en Advertentieblad*（スマラン・ニュース広告紙）としてジャワ在住のオランダ人を対象に創刊され、1862

年、スマラン-タングン間にジャワ初の鉄道敷設工事が始まったことに因み、翌年、*De Locomotief*（「デ・ロコモティーフ」）と改称し週2回発行され、1880年に日刊紙となり1956年まで続いたオランダ語新聞であった［Feber 1930: 65］。

　一般に、当時の東インドの新聞社は各地の地方紙から選び出した記事を転載して紙面が構成された。しかし、1879年にダウム P. A. Daum（1850-1898、新聞記者を経て作家となった。筆名 Maurits）が *De Locomotief* に赴任すると、他紙に先駆けて新聞連載小説を執筆し、読者に娯楽を提供した[54]。ヨーロッパ発信の文芸記事を掲載し、ダウム自からも多種の論評を記した文芸欄は、「ヨーロッパの今」を具体的に知りたい東インド在住のオランダ人達からの好評を博した。1886年からブロースホーフト P. Brooshooft（1845-1921、筆名 Pépé）が編集長を再度務めた。先述したように、カルティニは書簡でブロースホーフトの名前を挙げて記事を話題にした。1901年に倫理政策が始まると「倫理派」の新聞として知られた。

　広告欄が示すように、ゾラ、ドーデ、ユゴー、フローベール、ディケンズ、H. ジェームズなど欧米で流行する最新作が掲載され、「世界文学全集」の背表紙を眺める感もあり、欧米各国の郵船の広告はグローバル時代の到来を告げていた。カルティニのような読者に広い世界への憧憬を抱かせたであろう。なかでも、ファン・ドルプ Van Dorp 書店の広告には *Bijdragen*、*Eigen Haard*、*De Nieuwe Gids*、*De Hollandsche Lelie*、*De Hollandsche Revue* 等の雑誌が挙げられ、ジャワへヨーロッパの最新情報をもたらしていた。それらはカルティニが書簡で言及した雑誌名と一致し、後述するように彼女がすすんで享受し影響を受けた雑誌も含まれる。当時、これらの文芸記事や新聞小説、広告に掲載された書籍を享受する主体は、昼間、留守を預かるオランダ人女性であり［Termorshuizen 1988: 147］、カルティニと彼女達のうちに同時代性が内在したといえよう。また、同紙を購読することによって、ロイター通信社 Reuters から配信された最新の世界情勢を知ることができた。このように、オランダ領東インドでオラン

54）　新聞の人気は連載小説に大きく左右されるようになり、それを決めるのは編集者の重要な仕事の一つとなった。同紙の購読者数は1880年で1100〜1200人となり、年間購読料は40ギルダーであった［Feber 1930: 78］。ダウムはヨーロッパの新刊書の文学時評や演劇の短評欄も執筆し、また、当時その斬新性で文壇はもとより社会的にも注目を集めたゾラ E. Zola（1840-1902）を1881年7月に紙面に紹介した［Termorshuizen 1988: 147］。それはヨーロッパの文芸批評が時を移さず東インドに伝えられたことを示した。ブロースホーフトもまた引き続き文芸のジャンルに力を注ぎ、1900年にボレルを招聘し、同紙のコメンテーターとした。

ダ語紙がカルティニの家庭に代表されるジャワ人エリート層にも読まれたことは、当時のジャワで特異な事例の範疇ではなく、彼らがオランダ人と同じ情報源を共有し始めたことを意味した。今日、同紙はインドネシア人エリート層に影響を及ぼした新聞であったと認識され、また史料として用いられている。

カルティニの著作が *De Locomotief* 1900 年 5 月 17 日号と 18 日号に転載されたこともあったらしい［Bouman 1955: 35］。また、1902 年にファン・コルが国会議員としてジュパラを訪問しカルティニと会談したことを、ストール Stoll という記者が「Met van Kol op reis ファン・コル氏旅行同行記」と題して連載記事にした［*De Locomotief* 1902 年 4 月 25-28 日号］。先述のファン・コル夫人やアントン宛書簡にみられたように、文通相手の著作が書評欄に取り上げられた。また、カルティニはアベンダノン長官の公務に関する最新情報を同紙から得ていた。カルティニは後の章で述べるように、他にも複数の記事について賛同し、また批判した。このように、*De Locomotief* とカルティニとの関係は、彼女が単なる読者以上に直接・間接に繋がりのある新聞であった[55]。

とくに、カルティニはオランダ文学やオランダ語に翻訳された欧米の小説[56]を読むことで、閉居中の暮らしに喜びを見出した。

彼女が記した著者および著書・掲載誌について、ジャンルを問わず 1911 年版と 1987 年版から抜粋し、「カルティニの読書リスト」に挙げ[57]、カルティニの読書について考察する。「カルティニの読書リスト」表 1、表 2、表 3 はカルティニが 19 世紀後半以降の「交通革命」によって、ヨーロッパの出版物をほぼ時を同じくしてジュパラで享受できたことの証左である。カルティニはオランダ語を習得したことによって、たとえ閉居中であっても、オランダ語の出版物を媒介として外界と結ばれていたのである［富永 1991: 44］。

---

55) そのほかの新聞について、書簡の中には、*Bataviaasch Nieuwsblad*（1902 年 11 月 21 日）も挙げられている。
56) ジャワにはジャワ語で書かれた小説の伝統がなかった。
57) 本章に挙げた「カルティニの読書リスト」は［富永 1991: 40-43, 2011: 55-59］に加筆・修正したものである。カルティニがタイトルに言及していなくても「写しをもっている」、「書簡に引用した」行為を重く受けとめ、作者名をリストに挙げた。

表1 カルティニの読書リスト(オランダ語出版物)。太字はカルティニの文通相手

	作者名	題名・掲載誌等
1	**Abendanon, J. Henri** (1852-1925) 政庁教育・宗教・産業局長官	政策提言、伝統産業振興についての報告書など。
2	Adriani, Nicolaus (1865-1926)	代表作 *De Bare'e sprekende Toradja van Midden-Celebes de Oost-Tradja* (共著)、*Bijdragen tot de Taal-, Land-, en Volkenkunde* および *Album Kern* の中のスラウェシの言語・文化についての学術論文。
3	Anton, G. Kurt (1864-1924, Germany)	*Geschichte der Preussischen Fabrukgesetzgebung: bis zu ihrer Aufnahme durch die Reichsgewerbeordnung* (1891) 国際法の碩学。
4	Borel, Henri (1869-1933) 政庁華人問題顧問 (Adviseur)	オランダの文豪、*Het Jongetje* (1899、代表作『少年』、*De Echo* で紹介)、*De Laaste Incarnatie, Een Droom van Tosari, De Gids* 掲載記事「ガムラン音楽」等。
5	Brandes, J. (1857-1905)	*Het infix in niet een infix om passieve vormen te maken, maar de tijdsaanwijzer om aan een vorm de waarde te geven van een gedecideerd afgeloopen handeling.*
6	Couperus, Luis (1863-1923)	オランダの文豪、*De Stille Kracht* (1900、ジャワに秘められた不可視の力と影響を主人公オランダ人の目を通して描き *De Echo* で紹介された)。
7	Cremer, J. Jan (1827-1880)	*De Lelie van 's-Gravenhage, Tooneelspeleres, Hanna de Freule*
⑧	**de Bosch-Kemper, J.** (1836-1916)	女権拡張を目指す雑誌 *Belang en Recht* (創刊1896年) 初代編集長。アベンダノン夫人宛の最初の書簡 (1900年8月13日) に引用文あり。
9	de Bruin, S. (1821-1901)	題名の記載はないがカルティニ姉妹はフランス語の学習のために購読。
10	de Genestet, P. A. (1829-1861)	*Terugblik, Een meikindje*、巧みな表現力とメランコリックな作風で多くの読者を魅了した詩人、書簡中に引用文有り。
⑪	de Jong van Beek en Donk, M. (1866-1944)	*Hilda van Suylenburg* (1898、当時のフェミニズムを代表する小説としてオランダ社会で話題を呼んだ作品)。
⑫	**de Savornin-Lohman, Anna** (1868-1930)	全国女性工芸展オーガナイザー、*De Hollandsche Lelie* の編集長を務める (1902-1903)。
⑬	**de Wit, Augusta** (1864-1939)	*Java-Feiten en Fantasieën* (1898、オランダ人女性作家として初めて英語で発表、*De Gids* に紹介された後にオランダ語で出版、ドイツ語にも翻訳された)、*Orpheus in de Dessa* (1902) はカルティニの愛読書。
14	Fielding, H. (1859-1917, UK)	*De Ziel van een Volk* (1901、The Soul of People)、*Buddisme*、ミャンマーの人々・生活・宗教について。
⑮	**Huygens, C., L.** (1848-1902)	*Barthord Meryan* (1897、feminist socialist の観点で女性問題・結婚問題を追及)。

第3章 カルティニの読書

作者名	題名・掲載誌等
16　Groneman, J.	考古学者。*Bijdragen tot de Taal-, Land-, en Volkenkunde* 等の学術誌上にジャワ文化についての論文を多数発表。
⑰　Hoven, Therése 　　（1860-1945）	20世紀転換期に活躍した著名な作家、*De Echo* に寄稿。
⑱　Jacobs, Aletta（1854-1929） 　　オランダを代表する女権拡張論者、オランダ初の女性医師	*Het Doel der Vrouwen Beweging*（婦人運動の目的）、*Wat is de Taak der Nieuwerwetsche Vrouw?*（新しい女性の役割は何か）、*De Echo*、*De Gids* 等多数論評掲載。女性国際平和自由同盟 WILPF 結成、難民救済活動に従事。
19　Kern, Hendrik（1833-1917） 　　ライデン大学ジャワ学講座の第2代教授	*Album Kern* 中の学術論文。 兄カルトノの指導教授。
⑳　Lagerlöf, Selma 　　（1858-1941, Sweden）	*Gösta Berling Sage*（1891）、1909年に女性初のノーベル文学賞受賞（『ニルス・ホルゲンソンの不思議な旅』）。
㉑　Lyall, Eduna 　　（1857-1903, UK）	*Wij Beiden*（We Two、1884、キリスト教について）。
㉒　Max-Koning, Marie 　　（1864-1926）	*Het Viooltje dat weten wilde*、19世紀末オランダの女性童話作家。
23　Max Muller, F. 　　（1823-1900, Germany）	題名の記載はないが「原稿の写しを所有する」と書簡に記し書写。
㉔　Mercier, Hélène 　　（1839-1910） 　　A. ヤコブスの友人	*Verbonden Schakels*（1889年）、*'Karakervorming der Vrouw'*（1900年、1900年8月アベンダノン夫人宛書簡に言葉を引用）、*Aurora Leigh*（1883年翻訳）。 *Rev. en Mrs. S. A. Barnett*（1890年翻訳、トインビー活動）、*Octavia Hill*（1897年）。 寄稿：*De Amsterdammer*、*Eigen Haard*、*Sociaal Weekblad*、*De Gids* 等。
25　Mulder, Lodewijk 　　（1822-1907）	*De Vaderlandsche Geschidenis*（オランダを主とする西洋史の教科書）。
26　Multatuli（1820-1887）	*Max Havelaar*（1860）、*Gebed van den Onwetende*（1860）、*Minnebrieven*（1861）、*Vorstenschool*（1875）、書簡中に小説の言葉を引用。
㉗　Nijhuis, Jeanette	題名の記載はないが引用文あり（1901年12月5日アベンダノン夫人宛）。
㉘　**Ovink-Soer, M. C. E.** 　　（1860-1937）	代表作 *In het Zonneland*、副理事官夫人としてジュパラに滞在（1894-99）、*De Hollandsche Lelie*、*De Echo* に寄稿。
29　Ort, Felix（翻訳者） 　　（1866-1958）	翻訳作品：*Naar het Groot Licht*（キリスト教について）、*Boeddhisme*、雑誌 *Waarheid en Vrede* 編集長。
30　Potgieter, E. J. 　　（1808-1875）	*De Gids* の主導者でオランダ文学の振興に努めた。 題名の記載はないが「難解な作品」という感想が書簡に見られる。

	作者名	題名・掲載誌等
31	Prevost, Marcel (1862–1911, France)	*Moderne Maagden* (*Les Demi Vierges*、1894、女性解放を主題としてフランスのブルジョワの結婚における葛藤を描き女性の心理描写の手腕に高い評価)。
32	Ruiter, Fritz (1810–1874, Germany)	題名の記載はないが「心を快復する物語で元気になる (1902年10月4日付アントン宛書簡)」と述べる。作品の特徴はあらゆる困難に楽天主義で打ち勝ち人生の成功へと推し進める作風にあるといわれる。
㉝	Roland-Holst, Henriette (1869–1952)	オランダを代表する女性詩人、*De Echo* にも寄稿。
㉞	Schreiner, Olive (1855–1920, UK) A. ヤコブスの友人	*Dreams* (1890)、*The Woman Question* (1899、女性の経済的自立を説く) 等が *De Echo* に紹介、女性の自立、男女平等を説く、平和運動家。 『アフリカ農場物語』(1881) で世界的名声を得る。
35	Sienkiewicz, Henryk (1846–1916, Poland)	*Quo Vadis* (1895、ネロの時代の異教徒的世界とキリスト教世界との抗争を描く、De Echo の「読書案内」で1900年に紹介、1905年ノーベル文学賞受賞)。
36	Snouck Hurgronje, C. (1857–1936)	*Album Kern* に論文収録、書簡中 *De Hollandsche Revue* の記事に言及、政庁の原住民・アラブ人問題の顧問 (Adviseur、1899-1906)。
㊲	Soer, Elise, 画家	'Wat de Kerstengel bracht' (*De Hollandsche Lelie* に掲載)、オーフィンク夫人の姉。
㊳	Sylva, Carmen (1843–1916, Rumania)	代表作 *Deficit.* ルーマニアのカルロス1世の王妃エリザベト、ルーマニアの文芸復興に尽くした。
㊴	ter Horst-de Boer	*De Echo* 編集長、カルティニの追悼記事を *De Locomotief* 紙へ寄稿。
㊵	Tonnet, Martine	Wayang Orang (1899、ワヤン・オランについて *De Gids* に掲載される)。
㊶	van der Meij, Henriette (1850–1945)	*Belang en Recht* 編集長、*De Echo* 寄稿者、カルティニの文通相手ステラの友人。
42	van Eeden, Frederik (1860–1930)	オランダの文豪、代表作 *De Kleine Johannes* (1887、主人公ヨハネス少年の心の成長過程を描いた自叙伝的小説、De Echo で紹介された)。
43	**van Kol, Henri** (筆名 Riënzi) (1856–1926)	*Land en volk van Java* (1896、序文はネリー夫人が執筆)、*Uit Onze Koloniën* (1903、ジュパラの木彫工芸振興活動に言及)、SDAP 国会議員。
㊹	**van Kol, Nellie** (1851–1930)	代表作 *Wat zullen de Kinderen Lezen ?* (「子供は何を読むべきか」1899)、寄稿：*De Gids, De Hollandsche Revue*、*De Hollandsche Lelie*、*Oost en West*、*Koloniaal Indië*、*Bintan Hindia* 等。 *De Vrouw* 編集長、*Ons Blaadje* と *Volks-Kinderbibliotheek* を主宰。
45	Van Maurik, J. (1846–1904)	*Indrukken van een Totok* (著者の東インド旅行における印象を描く)。

	作者名	題名・掲載誌等
㊻	van Riemsdijk, Jeanette （翻訳者）（1861-1931）	*Moderne Vrouwen*（『新しい女性』）をフランス語から翻訳（1899）。
㊼	van Wermeskerken-Junius, S. （1853-1904）	代表作 *Hollandsch Binnenhuisje*（1888）、*De Hollandsche Lelie* 初代編集長、*Vrouwenarbeid*（全国女性工芸展の機関紙）編集長、オランダにおける女性ジャーナリストの先駆者。
㊽	van Zuijlen-Tromp, N.	*Maatschappelijk Werk in Indië*（1898 年全国女性工芸展覧会報告書）および *Vrouwenarbeid* の編集に携わる。Oost en West（東西協会）初代会長、*De Echo* に「東西協会の活動」を寄稿、ジュパラ木彫工芸品の主要顧客。
49	Veth, Bas（1860-1941）	*Het Leven in Nederland-Indië*（1900）。
㊿	von Suttner, Berta （1843-1914, Austria） A. ヤコブスの友人	*De Wapens Neergelegd*（*Die Waffen Nieder*、1899『武器を捨てよ』）1905 年ノーベル平和賞受賞、平和運動家。
51	Vosmaer, Carel（1826-1888）	*Inwijding*（1888、未完の小説）。
52	Wallace, Lew （1827-1905, USA）	*Ben Hur*（1880、主人公ベン・ハーの苦難の半生でローマとユダヤの対立やキリスト教を描く、1899 年ウィリアム・ヤングが劇化し声価を高めた）。
(53)	Ward, Humphery （1851-1920, UK）	*Marcella*. 1890 年代に女性の近代的反抗を表現する能力を示した一群の女性作家達の一人に数えられている。表 3 ⑯参照。
54	Wertheim, J.	題名の記載はないが引用文あり（1900 年 12 月 12 日アベンダノン夫人宛書簡）。
(55)	Zangwill, Israel （1864-1926, UK）	*Droom van het Ghetto*、ユダヤ系イギリス人の小説家劇作家。
(56)	**Zeehandelaar, Estella** （1874-1936）	*De Holandsche Lelie* に連載記事を寄稿、*Belang en Recht* 編集長 H. van der Mij の友人、公務員、社会福祉活動に従事。
57		*Grieksche Mythologie*（ギリシア神話、アントン教授からの贈物）。
58		*De verhalen van Duizend en Een Nacht*（千夜一夜物語、アントン教授の贈物）。
59		*Aardrijkskundeboek van Nederlandsch Oost Indië*（オランダ領東インドの地理の中等教育レベルの教科書）、そのほか動物学・植物学・フランス語など当時の師範学校で使われていた教科書をアベンダノン夫人から贈られた。
60		*Regeeringsalmanak van Nederlandsch Indië*（政庁年鑑）。
61		クルアーン、カルティニは幼少期に家庭で教師の下でクルアーンを暗唱。
62		聖書、書簡中に聖書からの引用句がある。

注）1. ジャンルを問わずアルファベット順に作家名を記した。丸で囲まれた番号は女性の作家を示す。
2. オランダ人作家以外は国籍を記した。
3. 「題名・掲載誌他」の項に、カルティニが言及した作品、その作家の代表作を記載し、簡単なコメントを付けた。

表2　カルティニの読書リスト（新聞・雑誌）

Amsterdammer（日刊紙アムステルダマー、ファン・コル夫人、メルシエール寄稿）
Belang en Recht（女性の社会的地位向上を目指し法律改正を唱道する隔週刊誌、2代目編集長はステラの友人）
Bijdragen tot Taal- Land- en Volkenkunde（KITLV紀要、カルティニ寄稿）
Bintang Hindia（A. リファイ編、オランダ語とマレイ語表記の週刊誌、ファン・コル夫人寄稿）
De Echo: Weekblad voor Dames in Indië（こだま：ジョグジャカルタ、カルティニ寄稿）
De Gids（道標）
De Hollandsche Lelie（オランダの百合）
De Hollandsche Revue（オランダの社会・政治・文化等を扱う評論雑誌、ファン・コル夫人寄稿）
De Nieuwe Gids（新道標）
De Locomotief（日刊紙『デ・ロコモティーフ』：スマラン）
De Vrouw（ファン・コル夫人が主宰・編集した女性誌）
Eigen Haard（エイヘン・ハールド、メルシエール寄稿、カルティニ寄稿）
Elsevier's（オランダの著名な総合誌、アベンダノン子息寄稿）
Het Koloniaal Weekblad: Orgaan der vereeniging Oost en West（東西協会の機関誌、ファン・コル夫人寄稿）
Het Onderwijs（東インドにおける教育・保育に関する週刊誌：バタヴィア）
Javasche Courant（官報：バタヴィア）
Nederlandsche taal（オランダ語専門誌、カルティニの兄カルトノのスピーチが掲載されたこともあった）
Neerlandia（広報誌、全般にわたりオランダをわかり易く紹介する記事が満載）
Onze Blaadje（ファン・コル夫人が主宰・編集した子供向け雑誌）
Oost en West: Staat-en letterkundig weekblad（週刊誌、1902年に国会議員ファン・コルが誌上でカルティニを紹介）
Tijdschrift voor Nederlandsche Taal- en letterkunde（オランダ語・オランダ文学に関する月刊誌）
Vrouwenarbeid: Orgaan van de Vereeniging Nationale Tentoonstelling van Vrouwenarbeid（全国女性工芸展開催中、毎週3回発行された女性解放を基調とする広報誌。トインビー活動等の社会福祉活動等を題材に女性が活躍する場を紹介）
Weekblad voor Indië（週刊東インド：スラバヤ、カルティニの掌握小説掲載）
Wetenschappelijke Bladen（月刊科学雑誌、A. ヤコブス寄稿）

注）1. 東インドで発行されたオランダ語新聞・雑誌のみ刊行地を表記した。
　　2. 原題の後に雑誌・新聞とカルティニの関連性を手短に記載した。

表3 カルティニの読書リスト (*Brieven* 添付「書籍リスト」)

1.	Ritter (The Netherlands)	Paedagogische Fragmenten [Pedagogical Fragment], EthischeFragmenten
2.	Vosmaer (The Netherlands)	Amazone [Amazon], Inwijding [Introduction].
3.	Jonathan (The Netherlands)	Waarheid en Droomen [Truth and Dreams、1840].
4.	Limburg Brouwer (The Netherlands)	Akbar.
5.	Jacques Perk (The Netherlands)	Gedichten [Poems、1882].
6.	Hamerling (Germany)	Aspasia [1884].
7.	Maeterlink (Belgium)	Wijsheid en Levenslot [叡智と宿命、1898].
8.	Tolstoy (Russia)	Opstanding [復活、1889-99].
9.	Tegnér (Sweden)	Frithjof Sage [フリチオフ物語、1825].
10.	Smiles (UK)	Plicht [義務論、1880].
⑪.	Egerton (UK)	Grondtonen [Keynotes、1893].
⑫.	Browning (UK)	Aurora Leigh [オーロラ・リー、1856].
⑬.	Ward (UK)	Robert Elsmere [ロバート・エルズミア、1888].
⑭.	Eliot (UK)	Adam Bede [父の面影、1859].
15.	Tennyson (UK)	Idyllen van den koning [国王牧歌、1859].
16.	Kipling (UK)	Het licht dat verging [消えた光、1891].
⑰.	Harraden (UK)	Voorbijgaande schepen in een donkere nacht [夜通過する船、1839].

注) このリストは1987年版1903年11月3日付書簡に掲載された「添付：書籍リスト」を [Kartini 1987: 343]、筆者が作家名の後に国籍を、題目の後に出版年と日本語の定訳を括弧付で補足した（日本語の定訳が見つからなかった作品には英語訳を付した）。また、女性作家には数字に丸印を付した。カルティニはこの書簡を記した10ヵ月後に亡くなったためすべてを読了したかわからないが、表3は晩年の彼女の読書傾向を表出しているといえよう。

　上に挙げた表1「カルティニの読書リスト（オランダ語出版物）」を次の3点に大別する。
　① オランダ植民地文学など東インドをテーマにした作品
　② 女性問題を主題とする作品
　③ 諸外国の文芸作品
　ここでまず、②と③に大きくかかわる翻訳作品について手短に言及する。これらの諸外国の作品はオランダ語に翻訳・出版された後、ほどなくして書簡中に記されている［富永1991: 44］。それはイギリス、フランスを中心としたオランダの周辺諸国の話題作が即座にオランダ語に翻訳されるというオランダ本国の社会状況が反映されている。とくに、表3ではオランダ人以外の作家が全体の3分の2を占める。表1と表3から、イギリス、フランス、ドイツ、ベルギー、オーストリア、ポーランド、ルーマニア、スウェーデン、アメリカ、ロ

シアの作家の名前や題名を見ることができる[58]。例えば、ウォーレス Lew Wallace（1827-1905）の *Ben Hur*（『ベン・ハー』）はアメリカで1880年に出版されたが、声価が世界的に広まるのはヤング William Young が劇化した1899年以降であった。カルティニは1901年1月31日付アベンダノン夫人宛書簡で「先頃、新しい本を入手しました」と記し、*Ben Hur* を挙げている [Kartni 1987: 45]。プレヴォー Marcel Prevost（1862-1941）が著した「ボリュームある翻訳を読んでいる最中」と書いている [ibid: 42]。ルーマニアの文芸復興に尽力したカルロス一世の王妃エリザベト（1843-1916、筆名 Carmen Sylva）の作品が見受けられる [ibid: 47]。

また、オーストリー出身のズットナー Bertha von Suttner（1843-1919）が書いた *Die Waffen Nieder*（『武器を捨てよ』）は1889年にドイツで出版されると、「反戦の書」としてヨーロッパ各国に広まった[59]。カルティニは *Die Waffen Nieder* を女性の友人に贈られた本の筆頭に挙げ、ステラに喜び伝え [ibid: 140]、アベンダノン夫人にも次のように伝えた。

> ベルタ・フォン・ズットナーの『武器を捨てよ』をちょうど読み終え ── 偉大なる作品で力が湧く本。私はズットナーの著作に影響を受け心の裡なる変化を感じています [1900年12月21日付アベンダノン夫人宛書簡，Kartini 1987: 39]。

ズットナーは1905年にノーベル平和賞を受賞している。このように、書簡にみられる作家には1901年に設置されたノーベル賞の受賞者の割合が高く、カルティニが著者名を挙げた後の受賞であったことは、彼女の吟味能力の高さを明示する。例えば、シェンケヴィチ Henryk Sienkiewicz（1846-1916）は1905年、キプリング Rudyard Kipling（1865-1936）は1907年、ラーゲルレーヴは1909年、メーテルリンク Maurice Maeterlink（1862-1936）は1911年に文学賞を受賞した。カルティニは *De Gids* 等の文芸雑誌、*De Echo* や *De Hollandsche Lelie* の文芸欄を精読しヨーロッパで話題の書について情報を求め、ヨーロッパの文化・社会の動向を把握した。また、カルティニの友人が書籍を贈った。いずれにせよその前提条件は、諸外国の作品がオランダ語に翻訳されていることにあり、表1と表3はオランダにおける翻訳の即時性がカルティニに大きな

---

58) 書簡中に題名のみ記されている場合、筆者が著者名を補足して表1を作成した。
59) 小説 *Die Waffen Nieder*（『武器を捨てよ』）の内容とカルティニに与えた影響については第5章第2節第3項、また当時の出版状況については第6章第2節を参照。

メリットをもたらしたことを示している。このように、カルティニの読書を検討するには、オランダを含む西洋世界に空間を拡大してはじめて理解の緒に就くと考える。

第2節　オランダ人の手による東インドの作品
── オランダ植民地文学と学術論文

1. オランダ植民地文学

　本節では、オランダ人が東インドについて描いた作品を考察する。それは、オランダ植民地文学と学術論文に大別される。まず、前者について述べる。オランダ植民地文学とは、オランダ語で記されたオランダ領東インドを題材とした作品を意味し、オランダ文学の一部を形成し、書き手の大半はオランダ人であるがカルティニも作家として認められているように、少数ではあるがジャワ人やユーラシアンも名作を残し読み継がれている。その出版市場はオランダ本国であったが、交通・通信の発達に伴って植民地都市にも広がりをみせた。ちょうどカルティニが生きた20世紀転換期が作品の質・量共に高まりをみせた時期であり、彼女の書簡中にも複数の著名な作品や作者の名前が見受けられる。本節では、ムルタトゥリー Multatuli（1820-1887）、クペールス、フェット Bas Veth（1860-1941）、デ・ウィッツの作品を挙げる。

　なかでも、ムルタトゥリーの *Max Havelaar, of de Koffieveilingen der Nederlandsche Handel-Maatschappij*（『マックス・ハーフェラール、もしくはオランダ商事会社のコーヒー競売』、以降『マックス・ハーフェラール』と略す。1860年出版）は彼女の愛読書の一つであった。それはオランダ植民地文学を代表する作品であり、現在はオランダ文学のみならず世界文学の古典として不動の地位を築いている。カルティニとのかかわりを考察するに当たり、ここでは第十九版：Multatuli, *Max Havelaar, of de Koffieveilingen der Nederlandsche Handel-Maatschappij*, Rotterdam, 1988 を用いる（オリジナル原稿は1910年に発見され「ゼロ版」[Multatuli（佐藤訳）2003] と呼ばれるが、カルティンは1904年に他界

したため、それを知らない。小説の引用文の後の括弧の中の数字は第十九版の頁数を表す)。本節では、オランダ語の読書とその読み手、すなわち受容者としてのカルティニを考察することを主眼としており、*Max Havelaar* それ自体の政治的・文学的書評を行うのが目的ではない。

　作者の本名はエドワルト・ダウエス・デッケル Eduard Douwes Dekker (1820-1887) であり、筆名ムルタトゥリーとはその著書から引用すると、「大いに苦しんだ ik, Multatuli 'die veel gedragen heb'」[Multatuli 1988: 270] という意味である。デッケルは、アムステルダムに生まれ19歳の時より十数余年の間オランダ東インド政庁の官吏として、バタヴィア、スマトラ、メナド、アンボン、ジャワ等の各地で勤務した後、作家に転じた。彼は西ジャワ・ルバック Lebak の副理事官に任命された時 (1856年) の勤務経験をもとにして *Max Havelaar* を著し、強制栽培制度 Cultuurstelsel の過酷さと植民地支配のもたらす腐敗・癒着・御都合主義を告発した。それはオランダでセンセーションを巻き起こし、19世紀末頃よりカルティニに代表されるようなオランダ語を理解する読み手が出現し始め、それ以降は植民地支配批判のテクストとして当時のナショナリストに影響を与えた。

　カルティニはステラとの意見交換において *Max Havelaar* を共通の話題として取り上げ、植民地官吏の実態を説明するために、次のように引用してステラの理解を促している。

> 『マックス・ハーフェラール』にあるように原住民首長は略奪をおこない、それは一度ならず民衆の所有物を彼らからの贈物として持ち去ります。が、それを単なる事実として捉えるのではなく、略奪犯が悪に交わる環境を考慮に入れるべきです [1900年1月12日付ステラ宛書簡, Kartini 1911: 45]。

さらに同じく1900年1月12日付の書簡において、

> 結局のところ、役人の世界は悪が蔓延り誤った行為が充満し、それはもう酷い所です。これに比して、『マックス・ハーフェラール』に登場するスレイメリング〔スローテリング〕のような副理事官や理事官は聖者のようです。私は手紙に役人のスキャンダルを書く気はありませんが [ibid: 61]。

　カルティニとステラが「原住民支配者層」の権力乱用の一例として中間搾取を話題にした箇所である。それは「小説」にもかかわらず、彼女達の間で「実

話」として暗黙の了解がなされていることを前提に、両者のコミュニケーションを一層潤滑に進める役割を果たしている。このことは、両者が書簡を交した1899年には、ムルタトゥーリが西ジャワ・ルバック Lebak で副理事官を務めた時の体験をもとに、その地でおよそ30年間ブパティの地位にあったカルタ・ナタ・ナガラ Adipati Karta Nata Nagara や配下の官吏の実態を描写したことが、東インドと本国オランダで周知の事実となっていたことを示している。

Max Havelaar には、ルバックの人々は強制栽培制度の時代、「粘土質の土地」（219頁）には不適当なコーヒー栽培を強制され、耕作手段として不可欠な水牛を現地人首長に再三奪われ、家宝を換金し水牛の購入に当てることを繰り返すうちに資金を失い、水牛を賃借し農耕を続けるも限界に達して逃亡するさまが描かれる。一方、ブパティは公共建設事業にまつわる不正に関与し、それを知ったオランダ人副理事（マックスの前任者スローテリング）は毒殺される。前任者の惨事を知ったマックス・ハーフェラールは、ブパティの不正を理事官に訴えるが、抗議文の撤回を求められる。そこで彼は総督に直訴しようとするが拒否され、副理事官を辞任するところで小説は終わる。以上のような粗筋が、「ルバック郡を描写した箇所」における彼女たち読者共通の認識であった。

この小説の何がカルティニを誘うことに成功したのであろうか。デッケルは、植民地の窮状をオランダの人々に直接訴えるという目的を達成するために、小説という手法を用いた理由を次のように述べている。

> 私は多くのサイジャ達やアディンダ達の存在を、特殊な小説が真実であることを、証明することができる。私はサイジャやアディンダの父親のような人々の名前を挙げることが出来ると既に言った。このことについて、オランダの権力が行使される方法で判決を下す法廷で、求められるような報告をするのが私の目的ではなく、また、読み物に娯楽性を求める大衆に期待できない注意と関心をもって、その報告を読破する忍耐力のある人に納得させることが、私の目的ではない。実際の人名・地名・日付の代わりに、私の目前にある強奪リストの写しの代わりに、生きる手段を奪われた人々の心に移りゆくことを描こうとした。それを読者に示唆した（238頁）。

それまでのオランダ文学は芸術性と文体の美を追求し、文語体を用いることが常であった。しかし、デッケルはその目的上、技法や文体の美しさを重視した作品を手がけるのではなく、読み易い口語を用いてルバックの実態を告発し、率直な言葉遣いで読者に語りかけた。この「斬新なスタイル」はオランダ

カルティニの文通・読書

上　アドリアニ博士（左端）。カルティニの文通相手。
中　カルティニの愛読書『マックス・ハーフェラール』にはサイジャ達が水牛を用いて耕作を行う様子が描かれている。
下左　カルティニが定期購読していた『De Hollandsche Lelie オランダの百合』。女性編集長によるオピニオン雑誌。カルティニが誌上で文通相手を求め、ステラがこれに応じた。
下右　『De Echo こだま』創刊号（1899年10月10日号）。オランダ領東インド初の女性週刊誌。カルティニは連載記事と詩を「Tiga Saudara ティガ・スダラ」のペンネームで執筆した。

第3章　カルティニの読書

近代文学に絶大な影響を与えたと言われる[60]。

さらに、「サイジャ Saidja とアディンダ Adinda」(219-239 頁) にみられる登場人物の描写はオランダ文学史において画期であり、オランダとジャワの双方で広く読まれた[61]。従来の小説では、熱帯の自然を背景に専らヨーロッパ人社会が描かれ、東インドの人々は熱帯の雰囲気を醸し出すための「添え物」にすぎず、したがって、東インドの人々のキャラクターはほとんど描かれなかった [Termorshuizen 1988: 29]。しかし、*Max Havelaar* に登場する東インドの住人は、「ひと」として「心もよう」が描かれた。なぜ、作者は小説に「原住民」の子供を取り上げたのか。その目的を述べた箇所を本文から引用しよう。

> ……私がサイジャとその恋人を理想化したと断言するであろう者達に、「一体何を知っているのか」と、問わなければなるまい。なぜなら、彼らが「原住民」と呼ぶコーヒーや砂糖の製造機の感情を知覚することを侮り、自分の頭と心をわざわざ原住民に傾けるヨーロッパ人は現実にほとんどいないからだ [Multatuli 1988: 238-239]。

周知のように、デッケルは植民地主義を否定する者ではなかった。しかし、ジャワの人々を「安価な労働力」とみなすヨーロッパ人の見方は批判の対象となった。それは、カルティニに自信を与えた。なぜなら、カルティニは自身を含むジャワ人を「ひと」として認めてくれる「誰か」の存在を求め続けたからであった。また、小説に描かれた「民の悲惨な暮し」は、カルティニにとって他人事ではなかった。彼女の祖父チョンドロネゴロ4世は、1848 年に大飢饉[62]が発生したデマックを立て直すため、1850 年にブパティに任命され、成功をおさめた。家族の歴史がカルティニに、「強制栽培制度の光と影」の影の部分として「サイジャとアディンダ」の物語を、身近に感じさせたのであろう。しかし、当時の実社会ではブパティの令嬢カルティニとサイジャ達には大きな隔たりがあった。が、カルティニは東インドに住む「同じ人間」としてサイジャ達に痛く共感した。それはカルティニが読書で培った他者を感じる力の強さで

60) 以降、オランダ文学の潮流が、文語体すなわち間接的な表現から口語体 ── 直接的な表現へ一気に移行した。カルティニには従来の芸術性が高く「難解な」文体より「読みやすくわかり易い」という有利性となった。

61) 小冊子になって『サイジャとアディンダ』が出版され、古書カタログ (ハーグで出版) に掲載されている。

62) 人口が 33 万 6000 人から 12 万人に減少、当時のブパティは過酷な搾取者として知られ、他の首長達も住民のことより私腹を肥やすことを考えていた [和田、森、鈴木 1977: 98-100]。

あるといえよう。

　確かに、19世紀末のヨーロッパ社会で、子供・女性・労働者など社会的に弱い立場にある人々の地位や権利の問題が議論され始めてきた。が、それはまだ西ヨーロッパ域内での認識の変化であり、現実にはスエズ運河を越えた世界の人々に当て嵌めて考えることは稀であった。しかし、カルティニは新思潮を知り「原住民も同じ人間である」という発想は彼女の心を捉えて離さなかった。

　カルティニは、実際に苦しむ人がいるにも拘らず、その苦境を認識することもなければ共感することもなく、手を差し伸べようともしない人々に対し、怒りを感じた。彼女は文明化を唱えながら、そのような状況をそのままにしておく御都合主義に憤りをおぼえた。また、何も進歩しない状況が続いていることを憂慮した。それゆえ、カルティニはジャワの貧困等、植民地の実態を描写した作品を高く評価した。それは同時に、カルティニもまた植民地批判に共感することを意味した。

　Max Havelaar の特徴は小説における「視点の偏在」にある。一般に、欧米の小説では作者が自分の経験や身近な事実を語る場合、通常は「一人称の語り」を用い「これは私の事です」という真実性を直接読者に語りかける手法を採る。しかし、*Max Havelaar* は「三人称の語り」で有名な小説である。副理事官マックス、コーヒー商人ドローフストッペル Droogstoppel と従業員ステルン Stern 各人の「3つの視点」を用い、これらの作中人物の背後に作者を隠し、読者に気付かれないよう物語を展開し、最後に作者ムルタトゥリーことデッケルが登場し「一人称」で語る構成とした[63]。このように、先述した「3つの視点」が遍在する手法を用いた主な理由は、客観性を重要視する姿勢と相まって、作者である「私」が誰であるかを察知されることを恐れたからであった。事実、ブリュッセルで執筆せざるをえなかったデッケルは、オランダでの出版に困難をきわめ、オランダの著名な小説家ヤコブ・ファン・レンネップ Jacob van Lennep (1802-1868) の助力によって出版が可能となった。が、初版は割愛箇所を数多く残した。

　デッケルの目的は「過酷な実態」を訴えることにあった。そのゆえに、「作者である私の特異な」経験を描いた作品として受け取られないように、「三人称の語り」を用い、事物を客観視する姿勢を強調した。それが、繰り返し読むカ

---

[63] 作者デッケルが採用した「三人称の語り」については、KITLV 教授テルモスハウゼン G. Termorshuizen 博士のご教示による。

ルティニにとって、小説の重要な要素である「三人称の語り」と視点の転換などの技法を学ぶ機会となった。というのは、カルティニが閉居時代を振り返る時、「十代のカルティニ」に三人称を用いて、第三者の経験であるかのように描写しているからである［富永 2010: 28-30］。カルティニは西欧人であるアベンダノン夫人に、閉居が特異な個人的経験に映るという危惧から、その苦渋を身勝手から描写したのではなく、客観的視点から慣習が残酷である事実を訴える必要に迫られたからである[64]。実際に、カルティニは文通相手すなわち自己と異質である他者に対し、その手法を用いることによって、ジャワと自身への共感を得たのであった。

カルティニはムルタトゥリーを彼女達「土地の者」に理解を示す作家として賞賛し［Kartini 1987: 249］、また、次のようにも讃えている。

> ……その言葉は、彼が愛しく大切に思う民族の娘達に深い感銘を与え、彼が全てを犠牲にした民族の娘達にもたらすであろう事を、才能溢れる偉大な作家がその言葉を書いた時にほとんど思わなかったでしょう［1901年11月29日付アベンダノン夫人宛て書簡，Kartini 1987: 103］。

上述の「才能」とは、東インドの住民という異なる者への共感力と異文化に対する理解力を有し、オランダの人々へ伝える筆力と理解させる能力を意味した。カルティニはジャワ人当人が訴える機会・手段をもつことが許されないのであれば、オランダ人に対しジャワの状況を伝え共感を呼ぶ力を有するオランダ人を必要とした。そのゆえに、カルティニが書評をする時、まさにこの「才能」が吟味の対象となったのである。

次に、オランダ文学を代表する作家クペールス Louis Couperus（1863-1923）の小説 *De Stille Kracht*（沈黙の力、1900年）をとりあげる。カルティニは「沈黙の力」という言葉を、不可視であるがジャワの内なる世界に秘められた力という意味で、書簡で複数回にわたって引用符を付して用いている［富永 1991: 42-43］。クペールスのような文壇の大家の新作がオランダ本国で話題になることは想像に難くない。文通相手各自とカルティニの双方が、「沈黙の力」という言葉の意味を理解していたことを示す。

カルティニはクペールスがジャワに滞在（1899-1900）していたことを知って

---

64) 1900年8月付アベンダノン夫人宛書簡［Kartini 1987: 6-15］参照。

おり、「ジャワについての素晴しい作品が、作家の帰国後に出版されることを期待する」と、1900年1月12日付ステラ宛書簡にあり、おそらく他の文通相手にも同じように記していたのであろう。1902年1月3日付書簡に「クペールスの本をイエナから頂いた」と記載されていることから、イエナ大学教授アントンからのクリスマスプレゼントであったといえる。その後、「沈黙の力」という言葉が文面に見受けられるようになった。その粗筋は註に記す[65]。

作者クペールスは、主人公が自らの「ジャワ的経験」をどのように引き受け理解したかについて、読者に提示する。クペールスがそれを知覚するジャワ人の感性とジャワ文化を理解する力を有し、「沈黙の力」を受け止めるアンテナをもち得たことは、少年時代をバタヴィアで過した（1872-1878）ことにも一因がある。この個人的経験が、彼の独特な作家的感性とあいまって、「ヨーロッパ世界＝ヨーロッパ人にとってのこちらの世界」と「ジャワ世界＝ヨーロッパ人にとってのあちらの世界」との媒介者の役割を担うことができた。まだ「自分達のヨーロッパ人社会」に留まって外の世界へ踏み出そうとしないオランダ人を、「もう一つの世界＝ジャワ」の理解へと誘おうとした。その作品はオランダ人に対し、ジャワという異なる空間と異なる者への理解を喚起し、そして、ジャワの秘めたる力を余すところなく伝えている。カルティニはそれを高く賞賛した。

65）ここでは第二十二版：Couperus, Louis, *De Stille Kracht*, Utrecht, 1988 を用いる（小説の引用文の後の括弧の中の数字はこの版の頁数を表す）。主人公オットー・ファン・オーデイク Otto van Oudijk は48歳で理事官に任命され、先行きの生活不安から解放され幸運を感じていた。彼は赴任地で不可思議な出来事に遭遇する。が、彼はジャワに住んでいても、彼の属するヨーロッパ人社会から一歩外へ歩み出るという発想を全くもたず、他のヨーロッパ人と同じようにヨーロッパ文化を優れたもの、ジャワ文化を劣ったものとした。そのゆえに、彼は肉眼では知覚することができないジャワの内的世界の秘めた力（つまり本文でいう沈黙の力）は嘲笑の対象であって、理解に努めることは想像もできないことであった（97頁）。彼は目に見える事物しか信じないという近代の合理主義の考え方が、より優れていることを信じて疑わなかった。一方、ジャワ人は「沈黙の力」を知る自分達の文化を優れたものと認識していた。しかし、やがて彼は彼自身の持論が揺らぎ始めたことに不安を感じ、変調をきたして職も家族も失い、自身の属するヨーロッパ人社会の中でもてるもの全てを失い、ヨーロッパ人としての自尊心も失った。全てを失ったことによって、昇進・家族・その他彼を取り巻く諸般の事情に対し「どうでもよい」すなわち囚われることを止めたその時、彼は何かに満たされていくような心地がした（190頁）。そうして、彼はオランダ人の自分には「別世界」であったジャワの文化社会の方へ誘われていく自分を感じた。住所不定になった彼を探し尋ねてきたオランダ人に、「戻る気はない。……今の私にもう何もないが、それだけ一層東インドが私の故郷 mijn land になったと感じる」と、彼は言った（200頁）。彼が西ジャワで土地の女性と一緒にささやかな毎日を送る描写で、小説は終わる。

ここで、当時としては数少ないオランダの女性の作家を紹介したい。デ・ウィッツ Augusta de Wit（1864-1939）は理事官の娘としてスマトラに生まれた。彼女が 10 歳の時にオランダへ戻り、師範学校を経てロンドンとケンブリッジで言語学と歴史学を学び、1894 年にバタヴィアの女子 HBS へドイツ語と英語の教師として赴任した［Praamstra 2001: 3］。帰国後、新聞記者に転身し次いで作家となった。シンガポールの日刊紙 The Straits Times（「ストレート・タイムズ」）に寄稿した Java: Facts and Fancies（ジャワ —— 事実と幻想）が、1898 年に H. ボレルによって De Gids 誌上に紹介された。まず、その冒頭の一節を次に引用したい。

> 私のジャワの第一印象は、燦然とした光や色の壮麗さに圧倒されるという、一般的に熱帯の土地を初めて目にした時に経験するようなものではなかった。が、逆にそれは何か言葉で表せない優しさ、澄明さそして情のある心地よさであった。それは、雨季の始まりの頃であった。薄靄のような、透けて見えるふわりとした布で覆われた空の下、隠された空色は見えるというよりもむしろ感じるというぐあいで、海は真珠色の光沢を呈し、あちらこちらに絶えず変化する白色の光を明滅し、そして海面を波立たせる風には幾線もの青紫の稲光があった。わずかの靄が、海に散在する数えきれない小島とうっそうと樹木に覆われた岩礁を暈した。つまり、その輪郭を暈しているため、数多の小島がおぼろげにそして鯖雲の出た空の小さな雲たちのように、ふわりと浮かぶまでに持上げられているように見えた［De Wit 1985: 3］。

　デ・ウィッツは、うっとうしい雨季を一枚の絵画を思わせるように詩的に謳い上げる。当時、自然の美を描写すること自体が斬新であり、この後、オランダ文学のジャンルの一つになり大きな影響を与えた。また、De Gids に掲載されたボレルによる書評には、Max Havelaar の後に初めて世に出た東インドについて描かれた本であると、絶賛された［Praamstra 2001: 6］。さらに、Java: Facts and Fancies は 1900 年にデフェンテルによって再度 De Gids に取り上げられた［ibid 2001: 15］。このように、オランダ社会で紹介されたことによって、デ・ウィッツは作家として確立した。カルティニは De Gids の読者であったから、ボレルの記事を読んでいたことが次に引用する書簡から窺える。

> それは本当にとても優しくて詩的です。ジャワの只中に身を置いて、ジャワ人を美しい言葉で表現する奇跡の芸術家がジャワに復活したのです。〔中略〕アウグスタ・デ・ウィッツは東インドについて美しい言葉でとても深い共感を表現します！　私達は De

> *Gids* に掲載された彼女の複数の作品を読み、彼女の共感を享受します［1902年5月26日付デ・ボーイ夫人宛書簡．Kartini 1911: 317］。

上述の「復活」という言葉は、カルティニがデ・ウィッツをムルタトゥリーの再来、すなわち、ジャワ人を「ひと」として描くデ・ウィッツを高く評価したことを意味する。

次にデ・ウィッツの代表作 *Orpheus in de Desa*（デサの中のオルフェウス）をみてみよう。その粗筋は註に記す[66]。カルティニは、その感想を次のように書簡に記している。

> デ・ウィッツの『デサの中のオルフェウス』を読んで、私達はその作品を宝石だと思いました［1900年12月30日付アベンダノン夫人宛て書簡．Kartini 1987: 39］。

デ・ウィッツは作中のジャワ人をヨーロッパとは別の世界観をもった「一人前」の人間として描く。それは当時、類を見ない見解であった。*Orpheus in de Desa* という題名について、オルフェウスとは言うまでもなくギリシア神話に現れる詩人・音楽家（竪琴の名手）であり、モンテベルディ等によって歌劇になり、ヨーロッパ人には馴染みの深い名前である。デ・ウィッツはヨーロッパの人々が慣れ親しむ名前を、新しい文脈に位置付けることによって、ジャワとジャワ人に新たな意味を与え、オランダ人の関心をジャワへと喚起した。デ・ウィッツが東インドで生まれ育ったオランダ人として、その良さをヨーロッパの人々に伝える。カルティニはデ・ウィッツの使命感を高く評価した。このように、デ・ウィッツは東西の文明を比較し優劣をつけるのではなく、そこに生きる人に共感をもった。その著作にはジャワ人への敬愛と、ジャワ人に自信を与え鼓舞し奮い立たせる示唆があり、植民地の解放において間接的に影響を与えたといわれている［Praamstra 2001: 15］。

今までカルティニが賞賛した作品を見てきたが、次にカルティニの批判の的になった作品を検討する。それは、オランダで広く知られた作家バス・フェッ

---

66) 主人公であるオランダ人の青年技師ウィレム Willem Bake は、ある夜に横笛の音を耳にした。ほどなくウィレムは横笛を吹いていたジャワ人、シ・ブンコル Si-Bengkor に出会った。シ・ブンコルはウィレムにジャワのデサの暮らしを話した。ウィレムはそれを聞くうちに、ジャワをオランダが支配する植民地と捉える事を止め、異国情緒あるお伽の国と思い始めた。彼は富を追い求めた自己を省みた。シ・ブンコルの奏でる笛の音は、金が支配する物質主義の世界からウィレムを解放した。ある日、ウィレムが牛追いをしていた時、シ・ブンコルが牛に襲われ重症を負い診療所へ行く途中にウィレムの腕の中で還らぬ人となった。

ト Bas Veth（1860-1941）の著作 *Het Leven in Nederlandsch Indië*（1900 年、東イン
ドにおける暮らし）であった[67]。カルティニはフェットの著作について、デ・
ボーイ夫人宛の先に引用した同日の書簡の中で、次のように述べている。

> 多くの作家が悪名高いフェットの本について激怒しています！　短所がない国があると
> いうのでしょうか。東インドは地球上の他の国と遜色ありません。憐れな東インド、外
> 国ではほとんど知る人もいません。だから、フェットの著書のような書籍が絶対に目に
> とまりませんように。読まなくて十分、処分してください！［1902 年 5 月 26 日付デ・
> ボーイ夫人宛書簡，Kartini 1911: 316-317］

カルティニは本の題名に言及していないが、「悪名高い」と書くだけで通じ、
また多数の反論が出ていることから[68]、*Het Leven in Nederlandsch Indië* を話題
にしたと推察する。冒頭から次のような記述がある。

> 軽蔑と嫌悪のわめき声は東インドにいるヨーロッパ人によくあることだが、これらの
> ヨーロッパ人がいかに病んでいるかと思う時、病人への同情にかわる。そうだ、東イン
> ドは堕落が生み出した病を患う人の病院なのだ［Veth 1977: 17］。

また、フェットは「Indischmensen についての考察」という章を立て、上述
のヨーロッパ人を一般のヨーロッパ人と区別し、次のように解説する。

> "Indisch-man" は地位・金・白色の肌の色にものを言わせる。植民地という武器のもつ
> 絶大な力をみせるのだ。ヨーロッパで彼はブルジョワつまり俗物根性はそのままだが、
> 人目を気にして一定の礼儀作法は遵守する。ヨーロッパがブルジョワに「よいマナー」
> を見倣う気にさせるのである。彼は「礼儀作法」や「エチケット」をよく聞き入れ、よく
> したがう。植民地において彼は "Indisch-man" になるのである［Veth 1977: 67］。

さらに、

> 東インドの永住者の集団に真っ当な人間はいない。官吏や士官や商取引の関係者は皆、
> 異動でヨーロッパへ帰る。このような流砂の上に一体何を育てることができよう。文化

---

[67]　それは 1977 年に復刻版が出版され読み継がれている。本書では復刻版を用いた。
[68]　ニューエンハウスは、「バス・フェットと彼の敵たち」という一節を割き、当時の人々は『東イ
ンドにおける暮らし』をフェットが「硫酸にペンをつけて」書いたと非難し、東インドでフェッ
トが敵を作った事を論じ「敵」の諸作品を紹介し、論争を重ねた数年の間には、敵の中にもフェッ
トの言うことは事実であると認める者も出てきたことが書かれている［Nieuwenhuys 1978: 263-
270］。

も文学も根付くことは不可能である［Veth 1977: 18］。

　"Indisch-man" すなわちフェットは長年にわたり東インドに暮すオランダ人——いわゆる blijver（植民地官吏等「一時滞在者」に対する）「永住者」を指す——を批判した。それが自分に該当すると感じたオランダ人には「悪書」に思えた。確かに、フェット自身はヨーロッパに軸足を置き、東インドの住人を非難したが、その対象はオランダ人であって、当時「Inlander と呼ばれた原住民」ではない。しかし、フェットは東インドの環境と blijver の関係を、朱に交われば赤くなるかのごとくに描いた。

　カルティニはオランダ人が書いた東インドの記述を前にする時、作家が東インドの人々に心を寄せているか否か、それがカルティニの吟味するところであった。フェットの作中には、そこに生きざるをえない人々に共感する眼差しが感じられなかった。また、カルティニは、人口で少数に過ぎない blijver が東インドの民度の低さを露呈するフェットの作品によって、ジャワに対する偏見を生じ、知識を得ようと読書した結果が誤解を招く事態を危惧した。さらに、上述の書簡から、カルティニが、東インドは「外国ではほとんど知る人がいない」という認識を有していたことを、我々は知ることができる。すなわち、カルティニは 20 世紀転換期の世界の中の東インド、ひいてはジャワの位置づけを客観的に受け入れた冷静な認識をもっていた。他の書簡も見てみよう。

> 我々の民族は余りにも知られなさ過ぎるので……大きな誤解を受けています……〔中略〕非常に過小評価を受けた褐色の種族が創造する美術工芸を、ジメルマン氏は当地でご覧になり陶酔なさいました［1902 年 8 月 15 日付 E. C. アベンダノン宛書簡，Kartini 1911: 365］。

　「大きな誤解」、「過小評価」とは、フェットの作品を通じてジャワの印象が損なわれたことを意味する。カルティニは、後の章で述べるように、ジュパラの地域振興活動などを通じ、ジャワ文化の水準の高さとジャワ人の資質の良さについて発信し、知名度を上げ偏見をなくすことを使命とした。その最中に「フェット論争」が始まり、カルティニは「フェット批判」の姿勢を、先に挙げた総督付副官夫人宛書簡に明示した。

　カルティニは言葉のもつ力を信じる人であったから、東インドに無関心な人々の心に深く響く作品を発表すること、それが作家の使命であると考えた。カルティニは、使命を果す作家には絶大な賞賛を続けてやまなかった。その一

方で、彼女はその使命を認識しない作家を手厳しく批判した。また、カルティニは作家であるオランダ人が「自分の世界」から踏み出し、「別の世界とその人々」に心を寄せ、その良いところを自分の属する所の人々に伝え、人々に関心を喚起し共感と相互理解を深めることを強く求めた。すなわち、カルティニは自身の思いを代筆するオランダ人作家を必要とし、何よりも自身の考えを肯定してくれる作家とその作品を探し求めた。しかし、カルティニが代弁者を求め続ける限り、カルティニもまた「自分の世界」から一歩踏み出すことなく、自己の置かれた地点に立ち尽くす状況に甘んじていた。

2. 学術論文

ライデン大学に留学していた兄カルトノから *Album-Kern: Opstellen geschreven ter eere van H. Kern hem aangeboden door vrienden en leerlingen op zijn zeventigsten verjaardag den VI. April MDCCCCIII*（ケルン博士古希記念論集、1903年）が届けられた。ケルン J. H. C. Kern (1833-1917) は主著『古代ジャワ語研究』(1870年) で著名な言語学者であり、ジャワ学 Javanologie のほかにサンスクリット、古代インドの文学・宗教および東インド各地の歴史・文化の碩学であった。ケルンはライデン大学ジャワ学講座の第2代教授を務めたことから、彼の後任であったフレーデ C. Vreede はじめヨンケル J. C. G. Jonker、ハズー G. A. Hazeu、ウーレンベック C. C. Uhlenbeck などの論文が収録されている。カルティニは最高水準のジャワ学論文を刊行直後に読む機会を得た。記念論集には英語・フランス語・ドイツ語論文を含む85本の論文が収められ、とくにパーリ研究の第一人者リース・デイヴィス T. W. Rhys Davis (1843-1922、主著『パーリ・英辞典』) の論文が耳目を引いた。また、若きホイジンガ J. Huizinga (1872-1945、後のライデン大学学長) も寄稿した。カルティニが関心を寄せた仏教思想についての論文が数多く収録されている。とくに、カルティニが自ら「仏陀の子」[69]と称した経緯から [Kartini 1987: 230-231] 中国系仏教への

---

69) カルティニが幼少のころ重病に罹り医師に見放され途方に暮れていた時、良きおつきあいがあった中国人（中国の仏教を信仰）が救済を申し出て、彼女の両親はそれを受入れカルティニが回復した経緯があり、その時から彼女は「仏陀の子」になり、成人した後に菜食主義を実行したことも、これに由来する [Kartini 1987: 230-231]。カルティニと仏教の関係については第5章第2節第3項を参照。

関心の高さを考慮すると、「中国における仏教遺跡と仏塔について Iets over Boeddhistische relieken en reliektorens in China」を読んだであろう。また、ジャワ、アチェ、中部セレベス、南部セレベスなど東インド各地の言語・文化に関する論文も読んだであろう。「蒙古のジャワ派遣とマジャパヒトの成立 De zending van Meng K' i naar Java en de stichting van Madjapahit」を通してジャワの歴史に触れたことであろう。マレイ語とアラビア語の関係、アフリカーンス（南アフリカ在住のオランダ人の言葉）と北部オランダ語との関係、オランダ語のＶとＷとの関係などの論稿にも目を向けたであろう。

　カルティニの知人、たとえばアドリアニや、カルティニが「藍染」を寄稿した *De Batikkunst in Nederlandsch-Indië en Haar Geschiedenis*（1900 年、オランダ領東インドにおけるバティックとその歴史）の編者であった KITLV のローファール G. P. Rouffaer とヨインボル H. J. Juynboll、カルトノの関係でホーイエ M. De Goeje 教授の論文が収録されている。とくに、ローファール論文は 16 世紀後半のバティックの藍染とジュパラに言及する。また、カルティニは木彫工芸の事業でブランデス M. C. Brandes 氏と会談した時に（1903 年 8 月）、「ごきょうだいのブランデス J. Brandes 博士の論文を読みました」と、伝えている [Kartini 1987: 328]。アドリアニ宛書簡には、「*Album Kern* に掲載された博士の論文の抜き刷りを有難うございます。興味深く読みました」と記されている [Kartini 1911: 499][70]。スヌック Snouck Hurgronje 論文（アチェのガヨ地方の伝説をオランダ語に翻訳）、フォーゲル J. P. H. Vogel 論文（サンスクリットとヒンドゥー語の比較）も収録されている。

70）　参考までに、カルティニが言及したオランダ人研究者が *Album Kernn* に執筆した論文の題目を、次に挙げる。

　　Adriani, N., Taumata.
　　Brandes, J., Het infix in niet een infix om passieve vormen te maken, maar de tijdsaanwijzer om aan een vorm de waarde te geven van een gedecideerd afgeloopen handeling.
　　De Goeje, M., J., Zigeunerwoorden in het Nederlandsch.
　　Kern, J., H., Een woord uit het Berner Glossaar.
　　Juynboll, H., J., De invloed van het Oudjavaansche Mahabharata op het Javaansch-Balineesche gedicht Bhimaswarga.
　　Rouffaer, G., P., Eene duistere plaats over Java's staatkundigen toestand tijdens Padjang, ±1580, opgehelderd.
　　Snouck Hurgronje, C., De blauwe Prinses in het Gajo meer.
　　Vogel, J. PH., Sanskrit pratoli - hindi pauli.

上述の論文集とは別に、先述したようにアドリアニから著作が度々届けられた[71]。アドリアニは言語学の専門家であり、1894年からオランダ聖書協会 Nederlandsche Bijbelgenootschap より派遣され、中部スラウェシのトラジャの言語研究に従事した。カルティニはジャワ以外のインドネシア各地の知識に欠けるといわれるが[72]、少なくともスラウェシについて、度々郵送されるアドリアニ論文で学びの機会があった。

　ほかに、カルティニは「フロヌマン J. Groneman 博士からも文通を通じて、博士が執筆なさった複数の作品を頂き、博士にお目にかかったこともある」と、1902年9月15日付の書簡に記されている［Kartini 1987: 202-203］[73]。また、ボロブドゥールやプランバナン遺跡に関するフロヌマン論文は *De Indische Gids* および *Bijdragen* 等に掲載されたことから、カルティニは読む機会があったであろう。

　一般に、カルティニ世代がジャワや東インドについて学ぶ時、オランダ人研究者による研究成果すなわちオランダ人の目を通して、自分達が住まう土地とその文化・歴史を知ったことは、よく指摘される点である[74]。しかしカルティニの場合、その資料は何であったのかについて論じられることはほとんどなく、1911年版を根拠に、その知識の乏しさが論じられた。しかし、1987年版は、カルティニが *Album Kern* を通じて量・質ともに高水準の情報と知識を得た事実を明示する。同時に、カルティニが「そこに書かれた内容」以上の知識

---

71) 彼の代表作は Albert Kruijt との共著 *De Bare'e sprekende Toradja van Midden-Celebes (de Oost-Tradja)* がある。カルティニは授受した書籍の題目を書簡に記していないため、アドリアニ論文を知る参考として当時出版された著作を次に挙げる。
　　（1）*Verhandelingen van het Bataviaasch Genootschap van Kunsten en Wetenschappen.*
　　（2）*Laolitai Sesen Taola : het herhaal van Sesen Taola, oorspronklijke tekst in de bare-taal (Midden-Celebes), Batavia, s' Haag, 1900.*
　　（3）*Verhaal van Sesen Taola, Batavia, s' Haag, 1902.*
　　（4）*Van Poso naar Parigi, Sigi en Lindoe, [s.i]: [s.u], 18–?*
72) たとえば永積昭『インドネシア民族意識の形成』東京大学出版会、1981年、97頁。
73) たとえば、題目には言及していないが、年代を考えると、以下の著作がカルティニへ届けられたのであろう。
　　（1）*De Garebeg's te Ngajogyakarata met Photogrammen van Cephas,* 's-Gravenhage, 1895.
　　（2）*The Tyandi-Barabudur in Central Java,* Semarang-Soerabaya, 1906 (2nd edition). *De Indiche Gids* および *Bijdragen* 等に掲載された論文が（2）に収録されている。
74) たとえば土屋健治は、オランダ人によるジャワ学の成立と展開とインドネシアに与えた影響に言及する［土屋 1984］。

を求めることは難しい。なぜなら、カルティニがそれぞれの文化について自分の目で確かめ理解を深めることは、閉居の慣習ゆえに不可能であったからである。また、土地の言葉で書かれた書物を入手したとしても、オランダ語に翻訳されなければ知る術もなかったからである。したがって、ジャワや東インド各地の文化に関する理解の深度は、カルティニが入手可能なオランダ語書籍の水準次第であったといえよう。

第3節　19世紀末ヨーロッパの女流作家

1. 女流作家とその作品

19世紀末のヨーロッパにおいて女性が自らペンを執り小説等を書くという現象が起こった。第1節に挙げた「カルティニの読書リスト」にもこの現象が反映されている[富永1991: 48][75]。そのなかから、カルティニに影響を与えた作家として、まず、ラーゲルレーヴ（1858-1941、スウェーデン国籍、ノーベル文学賞受賞者、1911年国際女性参政権運動家会議で講演）[76]と代表作のひとつである Gësta Berlings Saga（『イエスタ・ベーアリング伝説』）を取上げる（粗筋は註に記す）[77]。カルティニはアベンダノン夫妻の子息を通じて読書の機会を得た。

---

75) 第1節に挙げた表1、表3には30名余りの女流作家の名前がみられる。さらにカルティニが定期購読をした雑誌に掲載された女流作家を加えると、相当数に及びカルティニの関心の高さを示している。
76) 女性初のノーベル文学賞受賞者（1909年）、受賞作『ニルスの不思議な旅 Nils Holgerons underbara resa（ニルス・ホルゲルソンの思議な旅行）』は40カ国語余りに翻訳された。
77) 物語はレーヴェン湖畔の鉄工場主達の所有地で展開する。そこを取り仕切るのは「少佐夫人」であった。イエスタ・ベーアリングは酒で失敗するなど失態を重ね牧師を解任される。彼は死の淵を見た正にその時、「少佐夫人」に命を助けられた。夫人は彼を騎士にした。実はこの夫人の結婚には「（夫は）私を盗んだ。強盗のようにやってきて私を連れ去った。家の者は私を叩いた殴ったり暴を吐いたりして無理強いに嫁がせた」[ラーゲルレーヴ1942: 上巻92]といういきさつがあった。愛情の無い結婚を強いられた夫人の不倫を、夫は20年以上前から知っていたにも拘らず、情夫の遺言でその全財産が「少佐夫人」に遺贈された時、夫は不倫を知らなかったと激怒、しかし、妻は言い返す「なぜ20年前に怒らなかったのか。刃を当てられても鰻は生きている間は動きます。それと同様に強いられ結婚した女は情人を拵えます」[ibid: 93] 夫は妻を追い

1月のあなたのお手紙に、芸術家や感性豊かな人から生まれ出る言葉の音楽 woordmuziek について述べてありました。その中で、思索家で詩人の我々の友が一つの素晴しい物語を編んでいました。それが我々の心を捉えたことを、あなたがもし我々の日常身辺をご存知であれば、よくお判りになるでしょう［1902年8月17日付 E. C. アベンダノン宛書簡．Kartini 1911: 372］。

カルティニは1902年1月にアベンダノン夫妻の子息からの書簡で *Gësta Berlings Saga* を知ったと推察することができる[78]。上述の「詩人」という言葉は、ラーゲルレーヴが郷土詩人でもあったことをカルティニが知っていたことを示す。上述の「友」とはカルティニの「味方」を意味する。慣習のため行動の自由が許されないカルティニは、実際に面識はなくてもその思想・行動に共鳴した時、「友」と呼んだ。「我々の友」とは、アベンダノンの子息もカルティニも共にラーゲルレーヴに共感したことを意味する。同時に、それはカルティニもアベンダノンの子息も内面の感情を共有していることを意味する。だからこそ、カルティニはアベンダノンの子息を「我々のお兄様」と呼ぶことができた。上述の「素晴しい物語を編んだ」という言葉から、カルティニが作家の思想と詩的な表現を賞賛し、ジュパラを知れば、ラーゲルレーヴの作品がカルティニの心を掴む理由がわかると、アベンダノンの子息に伝えている[79]。

    出した。イエスタ・ベーアリングは夫人に救われたにも拘らず恩人である夫人を非難する。夫人は乞食の頭陀袋と杖をもって凍てついた道を歩き、施しを受ける。善悪、倫理性、家父長制、強制婚のもと理不尽な女性の隷従など光と影とが交錯する1820年代のウェルムランドを、美しい自然風景の描写を交えながら、代々の伝承を語り継ぐ如く物語は展開し、件の夫人は物語の最後に亡くなる。

    近代を生きる作者は、20世紀転換期すなわち「進歩の時代」では過去は超克されるべきものとして存在すると認識し、前近代を過去と認識し伝説として語り、「少佐夫人」の死は前近代の終焉を表象し、同時に、読者に「新しい時代」を生きることを誘うところ、カルティニは感銘を受けたのではなかろうか。

78) *Door Duisternis tot Licht* では、アベンダノンの子息宛の書簡が1902年8月15日から1903年1月31日まで6通収録されているが、1902年前半までの書簡は掲載されていない。したがって、文通の開始時期は不明である。書簡中のエディ、ディディ、「我々のお兄様」とはアベンダノン子息である E. C. アベンダノンを指す。

79) カルティニは、1902年2月18日付アベンダノン夫人宛書簡に、「エディと私が『ベーアリング』を楽しく読んでいることをお伝え頂ければ幸いです」と書き［Kartini 1987: 140］、同年4月22日付同夫人宛書簡には、「エディに感想を送ることを約束しました。ご連絡先をお知らせ願います」と書いた［ibid: 159］。これらの書簡から、カルティニが2ヶ月余りかけて読了したことを示している。

カルティニは作品からどのような影響を受けたのであろうか。まず、作品の客観的な評価として 1909 年 12 月 10 日に行われたスウェーデン・アカデミー理事長クテレス・アンネル・ステントによる「ノーベル賞授与に際しての歓迎演説」から、ラーゲルレーヴの自然描写についての言及箇所を引用したい。

> 彼女は『イエスタ・ベーリング伝説』において民話の典型を示そうとしました。彼女は幼い時代から伝説に養われました。……芸術家としての彼女の手は自然の概観の美を描くだけで満足しません。彼女の愛情に満ちた目は内面の生を追及し、彼女の鋭敏な耳は、内面の黙した言葉を聞き取ります。お伽話や現存の民話から彼女が美しい秘密を引き出すことに成功した所以はそこにあります。世故にたけた人の眼には隠されていたのですが、本当に純粋な魂はそれを看取します［川端編（佐々木担当）1971: 12-13］。

また、作品の解説で、ラーゲルレーヴは *Gësta Berlings Saga* において「彼女の世界のどこより愛する地方の名を不朽のものにした」と評され［ibid: 174］、さらに次のように記されている。

> 彼女の哲学は、生まれ故郷のいくつかの迷信、交霊術もしくは神秘学が入り込んでいるとはいえ、心底キリスト教的であった。彼女は常に偉大な精神主義者であり、神々しさと超自然に関して非常に鋭敏な感覚をもっていた［ibid: 179］。

カルティニはウェルムランドの湖や森を、ジュパラの海と空と大地に移し変え、美化し昇華し描写した。カルティニは読了後、次のように記している。

> ヨーロッパ人が私に、自分の土地とそこに住む人々を愛することを、教えてくれました。その教えは、我々が我々の土地に住む人々によそよそしくすることに替えて近づかせ、自分の土地と人々の素晴らしさに対し目と心を開かせました。私はこの土地と人々が大好きです。土地と人々に幸せをもたらすことができれば、そうすれば我々もさいわいです［1902 年 3 月 21 日付デ・ボーイ夫人宛書簡，Kartini 1911: 291-292］。

確かに、「寒くて暗いオランダ」と言うカルティニからみれば、それ以上に高緯度に位置する土地に対し、「民話芸術の化身」と言われるラーゲルレーヴは「ウェルムランドよ！ 汝の国は妙に美しきかな！」［ラーゲルレーヴ 1941: 251］と、故郷を賛美し、レーヴェン湖・平野・森林を「最も美しい風光をなすもの」として描く風景の中へ、読者を誘う。カルティニはラーゲルレーヴの風景描写を読み、「愛情を込めて故郷を書く」ことに開眼し、ジュパラが人から

見れば「鄙びた処」[80]であっても、「その美を引き出し」賞賛することが善であると確信した[81]。それはまた、カルティニがジャワ人であることに自尊の念をもつことへと繋がった。「書籍リスト」（表3）に、カルティニがテグネール Esaias Tegner (1782-1846) の *Frithjof Saga*（『フリチオフ物語』）[82]を挙げたことは、ラーゲルレーヴとの関係であろう。実際に、カルティニは民話・伝説について関心を寄せる書簡を送った。

> 我々は民衆の口から発せられる美しい言葉を聞き取り、全てを文字にする作業を行っているところです。「詩」という言葉はジャワ語にはなく、我々は「花の言葉 bloementaal」と言いますが、言い得て妙でしょう。我々は今唄を習っています。祝祭の唄ではありません。ジャワ人が唄うところをお聞きになったことがおありでしょう［1902年8月15日付 E. C. アベンダノン宛書簡，ibid: 366］。

カルティニ達が習っている唄とはテンバン tembang（ジャワの詩歌）のことである。カルティニは「昨日の続きを書きます」と、日付は1日ずれているが、次のように記している。

> ジャワの本は手書きで印刷本が極わずかなため、入手し難いことはご存知でしょう。我々は今花の言葉でジャワの教えを記した美しい詩を読んでいます。我々の言葉をご存知であれば、そして原語でその美しさを享受なさることができれば、それは我々の喜びでもありますのに。ジャワ語を学ぶお気持ちは？　難解でも美しい！　詩的で感情豊かな言葉です。普通のジャワ人がひょいと気軽に機知に富んだ詩を作ることに驚きます［1902年8月17日付 E. C. アベンダノン宛書簡，ibid: 370-371］。

---

80) 1900年8月13日付アベンダノン夫人宛の第一報で、カルティニはジュパラを「忘れ去られた辺鄙な土地」と表現した。また、1901年8月8-9日付書簡に添付した「メモワール」では「呪われた悲惨な僻地」と、ジュパラのことをオランダ夫人に言われた経験を記している。

81) この考え方は、次章で述べるカルティニの寄稿［*Eigen Haard* 1903年1月3日号］のなかでジュパラの描写に反映した。

82) オランダ語へ既に翻訳されていたことがわかる。セルマ・ラーゲルレーヴの父親の愛読書でセルマも非常に親しんだことを、恐らくカルティニは知っていたのであろう。また、スウェーデンでは文学におけるロマン主義とともに民謡に対する関心が興った。ヘーンハード・クルセル（1775-1838）がテグネールの『フリチオフ物語』（1825年出版）の詩に作曲した歌曲は長い間人気があった［サムソン 1996: 50］。その再流行は、民族意識の高まりとともに20世紀転換期のヨーロッパにみられた民謡への関心の復活を示すものでもあった。このような思潮や『フリチオフ物語』などスカンディナヴィアの動向を、カルティニは文通相手や文芸雑誌からいち早く知ることができる環境にあった。

そして、カルティニ自らが土地の伝説を書簡に書き始めた。

> マンティンガン Mantingan のスルタンの墓に幾度か訪れました（ここから約30分の所）。ある中国人がスルタンに従い中国から到来し、その墓に眠っています。傍にはパチェ patje という不思議な力をもつ木があり、子を授かりたい子無しの女性がスルタンに花と水を供えに行きますと、パチェの実が墓の上に落ち、その実を拾って食べました。すると女性の願いは叶いました。ご利益のあった人々の名前をそこで目にしました。エディが、ジャワ人は伝説と御伽噺の民だというのは正解です。ソロの王様もマンティンガンのパチェの木を贈られたならご利益があるとお思いになりませんか。ご利益のあった女性達の子供は皆男児であったと言われています。憐れな子無しの女性達！　男子を授かる聖なる墓を求めるのでしょう。世間にはこのような女性が数多く存在します［1902年3月5日付アベンダノン夫人宛書簡，Kartini 1987: 148］。

カルティニが木彫工芸作品の文様をジュパラの民話に求め、その解説をした文章である。エディことアベンダノンの子息が「ジャワ人は伝説と御伽噺の民」と書簡に書いたことが、上述から判明する。1911年版で削除されているが、カルティニはエディと *Gësta Berlings Saga* を共通の話題とし、ジャワ民族とその民話に関心を寄せ意見を交わす中で、ラーゲルレーヴの考えに触発され自身の文化を振り返った。その時、カルティニはジャワの「花の言葉」や民話の中に保持されたジャワ文化の本質とその価値に気付き、再認識したのであろう。彼女はそれを自ら収集し本にする希望をもつようになった。

> 私がジャワの伝説にまつわる本を書くことを、夫は快諾しました。私のために民話や伝説を収集してくれましょう。共同作業を通じて一冊の本にすると考えるだけでも心が躍ります！［1903年12月11日付アベンダノン夫妻宛書簡，ibid: 353］

さらに、ラーゲルレーヴの足跡はカルティニに影響を与えた。カルティニは20歳を過ぎて教師を目指し、最初はバタヴィアそしてオランダ留学と、時を追って夢は増大した。その就学計画はジャワの常識を逸脱し世間から「前代未聞」と非難されても、カルティニは屈するどころか父親と対峙し世間と戦う意を決した。なぜなのか。カルティニはアベンダノン夫妻と会談し教師になる決意をした時、ラーゲルレーヴが女子高等師範学校に入学した年齢とほぼ同年齢であり、教師を目指して学業を再開したラーゲルレーヴを[83]、夢の体現者とし

83）ラーゲルレーヴが作家として独立したのは36歳の時であった。彼女はスウェーデンの裕福な

てその可能性を信じ得たからであろう。カルティニはラーゲルレーヴをロールモデルとし、ライフワークを見出した。それは、カルティニが自身と重ねることができる女性を知り、「他者を感じる力」を高める好機となった。読書はカルティニに無理を強いるジャワの常識の蟠りから解放し、夢の自己実現へと誘った。

　このように、19世紀末のヨーロッパで教育を受けた女性が一つの世代として活躍する時代が到来し、文学を通して自己を主張する女性達が出現した。また、男女同権・自立・解放をめざす社会運動の一環として女性の地位の問題が議論され、男性対女性の社会関係全体が吟味の対象となり、女性解放の機運が熟し始めていた。とはいえ、男性中心の社会にあって女性が男性と伍して職業に就くには、多くの困難をともなう時代であった。彼女達は自らペンを執り糊口を凌いだ。だから、この時期の女性によって描かれた多くの作品が当時の社会に批判的な内容であったことは、驚くに当たらないことであった［Sampson 1953: 800］。例えば、エジャートン G. Egerton（1859-1945）やウォード H. Ward（1851-1920）は、1890年代における女性の近代的な反抗を表現し、その作品には賛否両論があった。カルティニが1903年、両者を「書籍リスト」（表3）に挙げたことは、「新しい女性」を体現するそのイギリス人女性作家達へ共感と支持を示したといえよう。

　オランダでは *Hilda van Suylenburg*（ヒルダ・ファン・スイレンブルフ）が1898年に出版されセンセーションを巻き起こした[84]。*De Hollandsche Lelie* に連載されたステラの寄稿にカルティニは賛同し、*Hilda van Suylenburg* を両者共通の話題として意見を交換し、交友を深めた［Kartini 1911: 20］。作者デ・ヨンク・

　　家庭に生まれ育ち、教師になることを決意し、両親の反対を押し切って1年間高等中学校で入学準備をした後、ストックホルム女子高等師範学校に入学した。その時、ラーゲルレーヴは24歳あった。卒業後は女学校で教鞭を執り、週刊誌の懸賞小説に投稿して入賞し、一躍文名を謳われ作家に転身した［ラーゲルレーヴ 1941: 7-10］。

84）主人公のヒルダが乳呑児を抱え独力で生計を立てようとするが、家政婦かお針子の仕事しか見つからなかった。はじめヒルダは自分を責めたが、次第に旧態依然とした社会に目を向け、職業選択における男性の優位性とその社会構造に怒りを覚え、社会に立ち向かい自立を決意する女性の苦悩を描いた作品である［富永 1991: 48］。カルティニは1899年5月25日付ステラ宛ての初めての書簡で「今までに既に3回も読破した」と記し、次のように評価している。
　　『ヒルダ・ファン・スイレンブルフ』は女性解放の全てにおいて、作中に余すことなく述べ、今までのところ女王的存在の作品である。〔中略〕一気に読み終えたことを信じて頂けますか。全てを忘れて部屋にこもり就寝時も『ヒルダ・ファン・スイレンブルフ』を片時もはなさず過しました［Kartini 1911: 63-64］。

ファン・ベーク・エン・ドンク C. De Yong van Beek en Donk は主人公ヒルダ（乳呑児を抱えたお針子）の生き辛さを彼女の責任とするのではなく、社会問題として描き、シングルマザーとして生きることに難色を示す者達を批判し、女性の就労問題・子供の問題を提議した。ヒルダはカルティニの心を引き寄せた。

> 子供達には私の出産予定の9月初旬まで休みを与えておりません。初めの14日間は休まなければなりませんがその後、私は教室に子供を連れて行きます。授業中、赤ちゃんが寝ることが可能な小さな場所を教室の隅に既に設け、母はその兄弟姉妹に教えます。今こそ、ヒルダ・ファン・スイレンブルフの行いから学ぶのです。一人の母親、子供を胸に抱いて働きに出る母親から学ぶのです［1904年6月8日付アベンダノン夫人宛書簡，ibid: 367］。

カルティニはジャワの社会的境界を超えて「新しい女性」に共感し、「ヒルダの行動」つまり働く女性に共感する意思を表明した。

このように、19世紀末にオランダ文学（植民地文学においても）にも多くの女流作家が出現した。確かに、フェミニストとして令名を馳せた者もいたが、彼女達も彼女達の作品も今ではほとんど忘れられ *Hilda van Suylenburg* もそのひとつである。なぜなら、それは彼女達の才能の問題のみならず、後世の読者が彼女達の作品を必要としなくなったからである［Termorshuizen 1998: 139］。しかし、彼女達は人々に女性の手に成る作品を受け入れる心の準備をさせたこと、女性が作家という職業に就くことを公認させ後続の女性に道を拓いたことで、高く評価されている。

今まで文芸作品を見てきたが、ここでカルティニが賞賛したオランダのフェミニストで社会活動家メルシエール Hélène Mercier（1839-1910、筆名 Eene Ongenoemed および Stella）を取り上げる。当時、メルシエールはオランダのフェミニズムを代表する女性であった［Coté 1999: 469］。カルティニはその作品の一節を書簡に引用し、アベンダノン夫人へ賛辞を表している。

> 性格は時間が育てるというのは幻想でしょうか。私は幻想から覚めることを恐れませんし、女性のあるべき具体的な理想の姿を奥様の中に見たように存じます。それは人格の高さと知的発達が、永遠の女性らしさと女性を飾る最も美しい栄冠に繋がると存じます。あなた様はエレーヌ・メルシエールの立派な思想を充全に体現なさっています。すなわち「完璧な女性であることを止めることなく、我々は完璧な人間になることが可能である」という女史の言を体現なさっています［1900年8月付アベンダノン夫人宛書簡,

ibid: 5]。

また、

> *Verbonnden Schakels*〔鎖の輪〕の中から、その一節を同封します。カルディナが奥様のために書き写しましたので、どうぞご一読ください［1900年10月7日付アベンダノン夫人宛書簡, ibid: 22］。

上述はカルティニがアベンダノン夫人と出会う以前からメルシエールの作品を愛読したことを示し、*Verbonnden Schakels*（1889年）は1891年、1895年と版を重ね支持された。

> 私は11月1日号の H. メルシエールの書いた「Karaktervorming der vrouw 女性の性格形成」を読み、力が湧いてきました［1900年12月21日付アベンダノン夫人宛書簡, ibid: 35］。

メルシエールが *De Amsterdammer*、*De Gids*、*Eigen Haard* および *Sociaal Weekblad* 等に寄稿していたことから、カルティニは記事を読む機会に恵まれた。

メルシエールの業績の一つは、オクタヴィア・ヒル Octavia Hill（1838-1912、ナショナルトラストの創始者の一人）をオランダに紹介したことである。ヒルは多様な人々が互いに対等で平和のもとに共生しようとする立場から社会活動に取り組み[85]、またイギリスにおける女子中等教育の分野で顕彰され、ヒルの女子校の特色は次のようであった。

> 私達は12歳から18歳までの女子を寄宿生として少人数受け入れました。人数を多くしなかった理由は、人の数と組み合わせを、学校というよりは家庭らしくしたかったからです［モバリーベル 2001: 75］。

それは教師と女生徒が共にする家庭生活であり「実際、その学校は大変幸福な家族の生活だった」と評価されている［ibid: 75］。ヒルの女子校の特色は、カルティニが構想した寄宿制女子中等学校、すなわち、「小さな学校」とオーバー

---

[85] 1862年にイギリスにおける女子の中等教育の草分けである「ノッティンガムプレーススクール」の運営に着手し、その後住居管理活動 Housing work を通じて労働者の住宅問題に先鞭をつけ「職工及び労働者住居法」の立案段階でも意見を求められた女性として知られる［モバリーベル 2001］。

ラップする。

> 私どもの学校を政庁の規則に則ったいわゆる学校ではなく、母が子を育てるように子供達を教育する小さな学校を作りたいのです。それは、学校を思わせるのではなく、互いに愛情をもって学び、子供の心身を育む母のような先生がいて、大きな家庭を想起させます［1903年1月27日付アベンダノン子息宛書簡, Kartini 1911: 464-467］。

覚書「ジャワ人に教育を」には、雑誌の企画を女学校の運営に喩えた一節がある。

> 貴族の娘を対象とした学校設立と同様に、雑誌も小規模で始めた方が良い。大規模で始めて成功を収めず意気消沈するより、小規模から徐々に大きくする方が容易である［富永 1987: 204］。

実際は、女学校も雑誌もデスクプランに過ぎなかった。ではなぜ、カルティニは上述のように確信をもって、政庁に提出する覚書の中で「小さな学校」に言及したのであろうか。メルシエールの著作を愛読したことから判断すると、カルティニはヒルの女子校の成功例が脳裏にあり、その理念に共感しモデルとして捉え、女学校が社会の要請に応え発展するありようを認識し、女学校と雑誌を並列して表明した同時代性のなかに、その成功を確信したからであろう。カルティニの教育理念と女子校開設については第5章で述べる。

メルシエールのもう一つの業績は、「トインビー活動 Het Toynbeewerk」を紹介したこと、そして、自らもその活動を主導したことにある。ヒルはトインビー・ホール Toynbee Hall に着手する以前のバーネット Samuel A. Barnette（1844-1913）と社会活動に従事して大きな影響を与え、ヒルの最も有能な助手ヘンリエッタ Hennrietta（?-1936）をバーネットに紹介し、トインビー・ホール（1884年、ロンドンのイーストエンドに建設された世界初のセツルメントの活動拠点）を設立したバーネットと一緒に、妻となったヘンリエッタもその福祉活動を支えた［Pimlott 1935: 14-15, Meacham 1987: 27-28］[86]。また、メルシエールが翻訳し

---

[86]「トインビー・ホール Toynbee Hall」とは、早逝した Arnold Toynbee（1852-1883、経済学者、歴史学者トインビーの叔父）に因み、1884年、その遺志を継いだバーネット Samuel A. Barnette（1844-1913）が設立した世界初のセツルメントの活動拠点であり、貧困を個人の問題ではなく社会問題として捉える姿勢が当時にあって斬新であったと言われる［ブリッグス 1987］。そのオランダでの活動は1891年に始まり［Pimlott 1935: 255］、書簡中の「トインビーの夕べは」その活動の一環である。

た *Aurora Leigh*（『オーロラ・リー』1856 年、1883 年にオランダ語に翻訳され版を重ねた。カルティニの読書リスト表3. No. 12 参照）の著者ブラウニング E. B. Browning（1806-1861）の夫ロバート・ブラウニング Robert Browning（1812-1889、ヴィクトリア時代の代表的詩人）がヒルの祖父を訪ねた時、話の輪に加わった幼少のヒルを称賛していた［モバリーベル 2001: 13］。そして、彼の詩作「鳥が啄むからといって、種を蒔くことを恐れるな Fear not to sow because of birds」は、バーネットの座右の銘であった［ブリッグス 1987: xii］。このように、メルシエールとイギリス人達には社会福祉活動という共鳴盤があった。

次に挙げる書簡は「トインビー活動」に言及する。

> あなたがかかわっていらっしゃるトインビーの夕べ Toynbee-avondje について一層知りたく存じます。東インドには全く存在しませんが、私はそれについて熱い関心があります。後ほどお手紙に書いていただければ嬉しいです。私は新聞や雑誌で Het Toynbeewerk を存じておりますが、愛する隣人であるあなたの仕事から Het Toynbeewerk について一層理解を深めたく願う次第です［1899 年 5 月 25 日付ステラ宛書簡，Kartini 1911: 7］。

カルティニが読む機会があった「Het Toynbeewerk を報じた雑誌」として *Vrouwenarbeit* 1898 年 9 月 9 日号と後述する *De Echo* 1900 年 5 月 20 日号が挙げられる。上述の書簡は、「ステラ宛第 1 信」であることを考慮すれば「倫理政策」が始まる以前から、カルティニがオランダ語メディアを通じて社会福祉活動に注目していたことの証左である。その活動は労働者の自己変革と結びつく教育内容をもっている点が重要な特徴であった［Toynbee Hall 1889: 1-7］。カルティニは文通を始めたことによって、活動に携わるステラから直接教わる好機を得た喜びを伝える。上に挙げた書簡は、ジャワ人女性がジャワで初めて「社会福祉活動」に言及した貴重な文書である。カルティニはメルシエールの著書に誘われ 19 世紀末のヨーロッパで芽吹いたばかりの社会福祉活動をほぼリアルタイムで知り、視野を広げ、新思潮の知見を得た。

カルティニは社会活動の関心からイギリス文学における女性作家の著作の斬新性、作品に流れる新思潮に注目している（表3. No. 11-14 参照）。例えば、先述したブラウニング夫人は、典型的な家父長支配の中で成長したが、男性詩人の独壇場であった叙事詩の分野において女性で初めて長編叙事詩の平地を開き、その著作『オーロラ・リー ── ある女性詩人の誕生と成熟の物語』のなか

で、慈善活動には組織や施策のみならず個々人の人間性の理解の上に立つことが不可欠と説く［ブラウニング（小塩訳）2013: 314, 350］。とくに、ウォード H. Ward（1851-1920、表1. No. 53、表3. No. 13参照）はバーネット達の活動に触発され Robert Elsmere（『ロバート・エルズミア』）を1888年に刊行し、主人公ロバート・エルズミアの信念と行動はトインビー・ホールの活動に従事する人々とその支持者達の活力と精神をよく物語っていると言われ［Meacham 1987: 21-22］、成功をおさめるとウォード自らセツルメントを開設した［ブリッグス 1987: 17］。

オランダの諺に「一人だと速く行ける。一緒だと遠くへ行ける」とある。カルティニは読書と文通によって、メルシエールがイギリス人と構築した社会活動のネットワークを通じて東インド植民地空間を超越し、ステラ達と協働することを志した［kartini 1911: 1］。さらに、メルシエールと志を同じくする女性作家を挙げカルティニの読書について検討する。

ヤコブス Aletta Jacobs（1854-1929）もメルシエールの友人であった。ヤコブスはオランダの高校用歴史教科書で「オランダの女性解放運動」の筆頭に登場する女性であり［Ulrijch 1995: 382-383］、オランダにおける最初の女性医師、婦人参政権運動の推進者（1894年、女性参政権協会 de vereening voor Vrouwen kiesvecht を設立し議長に就任）、平和運動家であった[87]。彼女が著した *Vrouwenbelangen, drie vraagstukken van actueelen aard*（女性の現況における3大課題）で女性の経済的自立の必要性、廃娼、産児制限を重要課題とし、女性がまずこれらの問題の重要性に気付き、協力して悪弊の改善に立ち上がることが非常に重要であると説き、責任をもって子供を養育するためにも産児制限は必要とする［*De Echo*

---

[87] ヤコブスは1915年、ハーグで開催された女性による史上初の国際平和女性会議の発起人の一人であり、オランダのような中立国のみならず交戦国であるイギリス、ドイツからも女性達は参集した。会議の決議には①平和構築にむけて中立国会議を早期に開催する②各国の安全確保に必要な最低限まで軍備縮小する③植民地問題を解決する④通商の自由を保障する等などがもりこまれ、アメリカ合衆国大統領ウィルソン Woodrow Wilson による「14か条の平和原則」に影響を与えたと言われる。この時、女性国際平和自由同盟 WILPF の結成が決議され第一次世界大戦後、アダムズ Jane Addams（1889年アメリカ初のセツルメント、ハルハウスの創設者、1931年ノーベル平和賞受賞）が総裁に就任した。WILPF は基本理念を「命の尊さを知る女性の手で平和な地球を次世代に」とし、世界中の女性平和運動 feminism peace movement の母体となり、国家・体制を超えて女性が絆を結び行動する20世紀最大の女性平和機関と言われ、国際 NGO 活動に発展した［「20世紀はどんな時代だったのか」『読売新聞』1998年5月18日号］。また、第一次世界大戦終結に努め、医療活動を通じて難民救済に従事した。

1900 年 5 月 13 日号]。また、ヤコブスは 1898 年に刊行された Charlotte Perkins Stetson（1860-1935、USA）の著作：*A Study of The Economic Relation Between Men and Women as A Factor in Social Evolution*（『婦人と経済』）の重要性をいち早く認識してオランダ語翻訳版を 1900 年に刊行し、オランダと東インドの女性達に広く知らせる役割を果たした[88]。女性の自立を問題提起し、女性が男性に経済的に従属する状況を批判すると同時に、その背後にある結婚、婚姻法について隠れた実態を明るみに出し追求すると、ヤコブスは解説する［*De Echo* 1901 年 2 月 3 日号]。

カルティニは後述する雑誌 *De Echo* の定期購読者であり、書簡にヤコブスの著作題目を記し絶賛している（表 1. No. 18 参照）。ヤコブスの著作は英語、フランス語に翻訳され *Memories: My Life as an international Leader in Health, Suffrage and Peace* は今も読み継がれている。

ヤコブスはファン・コル夫人が主催する *De Vrouw* にも寄稿していた。さらに、シュライナー Olive Schreiner（1855-1920、南アフリカ在住のイギリス人作家）もヤコブスの友人であり、後述する *De Echo* で紹介された。前節で述べたノーベル平和賞受賞者ズットナーもヤコブスの友人であった（第 5 章第 2 節第 3 項で述べる）。カルティニは女性達の社会活動を知り、「問題に気づいた者から行動する」勇気を学んだ。

しかし、カルティニは女性問題をテーマとする作品であれば何でも積極的に評価したのではなかった。一例を挙げれば *Moderne Vrouwen*（新しい女性、表 1. No. 46）について、著者には言及せず Jeanette van Riemsdijk がフランス語から翻訳したとだけ記し、「題名に実が伴っていなかった」ことを『ヒルダ・ファン・スイレンブルフ』と比較してステラに述べた［Kartini 1911: 63-64]。また、その序文をファン・コル夫人の *Moderne Vrouwen*（*Het Koloniaal Weekblad* から *De Locomotief* に転載された寄稿）と比較すると笑ってしまうのは、序文を書いたサフォルニン・ロフマンは「新しい女性」を誤解しているからだと、アベンダノン夫人に述べた［Kartini 1987: 187]。さらに、「新しい女は我々の間違った社会の酷い妄想である」という序文を引用し「レディー・ロフマンは新しい女性

---

[88] 日本ではその著者名をステッツオン（ギルマン）と表記し 1911 年に大日本文明協会より刊行され、日本のフェミニズムを築いた西洋の書物として紹介され、洋の東西を問わず基礎文献として認識されていたといえよう。ヤコブスの著作と社会活動については富永［富永 2018: 175-177] に記した。

に反対する anti-Nieuwe Vrouw 傾向がある」と批判した［ibid: 80］。サフォルニン・ロフマンは Nationale Tentoonstelling van Vrouwenarbeid（全国女性工芸展）のオーガナイザーを務めた著名な作家であり、女性が自立することを批判の対象とする人々から支持され、カルティニは共感できなかった［Kartini 1987: 80］。なぜなら、カルティニの問題の所在は閉居・強制婚からの解放と女性の経済的自立にあり、これらの問題を解決しようとした時、もはやジャワ文化の中に解は見いだせず、新しい何か、つまり「modern 新奇な」ものとの出会いを求めたからであった。また、カルティニは上述の社会福祉活動が示すように個人の貧困を社会の問題と捉え、教育活動による自己変革を目指し、弱者ゆえに不条理に泣く人に寄り添い社会・経済の民主化を目指す、メルシエールやステラ達の活動に共鳴した。

当時のオランダでは、第1節で言及した *De Nieuwe Gids* に見られるように女性解放問題や社会主義など新思潮が紹介され、たとえば、メルシエールとオーフィンク夫人は socialist feminist（社会主義フェミニスト）でありアドリアニはキリスト教社会主義、そしてステラとファン・コルは SDAP 党員であった。また、東インドにおける一夫多妻制の廃止について、カルティニが信頼する人物として書簡で名前を挙げた SDAP の国会議員ファン・オーフェルフェルト S. J. G. van Oorverldt（政庁の技師としてジュパラで勤務した後もカルティニの父と親交を続け兄カルトノの留学を支援）が提唱していた［Kartini 1987: 235-6, 270］。1899年にはハーグ万国平和会議が開催され、先述した『武器を捨てよ』の著者ズットナーがオランダを訪れた。

確かに、カルティニはそれらの新思潮を理論的に分析しているわけではないが、単に19世紀末のヨーロッパに生まれたファッションの一つとして興味を示したのではなかった。上述したメルシエールやヤコブス、ズットナー等ヨーロッパの女性達は記事や小説を書くと同時に、女性解放運動、社会福祉活動、平和運動を推進していた。それらの新思潮や活動は当時にあっては海の物とも山の物ともつかず賛否両論があったが、カルティニは気付いた者から勇気をもって一歩踏み出し、社会的課題に挑戦する彼女達の姿勢に学んだ。そして、それは後述するように、木彫工芸振興を通じて職人の生活向上を推進するカルティニの活動として開花した。次に挙げる女性誌も同じ方向性を示すメディアであった。

2. カルティニが定期購読した二つの女性誌

　ヨーロッパでは女性を対象とした雑誌が少なからず出版されていたが、19世紀末になると女性の地位向上、権利の問題に取り組む姿勢を鮮明にし、自らペンを執りはじめた女性達に紙面を提供する雑誌が出現した。「新しい女性の生き方を模索する」女性誌の市場が成立しはじめたのであった。カルティニもこの市場の担い手の一人であった。カルティニは何を受容しその影響をどのようなかたちで表したのか。先ず、カルティニが閉居中に出会った *De Hollandsche Lelie*（オランダの百合）を取り上げる。

2. 1.　*De Hollandesche Lelie*

　De Hollandesche Lelie はアムステルダムで1887年に月刊誌として創刊された。その前身である *Lelie en Rozenknoppen*（百合と薔薇の蕾）が19世紀末の「新しい女性」の潮流に賛同し、女性誌の草創 *De Hollandesche Lelie* として出発するに当たり「誌上で週毎に出会い友情を結び、互いに無二の存在となるよう希望し、*De Hollandesche Lelie* が我々の女性社会で地位を占めることを願う」として、次のような若い読者を対象として抱負を記した。

> 学校を離れ無期限の「ヴァカンス」の中でしだいに幻滅し時間を持て余し、自分が何の役に立っているのかわからず、以前に学んだ事を保留し学問書を開くも喜びはもはや感じなくなった方々にとって、*De Hollandesche Lelie* は学び育てた事を思い出すよすがとして、気晴らしとして、善なる・高潔なるものの回生として、女性達の支えとなることを願い、〔中略〕さまざまな所で進歩を目指し努力する皆様方から信頼されますよう希望します［*De Hollandesche Lelie* 1887年7月6日創刊号］。

　1898年7月3日より念願の週刊となり、1935年まで半世紀にわたり一貫して新しい女性のあり方を追求した。次に、カルティニと同誌のかかわりを検討する。

　第2章第2節で述べたように、副理事官の夫と共に1894年から1899年までジュパラに滞在したオーフィンク夫人は閉居中のカルティニの読書に大きな影響を与えた。

> 我々は快く迎え入れられた御宅の心地よい居間で、素晴しい読み物を楽しませて頂き、

読後に語り合うことしばしば数時間に及び親しく交流を深めました。まとまりのない反抗的な考えや不安定な心の裡のありのままを聞いて頂きました［1899年11月付オーフィンク・スール夫人宛書簡，Kartini 1911: 37］。

　夫人宅で *De Hollandesche Lelie* と出会ったことを考慮に入れると、カルティニが定期購読を始めたのは、父親からジュパラ域内で外出を許された1896年以降であると思われる。

　その編集長は創刊当時から1902年までウェルムスケルケン・ユニウス S. M. C. van Wermeskerken-Junius（1853-1904）が務め、その後はサフォルニン・ロフマン Anna De Savornin-Lohman（1868-1930）が、1903年にノールドワル Cornelie Noordwal（1869-1928）が務め、三者ともにオランダにおける著名な女性作家であるが、カルティニとの交流があった初代編集長ウェルムスケルケン・ユニウスに注目する。ウェルムスケルケン・ユニウスは初期の女性解放運動の推進者として近年も *Utrecht Nieuws Blad*（ユトレヒト新聞）で、「多くのオランダ人女性にとって気高い指導者であった」と、高く評価されるオランダにおける女性ジャーナリストの草分け的存在であり、*Vrouwenarbeid* の編集長も務めた[89]。筆名をヨハンナ・ファン・ウォーデ Johanna van Woude とし代表作 *Hollandsch Binnenhuisje*（1888年）はベストセラーとなり版を重ねた小説である。また *De Hollandesche Lelie* の連載記事が単行本になる等、女性解放問題をテーマとして活発な著作活動展開した。彼女は De Moderne vrouw（新しい女性）と題する論説の中で、新しい女性を、忘れられた青虫が因習の蜘蛛の巣から美しい蝶になって、大空高く飛びたっていくさまに喩え、さらに次のように続けている。

祖先は凝り固まった偏見で女性に酷い苦痛を与えてきたが、事態は変わり女性は旧態依然とした考えの鎖から解かれた。学校という競争の場で、男女共に競い合い心身を鍛え新しい人生に目覚めるのである。既に、婦人運動の喜ばしい影響が広がっている。オランダの女性も古めかしい考えの鎖から解放されつつあり、オランダの女性は明らかに自尊の念をもち始めている［*De Hollandsche Lelie* 1900年2月7日号］。

　「旧態依然とした考え」や「古めかしい考え」の「鎖」という言葉は、伝統の

89）*Vrouwenarbeid* は全国女性手工芸展協会が発行する雑誌であったことから、バティックを出品したカルティニと関係の深い雑誌といえる。その編集長が、ウェルムスケルケン・ユニウスであった。

もつ負の側面を表現し、伝統が社会の進展を阻み古い慣習が人を苦しめるさまを伝える。カルティニもこれらの言葉を書簡の中でしばしば用いた。一方、「解放 emancipatie」という言葉も書簡に書かれた頻度が高い。次に、「女性の職業紹介」の記事を要約して紹介したい。

> ピアノの調律師は私の知る限りオランダでは男性の仕事であるが、諸外国で女性が既に調律師として生計を立てているように、我国でも女性の調律師の出現する日が近い。目新しい事に対し嘲笑する集団は常に至る所に存在する。しかし、今や女性の資質が男性のそれに劣るなど誰も言うことはできない。音楽、教職をはじめ他の職業においても、女性が男性と同じように従事してきたことを、女性ははっきりと知らせている。ピアノの調律師においても同様のことがいえよう [ibid]。

上述の二つの引用は、女性に対して自己認識の変革を謳う文章である。時勢を確かに把握した編集長の筆致は、読む人を活気付け社会を活性化させる示唆がある。ウェルムスケルケン・ユニウスの考えは、女性が自尊の念をもち自己の能力の開発に努め、女性に閉ざされた職業にも進出し、後続の女性に道を切り開くことにあった [富永 1991: 51]。その背景には、19世紀末の同権・自立・解放をめざす社会運動の一部として女性の地位の問題が議論されてきたことがあった。ウェルムスケルケン・ユニウスはこの社会現象を女性の視点で描いた、女性ジャーナリストの先駆者であった。カルティニは当時のジャワにおいて「嘲笑される」側であったが、オランダにおいても新しい事を嘲笑する集団が常時在中することを読み、記事に共感し疎外感から解放されたのではないだろうか。

カルティニが *De Hollandesche Lelie* へ積極的に意見を寄せていたことを、次にみていきたい。編集長が読者から寄せられた書簡を選び出し、その投稿者に呼びかける形式で書いた返事を掲載する「文通欄 correspondentie」が設けられていた。それは読者が雑誌という公の場に投稿する機会をもち、ディスカッションを行うことを重視する編集姿勢を反映し、編集長も遣り甲斐を感じていた [*De Hollandesche Lelie* 1901年1月16日号]。それは当時としては数少ない女性編集者によるオピニオン雑誌であり、カルティニは活字メディアを通じて世論が形成される過程を目にした初期のジャワ人であった。同時に、カルティニは意見を表明する手段と場所を見出した。編集長がカルティニに書いた返答を次に挙げる。

アングレック Angrek さん、私の記事についてのお便りを有難う。あなたに与えた影響も書いてくださって感謝します。遥か遠くまで影響を与えたことは素晴しいことです。あなたの言葉にあった「オランダの女性雑誌がジャワ人女性に愛読されている」には、とても驚きました。次に、あなたの生活について考えさせられました。私は東インドの状況を余り知らないのですが、あなたが私に書いてくださったことすべてに驚きました。殊にアダットの厳しさには。あなたはオランダ語で8頁に亘って書いてくれました。オランダ語をもっと完璧に学びたく思っているそうですね。しかし、アダットのためにそうできないでいるとのこと。そして、世間との交際を絶たれた生活。時代精神があなたの味方になればさいわいです。私はジャワの慣習についてもっと伺いたいです。本誌購読者とお知り合いになりたい件ですが、「投書箱」に載せましょうか。当方への投書の度に本誌の中でどの点があなたに御答えできていないかを言って頂ければさいわいです [*De Hollandsche Lelie* 1898年12月28日号]。

　上述の記事にみられるように「投書箱」や「文通欄」で、投書者は筆名で記載された。その記録によるとカルティニがアングレック（マレイ語で蘭の花の意）の筆名を用いていたことがわかる [Bouman 1954: 22]。また、次のことを考慮すればアングレックはカルティニであるといえる。編集長は「読者と知り合いたい」というカルティニの要望について、「投書箱 Vragenbus」への掲載を提案し、1899年3月15日号「投書箱」で読者に呼びかけ[90]、同時に「文通欄」へ「アングレックさんの2月5日付のお手紙が3月5日にこちらへ届きました」という一文を掲載した。

　当時、オランダとバタヴィア間の輸送は約4週間を要したため、1898年12月28号は1899年1月末から2月初旬に届いたと考えられる。カルティニは編集長の提案に応じて2月5日付書簡を発送し、同誌1899年3月15日号「投書箱」で編集長がカルティニの希望を伝えた。1911年版で、カルティニの最初の書簡が1899年5月25日付であることは周知の事実であるが、それがステラからの第1信に対するカルティニの返信であった事に鑑みると、カルティニの希望は「投書箱」に掲載された2ヶ月後に成就したことを今に伝える。この事例は、編集側と読者の距離が近く同誌が創刊時に掲げた「出会い友情を結ぶ」という言葉通り、積極的な交流の場を提供する同誌の開放性と同時に、19世紀末の交通・通信の発達によるところ大であったことを明示する。

---

90) *De Hollandsche Lelie* 1899年3月15日号に掲載された読者と文通を希望する記事については、第2章第3節を参照。

同誌は文通欄、投書箱の他に編集長による論説、特集、連載記事、コラム、エッセイ、広告で構成されていた。一般に、読者層を把握するために広告を調べる方法があるが、毎回シンガーミシンや寄宿学校（初等教育を終了した女性を対象とする寄宿制の教養学校）の広告が掲載され、コラムの一つにウィーク・カレンダー Week Kalender がありゲーテ、シェークスピア、スコット、エリオット、トルストイ等の格言やイギリス、フランス、ドイツの諺を原語表記で掲載されたことから、教養豊かな女性読者を表出する［富永 1991: 48］。カルティニは 1900 年 2 月 7 日号の Week Kalender に掲載された J. K. Wertheim の次の言葉を書簡に引用している。

> ワルトハイム Wertheim の言葉を衷心より書きます。「反対はすばらしい。なぜなら和解を促進するからである。否定は不可思議だ。なぜなら確証を呼び起こす。誤解は際立っている。なぜなら自己に気付き、自己の意識を表すようになるからである」もし反対されなければ、多くの誤解に遭遇し悩まなかったならば、普通よりわずかながらましな今の私にならなかったでしょう！［1900 年 12 月 21 日付アベンダノン夫人宛. Kartini 1987: 29］

カルティニは *De Hollandesche Lelie* を通じて互いの異なる意見を受入れ、そこから学び認め合う寛容を学んだ。

特集には、社会における女性の現状や有職の女性、新しい文学動向、たとえばトルストイについて等の企画があった。連載記事には女性の職業紹介および読書案内があった。後者では前節で言及したボレルやクペールス（本章第 1 節 表 1 No. 4、No. 6 参照）の最新作が紹介された。エッセイでは女性解放問題に関する論評を主に、紀行文や書評などがあった。

カルティニの文通相手であったステラ・ゼーハンデラールは、*Hilda van Suylenburg* の書評を 13 週に亘り連載した[91]。同じく文通相手であり作家であったオーフィンクはジャワ人のデサの生活について報告した[92]。カルティニは知人が常連寄稿者である雑誌の一読者として、このヨーロッパの斬新な雑誌に親

---

91) Estella Zeehandelaar, "Hilda van Suylenburg van Goedkoop-de Jong van Beek en Donk", *De Hollandsche Lelie* 11 (1898): 519-520, 534-537, 550-552, 567-569, 583-584, 615-616, 630-632, 651-654, 664-665, 680-682, 696-698, 713-717.

92) Ovink-Soer, "Karbouwenjongetje: Een Stukje Desssa-leven", *De Hollandsche Lelie* 11 (1898): 251-253, 268-270, 284-286. "Races: Een Indisch Leven", *De Hollandsche Lelie* 11 (1899): 453-456. "Vrouwenleven in de Dessa", *De Hollandsche Lelie* 12 (1899): 166-168, 183-186, 197-199.

しみを覚えたであろう。

　ウェルムスケルケン・ユニウスとカルティニの交流は書簡の中にも見出される。例えば、カルティニの元へ新聞のスクラップが郵送されたことについて次のように記している。

> この新聞の切抜きがオランダ人女性（ヨハンナ・ファン・ウォウデ Johanna v. Woude、作家）から送られてきました。私がドイツ語を読めると思われたようです。我々を励ましてくださいます。私は最近この記事と同じものをオランダ語で読みました。カセム・アミン・ベイ Casem Amin Bey という人物を賞賛しています。もしアラビア語ができれば、私は共感と賞賛を送ります。女子大学がコンスタンティノープルに開校し、1年前からアメリカ人女性が英語で講義をしています。東洋の慣習をほとんど修正せず、形式も中味も全くアメリカ的で。すばらしい！　このようなニュースは本当に活力を与え、精神を呼び覚まし、生きる力を大きくします［1900年12月30日付アベンダノン夫人宛書簡，ibid: 38-39］。

その後も両者の文通は続けられた。

> 私と文通をしている有名な女性雑誌の編集長かつオランダ人女性作家が、もう2～3年前のことですが、私に共感する人々に向けてこの問題に言及した私の書簡を活字にする許可を求めたことがありました。当然のことながら、活字にすれば反論もありましょうし、それはそれでよいことです。編集長は私の名前や住所は伏せておくと言いました。もっともジャワの慣習について書く以上は場所——住んでいる所は判りますけれど。父の承諾を得るための書簡がきました。それは許されませんでした［1901年12月21日付アベンダノン夫人宛書簡，ibid: 124］。

　「この問題」とはジャワのムスリムの女性における結婚問題を意味する。また、1902年10月27日付の書簡には、「何度も書簡の掲載を求められた」とあり、「*De Hollandsche Lelie* がコラムを私の裁量に任せると言います」と記されている［Kartini 1987: 225］。が、父親の許可が得られなかった。なぜなら、それは閉居の慣習に抵触し、当時のジャワにおいて未婚女性の名前が公の場にのぼることはその女性に「傷がつく」とされたからであった［Kartini 1911: 239］。編集部の企画は実現に至らなかったが、カルティニは *De Hollandsche Lelie* の指針に沿ったライターと認識された証左である。

　カルティニは emancipatie（解放）という言葉との出会いを次のように記して

いる。

> 解放・自由・自立への願望は俄に思い始めた事ではなく、以前から思っていました。その頃emancipatieという言葉をまだ知りませんでした。解放について書かれた本や論評が遠い外界から及んできて芽生えました。直接的間接的周囲の状況ゆえにその言葉に到着したのでした［1900年8月付アベンダノン夫人宛書簡．ibid: 7］。

カルティニはオランダ語の読書によってemancipatieという言葉を獲得した。それは、自身を表現するために欠くことのできない言葉であるが、ジャワ語には見い出せなかった。

> "emancipatie" の意味も解らずそれに関する書物も入手できなかった子供の頃からある欲求が芽生え、時が経つにつれ大きくなりました。それは解放・自由・自立への欲求でした。私の心を打ちのめし限りない悲しみに涙した直接的間接的周囲の状況が、その欲求を芽生えさせました［1899年5月25日付ステラ宛書簡．Kartini 1911: 3］。

上述はカルティニの切実な体験に根ざした文章表現であった。既に述べたとおり、彼女は女性ゆえに進学を阻止され慣習にしたがって閉居を余儀なくされ、その家庭の実態は一夫多妻であった。彼女はこのような苦境を一人で受けとめていた。その時、彼女は先述した作家の作品や *De Hollandsche Lelie* と出会い19世紀末の新思潮に共感した。カルティニはヨーロッパの女性が旧態依然とした社会に対し実際にはかなわぬまでも闘い、自らの意見を堂々と主張する姿勢を学んだ。彼女は読書を通じて他者が提示する「新しい」視点に立ち、自身の体験を見つめ直すことによって、個人の問題として捉えていた閉居が、実は社会問題と深く関連することに気付き、女性の社会的地位を体系的に認識した。それは、カルティニがジャワ人女性に生まれた偶然を必然に転化する契機となった。ここに、自己の内包的存在を問うカルティニの姿が読書体験のうちに見出される。こうして、カルティニは閉居が廃止される時代の到来を読み、女性が因習から解放され自立し、女性の地位が向上する未来を予測した［富永1991: 52］。カルティニは世界がどの方向に動いていくのかを推察し、それについて言及した箇所を書簡より抜粋する。

> 何世紀にもわたる因習で雁字搦めになっていますが、必ず解き放たれる時が到来します。それがずっと先のことであろうとも、その時が必ず到来することを私は確信します

［1899年5月25日付ステラ宛書簡, ibid: 1］。

カルティニは読書と意見交換を通じて自身の経験を捉えなおし、それをどのように表明したのであろうか。次に、雑誌に掲載されたカルティニの記事を検討する。

2.2. *De Echo* とカルティニの寄稿

ジャワで1899年、新しい女性の生き方を唱道する週刊誌 *De Echo*（こだま）が刊行された[93]。出版元はブニング Buning 社であった[94]。カルティニの連載記事2本と詩作が *De Echo* に掲載された。まず、*De Echo* の編集姿勢を述べ、カルティニの連載記事を検討する。

はじめに編集長テル・ホルスト Ter Horst - De Boer 夫人による巻頭言を要約し紹介する。

> 社会における我々女性の地位を、我々が望む地位にまで高めるために、あらゆる分野における知識や教養を身につけ日々立ちむかっていく時が、東インドにも到来した。我々の社会的地位が如何様であるか問われる時が、ここ東インドに到来したのである［「創刊にあたって」*De Echo* 1899年10月11日号］。

De Echo は16頁で構成され論説、連載記事、連載小説、読書案内、文通、投書箱など *De Hollandsche Lelie* と酷似し、女性の社会的地位を問う次のよう

---

93) *De Echo* の発刊は1905年まで続き、読者の大半は東インド在住の女性であり、ジャワの女性や子供の暮らしを報告する連載記事、ジャワやバタヴィア、セレベスの伝説、東インド各地の紀行文、バティックや木彫美術品等の伝統工芸や日本からのレポートも複数回掲載された。東インドでオランダ語を読む女性読者の母数は小さいゆえ、女性解放思想に関心の薄い女性も享受できるシューベルト、ショパン、リスト等著名な音楽家の生涯や作品、ギリシア美術等芸術面を扱い、また、掌編小説や連載小説を提供し、家庭で役立つ情報 ── 救急処置法、家計、子供の教育、料理（フランス料理やパンの作り方、コースメニューの立案の仕方等をヨーロッパの遥か遠くに住む初心者むけに解説）、ファッション等、文芸誌と生活情報誌を併せ持った編集がなされたことは、既に述べた［富永 1993: 131-134, 2018: 174］。

94) ブニング社（於ジョグジャカルタ）は、1865年に創業し出版・印刷業のほかに文房具・事務用品を販売、また、1878年に『アルマナック・ムラユ』（第1章第2節註で既述した）、1895年に『レトノドゥミラ』（第5章第3節第1項で述べる）を刊行出版し、とくに後者の編集長は1901年からワヒディン・スディロフソドが務め、多重な言語空間と文化空間が幾重にも重ね合わされ、ジョグジャやソロの王宮、ジャワ人貴族、そこを往来するプラナカンやユーラシアンの御用商人、植民地制度の中で育ちつつあるエリート、植民地官僚制度を担う官吏らの世界が、出版を通じて幾重にも重なり合うところで互いに手を携える状況がうかがえる［土屋 1992: 145-147］。

第3章 カルティニの読書 | 137

な特集が毎号掲載された。

> 女性解放運動の指導者達、バタヴィアの女子HBS、男女共学、東インドの女性の職業——薬剤師・看護婦など、オランダ文学の中の女性達、ヨーロッパの女性の暮し、女性の経済状態、結婚に関する法律、司法制度改革、自由結婚、未亡人の再婚と年金喪失、女性のための老齢年金、ドイツの労働組合会議と女性、看護婦組合等

中でもオランダで人気を博す書籍を紹介する「読書案内」の占める割合が高く、先述したヤコブス、文通相手であるオーフィンク夫人、ファン・コル夫人、「カルティニの読書リスト」に挙げたボレル、クペールス、ヘネステット、ホルテル、著名な女性作家ホーフェン、サフォルニン・ロフマン、ハーセブルック Elizabeth Hasebroek の作品がみられる。もちろん、オランダ人以外の作品も挙げられている[95]。さらに、神智学や菜食主義、トインビー活動、動物愛護、南アフリカの赤十字社等ジャンルの広さが *De Echo* の特徴であった。

ヤコブスと友人のシュライナー Olive Schreiner (1855-1920、英国籍、南アフリカ在住の作家、代表作『アフリカ農場物語』、女性解放運動家、平和運動家、カルティニの読書リスト表1. No. 34)[96] の名前が複数回にわたり登場することは、読者に伝えたい知識・情報を決定する編集長の志向性を表出する。シュライナーが1899年に発表した *The Woman Question* は時を移さず *De Echo* 1900年9月9日号と同年同月16日号に掲載された。

---

95) シュライナー、ピェール・ロティ Pierre Loti (1850-1923、フランス)、マリー・スメール Mary Summer (1842-1902、フランス)、クレマンス・ロヤール Clémence Royer (1830-1924、フランス)、オシップ・シュービン Ossip Schubin (1854-1934、ドイツ)、マリー・コレリー Marie Corelli (1855-1924、UK)、ケイト・グリーナウェイ Kate Greenaway (1846-1901、UK)、エリザベス・リントン Elizabeth Lynn Linton (1822-1898、USA)、ロバート・バーデット Robert Burdette (1844-1914、USA) 等が紹介されたことは既に述べた [富永 1993: 131-134]。

96) シュライナーは自身の体験を基にして家父長制を批判する作品を執筆し続けると同時に、南アフリカの婦人解放連盟発足当時の副会長を務める活動家であった。ほとんど全て独学、旺盛な読書が彼女の教師だったと言われ、不朽の名著 The Story of an African Farm (『アフリカ農場物語』)(1883年)は、作家・リベラリスト・フェミニストとしての彼女の令名と結びつく唯一の作品と評され、主人公は彼女の分身であり、結婚の中に男性による支配を看破し、女性の在り方、社会的地位について考えた結果、服従を意味する結婚を拒否し、男女平等の新生活の可能性に前向きに努力する女性の生き方を追求した [シュライナー (大井・都築訳) 2006: 227-253]。ドリス・レッシング Doris Lessing (1919-2013、南アフリカで育つ、2007年ノーベル文学賞受賞) は「人間精神のフロンティア」をゆく作品であると称賛している [ibid: 253]。
De Echo には *The Woman Question* のほかに *Dreams* (1890) や寓話などが紹介された。

ファン・デル・メイ Henriette van der Mei が編集長を務める *Blang en Recht* No. 82-No. 85 はダイセリンク・ボック Dyserinch-Bok 夫人の英語訳による *Woman's Question* を連載しました。誠に読むに値すべき気高い作品です。*De Echo* の読者のために要約し掲載したしだいです［*De Echo* 1900 年 9 月 16 日号］。

シュライナーは女性の経済的従属を否定し自立を求め「Give us labor and the training which fits for labor! Give us labor! 我々女性に仕事をそして仕事を得るための教育を与えよ」と唱えた［Schreiner 1899: 146］。その言葉を受けるようにして、カルティニは後述する覚書で「Geef den Javaan opvoeding! ジャワ人に教育を与えよ」と主張し、その題目とした。なぜなら、カルティニは自身が構想する女子中等学校のカリキュラムに職業訓練を導入し、経済的自立を唱道したからである［Kartini 1987: 68-69］。

確かに、シュライナー作品が紹介された時はブーア Boer 戦争（1899-1902）の只中で、オランダ本国や東インドの読者には南アフリカに縁戚がありシュライナーを敵視する者もいたであろう。が、それは「新しい女性」の生き方に共感する女性達が、反戦の立場を鮮明にするシュライナーが著した *The Woman Question* に共鳴し[97]、国家・体制、既存の文化・慣習を超えて支持した事実を示す。それは、カルティニが読書によって新思潮を知ると同時に、毎週届くジャーナルがリアルタイムで展開する新しい女性達の協同を、いわばジュパラで「実況中継を見るような感覚」で受容し、ペンと活字メディアの力を体感したことを意味した。カルティニはこのような *De Echo* の編集姿勢に学びの機会を得た。その影響は後述する『武器を捨てよ』の高い評価と敬意となって表出した。

さらに、編集長はライターとして未知数であったカルティニを抜擢した。寄稿者にはヤコブス、ホーフェン Terése Hoven（1860-1945）、ファン・コル夫人、オーフィンク夫人、ステラの友人でカルティニと交信があった *Belang en Recht*（利権と法）編集長ファン・デル・メイ van der Meij（カルティニの読書リスト表 1. No. 41）、トロンプ夫人 van Zuijlen-Tromp（東西協会会長、カルティニの知

---

[97] シュライナーはブーア戦争開戦前、反戦パンフレットを書いて戦争阻止を訴え、第一次世界大戦では反戦の立場を貫き、ヤコブスの呼びかけに呼応し、先述したハーグ国際女性会議（1915 年）に英国代表団を率いて出席予定であったが、英国政府と港湾労働者の妨害を受けて出席が叶わなかったという経緯があった［バーグマン（丸山訳）1992: 221］。

人）[98]等がいたのである。カルティニは *De Echo* で新情報のインプットと寄稿すなわちアウトプットの両面に関係し、彼女は自らの言動のうちに両者の同時代性を表明した。

さて、カルティニの記事はどのような人に読まれたのか。1901年8月号から9月22日号まで300余人の定期購読者が公表され（オランダ及び若干名であるがドイツ、スイス、東京に読者がいた）、カルティニの他に次のような名前が見られる。

> ローゼボーム総督夫人、ダウエス・デッケル夫人、作家ダウムの令嬢、ホーフェン〔オランダ在住〕、オーフィンク・スール、スフテレン M. van Suchtelen、ファン・デル・メイ〔オランダ在住〕、アルティング Carpentier-Alting〔バタヴィアで女学校を経営〕、プルボアトモジョ Poerboatmodjo〔クトアルジョ Koetoardjo のブパティ〕、数名に及ぶブニング夫人とブニング嬢（版元の関係者）

また、バタヴィアの新聞編集部や読書サークルの代表者名が記されていることは、多数の人々が輪読していたことを意味し、上述の定期購読者数をはるかに上回る読者の存在を明示する。次に、読者層を把握するために広告に注目する。

> 自転車販売店〔ジャワの主要都市に展開〕、ブニング Buning 社〔出版元〕、スラバヤの女子寄宿学校の新入生募集、バタヴィアの楽器店、ジョグジャカルタの時計・貴金属品店、日刊紙 *Het Centrum*、週刊誌 *Het Onderwijs*、情報誌 *Magasin L'Etoile*、パリのプランタン百貨店・衣料部門のカタログ販売、ドイツ郵船等。

特に、自転車は現在「オランダ人の足」として高い支持を得ているが、そもそも19世紀に西欧諸国で開発が進み、1885年にイギリスで「今の自転車の原型」が考案され、ダンロップ社の発明した空気入りタイヤが自転車に応用されるとその普及は一気に進み、「新しい女性」とって行動の自由、精神の自立、女性解放の象徴となった［川本1999: 186］。*De Echo* の読者は自らハンドルを握り進路を決定する如く、伝統的な女性の殻を破り自立し生きる道を選択するこ

---

98) トロンプ夫人とカルティニの関係は、ジュパラの木彫り工芸にみられた（第4章で述べる）。トロンプ夫はまたカルティニも読んでいた *Vrouwenarbeid* No. 14（1898年8月9日号）で、全国女性手工芸展に出品したカルティニのバティックを賞賛するなど、カルティニの創造性やジャワの工芸をオランダ人へ紹介した女性であった。

とを指向する女性であったといえよう。カルティニもその一人であった。

カルティニは1900年4月5日号から6月10日号まで "Een Oorlogsschip op de ree（艀の軍艦）" を8回連載し、同年9月2日号から11月18日号まで "Een Gouverneur Generaalsdag（総督の日）" を12回連載し、筆名を Tiga Soedara（インドネシア語、ジャワ語ともに三姉妹を意味する言葉）とした。さらに、1902年8月25日号に "Aan Onze Vrienden（我々の友へ）" と題する詩作が Djiwa（インドネシア語、ジャワ語ともにこころあるいは魂を意味する言葉）という筆名で掲載された。

"Een Oorlogsschip op de ree" の「元になった話」は1899年11月付オーフィンク・スール夫人宛の書簡に記されている［Kartini 1911: 33-36］。カルティニは連載を依頼された時にそれを再構成し、カルティニ達を彷彿とさせる姉妹が外出し同年輩のオランダ人士官達と交流する物語を創作した。ここで重要なことは、カルティニがオーフィンク夫人との相互理解と女性解放思想の影響を受け、誌上にジャワのジェンダー規範を侵犯する行為を正当化する意志を表明したことにある。この主意を2本目の連載 "Een Gouverneur Generaalsdag（総督の日）" も継承した。ここにその要旨を紹介する。

ローゼボーム総督夫妻のスマラン訪問が決定し、ソスロニングラットは歓迎会に列席することになり、カルティニ姉妹も出席が許されスマランへ行くことになった。カルティニは記事の中で、道中の心弾む様子や総督を迎えるスマランの花や旗であふれる華やいだ趣、そして総督夫妻との出会いを記し、カルティニ姉妹は雰囲気に呑まれ興奮したと綴っている。それだけならば、単なる祝賀歓迎会のレポートである。問題は以下の文章にある。

> 父は娘達が嬉々としているのを見て、満足そうに笑みを浮かべた。お父様有難うございます。父への感謝の念が込み上げた。親愛なる父が娘達を深く慈しむことを感じた〔中略〕。父は昔から続く因習を破ってまでして、娘達を外の世界へ連れ出し、幸福にしてくれた。我々は外出やパーティーの席に着くことが嬉しいのではなく、自由に歩きまわることが可能であることに喜びを感じる。高く厚い塀の中とは全く異なる空気を吸う自由が嬉しく、そして、それは父が与えてくれた。もしご先祖様がこのことを知れば、お墓の中で驚嘆するであろうが、度量の狭い人々もまた大層驚いたことであろう。我々はジャワ全体を照らす新しい時代の夜明けに、今立っている［*De Echo* 1900年10月21日号］。

慣習に従えば列席するはずのないカルティニ達が公式の場に姿を現し、周囲の者達の驚きと非難が交錯する状況を描写した。カルティニは父親の許しを得て閉居の慣習を打破したことを、二度も活字を用いて不特定多数の人々に公表した。しかも上述は、それを批判する人々を「度量の狭い人」と明言して、「あの世の人」と並列し、過ぎ去る時代の人という認識を示した。一方、カルティニ自身は、新時代、すなわち、閉居の慣習が消滅する時代の到来を確実に見据え、「新時代の夜明け」に位置すると表明した［富永 1993: 134］。それは、旧態依然とした社会の暗闇がある一方、刻々と変化を遂げ明るみが広がる状況に、カルティニ自身が位置するという認識を示す記述である。それは正に閉居の打破という難問が、カルティニの行動で解かれる瞬間を描写している。

寄稿後、カルティニが自身の使命を表明した文章を次に挙げる。

> 我々の民族の地位を向上させること。女性のための人間的でより良い地位を築くために道を拓くこと［1901 年 8 月付ファン・コル夫人宛書簡, Kartini 1911: 184］。

このようなカルティニの言動を可能にした主な要因は、これまで述べてきた文通で構築したネットワークとオランダ語の書籍で得た最新情報にあること、すなわち、女性ライター達が女性解放運動、社会福祉活動、平和運動を推進するアクティヴィストであり、その思想と活動に共感する不特定多数の支持者がいること、そして、カルティニ自身もその一人であるから、その行動に共感する人は必ず存在するという確信であった。この思いがカルティニを動かした。なぜなら、カルティニは読書により他者を感じる力を磨き、他者を自分と等しく見る方法を体得し、自身が共感する小説や記事には、ジャワを超越した所にも「共感者」つまり世界へ繋がる「彼女の友」が存在することを、知ったからである。それはカルティニの自信となり、彼女は人間として自身の価値に気付いた。彼女はもはや孤独ではなかった。カルティニは慣習の打破を活字メディアで公表し、自身の行動を正当化した。同時に、ジャワ人の問題の利益のために行動しなければならないのはジャワ人自身であること、気付いた者が勇気をもって道を切り開くことを自覚し、カルティニは追従する者から前を行く者に転身し生命を懸けて道なき道を進み始めた。

この連載の後、ジャワとオランダ双方の出版社から原稿依頼が増加した。確かに、カルティニがジャワの女性の今ある状況をすくい上げ、オランダ人読者に提示する筆致が評価されたと言えよう。しかし、それは *De Echo* の編集姿勢

に負うところが大きい。なぜなら、編集長が社会における女性の窮状を深く認識し、紙面を提供することで女性にチャンスを提供し、カルティニの能力を理解し評価できる人であったからこそ連載が実現し、カルティニの潜在能力は連載を通じて大きく開花したからであった。またそれは、カルティニが国際感覚をもった「新しい女性」として、変革の時代の最先端に位置した最初のジャワ人女性であったことを意味する［富永 2010: 42］。しかし、筆名ティガ・スダラがカルティニであると特定され、先述のように未婚女性の名前が公の場にのぼることはその女性に「傷がつく」［Kartini 1911: 239］とされたため、父親は寄稿を禁止した。が、カルティニは自己と周囲の世界を慎重に観察し、何処に自分の道を敷けばよいのかを考え続けるなかで、自己を認識し社会の中の自己の位置を把握し、自己とそれをとりまく世界がどのようなものであるか、認識を深めた。

　カルティニは最新情報と知識で自身の環境や経験を照射し、文通相手等と対話を重ねるうちに、読むことは自己と社会を解釈することに繋がり、ジャワの諸問題が一層リアルに表出することを認識し、自身とジャワにとって新しい意味を見出した。それはカルティニの書簡に表出する。彼女にとって読むことは自己の裡への探求と同時に外へ表現することであった。すなわち、カルティニにとって「読むこと」と「書くこと」に位相の差はなかった。

第 4 章
カルティニの社会活動

ジュパラの木彫工芸振興活動

インドネシアではジュパラの木彫家具工芸はきわめて有名で、とくに浮彫には定評がある。カルティニ生誕百年に因みジュパラ県が編纂した *Risalah dan Kumpulan Data tentang Perkembangan Seni Ukir Jepara*（ジュパラ木彫工芸の発展に関する資料と解説）には、見開きにカルティニの肖像画を用い、数頁を割いてカルティニの振興への貢献を顕彰し、一世紀にわたる郷土の特産品の発展の軌跡を記している。しかし、カルティニの死後一世紀のあいだ、一般にインドネシアでカルティニの地場産業振興活動に言及することはほとんどなかった[99]。

これまで産業振興面でのカルティニの活動が無視される理由は、文献が極わずかであったことによる[100]。しかし、最大の要因は1911年版すなわちアベンダノンの編集によって形成されたカルティニ・イマージュによるといえよう。たとえば、1911年版中で、木彫工芸の振興活動について掲載された書簡は15通である。この15通の書簡については、1911年版と1987年版を比較し第3節で述べるが、ここではその内訳を記す。

・アベンダノン夫人宛書簡：① 1901年8月1日　② 1902年3月5日
　　　　　　　　　　　　　③ 6月10日　④ 9月2日　⑤ 9月22日
　　　　　　　　　　　　　⑥ 12月12日　⑦ 1903年3月9日
　　　　　　　　　　　　　⑧ 5月18日　⑨ 8月25日
・アベンダノン氏宛書簡　　：① 1903年2月17日
・アベンダノン夫妻宛書簡　：① 1903年12月11日

合計11通の日付は1901年8月から1903年12月までに限定され、カルティニが結婚した後は産業振興活動を止めたとする誤解が生じやすい。アベンダノン夫妻以外に宛てた4通の書簡は次の通りである。

・アベンダノンの子息宛書簡　　：① 1902年8月15日
　　　　　　　　　　　　　　　② 1903年1月31日

---

99) 筆者が1986年に行った大学生を対象としたアンケート調査で、カルティニは「ジュパラの家具等の木彫工芸の振興に貢献した」ことについての回答は皆無であった。その後、学生個人を対象としてインタビューを行った結果、「木彫工芸振興とカルティニの関係は聞いたことが無い、知らない」という回答のみであった。一方、「カルティニはインドネシアの女性の解放に努力した女性」というアンケート調査の回答は、先述したように9割を占めた。

100) カルティニの貢献を記す初期の文献として、1902年にジャワを視察したファン・コルが上梓した *Uit Onze Koloniën*（我々の植民地から、1903年版）がある。第6章第3節に引用し翻訳した。また、作家プラムディヤ・アナンタ・トゥール Pramoedya Ananta Toer（1929-2008）が著した伝記小説 *Panngil Aku Kartini Sadja*（私をカルティニとだけ呼んでください）の中で、カルティニがジュパラの木彫職人を支援したことを記している [Toer 1962]。

・ファン・コル夫人宛書簡　　　　　：① 1902 年 8 月 20 日
・ステラ・ゼーハンデラール宛書簡：① 1902 年 10 月 11 日

　期間は 1902 年 8 月から 1903 年 1 月までの約半年間に限定されている。1911 年版が 1899 年から 1904 年までの 5 年半の期間の書簡で構成されていることを考えると、これら 15 通の書簡はカルティニの活動の「断片」を示しているに過ぎない。

　Door Duisternis tot Licht のほかに、カルティニの寄稿「Van een vergeten uithoekje」(忘れられた辺境から、*Eigen Haard* 1903 年 1 月 3 日号) が木彫産業振興に言及した史料の一つとして挙げられる。

　しかし、*Door Duisternis tot Licht* と "Van een vergeten uithoekje" を史料に用いただけでは、*Kartini: Sebuah Biografi*(『民族意識の母カルティニ伝』)のように、ただジュパラの木彫職人の技の素晴しさと更なる技術の向上の必要について、「ブパティ公邸のお嬢様」が民衆を気にかける文脈となる[Soeroto 1984(1977): 103-107]。したがって、カルティニの木彫振興活動の実態やアベンダノンとの関係、商取引等の具体例に乏しく、活動の全容を包括することができない。

　また、アベンダノンは恣意的な出版目的があったため、カルティニが社会活動を通じて見たこと・考えたこと・実践したことが尊重されたとは言い難い編集となっている。さらに、先に挙げた 11 通のアベンダノンの住所に宛てた書簡は、全書簡の極一部にすぎない。

　従来のカルティニ研究では、カルティニの木彫をはじめとする美術工芸の振興活動について考察されることはなかった。加えて、カルティニとアベンダノンの関係がジャワの産業振興の視点から研究されることもなかった。本章ではこの 2 点について第 2 節と第 3 節で述べる。また、第 3 節 1 項に「美術工芸制作におけるカルティニの創造性を示す作品一覧表」を挙げ、オランダ人から注文を受けた製品を示した。さらに、アベンダノンの編集で削除された 20 世紀転換期のジュパラ住民そしてカルティニと職人の実働を、カルティニの視点から描く。

第 1 節　*Eigen Haard* 寄稿をめぐって

　Door Duisternis tot Licht を編むアベンダノンの意図は、カルティニを倫理政策、とくに教育政策の好例とすることにあった。先に挙げた日付の書簡には、カルティニが木彫工芸振興活動を通じて地域貢献に勤しみ、ヨーロッパ人小学校で修得したオランダ語能力を社会に還元する様子が示される。それは、正に倫理派アベンダノンの持論を代弁している。その最たる例がカルティニの生前、*Eigen Haard* 1903 年 1 月 3 日号に掲載されたオランダ語によるカルティニの原稿 Van een vergeten uithoekje（忘れられた辺境から）であった[101]。アベンダノンとカルティニの関係性を考察するにあたり、本節では、まず、アベンダノンがカルティニに寄稿をすすめる意図を知るために、カルティニが寄稿の動機に言及する箇所を書簡に辿る。

　同誌には、カルティニの寄稿に先立ち編者によるカルティニの紹介が掲載されている。それによれば、カルティニの原稿はアベンダノン夫人を通じて雑誌社に渡ったと記されている。それは、三姉妹の写真（1頁の大半を占める）とともに掲載され、カルティニが生前に唯一実名で公表した記事であった。その一節を次に抜粋する。

> 昔のポルトガルの砦のある山の後ろに、ブラカン・グヌンと呼ばれる木彫工芸師達の住むデサがある。見事な木彫を創作する人々がそこで昔ながらの道具を用いて働き、その技術は賞賛に値する。慎ましく床に座し製作に励む褐色の肌の人々に尊敬の念を覚え、彼らが生来の芸術家であると感じ入るのである。誰が彼らの能力を鍛えたのか —— 誰が田舎の純朴な人々に木彫や絵の指導をしたのか〔中略〕。それは、昔より親から子へと習い伝えた技法である。ブラカン・グヌンでは、すべての者が木彫師であり家具職人である。老いも若きも皆が木彫技術を心得ており、技量に応じた働きをしている。ジュパ

---

101) この週刊誌のタイトルについて Eigen とは自分の、親しい、Haard とは家庭、中心、暖炉の意味があり差し詰め『我が家』であろう。アムステルダムで出版され、毎週およそ 6 つの記事が数枚以上の写真付で掲載され、全体が 16 頁で構成されている。記事は政治・経済・文化・植民地事情などあらゆる分野および、時勢に合ったトピックスが取り上げられた。その視点は中道であり、当時のオランダ社会を知るための重要な資料として用いられている［富永 1993: 130］。また、掲載されたカルティニの記事については既に述べた［富永 1993: 129-130］。

ラには他にも家具を製作する処があるが、唯一ブラカン・グヌンだけが優れた技術を有する。なぜ他所でこのような木彫品を作らないのかと、よく質問を受けるが、「他の者にはできません。ブラカン・グヌンに生まれた者だけができるのです」という答えがきまって返ってくる。では、なぜだめなのかと尋ねると、「ブラカン・グヌンにだけダニャン（土地の精霊）がおり、その子孫にだけ素晴しい才能を与えるのです」という言葉が返ってくる［*Eigen Haard* 1903 年 1 月 3 日号］。

　上述のように、カルティニは作り手の木彫職人を紹介し、この後にジュパラの木彫工芸が世間に認められるには良き理解者や協力者が必要であり、幸いにも東西協会の協力を得て工芸品を販売していることを記している。また、カルティニは 1902 年 6 月、バタヴィアで東西協会が主催した「東インド工芸展」において、ジュパラの木彫工芸品が高い評価を受けた喜びを表し、工芸をはじめとする植民地における文化の素晴しさを、本国オランダの人々に広く知って欲しいと述べている。

　確かに、上述はカルティニのジュパラの職人の資質についての認識を示している。オランダ人にはジャワ人の個性がどのようであるか、理解を促すことができたであろう。しかし、事業としての木彫工芸振興活動の具体的な仕事がほとんど言及されていない。したがって、当事者であるカルティニが、実際にはジュパラの工芸と職人を取材していないという印象を受ける。もちろん、実際に工芸品を作るのは職人であって、カルティニではない。だから一層その印象は強くなる。それ故、たとえカルティニの寄稿がジャワ文化の理解を促した点を評価されても、カルティニが実際にどの程度その活動に関与したのかについては知られず、結果的には「お嬢さんの感想」にすぎなくなる。

　次に、*Eigen Haard* にカルティニが寄稿することになった経緯を書簡にみる。カルティニは記事を執筆するにあたり、夫人を通じてアベンダノン氏へ次のような伝言を残した。

　　〔アベンダノン夫人の〕ご主人様〔つまりアベンダノン〕にお伝え願いますか。私を信用してくださることに感謝し、その件で恥をかかないように最善を尽くすことを。奥様〔アベンダノン夫人〕の娘〔つまりカルティニ〕は〔アベンダノンに〕要求された記事の執筆に挑戦し、成し遂げます［1902 年 9 月 22 日付アベンダノン夫人宛書簡. Kartini 1987: 207］。

　また、

> ご主人様が私に熱心に書くことをお求めになった記事と写真および図画をこの書簡に同封します。木彫工芸品の写真は原稿に属します［1902年10月11日付アベンダノン夫人宛葉書，ibid: 209］。

さらに、

> 写真の画像が鮮明で細部までよく見えます。小型の透かし彫の衝立、素敵！　ボックスを撮影するとは素晴しいアイデア、工芸のよさが誰にでもわかります。お母様〔アベンダノン夫人〕、本当に有難うございます。木彫の白鳥を見た時の我々の驚きよう、ご親切を心から感謝いたします。*Eigen Haard* に掲載される写真が今から楽しみです［1902年11月21日付アベンダノン夫人宛書簡，ibid: 238］。

上述から次の2点を注視する。第一に、*Eigen Haard* への寄稿はアベンダノンの「熱心な」薦めであった。第二に、投稿に当たり夫妻が既に購入した工芸品を写真撮影し、雑誌に掲載して、カルティニを支援した。カルティニは最初、好意的に受けとめたが、1903年1月3日号の *Eigen Haard* に先述の記事が掲載されると、文面に変化が表れた。

> 編集長のペイゼル Pijzel 博士から立派なお手紙を拝受しました。記事の写しも同封されていました。美しい紙に複製した写真を幾葉か頂きました。私が本名で出版したのはこれが初めてであると、お母様〔アベンダノン夫人〕は記事の始めに紹介なさいましたが、人が我々を再度宣伝として使ったことを、我々は快く思いません。今もその気持ちを引きずっています［1903年2月17日付アベンダノン氏宛書簡，ibid: 273］。

続いて、

> お母様のお導きの *Eigen Haard* の記事を見て声援を送ってくれました。〔中略〕その記事が契機となって木彫工芸品の注文が5件入ってきました。私は我々の職人に感謝しますが、有頂天になっていません［1903年3月9日付アベンダノン夫人宛書簡，ibid: 281］。

上述は、アベンダノンの編集が結果的にカルティニの活動に利益をもたらした部分のみ採用したことを証明する。削除された部分で、カルティニは、受注について記事が契機となったことは認めているが、記事の内容すなわち職人の実力が評価された結果として捉えた。故に、複数の受注に対し職人へ「感謝」という言葉を用い、自身は平常心を保っていることを強調している。

> *Eigen Haard* 編集部について、ペイゼル博士へお手紙を投函したばかり、当然お手元に届いておりません。長くお待たせしてはいけませんね。が、我々の肖像写真の掲載の件、知らせてくださらなかったことを幾分不快に存じます。私はそれを水に流さなければ手紙を書く事はできません。私も小人！　そうお思いでしょう。我々が宣伝に使われたことは十分承知！ ── 請合います。この辺で止めます ── 我々の地元の人々に良ければ、個人的な不快感は何の意味がありましょう。全ては我々の土地の皆のために！
> ［1903年6月7日付アベンダノン夫人宛書簡, ibid: 296］

同じく、

> *Eigen Haard* に掲載された我々の肖像写真が我々に問題をもたらしたと確信し、怒りを覚えます［1903年10月19日付アベンダノン夫人宛書簡, ibid: 337］。

　ここまで、*Eigen Haard* への掲載をめぐってアベンダノンとカルティニの交信を見てきた。カルティニは、アベンダノンが彼女の「地場産業」に貢献する活動をオランダ社会へ発信したことに対し、同誌掲載後の1903年初頭から結婚直前の同年10月まで、「宣伝に使われた」ことを抗議する手紙を書いた。しかし、カルティニの死後に出版された1911年版では抗議の文面がすべて削除され、掲載されたのは1903年3月9日付アベンダノン夫人宛書簡中の謝辞と注文の増加を知らせる箇所のみ［Kartini 1987: 281］であった。ここに、*Door Duisternis tot Licht* の特徴が如実に表出する。すなわち、カルティニの真実は無視され、木彫工芸品がオランダ人に受け入れられた事実、つまりアベンダノンにとって都合のよい事のみが掲載された。アベンダノンがカルティニを語り継ぐことによって、カルティニの生前と死後にわたり二重の苦悩を負わせることになった。実際にアベンダノンは、カルティニをどのように捉えていたのか。「オランダ語教育」とは別の観点から、カルティニとアベンダノンの関係性の考察がなされるべきである。

　木彫工芸の広報活動と理解し *Eigen Haard* に寄稿したにも拘らず、カルティニが「宣伝に使われ」困惑と怒りを表明したことは、杞憂では決してなかった。事実、*Indische Gids* 1904年版第2巻で、*Eigen Haard* への寄稿がカルティニを有名にした原因として報道された［*Indische Gids* 1904: 1707］ことからも、「宣伝」効果は高かったことを示す[102]。

---

102) 各誌のカルティニの追悼記事でこの寄稿に言及し、カルティニが洋式教育を得て、木彫工芸を

ここでの「宣伝」とは、1901 年に始まった倫理政策の教育制度の下でオランダ語を勉強すれば、カルティニのように修得したオランダ語を使用して社会に貢献する人材の養成が現実的に可能であるという、倫理政策の「成果」を多くの人に説明して理解・共鳴させ、広めることを意味した。アベンダノンは、倫理政策がもたらす好例として、オランダの読者に向けてカルティニの木彫工芸振興活動を取り上げた。すなわち、アベンダノンの選択は、De Echo に見られたジャワの慣習を打破しようとするカルティニの文章ではなく、Eigen Haard に掲載されたジャワの伝統工芸を賞賛する一文であった。

　当時、ジャワの伝統美術工芸は万国博覧会等で人気を博していた。世界初の万国博覧会が 1851 年にロンドンで開催され、それから三十余年後の 1883 年、アムステルダムで Exposition Universelle Coloniale et d'Exportation Generale という公式名称をもつ万国博覧会が開催され、東インドからのあらゆる作品や物産が展示された特別の「植民地館」が設けられた。ガムランオーケストラ用の別のパビリオンも設置された。植民地館のそばに島嶼部のさまざまな地域の家屋が展示され、入室が可能であったため人気を博し、タイムズ Times 紙に紹介され高い評価を受けた［Poeze 1986: 18］。1889 年のパリ万国博覧会では、とくに芸術面の出展が注目された。オランダ領東インドの展示はアムステルダム博覧会の手法が踏襲された。ジャワのカンプン kampung やミナンカバウ Minangkabau の家が展示され、人気を博した。また、ジャワの伝統舞踊とガムランの公演を通じて、ジャワの文化の流布と理解を広めた［ibid: 19］。このような展示の手法は流行の兆しを見せ、1893 年のシカゴ万国博覧会においても踏襲された［ibid: 21］。

　この伝統技術の評価と女性の手仕事との結合も模索されていた。オランダ国内においても、1898 年にハーグにて全国女性工芸展 Nationale Tentoonstelling van Vrouwenarbeid が開催された[103]。全国女性工芸展は次の 2 点において、カルティニにとって大きな意味をもった。ひとつはカルティニが展覧会にバ

　　通じた地場産業振興活動を称賛し、同時に倫理政策の好例であるという認識を示す。詳細は、第 6 章第 3 節第 2 項参照。

103) 全国女性工芸展の開催期間中には展覧会のレポートに相当する Vrouwenarbeid が発行され（表 1「カルティニの読書リスト」No. 48 トロンプ夫人および表 2「新聞・雑誌」参照）、前章で述べたメルシエールの寄稿が掲載され、また、De Hollandsche Lilie には展覧会開催時の記事や「展覧会報告書」が紹介されるなど、全国女性工芸展はオランダのフェミニズムを唱道する女性たちとのかかわりが窺える。

ティック（batik ジャワ更紗）を出品したこと[104]、もうひとつは彼女が東西協会と関係を築く契機となったことである。

まず、カルティニが出品したバティックに添付した説明書が、展覧会後に、ローファール G. P. Rouffaer、ヨインボル H. J. Juynboll が編集した *De Batikkunst in Nederlandsch-Indië en haar Geschiedenis*（オランダ領東インドにおけるバティックとその歴史）の中の Het Blauwverven（藍染）の章に採用された。序章の一節を次に引用したい。

> この説明書は、若いオランダ人官吏がバティックの本を出版しようとしたものに、カルティニが自作のバティックの作品を補足し、それに詳細な説明を付けたものである。そして、それを 1898 年の展覧会に送った［Rouffaer, H. J. Juynboll 1914: 317］。

この書の刊行は 1914 年であったが、カルティニは 1899 年 11 月 6 日付ステラ・ゼーハンデラール宛書簡で「展覧会のためにバティックの説明書を作成しました。それがバティックの標準本にとりあげられました」［Kartini 1911: 26］と、伝えた。その第一版は 1900 年に H. クレイマン社から、第二版は 1914 年に A. オーストフック社から出版された［Soeroto 1984(1977): 102］。それは左頁にオランダ語、右頁にドイツ語で表記され、バティックを制作するカルティニ三姉妹の写真を含めおよそ百葉の写真を付録とし、バティックの専門書として高く評価されている。序章で編者が、「バティックの説明書がカルティニによって見事なオランダ語で記された」と述べている［Rouffaer, Juynboll 1914: 317］。カルティニが記した説明書は Jepara manuscript（ジュパラ・マニュスクリプト）とされた。カルティニは、「バティックの仕事は女性の手作業に全てを負うもの」と記し、藍染の技法だけでなく、作り手である無名の女性達の存在を確実に視野に入れて記した［富永 1993: 615］。すなわち、カルティニは女性の視点から伝統工芸を継承するジャワ人女性に心を寄せて執筆した、初期のジャワ人女性であったことを今に伝えている。

この展覧会を契機として、カルティニはオランダ語をよく修得し自身の土地の文化にも明るい女性として認知された。展覧会は東インドの伝統工芸の再興を目的とし、展覧会の終了後に東西協会 Vereeniging Oost en West が設立され、東西協会は本国で何回か展示会を開催し、オランダ本国の人々の関心を集める

---

[104] *Vrouwenarbeid* 1898 年 8 月 9 日号「東インド部門」には、トロンプ夫人が「ジュパラのレヘント令嬢が出品したバティックが高い評価を博している」と報告している。

東インド美術工芸展
上　1898年、ハーグで開催された全国女性工芸展におけるジャワ人闘士のパフォーマンス。カルティニはバティックを出品した。
下　東西協会主催「編細工展」(ハーグ)の招待状。東西協会はオランダ各地で東インドの工芸を紹介、各地で東インドの展示会が開催される契機となった。

ことに成功していた［Soeroto 1984(1977): 105、船知・松田訳 1982: 91］。カルティニは次のように述べている。

> 最近、主にハーグで東インドの芸術を復興させようとする動きがあります。全国女性工芸展からうまれた Oost en West（東西協会）という団体を既にご存知でしょう。とくに、東西協会は東インドの芸術に関心をよせています。東西協会の芸術部門では芸術家を派遣して東インドの芸術、とくにバティックを援助します。〔中略〕東インドの芸術についてオランダでの関心は Oost en West van Indische Kunsten という展覧会によって高まりを見せています。外国でもとくにバティックは知られるようになりました。〔中略〕我々は東西協会と関係があり、妹の夢の実現のため東西協会が取り計らうよう求め、東西協会を通じてハーグの芸術アカデミーで学びたい。それはジャワのためにもなります。我々は東西協会の芸術部門の数名のスタッフと知り合いです［1901 年 10 月 11 日付ステラ・ゼーハンデラール宛書簡，Kartini 1911: 204-205］。

カルティニが知遇を得たトロンプ夫人 N. van Zuijlen-Tromp は、全国女性工芸展で重責を担い、東西協会の設立を主導した重要人物の一人であり初代会長を務めた[105]。確かに、「東インドの芸術を復興させようとする動き」や「関心の高まり」、そして、当時では珍しく女性が会長であった東西協会は、カルティニの活動には追い風となった。

政庁の教育・宗教・産業局長官であったアベンダノンは、倫理政策を推進する任務上、カルティニを倫理政策の好例として注目した。さらに、アベンダノンはカルティニの死後 Door Duisternis tot Licht を編み、上に挙げたステラ・ゼーハンデラール宛書簡を採用することによって、アベンダノンの目的に有利な文面のみを掲載した。それは 1911 年の時点で、アベンダノンが推奨するカルティニ・イマージュが提示された事を意味する。その一方で、カルティニが社会活動に言及した書簡は意図的に削除された。

こうして、カルティニの社会活動は、我々に伝えられることなく歳月が流れ、「ジュパラの木彫工芸振興活動」はカルティニ研究の中でさえ忘れ去られた。我々はアベンダノンの作り上げたカルティニ・イマージュを離れ、実際にカルティニがどのような考えに基づき、どのような社会活動を展開したのか、

---

105) De Echo 1900 年 4 月 8 号に東西協会の記事が掲載され、協会会長トロンプ夫人も紹介された。東西協会は機関紙 Het Kolonial Weekblad を発行し、会員数は 1900 年に 600 人、1903 年には 2800 人を数えた［Cote 1999: n480］。カルティニの文通相手であったファン・コル夫妻は協会発足当時からの会員であったことは既に述べた。

まず知ることから始めなければならない。

第2節　活動状況

　20世紀転換期、東インドの伝統技術が見直される中で、ヨーロッパ人はジュパラなどの木彫工芸の作品を求め、大きな市場が成立していた［Cote 2008: 324］。本節では、カルティニが工芸振興活動状況に言及したアベンダノン宛書簡を分析し、1911年版の編集の際に失われた事実を提示する。すなわち、受注・見積もり・納品・請求などの営業活動、職人・工芸品への社会的反響、美術工芸の復興、展示会などカルティニの提案とジャワ文化への思い入れ、そして活動に対するカルティニの使命を述べた箇所を掘り起こす事を目的とする。

1.　木彫り製品の販売

1.1.　注文仲介

　ここではカルティニはアベンダノン夫人の注文に従い、木箱製品の販売を仲介している。さらに、アベンダノン夫人を通じ、オランダ婦人からの注文伺いを積極的にすすめている。

> 1.1.　1900年12月21日：小箱4個をお送りします。価格は次の通りです。カトラリーボックス1個につきf.2、写真箱f.2.5、ファイルボックスf.0.7。無事にお手元に届きお気に召しましたら幸甚です〔fは当時のオランダの貨幣単位floijnフロリンの略語〕。

　これは、アベンダノン夫妻がカルティニとジャワの女子教育問題を話し合うため、ジュパラを訪問した時に、受注した作品が完成したことを示す。これらの作品を契機として、バタヴィア在住のオランダ人からの注文が入り始めたことから、アベンダノンが購入した製品がアベンダノン宅で「商品見本」の役割を果たしたことを示す。

> 1.2.　1901年1月1日：アントン夫人は木彫工芸品を数点ご注文、1月末までに完成すれば奥様のご住所へ発送するご用命を拝し、我々が所有するような透かし彫り衝立〔以降衝立とする〕もご注文なさいました。アントン夫人の求めに応じて現在小品を

制作する職人は、仕事が一段落すると手暇になります。何か御注文ございませんか。先週彼が作った小箱をお届けしました。いかがでしょうか。ローゼボーム総督夫人の衝立もまもなく完成です。

1.3. 1901年3月23日：N博士のご注文の写真箱3個は3週間以内にバタヴィアへ着く事をお知らせ申し上げます。

1.4. 1901年4月16日：N博士のご注文の写真箱3個のうち1個を今朝入手、もう少しお待ち願います。発送できずお詫び申し上げます。N博士はお待ちのことと存じます。父の快復後、直にお送りします。

このように、初期の注文とりは、ドイツから東インド訪問中のアントン博士の夫人やニューエンハウス博士など、アベンダノンの知人の範囲に限られた。

1.5. 1901年9月21日：ご送金f.25を無事に拝受し、その日のうちに大工にf.10を手渡し、ご注文の牡鹿の頭彫を拙宅へ持ち帰りました。お預かりした他のお品と一緒にお送りしましょうか。あるいは頭彫だけ先にお送り致しましょうか。

1.6. 1901年9月25日：テーブルのサイズとデザインも含めて全て確かに拝受致しました。お手数をおかけ致しました！　再度御礼を申し上げます。ご注文のテーブルについて少しお尋ねしたいことがございますが、現在この葉書の分量しか書くことができない状態で右手に包帯、たいしたことはないのですが書くことが困難で。〔中略〕明日、私の友人の木彫師に奥様のご注文の件を話すため、直接こちらへ来るよう申しました。

1.7. 1901年9月30日：木彫箱の仕事をお任せ頂き嬉しく、ご提案を有難うございます。全てがうまく運びますように。絹布は2ヤードで十分と存じます。

1.8. 1902年1月3日：牡鹿の頭部の木彫と未来の義理のお嬢様用の箱を1日に鉄道便にて発送しました。鉄道便の発送は支払いが煩雑で、駅長宛に文書を作成しなければならず、我々は多忙のため着払いにさせて頂きました。今、私の義姉〔長兄スラメトの妻〕が奥様の木彫箱の送料の支払いを済ませたとの報告がありました。私はスマランに兄と姉がいることを全く気に留めず、当地から箱を発送しておりましたが、これからは箱を容易にお送りできます。箱の送料はf.5.70です

1.9. 1902年1月10日：総督のご注文も含めてご注文頂きました品々の仕上がりが遅れています。が、ご依頼を受けたドゥ・フィレヌーフ de Villeneuve 様のご注文に対応しなければなりませんので、総督の方は2月中旬までの仕上りは難しいと存じます。数ヶ月前から他の作品に取りくむ彫刻師もそれが済めば引き受けます。総督のご注文の後そして奥様の前に、親友達からの注文があり大作を制作中です。友人にも我

慢と協力を求めました。奥様も気長にお待ち頂けますようお願い申し上げます。

注文を順調に伸ばす様子が描かれる。

1.10　1902年3月5日：昨日、ブラウンBruijn夫人から手厚いお手紙を頂き奥様と同じ木箱を受注しました。

1.11　1902年6月10日：総督閣下は先月、前からお持ちの衝立と同じものを新たにご注文になりました。ブラウン夫人にお会になることがあれば、木箱の制作は着手されたとお伝え願います。木箱が出来上がり次第、奥様の衝立の制作に取り掛かります。奥様のために考えることが私の喜び、お求め頂き嬉しく存じます。

1.12.　1902年8月24日：以前ヨーロッパ向けの美しい衝立についてお尋ねし、6月にご回答とご注文を頂き、制作に入っていることをご承知と存じますが、この度仕上がりました。が、我々の方で誤解が生じたかと心配しています。なぜなら、扉用の衝立がご入用とアニーからに聞きましたが、それには非常に深い彫りが必要で屋内用の基準を用いません。暖炉用の衝立にはそれを用いると書いたと存じます。そのサイズは高さ98 cm、巾60 cmでチーク材を使い、枠と2本の脚部および上部はソノ[106]の木を用い、上部の装飾はワヤンを2体及び蛇とその周りに木の葉を施し、蔦と鳥は屋内基準の彫りです。以上、アニーがバタヴィアへ行く前の受注です。ご注文のお手紙が彼女の出発前に届きました。実際に、この衝立がご入用か否か、お尋ね致します。ご入用でなくてもお気遣いご無用、受け入れ先がございます。ジメルマンZimmerman氏がバタヴィアより往訪の折、制作中の衝立をご覧になり直にご注文を頂きました。注文済みとはいえ後でキャンセルという場合も想定し、その時は東西協会が扱うことを提案しましたところ、ご承諾いただきました。ですから、お気に召さない場合、お求めにならなくても結構です。お品がバタヴィアに届いて趣味に合わない場合は、奥様もよくご存知の方にお引取り頂ければよろしいかと存じます。価格はf.40。お葉書にこの製品についてイエスかノーかを書いて頂ければ幸甚です。早めのお返事をお待ち申し上げます。東西協会の注文の方へ調整できますので。

　カルティニは返品やキャンセルが発生した時、東西協会に残品買取りを提案し、協会も承諾した[107]。この結果、在庫リスクの低減となり受注し易い環境を整えられた。カルティニは得意のオランダ語を駆使して東西協会と交渉を行

106）ソノはアカシア科のマングローブ、ジャワの木彫品によく用いられた。カルティニの活動地であるジュパラの海岸はソノの群生地でもあった。

107）東西協会は注文品のアイテムを問わなかった。当時の木彫り製品市場の拡大が窺える。

い、ジュパラに利益をもたらすことに努めた。カルティニは東西協会の単なる「エージェント」ではない。

> 1.13. 1902年8月24日：御承知のように、エディは妹達〔カルティニ姉妹〕に立派な全集の件で喜びを与えました。木彫装飾の付いた書棚をご注文、もちろん妹達は喜んで受けます。妹と同じ材木をご希望ですが、忍耐が要求されます。それが我々の条件です。
>
> 1.14. 1902年9月11日：今朝、衝立を鉄道貨物便にて発送しました。無事に到着しお気に召して頂けますよう。
>
> 1.15. 1902年9月22日（a）：木彫の衝立を喜んで頂き、ご夫妻に愛好して頂けるとは嬉しいかぎり！
>
> （b）：ご失望と拝察します。最愛のお方、写真立ては出来上がっていません。作らせていませんでした。というのは、私の質問にお答えが無かったのでご関心の有無が判りかねました。非難なさらないで、奥様にそうされると私は非常に惨めです。ご多忙中、細事に気を取られるお暇は無くても衝立の事をお気にかけてくださいましたのに、そのままにしておりましたことをお許しください。仕事全体を通じて、奥様をお待たせしなければならず心苦しく存じます。東西協会の注文を完成させる前に、私は新しい仕事を与えることができません。なぜなら、先の仕事が期日に仕上がらなければ、奥様の娘は自らの首を絞めることになるからです。総督の衝立も完成させなければなりません。オーダーリストを作成してください。ご注文頂ければ直に着手します。でも目下、奥様のために何も出来ない理由を、お認めくださると存じます。ご注文の件、心にかけておりますし、何かして差し上げたく思っていますが。我々も再考し東西協会のために行いました。具体的なアイデアが浮かべば、東西協会より先にお知らせ致します。〔中略〕ご注文の小テーブルを喜んで完成させます。ご不明な点がございましたら後ほどご説明申し上げます。

「東西協会のために行いました」とは、この頃から木彫りの注文を東西協会が一括してカルティニに取り次ぐことになったことを意味する（後述）。

> 1.16. 1902年10月11日：大きい方のスケッチは写真立ての素描でイメージし易いかと、お送りしました。お気に召しましたら職人にその通り作らせます故、ご返送願います。奥様の原案の作品は丁度このような感じで、素晴らしい出来栄えとなりましょう。でも奥様以外は入手できません！

木彫作品

上　ブパティ公邸内のジュパラ木彫家具 —— オーバル型テーブル、ロッキング・チェア（背もたれは籐編細工）、透かし彫スクリーンなど。ブパティ（中央）と令嬢たち（左からスマトリ、ルクミニ、カルティニ、カルティナ）。

下左　オランダ・ハーグ宮殿に献納された銅鑼（上中央にガルーダ、両端にドラゴンを配置）。

下右　同宮殿「東インドの間」内部の木彫の装飾を施された壁・柱・ドア。

これ以降の書簡に「木彫家具の素描」が登場し、カルティニは生産者とアベンダノン夫人の間で、デザイン表現をつなぐ「仲介者」の役割を果たす。

> 1.17. 1902年10月27日：東西協会の購入品を発送済み、ご満足頂ければ幸甚です。写真立てのご注文、いかがですか。デザイン画をご返送いただけますか。再度それをもとに新製品を創作し、東西協会へ注文を取る予定です。詳細なツメはまだですが注文を多く頂いています。できるだけお早めに小型テーブルの御返事をください。

　時期を考慮すると、東西協会からの注文とは「クリスマス商品」であり、カルティニにとっては大口取引であった。それは、カルティニの事業が欧米の「ビジネス・カレンダー」に組み込まれることを意味した。が、ヨーロッパ人小学校に在学したカルティニは、それ程の違和感を覚えなかったであろう。

> 1.18. 1902年11月13日：お求めのお品の寸法またはご入用の品の絵を描いてください。あるいは我々にお任せ頂けますでしょうか。どちらでも結構です。喜んでご用命に応じますので、何なりとお申し付けください。奥様のためであることが我々の喜びです。何かご不明の点があればお申し付けください。
>
> 1.19. 1902年11月20日：小型テーブルが今朝こちらへ持ち込まれました。見事な出来栄え！　写真立ての素描をお早めに送付願います。その時、木材の買い付け及び職人に支払うための代金をお願いしても宜しいでしょうか。
>
> 1.20. 1902年11月21日：奥様に昨日、素描について書状を書いたばかりです。
>
> 1.21. 1902年12月4日：小型テーブルの件、拙宅を発った時には作業が進行中でしたが、その後の進捗状況をお伝えできず申し訳ございません。拙宅を離れて1週間になります。我々は呼ばれ急ぎ出発しました。姉スラストリが11月23日に元気な男子を出産しました。金曜日にルクミニと私はスマランに到着し、カルディナが来ないと知りましたが、病気だとは知りませんでした。ルクミニと私が姉と喜びを共有し、それは姉にもよい事だと思いクンダル Kendal へ行くと、姉は悲嘆にくれていました。甥が亡くなったと知らされました。今スマランの長兄宅で、明日帰宅の予定でしたが姉が病気になり延期しました。看病する者がいず、放っておけません。いつ帰宅できるのか今のところ判りません。姉の快復が一番です。小型テーブルの件、本当に申し訳なく存じます。銀をまだ施しておりません。どうかご立腹にならないでください。
>
> 1.22. 1902年12月12日：東西協会から再度 f.250 の注文がありました。さらに契約よりも数百ギルダー多い仕事をさせて頂ければよろしいのですが。それから奥様のご注文はご自身用ですか。ご予算をお知らせ頂ければ幸いです。お分かりにならない場合

オランダ・ハーグ宮殿 「東インドの間」

「東インドの間」はカルティニの死後、ほぼ四半世紀を経たジュパラ木彫のひとつの成果といえよう。

上　オランダ・ハーグ宮殿「東インドの間」壁面・天井に木彫の装飾と木彫シャンデリア。

中　透かし彫り拡大図3点（同宮殿「東インドの間」）。

下　ジュパラ、マンティンガン出土品（16世紀）。かつてマンティンガンで用いられたこのような文様を、カルティニは木彫のモティーフに取り入れた。

は使用する木材で概算できます。東西協会用に作成した価格表示付きの木彫品のリストからもお選び頂けます。リスト以外の作品もありますが、それは別扱いとなります。

東西協会からの早速の再度の注文は、顧客の求める製品を創作すれば積極的な需要に繋がることをカルティニに示した。それは人種や性別に関係なく、製品それ自体が吟味の対象となる世界である。カルティニは次々と新しいアイテムを考案し注文を取りつけた（製品開発及び第3節第1項表4「美術工芸制作におけるカルティニの創造性を示す作品」参照）。

1.23. 1902年12月12日：彼〔アベンダノンの子息〕も小型の木彫テーブルをご所望です。

1.24. 1903年3月9日：お届けする前にお知らせがございます。数ヶ月前、多数受注賜りました工芸小作品が完成しました。職人が私の処へ持参した中から最上の品をお母様のために選定し、あとは東西協会へ送りました。ワヤンの彫りを入れた宝石箱が1つ、トランプ用カードケースが1つ、この二品は蝶番も留め金も使用していません。その使用は見た目もよろしくありませんし、その方がバタヴィアで好まれましょう。お気に召さない場合、ディディが引き取る旨のお手紙を頂いたところですが、東西協会へお渡し頂ければいつでも引き取って頂けます。

1.25. 1903年3月9日：お母様〔アベンダノン夫人〕やディディのハンカチやネクタイを収めて頂ければと存じますが、もちろん、他の用途にもお使い頂けますし、半月形の箱でアルバムの背のように曲線を描き、前面はアーチ状の美しい葉の彫刻があります。私は即座に24個注文しました。バタヴィアで人気を博すると思いましたので。お母様が最初の持ち主様で、当分はお母様だけがこの素敵な木箱をおもちでいらっしゃいます。ご主人様がご注文なさった素晴しい品々と一緒にお届けします。

1.26. 1903年3月9日：高額な作品についてはもちろん予めご相談しますが、小物につきましては私が素敵な作品に出会った時に、購入してもよろしいでしょうか。もちろんこの地の工芸品についてのみですが。

1.27. 1903年5月14日〔アベンダノン氏宛〕：お母様に小型テーブルが完成、日曜日に発送するとお伝え願います。

1.28. 1903年5月18日（a）：ソノの木のテーブル2点を明日発送することをお知らせ申し上げます。前回と同型で作りました。お気に召して頂ければ幸甚です。お母様とエディに一つずつ更に別の2点も制作中、2つの天板は同じサイズで、湾曲した脚が付いています。デザイン画をお送りします。お母様には3脚、エディには4脚、それぞれ型が異なります。螺旋は使用していません。現物を見て素晴らしいと思いました。

カユプティ[108]材の素敵な写真立ても直に発送します。机の費用はf.60 + f.1 送料＝f.61、お知らせ申し上げます。

(b)：去る1月の〔アベンダノン氏〕ご訪問時、ラウィック氏の要請でお作りした台座を幾つかご注文頂きました件を、御主人様にお尋ねくださいませんか。

1.29. 1903年6月7日：お母様、私を混乱させていらっしゃいます。前回のお手紙では「ペーパーナイフ、吸取り紙、おしろい箱等の小物を多く注文したい」とありましたが、今回は「日本へ送ったような小品のコレクション、例えばあらゆる小箱、ペーパーナイフ、ラック等を注文したい」とあります。今回のご注文でよろしいのですね。最上の出来映えとなりましょう。小品は9月以降に入手可能かと存じます。リストをお送りします。コレクションを一括して発送しますので不良品や蝶番、鍵、留め金、包装等の具合を点検なさってはいかがでしょうか。

1.30. 1903年7月24日：東西協会へまだ返信をしていないことに対し申し分けなく、我々が病気であったことをお伝え願えませんか。ご注文の木彫品をすぐに発送します。今朝、梱包が上手くいかず数日後に鼈甲の箱が出来上がりしだい一緒にお送りします。

1.31. 1903年8月1日(a)：昨日、木彫工芸品2点を発送しました。鼈甲の箱2点も発送しました。ひとつはお母様に、もう一つは東西協会用です。衝立2点は東西協会のためのものです。

(b)：明日、メモ付きの目録をお送りします。商品見本のリストが出来ました。明日、リストを同封の上、衝立1点を東西協会へ発送します。

(c)：小型テーブルをさらに制作中、後ほどお送りします。お気に入りの一つとなりましょう。もう一つはお母様のために作らせています。お母様の机のパーツを梱包するのを忘れました。まだ私の机の上にありますのでお送りします。

1.32. 1903年8月25日：2度受注してお届けした小品を覚えていらっしゃることと存じます。私が実家にいる間にご注文ください。素描をお送り頂ければどのようなご注文にも応じます。お急ぎください。こちらで過す日も数えるばかりとなり、2ヶ月ほどすれば彼らは私を連れに来ます。

注文・仲介では「木彫家具の素描」という表現が度々登場する。現在の商品見本に当たるのだろう。受注の際に、こうした商品見本を作ることはカルティニが工夫した方法である。カルティニは具体的なイメージを通じて消費者と生産者の感性を仲介しようとした。

---

108) 日本ではカヤプテで知られる。もっぱらアロマ系の精油材として用いられる。

以上が 1987 年版に記されたアベンダノンと東西協会に関連する注文であるが、それ以外の受注も当然あったと思われる。したがって、注文の総計は少なくともここに書いた以上と見積もることができよう。

1.2. 会計管理

　ここでは、先の資料と同じく、小商売ながら細かい会計管理を試みている。

- 2.1.　1901 年 1 月 31 日：f. 10 お送り頂き有難うございます。f. 0.8 多いです。次のご注文までお預かりします。
- 2.2.　1901 年 8 月 8-9 日：牡鹿の頭彫を発注しました。お支払いお願い申し上げます。前の繰越金は f. 0.8 です。
- 2.3.　1901 年 12 月 21 日：箱が仕上がりました。快復後直に仕事に取り掛かります。縁取り用の銀の到着を待機中。私が立替えておりますボックスに対する支払いが、f. 25。私が立替えた銀細工の技術料が f. 11 および銀に 6 ドル使いましたので f. 1.35 × 6 = f. 8.10、両方合算して f. 19.10。すでに拝受しました前払い金 f. 25 から牡鹿の頭部の木彫りに使われた金額 f. 11 を差し引きして残金 f. 14。お高くつきますがお気に召すと存じます。そうでない場合は御返送ください。再度作らせます。
- 2.4.　1902 年 1 月 10 日：郵便為替 f. 42.50 無事に拝受、有難うございます。新しいご注文のために f. 5.70 繰越します。
- 2.5.　1902 年 8 月 24 日 (a)：御承知のように東西協会に f. 250 をお支払い頂きました。
　(b)：1901 年のお預かり金が f. 0.60 加えて今年度のお預かり金が f. 6.70 合計 f. 7.30 あります。
- 2.6.　1902 年 12 月 12 日：木彫品を幾つご入用かお知らせください。価格がわかりましたら一部または全額をお納めください。小型テーブルの f. 25 は既に頂いておりますが、これで終わりではありません。後ほどお会計をお知らせいたします。銀は既に購入し金細工師に給金の一部を支払いました。全部でおよそ f. 50. になると存じます。正確な金額は今のところまだわかりません。
- 2.7.　1902 年 12 月 23 日：郵便為替 f. 60 を確かに拝受、有難うございました。
- 2.8.　1903 年 8 月 25 日：郵便為替 f. 91.50 を有難うございました。
- 2.9　1903 年 3 月 9 日：カードケース 1 個 f. 16、宝石箱 1 個 f. 16、格子柄のドリンギン〔絣〕1 点 f. 11、ダブル巾のドリンギン f. 25、送料 f. 0.95、合計 f. 68.95。

　上述の請求には木彫り 2 点の他にドリンギン 2 点分を合算して記されている。おそらく、1903 年初頭から布地の取り扱いを始めたことを示し、事業の

拡大を窺わせる。

- 2.10. 1903年4月19日〔アベンダノン氏宛〕：郵便為替 f. 123.95 無事に拝受、有難うございます。おしろい箱3個の技術料が f. 10、既に f. 6 頂戴していますので f. 4 となります。
- 2.11. 1903年6月7日：お手紙と郵便為替 f. 61 無事に拝受、有難うございます。
- 2.12. 1903年8月4日：これは請求書に付す短い言葉です。札束を一度に使いました。私は放置した仕事に再度とりかかり、職人達に注文を与えました。私の気分が晴れなくても彼らはお構いなしです。
- 2.13. 1903年8月25日：ママ〔アベンダノン夫人〕からご主人様へお願いしてください。10ドルあるいは15ドルを硬貨でそれに工面して頂けませんでしょうか。いかほどか判り次第お手紙をお送り申し上げます。
- 2.14. 1903年9月2日：お手紙と一緒に郵便為替にて f. 40 拝受、有難うございます。衝立を早速発送予定、送料も十分に拝受、来週スマランへ行く時には木彫箱を持参します。
- 2.15. 1903年11月3日：写真立てがお気に召したようで嬉しく存じます。ルクミニの方へご送金ください。私は既にそれに関する支払いを済ませています。

1903年11月にカルティニは結婚し、工芸活動がルクミニへ引き継がれたことを示す重要な一文である。実際に、カルティニがジュパラを離れた後、妹ルクミニがジュパラの木彫工芸振興の後継者として事業を拡大させ[109]、1910年には一つの産業にまで成長させた［Coté 2008: 324］。

1.3. 生産管理

以下の資料は、カルティニが注文生産に真実に応じるために、職人との直接的なネットワークをもっていたことを示している。

- 3.1. 1901年3月12日：写真箱3個のご注文を確かに承りました。が、ソノの木の入手が可能か否か私にはわかりません。もちろん、職人は尽力します。この件は追ってお知らせ申し上げます。ご辛抱願います！

---

[109] 1904年1月4日付アベンダノン宛のルクミニ書簡には、木彫工芸の大作の注文がオランダ本国からも入り、引き続き東西協会からも受注していること、2月にゼイリンガ Zeilinga がスマランを来訪、その折にお目にかかる予定とある［Kartini 1987: 357-358］。ゼイリンガはジャワ銀行頭取であった［Coté 2008: 329］。

3.2. 1901年5月25日：木彫箱の仕事終了、N博士は「宝物」を入手、木彫工芸師も収入を得ました。バイテンゾルフの見知らぬ人から手紙を落とし、N博士と同じような箱の注文で、いろいろな種類の木彫箱の絵と型が価格と一緒に描かれた文面から、私が工芸品を扱う店をもっているとの勘違いと拝察し、妹達が絵を描き、知人に注文品の写真撮影を頼み、私は丁寧に書簡を書きましたら、直に返事がありました！

以下の資料によれば、カルティニは生産現場に注文をなげるのではなく、生産現場とデザイン、材質、納期についても直接合議している。

3.3. 1901年8月1日：ご主人様のために牡鹿頭部の木彫品を歓んで購入します。我の処でご入用の品がございましたらいつでもお尋ねください。私の天の御使い様〔アベンダノン夫人〕のための行為が許されますことは私の喜びです。が、どの牡鹿の頭部の木彫でしょうか。ご主人様に理事官が書簡でそれを言及なさった旨、初めて知りました。私は理事官が仰せの牡鹿の木彫を最近用意した記憶がありません。以前お話し申し上げた副理事官のホンフレイプ氏もご存知ありません。恐らく理事官は、今年5月、総督のご訪問の折にご覧になった見事な作品のお話をなさったのでしょう。が、それは非売品で、注文販売のみのお取り扱いとなります。注文の際に枝角を付けることも可能、故に作品は大型となり、頭や首その他のパーツごとに制作した後で合体しますが問題はありません。良材は入手し難いですが、当地では可能で枝角もできます。ただ、職人が鷹揚に構えて制作には1ヶ月を要します。お待ち頂けますでしょうか。牡鹿の頭部 f.11、枝角 f.1、木材 f.3、そして製作費 f.7 です。ご主人様のために私が注文しますと真に最高の品が入手できますが、いかがでしょうか。立派な枝角付きの牡鹿の頭部の作品が購入可能であると、父が申します。私が先に購入し、ご入用でない場合は我々がそれを使用することも可能です。我々もそれを気に入っています。この件について私の知る限りをお知らせ申し上げました。もちろん、御返事を頂く前に注文致しません。

大型調度品の特別注文の様相を示す一例である。製作過程を具体的に顧客に説明する姿勢に、カルティニの木彫製品の普及への熱意が示される。

3.4. 1902年6月10日：ブラウン夫人の木彫箱は素晴しい出来栄えになりましょう！頭痛の種は採寸に一日を費やし、枠を組み立てるだけでも時間がかかることです。立派に仕上がれば我々ジャワ人の仕事が評価され、広く知られるとよろしいのですから。

3.5. 1902年7月15日：義妹様用の小型テーブルのご注文の件、いつも私の提案を快諾してくださいますが今回は落胆なさると危惧します。8月仕上げの件がもう7月半

ば、寸法を頂いていますので家具本体は仕上がりますが、ご希望の銀細工が間に合うか心配です。テーブル本体が完成しなければ金細工師は正確な寸法が分らず、思い通りに事が運ばず時間が足りません。それでも宜しければ喜んでお受けしますが8月の仕上がりはお約束しかねます。

木彫と彫金のコラボレーションという製品コンセプトが示される。

3.6. 1902年10月27日：小型テーブル本体が出来ました。銀帯を付ける箇所をお早くお知らせ願います。お葉書で結構です。前回も「どのようにして脚の部分に取り付けましょうか」とお尋ね申し上げ、お返事をお待ちしています。16cmあり3で割り切れず —— ひびが入っており使えません。

3.7. 1902年11月7日：小型テーブルについてお知らせを有難うございます。承知しました。職人が今朝こちらへ天板を持ってきました。新しいものを作ります。銀を施すことにこだわってきましたが、奥様のお考えを十分に理解しましたので一件落着です。ご注文頂いた品については既に取り掛かっています。

3.8. 1902年12月12日：写真立ては数日のうちに、総督閣下の衝立は間もなく出来上がります。高品質のソノの大木を入手すること難しく、外見はよいのですが内に傷があるなど本当に大変でした。

素材が厳選されていることを示す記述である。

3.8. 1902年12月12日：木彫用の美しい木があり、お得意様や親友に限定していますが、奥様を最優先します。美しい淡い黄色で、本当のクリームのような色の木で買うことは不可能、我々の庭にあり我々と共に育ち、幼い頃には木登りをし、少女時代は木の下に座り月光を浴びて夢見心地となり、微風が甘い香りの純白の花を雨のように降らせる詩的な木です。奥様もご存知のはず、カムニン（kemoening）という木です！

3.9. 1903年2月17日〔アベンダノン氏宛〕：お届けした全品をお褒めに与り嬉しく存じます。小型テーブル、素敵だとお思いになりませんか！ すでにお母様のお手元にあって誇らしげでいらっしゃると拝察します。小型テーブルの写真映りがよく説明書きは無用かと存じました。

カルティニは商品説明に写真を用いている。

3.10. 1903年6月7日：東西協会が注文した衝立3点が完成し、立派な出来映えで他の人々も同感でした。が、バタヴィアにこのような洗練された嗜好があるとは！

1.4. 文化運動

もとよりカルティニの志向は経済的な利益にあるのではない。次の資料にあるように、なによりも東インドの芸術のヨーロッパ市場への紹介である。

> 4.1. 1901年11月24日〔アベンダノン氏宛〕：東インドの美術工芸についての玉稿を2本お送り頂き、深謝申し上げます。拝読後確かに返送します。父は貴方様がシダンラヤ Sidanglaja の木彫工芸家を高く評価していらっしゃると、既に申しておりました。チェスのセットに東インドのモティーフを施すとは、素敵なアイデアです。その美を見ることができれば、私の東インドの心は高鳴りましょう。我々の土地の人々が生み出す美を、誇りに思います。〔中略〕2週間前、ファン・ラウィック・ファン・パブスト van Lawick van Pabst 氏がご来訪、木彫工芸をご覧になりました。

カルティニは他所で生産される木彫作品から学ぶ姿勢が窺われる。また、ファン・ラウィックの訪問は、カルティニが東西協会と取引を深める契機となった。アベンダノンの計らいであろう。

> 4.2. 1901年11月29日：東インドの芸術を復興させる運動があります。ルクミニが美術アカデミーに留学して画家になれば、この運動に役立つと存じます。

カルティニは「東インドの美術工芸復興」の活動を、当時のジャワ人としては最も早く察知した女性であった。それは、カルティニが東西協会の活動を知りえたことによる。

> 4.3. 1902年1月10日：奥様のアイデアを素晴しく存じ、展覧会の大成功をお祈り申し上げます。残念なことに、我々には情報が全く入りません。楽しみにしていますのに。後ほどその全容をお知らせ頂けますでしょうか。

ジュパラの木彫製品の普及に献身するカルティニは、「東インド美術工芸展 Inl. Kunst en Nijverheidstentoonsteling」を広報の好機と捉えていた。

> 4.4. 1902年3月5日：奥様の未来の義理の娘様用の木箱に施したワヤンの話を申し上げます。文学作品として期待されると私のペンでは心許ないのですが、ご質問にお応えして手短に物語を書きます。さらに知りたい事がおありでしたらいつでも御答え申し上げます。5つのモティーフだけをご説明申し上げます。6つ目すなわち鍵の付いた前面のモティーフは欠けました。なぜなら、迂闊にも、そこに彫りを入れることを我々皆が覚えていませんでした。本当に申し訳ございません。制作中に、絵を添付し

てワヤンの登場人物の名前を全てお知らせしようと考えていましたのに、先月のごたごた続きで出来ませんでした。

カルティニはモティーフとして採用したワヤンの物語を解説し、顧客をジャワ文化へと誘う役割を果たした。同時に、カルティニは描き手に言及する事も忘れなかった。

> 誰が絵を描くかご存じですか。ワヤンを演じる人です。なぜ彼らが絵を描くことができるのか、不思議に思われましょう。が、それがジュパラの土地の文化なのです。水牛を世話する少年達が砂の上や壁や橋の欄干に上手に絵を描きます。我が家の裏の壁にもワヤンの落書きかあります。橋の欄干が白く塗られると、翌日には裸で泥だらけの小猿ちゃん達 aapjes がレンガや炭で描いたワヤンで溢れます。このような環境で、幾人かの芸術家の登用が容易であることは、御説明申し上げるまでもないでしょう［1903年3月5日付 アベンダノン夫人宛．Kartini 1987: 148］。

ワヤンの文様の他に、カルティニはジュパラの土地に根ざした文様も取り入れた。古より、ジュパラがジャワの他の地域に先駆けて外来のイスラームを取り入れ、マラッカやバタヴィアとテルナテやティドゥーレを結ぶ港市として栄え、そして中国との関係も深くさまざまな人々が行きかう場所であった。ジュパラはオランダ人の言う「呪われた僻地」[110] では決してないことを、カルティニは誇りに満ちて木彫の文様に表現した。

> 木彫り職人達は素晴しい作品を制作中です。外枠にソノの木を用いた黒檀の本棚を制作しています。ガラスをはめたドアは二重に額打ちし、細い2本線が彫られワヤンと黒檀の2つのパーツをソノの木で組み合わせます。下側は互いに威勢よく飛び上がる大蛇で一体感を出します。上部はワヤンを彫り葉で装飾した彫を入れます。このような文様はマンティンガン Mantingan のスルタンの墓で見ることができます（ここから約30分の所）。木彫ではなく、スルタンが嘗ていた中国起源の年代物の石膏が壁にはめ込まれています［ibid: 148］。

> 4.5. 1902年6月10日：新聞に掲載された展覧会の記事に吸い寄せられました。その素晴しさを記した箇所を読み、目は輝き胸が高鳴りました。奥様の崇高なお仕事に対し、奥様と殊に木彫工芸品の作り手に輝かしい成功を祈念します。ジュパラの木彫工芸品に関心が寄せられていることを嬉しく思います。立派な青銅の作品を見たく思い

---

110) 1987年版1901年8-9日付書簡に、オランダ人の女性に言われたことを記している。

ましたが、わずかで期待したほどではありませんでした。ヨーロッパの人々が我々の民芸や文化に多大の関心を示すことは、実によい事です！　人知れず評価もされない我々の土地の人々を誇りに思います。

カルティニは、展覧会をジュパラの潜在能力を発信する格好の場と認識し、積極的な出品意欲を示した。

 4.6. 1902年10月27日：現在、現地人の芸術を話題にして騒ぐ人が大勢います。

 4.7. 1902年11月13日：ワヤンの説明と店頭の陳列品の着想は書簡の通り考慮中で着手していません。我々の構想を書いたしだい、ご理解願います。

東西協会主催の聖ニコラス祭（12月5日）にスマランの書店で催される展覧会に、ジュパラの木彫作品が展示されたことを示す文章である。

 4.8. 1902年12月12日：木彫をご覧に入れず残念に存じますが、ご意見をお聞かせ頂ければ幸甚です。御主人様がそれを素晴しいと思われましたことを嬉しく存じます。ラウィック・ファン・パブスト氏から木彫工芸作品が大阪へ発送の予定と伺いましたが、聖ニコラスの展示は続行しないということでしょうか。でも、日本での展覧会もまあよいでしょう。

木彫工芸作品（ここではジュパラ製品と呼ぶ）が、1903年、第5回内国勧業博覧会[111]に出品された。それは日本政府が公式に外国政府に参加を求め、外国からの出品物が大規模に展示された初めての内国勧業博覧会であり、外国からの出品を参考館というパビリオン内に自由な形式で展示することを許した［松田 2003: 18, 81］。

では、カルティニはどの程度関与し、どのようなジュパラ製品が出品されたのであろう。*Netherlands-India at the fifth National Industrial Exhibition of Japan held in the City of Osaka in the year 1903*『第5回内国勧業博覧会出品目録：和

---

[111] 明治政府は殖産興業政策として1877年に東京・上野公園で第一回内国勧業博覧会を開催、第5回内国勧業博覧会（1903年3月1日から7月31日まで大阪市で開催）は日清戦争の勝利、治外法権撤廃という国際的地位の上昇と自負心を背景に、国家の威信を内外に知らしめる博覧会として認識され、国内の自治体だけでなく欧米などから18の国と地域から参加、出品数は27万1713点、展示によって表象された日本の自己像と同じく表象された外国の自己像が序列を競い合う可能性を多分に含み、「内国」という自己充足的なものにとどまらない「帝国」の博覧会となり、5ヶ月の会期で入場者は530万5209人を記録した［松田 2003］。

蘭陀領印度』[112]によれば、東インドの主な出品としてコーヒー、紅茶、ココア、スパイス、砂糖、藍等について記され、そのなかの「技術工芸品」に342点の製品とその代価が記載され、出品主体が東西協会と明記されている［Dumosch 1903］。さらに、ローゼボーム蘭領東インド総督がジュパラ製衝立[113]を出展している［ibid: 9］。「代表的な技術工芸品としてバティク、織物、銀製品、銅製品、錫製品、木彫刻品」に言及し、特に、総督の出品には「人の心を惹きつけてやまないジュパラ製木彫品の職人の腕前」が絶賛された［ibid: xlvii］。それは事実上、日本初の万国博覧会といわれる公式の場で、ジュパラが名実ともに東インドを代表する木彫工芸品の生産地として認定されたことを意味する。アベンダノンとの出会いから3年足らずで、カルティニは一物産であった木彫品を「高品質製品」に育て上げた。今日のジュパラ高級家具に発展する基底を成したと言っても過言ではなかろう。

　しかし、「技術工芸品売買目録」の項における「木彫刻製品」に注目すると、上述と趣が少し異なる［ibid: 10-18］。展示・販売方法として、総督が出品した豪華絢爛たる大型高級家具であるジュパラ製衝立を非売品とし、一方、販売品については価格帯を65セントから25ギルダー（50銭〜20円）に設定し出品数は43点、そして品目は調度品（木像・オブジェ）と実用品に大別される。販売品目として掲載されたジュパラ製品は書簡（No. 1.29）、材質とアイテムから判断して36点つまり木彫製品全体のおよそ8割を占め、価格は1.25ギルダーから25ギルダー（1円〜20円）、最多販売価格4.40ギルダー（3円50銭）であった。概して、高価格帯商品の点数は極わずかで家具は扱われていない。先述のように、初めのうちは家具や大型調度品等の注文を受けていたが、カルティニは顧客であるオランダ人女性すなわちユーザーの立場に立って各種の小箱、写

---

112) 目録には、編者は「第5回勧業博覧会和蘭陀領印度総督により任命された」副委員長兼日本代表者 H. ルード・デュモッシ H. Rud Dumosch（爪哇島バタビア在住和蘭陀国民）と記されている［Dumosch 1903］。目録は英語版と日本語版で構成され、前者の出品名には英語・オランダ語が併記され、日本語訳と対照すると日本語訳にはかなりの誤訳がある。何が出品されたのか、文献で知るしかない現在、日本語目録だけを資料とすると、本来出品されない物品が展示品として訳出され大変な誤解を招く危険があり、原語で記された目録と対照する必要性があることを記しておきたい。

113) 総督の出品とは、カルティニが直接に総督から受注した透かし彫りを施したサロンで用いられる装飾性の強い衝立を指し（No. 1.11、No. 3.7、No. 6.3）、1903年1月31日付アベンダノン子息宛書簡に「お父様〔アベンダノン長官〕が御覧になりお褒めの言葉を頂戴した衝立が、やっと完成した」と記されている［Kartini 1911: 467］。

真立てなど小型の少額商品を開発した。それは、ジュパラの技術が生み出す美を備え男女を問わず使える家庭用品であった。この「新製品」は東西協会から多額の注文を受けていた（No. 1.17、No. 1.22）。実際に、出品を俯瞰して木彫雑貨はジュパラ製品をおいて他にはない[114]。

総督が出展したジュパラ製衝立が東インドの実力を誇示するとは言え、内国博覧会の性質は経済博覧会でもあり、出品には代価が付され売買成立を視野に入れると、「見られる側」として東インド製品を誇示するのみならず、「見る側」である開催地におけるエンドユーザーの購買力・生活様式等を考慮に入れ出品のターゲットを絞る、すなわち、消費者に対し入念な「読み」が求められた。出品主体である東西協会はその切り口を女性とした。東西協会の会長・役員にオランダ人女性達が就任していたことを考慮すると[115]、東西協会は開催国の女性ユーザーをターゲットとした手工芸作品 ── 展覧する女性が装飾品を含む装いの品々と一緒に日用雑貨も買いそろえるというコンセプトで、女性の視点で選定された女性の日常身辺にある品々 ── を主力商品とし、銀製品、錫製品など高価格帯商品の点数をわずかに設定した[116]。その中で、カルティニが考案した先述の「新製品」が選定された。その決定は、東西協会がカルティニのデザインおよび販売に対する姿勢に共鳴したことを意味する。同時に、それは東インドをそして大オランダ（「帝国」）を越境し「共感を呼ぶ製品」として出品された。その意味で、「出品目録第2類　技術工芸品」[ibid: 10-18]については、デザイン製作（東インド）、製品仲介（東西協会オランダ人女性）、消費者（日本）を

---

114) 出品されたジュパラ製品は全てカルティニが考案した「新製品」であった。次に挙げる：写真箱、文箱、おしろい箱、切手箱、作業箱、匙箱、額、フォトフレーム、トレー（切手・印紙入れ、パン皿、手袋入れ、吸取り紙入れなど盆の形状の浅い箱各種）、ケース（名刺入れ、トランプ用入れ、煙草ケース）、ペーパーナイフ、ペーパーホルダー等[Dumosch 1903: 14-15]。ジュパラ製品以外では、シリボックスと調度品（木像、木彫果実：ドリアン、パイナップル、檳榔子）が挙げられる[ibid: 12, 18]。

115) 東西協会の女性幹部には先述した雑誌『オランダの百合』やヤコブス、メルシエールに共鳴する者がいるため、彼女達の活動を検討するにはオランダ領東インドの域を超え、オランダにおける女性運動やヨーロッパにおける平和運動と彼女達のネットワーク（カルティニも含む）の観点から考察する必要がある。機会をあらためて述べたい。

116) 展示販売品目は次の通りである：ジャワ更紗、髪飾り、耳飾り、腕輪、留金具、レース、スカーフ、サンダル、花器、鉢、壺、調度品（銀製、銅製、錫製、木製）、テーブルセンター、クッション、のれん、スタンド、かご（編細工）、シリボックス、おしろい箱などの雑貨で出品の大半を占め、あとは極少数のシガレットケース、クリス（ジャワ伝統の短剣）が記載されている[ibid: 10-18]。

含め、洋の東西を問わず女性を主体として構成された特徴をもつと言ってもよいであろう。この文脈において東インド「技術工芸」展示は、「帝国」を表象する展示と比較すると、かなりの「ずれ」があったことは否めない。

　上述の書簡で見たように、カルティニは「日本での展覧会」出品について納品後に知らされ、出品の選定にかかわっていない。また、総督から受注した衝立を「木彫ワークショップに出品予定」と前節で述べた *Eigen Haard* 1903年1月3日号16頁に書かれていることから、カルティニは「日本での展覧会」についてほとんど知る立場になかったと思われる。確かに、第5回内国勧業博覧会において、その潮流に乗じた展示の中には後世の研究者によって厳しく批判された展示があり、また、当時の「最新技術」も今では色褪せている。が、ジュパラ製品がもし現存すれば間違いなく「アンティーク」として評価されるであろう。

> 4.9.　1903年7月4日：私の病状が最悪の時にも、我々の大好きなジュパラを、そして素晴しい芸術を見るために、遠方より多くの来訪者がありました。私は当地にある木彫工芸品の全てをご関心がおありの方々に紹介する催しを行い、ボルネオの首長の方々にお褒めの言葉を頂戴しました。また、芸術家のようなセンスあふれる女性が私に面会を求め、病室まで行きたいと強く仰せでした。ご主人様とドッピーをよくご存知で政治学を学ぶご子息様もご一緒でした。お会いすることは叶いませんでした。

　カルティニが開いた「催し」とは、ジュパラの木彫美術工芸の展示会を意味する。カルティニは展示会の有効性を理解し、これまでに出展した経験を基にして（4.5、4.7、4.8）、自分の出来る範囲で実践した最初のジャワ人女性であった。

　換言すれば、カルティニは「展示会」をその概念も含めて植民地を通じて受入し、そしてジュパラの文化を発信すると同時に、あらためて自身の文化を見つめ直す機会を得た。このように、木彫制作・販売の背後には、ジャワとオランダを結ぶ文化的事業を目指すカルティニの意識があった。

1.5.　製品開発

　カルティニは既存の文化技術の保存紹介だけを志していたのではない。新しいデザイン管理については、きわめて積極的である。おそらく顧客であるオランダ人のファッションセンスを共有するという自意識があったのだろう。この

意味ではカルティニは、単なるオランダ語による市場と生産現場との仲介者であるのではなく、その文化センスによって両者を結びつける稀有な存在として自己をみていたのであろう。これはアベンダノンなどオランダ人にとっては全く気付かれなかったことである。

> 5.1. 1901年8月1日：*私はデザインをさせて頂き、私にやる気があり美しい作品ができれば、続けていくことができましょう。多くの美しい作品で奥様を魅惑したく思います。ワヤンの文様付きの箱は奥様にさしあげましょう。*

カルティニが模索したのは、ヨーロッパ市場が希求し、しかもヨーロッパでは絶対につくりえないものの開拓であった。

> 彫刻家 houtsnijder, artist とお呼びになったジャワ人が非常に美しい作品を持参しました。ワヤンの物語の浮き彫りが施された木箱の蓋の両面と、四方の側面にワヤンの人物の彫刻があります。また、ワヤンの人物の形をした中に物を入れることができるケースもあります。私はその内側にオレンジのサテンを張り、シルバーの枠を施そうかと思います。ジャワ人の手工芸品、実に見事な出来栄えです。ジャワやマドゥラのブパティや王様の肖像付の箱というグッドアイデアは、この木箱の注文者ガルート Garut のブパティから出ました。

たとえば、宝石箱の装飾布にはあえてヨーロッパ製の絹をアベンダノン夫人に注文している。木彫りの現地性と装飾布のコラボレーションは、オランダの上流階級の嗜好に市場標準をあてたカルティニの美意識がもっとも望むところである。

> 5.2. 1901年9月21日：奥様の未来の義理の娘すなわち奥様のご長女となられる方のために、宝石箱はいかがでしょうか。お嬢様には最適のお品と存じます。宝石箱にはワヤンの影を入れてはいかがでしょう。蓋の表と裏にワヤンの物語を彫らせましょう、女王様の献上品のように。いかがでしょうか。ジャワ文字でマリーと彫ってみてはいかがでしょう。未来の奥様のお嬢様のお名前が永遠に刻まれます。宝石箱を受注できましたら誠に嬉しく、我々にこの仕事を給わりたく存じます。後悔なさらないよう一生懸命最善を尽くします。もしよろしければ箱の内側に張る絹布をお送りください。女王様の時のように箱に銀のフレームを付けてはいかがでしょうか。箱の蓋の表裏にはそれぞれ別のワヤンの登場人物を彫り、側面には彫が無く中は絹張りで銀の縁を付けてはいかがでしょう。ご意見をお聞かせください。最初のお考えは、蓋の外側

だけに彫を入れるということでした。もちろん、それでも結構です。我々はこの仕事が楽しく、何か喜んで頂けることをしたく存じます。奥様のベンジャミンの心の女王様である奥様の未来の娘様の表情が、輝くことをして差し上げたいのです！　できるだけ早くご意見をお聞かせください。イエスかノーか、一言で結構です。後者であれば悲しいかぎりです。

カルティニは、顧客にとっての価値がどこにあるのかを把握し、ワヤンの彫りと絹布を張ったネーム入り宝石箱という新規モデルを提案した。それは、単に従来モデルを改良する手法ではなく、カルティニの創造性を重視する姿勢の発露であった。そして、この点こそが、オランダ人を含む木彫りビジネス関係で、カルティニがイニシアティヴを執ることを可能としたのであった。

5.3.　1901年11月20日：直に宝石箱の絹布をお送りくださいませんか。彫が仕上がりましたこと、我々と同じく喜んで頂けますと幸いです。私が箱に絹布を張ることをお許し頂けますことに、感謝を申し上げます。喜んでその仕事に取りくむ所存です。

そのセンスはさらにヨーロッパ市場の需要センスを越えたものであった[117]。

5.4.　1902年3月5日：棚について書くことを忘れていました。それはカルディナ用の立派な家具でオーフィンク家からの贈物です。妹は幸福者です！

大型の家具を積極的に扱う契機となった受注であった。それは、妹カルディナの結婚祝いとして、新製品の開発に非常に親しい間柄のオーフィンク夫人が寄与した。ここに、カルティニ達とオランダ人女性である顧客の双方が、ジュパラの木彫を育てる姿勢が表出する。

5.5.　1902年3月5日：先月、オランダへ行く監督官が注文した衝立が2つ出来上がりました。一つはワヤンのモティーフで3枚1組に全てチーク材を、もう一つは枠に色の濃いソノ木を使用し見事な出来栄え！　奥様もお一ついかがですか。絶対に後悔なさらないでしょう。衝立はこちらでは大仰かもしれませんが、ヨーロッパでは良く合

---

117) カルティニは入魂の宝石箱が、1902年1月10日付書簡でアベンダノン夫人の賞賛を得た喜びを述べ、更に同年2月18日付の書簡でオランダへの発送を確認し、2ヵ月後に礼状が届いたことをアベンダノン夫人に知らせた。「昨日、誰からのお手紙とお写真を拝受したとお思いでしょうか。ドッピーとマリーから！　奥様の素敵な贈物をお二人共に大変お喜び！　奥様のお役に立つことが出来て嬉しく存じます。お二人が私の地元の人々の芸術的な手仕事を非常に喜んでくださり、嬉しく思います」と、カルティニは木彫り製品がオランダで喜びと賞賛のうちに受け入れられたことを記している［Kartini 1987: 159］。

うことでしょう。何かご注文がおありでしたらお知らせください。今ですと直にお手元にお届けできます。

ここでもワヤンの文様が採用された。カルティニはオランダ語を活用してヨーロッパ向け木彫家具の普及に努めている。

> 嬉しいことに、ジュパラの木彫工芸品の問い合わせが多くあります。考えてみてください、我々が受けた非難を。ジュパラの木彫工芸産業で、政庁の現地人高官の娘達が欧風の型や文様を使い職人に仕事をさせるとは、不正行為であると新聞に掲載されました。それまでワヤンは東インド独特との認識がありましたので驚くとともに、我々に今ヨーロッパ的なものが求められていることが記事で明白になり、というのはジュパラ独特の文様を用いていますので。が、誤りは人の常ではないでしょうか。我々はただの人間そして我々もただのジャワ人です。職人達がワヤンを彫ることは大変な事で、ワヤンの霊達の怒りにふれることを酷く恐れました。はじめに、全責任を負うのは父であり、神々の怒りは父だけに表れ実際に行う者には何も無いと彼らに約束しました。愉快！

ワヤンの文様を彫る工程から新聞で批判されるまでの過程を考える。カルティニは伝統技法を捨てるのではなく、試行錯誤を重ね保つ方法を模索した。その過程で、家具に伝統の文様を彫るアイデアを提案した。しかし、職人がワヤンの文様を木版に模写し彫ることは、常軌を逸する行為であった。ソスロニングラットも説得に当たったことは、職人達が慣習を破ることに対する恐怖心の大きさを物語る。そして、苦労して仕上がった作品は人目を引くようになり、紙面を賑わし「欧風の文様や型を使い」と非難された。しかし見方を変えれば、オランダ人に「欧風の文様や型」に見えたことは、決して「未開」でもなければ「ジャワの因習に搦め捕られた古めかしさ」を感じさせない作風の仕上がりを意味する。

カルティニは、匠の技を閉じた世界におかず、職人達に常識を超えることを迫り、西欧風家屋のインテリアと調和するワヤンやジュパラ独特の文様の調度品の開発・普及に努力した。そこに、カルティニのものづくりに対する、技術のみならず心的な面も含めたイノベーションを見ることができる。このように、カルティニは試行錯誤を重ね、進むべき方向性を見出した。カルティニがジャワの因習とオランダ人の偏見の板挟みになって活動するなかで、「芸術性と実用性」を追求する姿勢が評価されたことは、注文の増加によって明確である。それは、カルティニが東インド植民地空間に展開されたオランダ人の世界

へ、積極的にジャワ文化を発信した成果といえよう。

> 5.6. 1902年6月10日：奥様のためにミニサイズの衝立を大喜びでお作りします。チーク材でワヤンの文様付き、枠にはソノ木を用い上部には銘を刻み、両側には蝶番を施します。〔中略〕奥様用には、ワヤンの文様付の薄板の形状で、両脇の木版には木に鳥や蝶が舞う彫刻がなされ幹のまわりに蛇がまきつき、その下に虎を配置したデザイン画を、後ほど送ります。それには父の椅子に用いたカヤプティが必要で、この種の木は希少で立派な出来栄えとなりましょう。それは象牙のようで甘い香りがします（白檀ではありません）。この小さな衝立は現地人の家の柱にあるような彫りがなされ、チーク材の素晴らしい作品で、その用途はフォトスタンドです。バタヴィア等で撮影した写真を飾ることが可能です。木彫の裏面および写真を入れる所は絹かビロードを施し、木彫に合う刺繍を施します。例えば、金や銀で蛇の刺繍をしたり、ワヤンやガルーダのモティーフを用いたり、いかがでしょうか。総督閣下のご注文が出来上がった後、真っ先に取り掛かります。

カルティニは透かし彫り衝立という大型家具をミニチュアにする発想を得て、新商品を開発した。職人が作り馴れた家具のデザインを使うため、従来のモデルを磨くことで製作を可能とし、そして西洋人が通常一人で複数所有するフォトスタンドに仕上げた点に、カルティニの経営センスが示される。

> 5.7. 1902年9月22日：我々は妹〔カルディナ〕の食器棚の出来栄えを大変素晴しく思います。是非ご覧ください！　奥様〔アベンダノン夫人〕のお心を放さないことでしょう。

カルディナの結婚祝いの棚はオーフィンクからの受注であったが、半年を費やして完成した大作であったことを示す。

> 5.8. 1902年10月8日：お手紙を拝受した翌日に職人を来させご注文〔テーブル〕について説明しました。既に板に脚を取り付ける段階で、大小8個ずつの貝殻を3つに分けて脚につけますが、螺旋で留めましょうか、あるいは銀の帯を使いましょうか。ご指示ください。問題はソノ木の入手が困難なことです。我々が見つけた板は40cmですが、大板は47cm必要です。テーブル全体をソノ材で仕上げると47cm四方が40cm四方となり、ご注文より小振りになります。板を2枚合わせると見栄えがしないとお思いでしょうか。あまりお薦めしませんが。現在もデサでソノ木を探させています。お求めの大きさの木材があるよう望みます。チーク材の家具のご注文を承りま

す。ご依頼の中でも重要なご注文でしたのに完成が危ぶまれます。ご失望と存じ、ご立腹なさらないよう願います。できる限り手を尽くしたことをご理解下さい。

　カルティニは木彫家具に螺鈿装飾を施し、螺鈿の新しい作品を作り上げようとした。

　　5.9.　1902年10月27日：当地には奥様がまだご存知ない品が多くございます。ワヤンの彫を入れた写真箱が素敵です。早くご覧になってご意見をお聞かせください。新製品、たとえば、トレー、おしろい箱・パン皿・レターホルダー・切手入れ・ペーパーナイフ、手袋入れ・作業箱・カードファイル、奥様はどれがベストだとお思いでしょうか。我々は興味津々です。我々が作ったかの如くに誇りをもっています。

　新製品の開発のターゲットとして、日常生活に彩を添えるアイテムの提案である。木彫製品を普及させる上で、新規モデルの開発と宣伝はカルティニの重要な仕事であった。

　　5.10.　1902年11月13日：小品について、アイデアを素描しますのでご意見をお寄せください。姉のワードローブにライティングテーブルを付けることも考えています。写真を撮る予定です。

　開発した製品を写真撮影し、商品見本として用いた。写真が高価であった当時の事情を考えると、カルティニは製品の販売促進のために積極的な先行投資を行ったことを示す。

　　5.11.　1903年3月9日：お母様のために木彫り職人が昨日持参した作品を強くお薦めします。なぜなら、あなたの娘〔カルティニ〕のアイデアが形になった見事な最新作だからです。お母様は最初の所有者になるべきです（いくぶん私は本物のプリンセスのように命じますが、私は全くそうではありません！）。2つありますので1つはディディ用として両方お送りする理由は、このような美しい最新作を東西協会へ送りたくないからです。私には非常に愛しい作品で、人手に渡ることに痛みを覚えます。なぜなら、私は我々の工芸家達に心を寄せ、私自身その芸術に包まれているように感じ、私が創作の心の母のような気がいたします。見事な作品が価値の判らない無頓着な人の手に渡ることを、悲しく思います。故に、美しく愛しい作品は全てお母様に所有して頂きたく存じます。あなた様は心ある持ち主、母でいらっしゃいます。作品のある内に急ぎ申し上げます。でも、所詮無理ですね、お母様。私も加わってデザインした美しい木彫の小品を、一番に求めて頂きたく存じます。小さな作品ですので値は張り

ません。f. 10 以下の品ばかりです。

　カルティニは自ら小物のデザインを手がけ、求め易い価格に設定した。手放すのが惜しいという自己評価は、カルティニが製品を市場のセンスで考えたのではなく、できるだけの自分の美意識に忠実に作ったことを意味する。確かに、カルティニは市場への売り込みに熱心であった。しかし、どこまでも彼女が制作する木彫品は、彼女の「アート」を表現するものだった。つまり、カルティニの商品運動は市場に屈従することなく、美術的な啓蒙運動でもありえた。

1.6. 職人層との共同性

　単なる注文主と製作現場との関係を越え、カルティニ自身が生産側として職人と一体の意識を共有し、一体であることに誇りをもっていたことを示している。

> 6.1. 1901年7月：先ほど辛い知らせを受け、堂々とした立派な木彫を創作する芸術家 artist が亡くなりました。まだ若く4日間の闘病でした。許し難いほど無頓着な同郷者達の、また犠牲になりました。彼は下痢をともなうマラリアで発熱し、彼らは彼に薬を与えずに放置しました。我々は彼が病気とは全く知らず、何かあれば我々に告げるように、具合の悪い時には我々を呼び、薬を求めるようにと何千回も言いましたのに、彼らはそうしませんでした。不精、無関心！　彼は善人で礼儀正しく、我々は彼を気に入っていました。ジュパラの木彫工芸における最高の芸術家が埋葬されました。彼は複数の特別な大作と、小作品では箱や写真立てなどを遺しました。彼が気の毒で、書く気力が失せました。
>
> 6.2. 1901年11月24日：奥様の未来の義理の娘様の宝石箱も立派に仕上がることと存じます。我々のジュパラの芸術家は、最善を尽くして取り組んでいます。

　デザインを担当したカルティニは「我々のジュパラの芸術家」という表現を用いて、職人との一体感と仕事に対する熱意を表明している。

> 6.3. 1902年6月10日：〔総督から受注した衝立について〕ソノの木は堅くて彫り難いため、模型を既に作成し、今までで最高の出来です。我々は職人の家に出向きアイデアを集めました。日程は未定ですが7月中に仕上がることをバイテンゾルフへ申し上げました。我々の芸術家は今仕事に勤しんでいます。〔中略〕木彫の件で職人の家へ行き、作品をよく見てヨーロッパの家に設置したところを想像すると、いつもそうな

のですが、アイデアがひらめき、着想を出し合って絵に描きます。後ほど、ご説明申し上げますがお気に召しましたらさいわいです。

カルティニ姉妹が男性中心の仕事場に足を運ぶこと自体が、当時のジャワ社会の慣習を破る行為であった。が、カルティニは作品が使われる場面を思い描き、使い手のオランダ人の心理を洞察し、職人達ともに機能美を追及した。

6.4. 1902年9月2日：昨日の午後、木彫り工房を訪問、大人と若造を含め 16〚15〛人が働いていました。素朴な仕事から生まれる美に心惹かれました！

6.5. 1902年12月12日：小型テーブルの本体が完成、銀細工に取り掛かります。急な外出で少しの間と思い指示をしなかったのですが、その間も木彫職人達は仕事を続行していました。10日間の留守中に断食 puasa に入りました。金細工師が断食中に仕事をするだろうかと思うと不安になりました。案の定彼は当てにならず、私は他の職人を来させたのですが、「レバランの後で仕事をします」と、彼と同じ回答に絶望しました。私の金細工師が気遣って彼の指示の下で働く仲間を探しましたが、私は急き立てることはしませんでした。私は時期を考慮に入れませんでした。断食月間、空腹のためきつい仕事はできません。4週間で仕上げるという彼の言を容認せざるをえませんでした。その仕事は一見容易そうで実は難しいことを私は認識すべきでした。それぞれがパーツである角の部分は全部が同じではなく、シンプルに見えてその実とても複雑です。お役に立てず本当に悲しく思います。私が出来うる限り尽くしたことを、どうか信じてください。このような悲劇的な状況で事が進まなくなるとは私も誰も思いませんでした。どうかお母様の忍耐で私をお助けください。本当に私は悲しいのです。スマランにいても何処にいてもテーブルの事が気懸かりでした。木彫りの方は極めて順調で、奥様のテーブルは我々のシンゴ Singo〔カルティニが最も信頼を置く木彫り〕が今までの中で最高の出来映えです。常に向上心を忘れない彼の心栄えは立派です。奥様のために木彫の小品を数多く作らせたく存じますが、断食月の後になります。リフレッシュした心と力で我々の職人達は仕事に取りかかりましょう。もう少しお待ち願います。

カルティニは職人達の断食の習慣を尊重し、顧客に必死にこの理解を求めている。ここでは、カルティニは異文化に対する顧客の誤解・不快を解いて、生産者と市場双方の相互理解が可能な商取引を作ろうとした。この流れの中で、カルティニは自らの使命を「仲介役」とみなしている。

1.7. 生活向上

　このように、カルティニにとっての美術工芸振興運動は経済的な運動でもあり、また文化的な運動でもあった。が、カルティニがこの運動を志した動機はどこまでも東インドの人々の生活向上に資することであった。その点ではただ伝統的な文化のみを重視し、土地の人々には従来どおりの貧窮を押しつけるヨーロッパ人オリエンタリストの東インド愛好家とは大きく異なるし、またカルティニ自身も後者へ厳しい批判を与えている。

> 7.1. 1901年10月1日：原住民美術工芸展の目的をお伺いした時から、奥様〔アベンダノン夫人〕の仰せのように我々も理解しました。A博士〔アドリアニ〕は御宅で来るべき展示会の話し合いをした時、十分にご理解なさっていませんでした。博士はエスノグラフィックな展覧会とお思いで、一方ご主人様〔アベンダノン氏〕は現地を代表する文化・工芸の展覧会をお考えでした。ご主人様は原住民 Inlander とは何か、その可能性とは何かを工芸展で示したいとお考えです。手短に言えば、民の工芸を奨励し振興する一助になることを、その利益が住民にもたらされるよう考えていらっしゃいます。我々の理解は正しいですよね。私の記憶では、A博士はトラジャの生活形態を公式に示したいと仰せでした。例えば、樹皮を用いて服を作る等そのようなことを。

　したがって、カルティニの目的は職人達に仕事を与え、生活水準を上げることにあったから、受注が途切れることを極力回避しようとした。

> 7.2. 1902年8月24日：どのような作品でも承ります。我々の彫刻師も喜びます。現在12名で作業をしています。今、手がけている作品は殊に出来がよく期待通りで、もちろん今までもそうでしたがそれらを凌ぎます！
>
> 7.3. 1903年2月17日〔アベンダノン氏宛〕：ご夫妻のお役に立てれば嬉しく大きな喜びです。東西協会の仕事も喜びです。其処での奉仕を私は誰に指示されたわけでもなく、私自身好きだから行います。それは我々の土地の住民のため、私もその一人と思っています。私が我々の地域の住民にもたらすこと全て、私自身に影響を与えます。何なりと御指示頂き、私に重過ぎるなどとご心配なさいませんよう。ここに住む人々のために私のできる事全てを行いたく存じます。何か私に足りない点がある時だけご配慮ください。われわれの素晴しい文化の復興が緒についたところです。先行きが不透明でもそれは当然のことです。

　「私もその一人」という自覚は、先に述べたように（No. 6.3）、職人層との共同性を実践するカルティニの姿に表出した。

7.4. 1903年3月9日：*木彫工芸の訓練を求めて来る若者達がいます。我々が特別に大きな喜びを感じていますことは、コタから弟子入りをする者がいることです。木彫工芸の村ブラカン・グヌンの出身者ではなく。他の弟子達は我々が探してきた者もいますが、コタ出身の彼は本当に自分から来ました。大変喜ばしい兆候に思います。感謝！*

他所からの「弟子入り」増加は、職人の生活水準が向上したこと、ジュパラ工芸の高品質性を反映する。実際に、カルティニの尽力によりわずか3年で、先述のような評判がジュパラの外の地域にも認識され、広まっていることを示す事例といえよう。

7.5. 1903年5月18日：*昨日ブラカングヌンへ行きました。素晴しい彫刻を見て、彫刻家達の暮しぶりが目に見えて良くなり、嬉しく存じました。シンゴ Singo の家は以前訪問した時と変化しました。木と石でできた家になっていました。素晴しい！ シンゴ達は大変幸せそうでした。忙しく働く姿を御覧ください！ 彼が教える悪戯っ子達も手際よく働くようになりました。この子達の働きぶりを見るのが楽しみです。我々は昨日、気心の知れた仲間たちと共にいました。私の思った通り、我々の素朴な彫刻家の芸術作品は以前より一層進歩しました。*

ジュパラの木彫産業にカルティニが登場したことによって、シンゴ達は不当に搾取されることなく、労働に見合った収入を得て生活が安定した。事実、カルティニもシンゴも高品質の製品が生活を改善し、それが製作に反映し作品を向上させていく循環を実感している。何よりも自分の意思で現金を動かすことを知ったシンゴは、「〔現金〕収入を得ることが素晴しいと思えるようになった(No. 10.1)」。つまり、収入が自己の製品への評価の結果であるという市場原理を知った職人達は、はじめて生活向上のためにこそ製品の品質を向上させる必要があることを知ったのである。カルティニはシンゴのような事例が、ジュパラ全体に広がることを目指した。これは、現実の収入増大を超えて、カルティニの活動の最大の成果であろう。

7.6. 1903年5月29日：*スマランのファン・ドルプ書店にて木彫作品を展示する計画があります。我々の職人には収入となり、その素晴しい文化が多くの人の知るところとなるという二重の効果があります。*

カルティニはこの考えのために展示会を開き市場を拡大し、職人の増収をは

かろうとした。

> 7.7. 1903年7月4日：来週スマランで我々の展示会があります。素晴らしいコレクションです。お母様用にお作りした作品を先にスマランへ持参してもよろしいですよね。もし何かあればその時は新しく御作りします。写真立てと4脚テーブルは見事な出来映えです。ご注文は後ほど承ります！
>
> 7.8. 1903年7月7日：明日、木彫工芸展に陳列する作品をスマランへ搬出します。まだ解説書や書類を作成しなければならない等、どうしてよいのやら判りませんが、とにかく自力で行います。

カルティニは展覧会への出品には積極性を見せた。展覧会活動によってジュパラの伝統美術工芸が、世間から高い評価を得ることを求めた。なぜなら、それが製品の市場価値を高め、職人の収入を増加させ、また生活を安定させるからである。

> 7.9. 1903年8月25日：伝統工芸の発展には資本金と指導者が必要です。立派な仕事場、職人の雇用拡大、適切な訓練、我々のすぐ近くで定期的な指導を受けて働くことが必要です。資金があれば、仕事場を建設し材料を仕入れ多くの職人を雇用し、多くの見習い職人を養成することができます。シンゴには長として事業を推進してもらいます。1年ないし2年で投資した資金が回収されるでしょう。こちらで始める所存でしたが、バタヴィア遊学を考えると妹達が継ぐには負担が重く、責任を感じました。今は状況が変わり、資金があれば木彫工芸の将来は明るいです。
> ブランデス氏に我々が木彫工芸の振興に務めそれに着手していることも申し上げました。直に「必要な資金はいかほどか」とお尋ねになりました。私は正確な金額を申し上げることはできませんでした。なぜなら、専門家と先に話し合う必要があると思いましたので。仕事場の建設費、材料の購入、職人達の給料などを。仕事場に関しては余り難しくないでしょう。問題は作品の売り上げに依存せず数十名の職人を養うことが可能かどうかです。

こうして職人の生活改良を第一に考えるカルティニは、工芸振興運動を市場に対応した企業に発展させ、そのための資金の相談をアベンダノンにしている。さらに、カルティニは「製作」という要所をおさえながら、市場面では東西協会と協力し、さらに、生産のための資金面では理解あるオランダ人に協力を依頼している。

1.8. 運営上の問題および東西協会への提案

8.1. 1902年1月10日：最近は注文の嵐、残念ながら我々才能ある芸術家達は在庫を持つ資金がありません。当地へいらっしゃる皆様は作品を幾つかご所望ですが、落胆してお帰りになります。それ故、奥様がご注文の時に前払いをなさることをご立派に存じます。私はそこから木彫師達に木材を購入し、助手に代金を支払うための必要経費の一部を与えます。でも、さらに忙しくなれば前払金だけでやっていけないでしょう。滞りなく仕事ができるように、私は数百ギルダーを手元に置きたく存じます。そして当地で作品の販売を可能にし、また作品の購入をご希望の方にはどこでも求められるようにしたく存じます。ジュパラの木彫工芸品の需要は高いのですが、木材などを購入する元手がないため作品を供給できません。生活するために仕事は必要不可欠です。

これは、アベンダノン夫人からの最初の注文を完成させてから、わずか1年で注文が殺到するほどの需要を喚起しながら、生産がこの新しい需要に対応できない実情を示している。

8.2. 1902年6月10日：H. M.のための木箱が未発送の理由は、恐らくブパティ達がまだ彼ら全員の写真を送っていないからでしょう。ガルートのブパティからの書簡では箱は既に送付済みとありましたので、ラウィック・ファン・パブスト氏が中に入って止めているのでしょう。それは疑いもなく木箱が氏の手中にある証拠です。ガルートのブパティは他のブパティに氏へ写真を送るように言いましたので。彼の同僚は社会の上層にいる幸運な者をそれ程尊敬していないことを、彼は知っています。

8.3. 1902年9月2日：私にとって嬉しい事は、現在、東西協会が携わるためラウィック氏によれば、私は協会の注文を受けるだけでよいのです。私が直接に注文を承るのは奥様だけ、奥様以外の注文は東西協会が受けます。

このころから東西協会が木彫りの注文を一括し、カルティニに取り次ぐことになった。

8.4. 1903年3月9日 (a)：私はこれらの注文を東西協会へ一旦渡し、そこから注文を受けます。今はさまざまな人々と取引をしていますが、将来的には一つの団体とだけかかわる予定です。私が数多くとかかわることはできかねます。さまざまな人と文通して注文を取り説明するには、時間がかかります。自分の時間全てを費やさなければならなくなるでしょう。それは無理です。仕事があまりにも多すぎます。

(b)：新聞に広告を掲載し東西協会を通じて木彫品を作る、という木彫に関する4番

目の書簡を受け取った時、私がどうなったかお判りでしょうか。自暴自棄になりそうでした。人はいつも穏やかではありません。時として人の厚意を全く賞賛せず、まるで人事のように思う手のかかる人に対しても、私が礼を言わねばならないのかと思うと、苛立ちをおぼえます。今私は快復しましたが、病気の間に受け取った書簡の返事をまだ書いていません。私が好きでしている事と自身を叱咤激励するのですが、それでも気乗りがしません。

8.5. 1903年8月25日：*最近、ブランデス Brandes 博士のごきょうだいと視察の機会がありました。ブランデス氏はジャワの工芸に強い関心をおもちで、スマランの現地人の工芸店の話を申し上げましたところ、即座に関心を示されました。スマランの人々はバタヴィアへ注文を躊躇することをご理解ください。直に取り寄せが可能にも拘らず、なのですから。幾人かの方がそう仰せで、我々は確実に作品を留め置き、東西協会へ注文するように申します。しかし個人的にはご期待に沿うようにしたこともあり、その方が良いと思いました。東西協会はスマランに出店を求められています。が、資金が必要で協会には負担でしょう。ブランデス氏にこの件を申し上げた時、氏は「あなたが資金のことを気にすることはありません。資金はあるでしょう。私が木彫にかかわる限り」と、仰せでした。「でもスマランでショップをやっていく人が必要です」と申し上げると、「あなたが立派な工芸品を調達する限り大丈夫でしょう」と仰せでした。氏からお手紙を拝受し、「多くの人に話し、人々はそれに大いに関心を示し経済的支援を約束した」と、ありました。氏は既にラウィック氏に伝え、お返事をお待ちしています。*

　ここでのカルティニは以前の市場と生産者との間の仲介者であるにとどまらず、木彫振興運動の主催者として、東西協会（流通）・職人（生産）・顧客（市場）の三者の品質や価格についての要求を仲介し、木彫生産「企業」のイニシアティヴを保持し続ける。

1.9. 苦情処理

9.1. 1902年8月24日：ブラウン夫人は木彫の箱をお見せになるために奥様宅へ訪問なさったのでしょうか。夫人はそのように書いていらっしゃいました。作品をどのように思われましたでしょうか。

9.2. 1902年9月2日：ブラウン夫人が木箱をお気に召さない件で我々を悩ませますが、言い争いたくありません。さらに残念なことに傷があります。アニーはこちらに小箱があった時は無傷であったと確証します。私は責任を負えませんし、後で傷がついても私が知り得ることは不可能です。アネケは夫人の書簡を読みたいと言いますので読

んでもらいます。この件で夫人から奥様に何か一言ありましたでしょうか。お気に召さないのに、なぜ再度木箱の注文をなさるのでしょうか。先着順のため、お待ち頂けないのであれば応じることはできないと申し上げました。私はもうあのような事を聞きたくありません。

9.3. 1903年3月9日：お小言を頂戴しなければなりません。飾り棚のご入用について私のお尋ねに応答なさらなかったことを御存じですか。デザイン画をお求めになったのでお送りしましたが、一言も無くご返送なさったので、お気に召さず注文をお止めになったか否か、よく分かりませんでした。「あなたが私のために作らせた飾り棚は出来上がりましたか」と、お手紙にありました。非常にショックを受け、私の不注意で、ご注文に対し長い間お問い合わせをしなかった至らなさに、ようやく気付きました。どうかお許しください。ご多忙であることを存じ上げ、デザイン画のご返送がその御答えで、お返事を頂いていましたのに、本当に申し訳ございません。今、飾り棚を作らせています。御質問から寸法を概算いたしました。スタンドと小机は現在制作中です。

この事例は、「仲介者」としてのカルティニのはたらきを、端的に示している。ここでは、注文の取り方でジャワ人は「無言」で断りを表現し、オランダ人は明確な「ノー」の表明のみを拒否表現とする。つまり、カルティニの仲介とは、二つの世界を生きたカルティニだけができる、二つの相異なる文化価値を仲介することである。

9.4. 1903年6月7日：木彫工芸に言及して頂き心からキスを送ります。仰せの通り！真実を聞く事は常に耳の痛いことですが、誤りを正す唯一の方法、率直なご意見を有難く存じます。製品の破損について非常に驚きました。こちらでは本当に良い状態で、我々が破損品を発送したと思っていらっしゃいませんね。十分ご理解頂いていると存じます。道中ぞんざいに扱われたのでしょうか。梱包を職人任せにはしておりません。日本向けの発送時にも我々が取り行いました。それゆえ我々のミスかと存じます。職人へはもちろん私が伝えます。見事な製品が破損したことに心が痛み、非常に残念です。ご返送願います。修理を致します。東西協会へお尋ねくださいますようお願い申し上げます。今後発送の際には、梱包に十分に気をつける所存です。小箱の蝶番や鍵が破損した場合、ファン・ラウィク氏にご依頼するとバタヴィアで修理が可能と存じます。チークやソノ材は非常に堅牢で作業中に脚部分が破損することもあるため、蝶番や鍵は取り付け前に当地で調整します。とり急ぎブラカングヌンへ調べに行きます。我々の職人の方がG氏の職人よりも腕がよく、アニーも同意見です。が、

人はミスをします。厳しく監督に努めます。

　この事例では、木彫製品の届け先から破損のクレームが届いた時のカルティニの周到な対応を示している。市場の側からの修理、補償要求に対して、従来のジャワ人生産者では、何らなすすべがなく、対応を放置し、その結果、たちまち市場の信用を失ったであろう。しかし、工芸振興運動の外からイニシアティヴを発揮し続けたカルティニは、内なる生産者にはもてない広いネットワークをもち、市場のオランダ人の心情を理解して、そのネットワークを十分に利用することを知っている。「職人任せにしない」、つまり自ら梱包に従事するカルティニは、そのネットワークと市場に対する責任を体現しているのである。

> 9.5.　1903年6月7日：御宅でご一緒したトロンプ Tromp 夫人が、木彫品を入手するために私の援助を求めました。東西協会を通すよう申しましたが、今回はジュパラで直接夫人が買い付け、後に協会で注文するということでしたので、余計とは存じましたが夫人の力になりました。そうしましたら今度、夫人は御姉様に職人の技術料を私へ送金するようにと、協会を通じての注文がお嫌いで、時間がかかりすぎると！！！私は東インドにおける東西協会の存在を蔑ろにすると思われましょう。夫人にどのようにお返事申し上げてよいのかわかりません。現地人の利益を促進することが目的といわれますが、その器の何と小さき人よ。ここのところを御答えください。

　東西協会が1902年9月から工芸品の受注窓口となったが、東西協会の仕事の緩慢さのため、カルティニが協会と顧客の板挟みになったことを示す。また上述は、トロンプ夫人（東西協会役員）が「現地の利益を促進する」という東西協会の目的を、自身が語る上で貴重な叙述といえよう。

> 9.6.　1903年8月25日：再度作品の破損が発生したことを大変遺憾に存じます。なぜでしょう。チェストの中の物が過剰だったのでしょうか。あるいは、鉄道を使ったからでしょうか。次は船便にしましょうか。今まで無事にお届けできましたのに。発送は私には大仕事で、スマランで発送をしてくださる方がいません。ダーンデルス氏 Deandels に相談します。たぶん私が考えるよりもよさそうですから。こちらには東西協会宛の衝立3点と特注品の額6点がありますが、破損を恐れて発送を控えています。衝立は見事な出来ばえでパーツに分け藁を多用して梱包します。

　上述の「発送の手配」について、カルティニ個人が発した「苦情」が、実は社

会の問題を示唆するという、カルティニの問題提起の特徴が表出する。おそらく、20世紀転換期のジャワで交通網の発達はみられても、流通業が未発達であることを、ジャワ人女性が指摘した初期の事例であろう。

1.10. 将来の展望

カルティニは結婚のためレンバンへ移るに際し、次のような計画を考えた。

> 10.1. 1903年8月25日：私が我々の地方の住民の工芸に関心があると、他の方が伝えると、彼〔ジョヨアディニングラット〕も同感で、レンバンに金細工師や彫刻師がいて指導者を待っていると言いました。多分、ブラカン・グヌンのシンゴウィロウォを連れて行くでしょう。我々は彼のために良い計画を練ります。〔中略〕レンバンは木彫師には素晴しい所で、チーク材とソノの木の産地です。シンゴも収入を得ることは素晴しいと思っています。うまくいけば結果はついてくるでしょう！ 私も新しい女性の一人です。私は特殊な持参金を持って行きます。

上述は、カルティニがレンバンで木彫などの美術工芸の普及活動を続けることを、婚約直後の時点で信じて疑わなかった事実を示す。

> 10.2. 1903年12月11日：我々は東西協会のために何ができるのかを模索しています。ジュパラの木彫師達をこちらで働かせるという私の案を、夫は素晴しいと思い、別件と同様に私を強く支援してくれます。今一つ思案中の件は、現地人のための工芸関連の職業学校の開設、それは長きにわたる夫の夢です。

レンバンでの会話であることを考えると、ジュパラの木彫師をレンバンに呼び寄せるというカルティニの構想は、まだ実行されていないことを示す。

2. 木彫り製品以外の販売

カルティニは、木彫りの他にジュパラの織物と金細工の復興を目指した。1902年半ば以降、書簡には織物や金細工、鼈甲の小品を製作・販売する記述が散見する。

> ① 1902年8月24日：木彫・金細工・織物工芸は当地の素晴しい確かな未来を示します。嬉しい！ ジメルマン氏はこちらで織物を数点、そして鼈甲のボックスをご覧に入れますと直にお求めになりました。全てがジュパラ製とは大変素晴しい。鼈甲はカ

リムン・ジャワ Karimoen-Djawa が原産で、ジュパラの金細工師が製品化し、金細工の方法で鼈甲を飾りつけます。氏のお求めになった作品は銀製品で、金の装飾を施した品は非常に高価です。

② 1902年9月2日：ジメルマン氏から奥様のご注文をお受けしましたが、連絡がありません。氏は「プランギ plangie 飾帯」と「ドリンギン dringin 絣」と書いてありましたが、幾つご入用でしょうか。それらの品をご覧になったのでしょうか。お持ちにちがいないと拝察します。奥様の仰せの古い銀の意味がわからず申し訳ございません。再度ご説明願います。銀製のケースでしょうか、トレーでしょうか。再度この件について御連絡頂けますでしょうか。鼈甲の櫛は当地では入手できませんが、奥様のために入手可能ですし我々も幾つか入用で、ソロで入手して当地の金細工師に金銀を施させます。奥様を破産させるかもしれませんから、お気をつけください。

③ 1902年10月27日：鼈甲の櫛（現地風）は1つf.1.5のところf.1.2でお求め頂けます。いくつご入用でしょう。

④ 1902年11月7日：奥様が御想像なさっているような櫛ではありません。当地の鼈甲の櫛は髪を梳かすものではなく、髪飾りとして用います。奥様の東インドのコレクションに加えられてはいかがでしょうか。私が意味する櫛を絵で示しますが、実物はもちろんこれより大きいものです。いかがでしょうか。髪を梳かすことはできませんが、挿しておけば風が吹いても乱れることはありません。この件のお返事は結構です。気付いた点に御答えしました。

カルティニは製品の使い方まで教示する。鼈甲の櫛が髪を梳くという実用品ではなく、宝飾品であることを認識させようとするために、「奥様を破産させる」ものというジョークを語る。このジョークは、単に笑い話であることを超えて、異なる文化価値を、相手側、市場側の言語で理解させるための高度の表現であることがわかる。

⑤ 1903年2月4日〔アベンダノン氏宛〕(a)：お預かり致しました代金の中からプランギを9枚購入しました。ジュパラの素晴しいプランギを求めになる良い機会と存じます。お母様の東インドのコレクションに加えて頂ければ幸甚です。お母様もお喜びになると存じます。ご主人様には、煙草のカッターとしても使える胡桃割りを24個購入しました。早く梱包しないと子供達が欲しがります。

さらに市場の需要に応じて取り扱い商品の拡大をはかる。

(b)：金細工師にソロへ行き鼈甲細工を学ぶように話しますと、すぐに関心を示しました。彼は道具を用いて櫛を作ることができますが、うまく出来ない艶出しをソロで習得する意志があります。また象牙細工と螺鈿細工もソロで習得したいと考えています。

未経験の商品生産まで職人の研修によって獲得しようとする。ジュパラの伝統技術を復興させる活動に着手して間もなく、カルティニは金細工職人を対象とした鼈甲細工の研修を、アベンダノンに提案している。

(c)：鼈甲のシリボックスの代金を申し上げます。鼈甲 f.15、技術料 f.5、銀細工製作費 f.18、合計 f.38 です。バタヴィアから銀貨をお送り頂けますか。1個につき 10 ドルです。ご送金の際に、お母様のためにもう 10 ドルをお送り頂けますでしょうか。その折にボックスの送料もお願い致します。こちらにはまだ他に銀製のボックス、例えばマンゴスティンの形のものなどがあります。それは正真正銘の東インド製で化粧台の上に相応しい置物といえましょう。製作費が f.4〜5、そしてさらに 4 ドル必要です。それらを貴殿のために作らせましょうか。

トロピカルフルーツを銀製品のモティーフに採用し新製品を開発した。請求の際に新製品を紹介する事を忘れず、それが功を奏し以下のように受注に成功し、販売を促進させた。

⑥ 1903年2月17日〔アベンダノン氏宛〕：昨日お手紙に同封された f.50 と本日 24 ドルを無事に拝受、有難うございます。早速仕事に取りかからせます。金細工師に銀製の果実を作るように申します。この件についての打ち合わせを今終えたところです。鼈甲はカリムン・ジャワ Karimoen-Djawa からまだ届かず、何もできない状況です。海はこの2週間ずっと荒れ、船を出すことができません。ご注文を承りましたら直に喜んで胡桃割の製作に着手します。金細工師のソロへの出張旅費は十分に見積もって f.30〜40 かと存じます。

カルティニは鼈甲細工の研修のための経済的な援助をアベンダノンに求めている。両者が「地場産業」振興を通じてパトロン－クライアントの関係にあることを明示する。

⑦ 1903年3月9日 (a)：ドリンギンを2点お送りしました。お母様の東インドのコレクションの手工芸部門に加えて頂ければ幸甚です。お気に召さなければ東西協会へお渡しください。その2点を選定した理由は、格子柄の方は最新作の逸品、もうひとつ

は一人のジャワ人女性の手作りで非常に美的だからです。ドリンギンはマレー人女性の作品が有名ですが、今はジャワ人女性も習得し、お届けの品は中でも最高の品です。お支払いにつきまして、カードケース1個 f.16、宝石箱1個 f.16、格子柄のドリンギン1点 f.11、ダブル巾のドリンギン f.25、送料 f.0.95、合計 f.68.95。お母様を散財させて私のことをご立腹ではありませんか。お買い上げ戴いた品でお気に召さなければ、幸いにも東西協会へお渡しする方法がありますので。もし私がお母様を通り越して東西協会へ作品を渡すことがあるとすれば、お許しください。お母様も東西協会の会員でいらっしゃいます。

上述のカードケースと宝石箱は木彫製品である。が、この時期において、木彫製品とそれ以外の製品の注文が拮抗している状況を示す事例として、ここに挙げた。

(b)：数日のうちに鼈甲が届くという知らせが入りましたので、金細工師はそれを携えてソロへ行きます！

以前にも金細工の復興を目的とする研修を求めたことがあったが、カルティニは新たに加えた鼈甲細工の技術を磨くため、ジュパラの職人の在外派遣研修を計画し、研修先としてソロを提案した。すなわち、それはアベンダノンに資金援助を求めることを意味した。

(c)：私の生地で工芸の3分野が復興したことは喜ばしく、他にも見出し復活させる所存です。彼らは我々と共に懸命に働くことを通して、彼らを支援する我々の目的を理解しその恩恵も判り、我々の仕事を賞賛します。彼らが理解しなければ無駄です。彼らの理解はありがたく、でなければ、我々の仕事は無駄です。産業のこれらの分野を目にして嬉しく思います。マレーのカンプンで行われている女性の働き手によるドリンギンの製作が、当地でも大規模に始められました。順調です。金細工師は弟子を多くとるようになりました。木彫部門は頗る順調です。

「3分野」とは、木彫り・ドリンギン・金細工を意味する。カルティニは伝統工芸の復興という目標を、職人達と共有し共同すること自体が画期であった。カルティニは伝統工芸の復興の鍵が、職人達との相互理解とみたのであった。

⑧ 1903年4月19日〔アベンダノン氏宛〕：ドリンギンのこと、私の方で混乱いたしました。ご返送をお願い申し上げます。v.L. v.P氏〔ラウイック氏〕が幾度も電報でそれをお求めです。お手数ですがご返送願います。

⑨ 1903年5月18日：鼈甲細工の技術が一段と進歩、それは銀細工にも言えます。

⑩ 1903年6月7日（a）：金細工師の件、お応えするのを忘れるところでした。ジメルマン氏が金細工師にソロの代わりにジョグジャへ行くように助言したことを、ご記憶と存じます。金細工師をジョグジャで十分面倒をみるには問題があり、派遣しておりません。彼はジョグジャを全く知らず知人もなく、一人で行かせることはできません。我々には知人がいますが、彼の仕事に適するかどうか判りません。我々の親戚や知人がいるソロへ彼を派遣します。ブパティが滞在先や必要事項の手はずを整えてくださいます。でも派遣前に、鼈甲の箱を全て完成させます。奥様はじめ皆様お待ちで、これ以上長くお待たせできません。その鼈甲の箱は宝となりましょう。

（b）：デマックの技術学校について、デマックの親戚から聞いた事はなく全く存じません。新聞ではそこでの金細工の技術が高いとありましたが、信じていません。叔母は自身の金細工を何処か他の所で作らせているからです。

アベンダノンは新聞記事を挙げて、研修先としてジュパラに近いデマックを提案した。一方、カルティニは、クラトンの血筋である叔母（叔父はデマックのブパティ）が、デマックで金細工を注文しない事例を上げ、その提案を退けようとした。カルティニが先の書簡（⑤a、⑦b）で、研修先にソロを挙げていた。それは、カルティニが技術の高さを追及し「地場産業」の振興に取り組む姿勢を表出する。それに対し、アベンダノンの提案は、カルティニの士気を挫くものであったといえよう。

⑪ 1903年12月11日〔アベンダノン夫妻宛〕：東西協会むけの馬具が完成し梱包をすませました。夫が快復すれば外出します。夫は孔雀の羽根の形の煙草入れを注文しました。我々は本物のラッセンのサロンを探しています。

カルティニは当面の活動をレンバンの特産品の紹介に絞り、アベンダノンにレンバンの銀製品と布地の購入をすすめる。

⑫ 1904年3月6日：皮革の手綱をすぐにお送りします。東西協会宛の請求書を添えて。

レンバンでも東西協会の注文を受けたことを示す。

⑬ 1904年6月8日（a）：敷布 slaapbroeken を発送できず申し訳ございません。入手していません。少なくとも f. 2 ではございません。あることはあるのですが見栄えがせず、夫がお送りすること好みません。スリッパ12足、1足75セントで f. 9 です。

ラッセン lassen のサロンは 1 枚 f. 12、3 枚で f. 36 です。郵送料が f. 1.40、合計 f. 46.40 です。お母様のサロンは製作中、出来上がり次第お送りします。敷布はどう致しましょう。f. 4 か f. 3 で宜しければお送りします。夫はこちらに美しい民芸品、銀製のタバコケースをもっています。お送りしましょうか。

アベンダノンはカルティニが紹介したラッセン（鮮やかな赤の発色が特徴のバティック）の布地を購入したことを示す。カルティニはここで再度銀製品の購入をアベンダノンにすすめている。

 (b)：東西協会について馬の手綱 1 つにつき f. 33 が未納であることを覚えておいて頂ければと思います。
⑭ 1904 年 6 月 30 日：郵便為替 f. 46.50、心からお礼申し上げますとともに、スリッパとカインをバタヴィアのご住所へ発送したことをお知らせ申し上げます。バタヴィアへ戻られ無事に落手なさいましたらお知らせ願います。お知らせ無き場合は郵便局に照会いたします。敷布をお母様のために探しました。1～2 週間内にサロンと一緒に発送可能と存じます。サロンは東西協会向けに作らせたもので、こちらでご覧になったバティックの作品です。

カルティニは病身を省みず、東西協会を通じて地元レンバンの工芸の普及に努めた。

⑮ 1904 年 7 月 17 日（a）：気分がすぐれず敷布の仕事が滞り残念です！ サロン 2 枚だけをこの書簡と一緒に郵送します。私が東西協会のために作らせたサロンです。1 枚 f. 10 です。お気に召さない場合は安心して返品してください。損害を被る者もなく私が使います。敷布は後ほどお送りします。
 (b)：原住民の産業振興についての報告書をすでにオランダへご送付なさいましたでしょうか。
⑯ 1904 年 8 月 10 日：7 月 17 日に発送しました私の書簡とサロン、届きましたでしょうか。
⑰ 1904 年 8 月 24 日：郵便為替を拝受致しお礼を申し上げます。f. 5 余分にありました。サロン 2 枚で f. 20 です。f. 25 ではありません。お預かり致し、後で敷布をお送りする際に相殺します。

No. ⑫-⑰は商品代金の請求について記載されている。それは取引を把握しているカルティニだけが果すことの出来る仕事であった。カルティニは自身の

役割を果し続けこの世を去った。レンバンに移ったカルティニは、夫のジョヨアディニングラットやカルティニ自らが選定した製品を知人に紹介する方法を通じて、地元の特産品の普及に努めた。しかし、カルティニがジュパラで行っていた製品の企画・製作について、婚家でその機会に恵まれることはなかった。

第3節　カルティニの伝統美術工芸振興活動と
　　　　　アベンダノンとの関係性の考察

　1987年版では工芸振興活動に言及した書簡が60通あり、そのうち取引に言及する書簡が56通存在し、カルティニがその全生涯にアベンダノン氏と夫人宛に書いたほぼ半数にあたる。カルティニは実はその生涯を通じて、わずか9通の書簡しかアベンダノン氏に書いていない[118]。アベンダノン氏宛ての4通も木彫家具の取引についての書簡であった。つまり、カルティニがアベンダノン宅に宛てた書簡の2通に1通は「ビジネスレター」だと言っても過言ではない。書簡上だけでみればカルティニは、「商取引上」アベンダノンと連絡を取っていたのであり、その痕跡は1911年版ではみごとに消されている。

　そこで本節第一項では、アベンダノンが東インド政庁の教育・宗教・産業局長官として、ジャワの工芸振興という「産業」の分野で、倫理政策に「好都合なカルティニ」の役割を検討する。第2項では、ジュパラの民芸振興活動の目的の背後にあるカルティニの理念を考える。本節では、ジュパラの産業振興について経済成長を検討することを意図しない。

　本文中の丸括弧の中の数字すなわち（No.　）は前節の1987年版からの引用文の番号を示す。

1.　アベンダノンの産業振興活動の理解

　1911年版を史料とするかぎり、カルティニとアベンダノンの関係は倫理政策

[118) 1911年版に紹介されるアベンダノン宅宛の膨大な書簡の大部分はアベンダノン夫人のみに宛てたものである。

とくに教育政策の観点からしか論じられない。しかし、1987年版を史料とする本節では、両者の関係性を地場産業振興の視点から検討することができる。

まず、2つの版では活動開始時の記述に時差がある。1987年版では1900年12月21日（No.1）の「納品」書簡が、活動を知らせる最初の書簡であるが、この内容はその受注が、カルティニがアベンダノン夫妻と初対に邂逅した時（1900年8月）に遡る。次にカルティニが、アベンダノン夫人へ「出会い1周年」を記念して贈呈した「herinneringen メモワール」と題された物語を挙げる。

> 「彼女」〔アベンダノン夫人〕[119] は立ち上がり、私は随行し、木彫工芸をご覧に入れた。見事なジャワ文化の芸術作品の前に二人して佇みました。作品に対し熱烈なる賛辞を頂戴しました［1901年8月8-9日付アベンダノン夫人宛書簡, Kartini 1987: 65］。

アベンダノン夫人の木彫職人の実力と芸術性への「熱烈なる賛辞」は、カルティニをいたく鼓舞した。このカルティニと木彫の最初の関係を読み解く感動的な文章は、1911年版では完全に削除されている。

一方、1911年版では木彫についての最初のアベンダノン宛書簡は、1987年版での最初の受注の時から1年後の1901年8月である。その後1903年末、カルティニの結婚まで木彫に言及した書簡は11通が紹介されるのみであった。その木彫に言及した書簡は、第7通（アベンダノン氏宛）と第11通（夫妻宛）を除いて、すべてアベンダノン夫人宛書簡である。その内訳は次のようであった。

第1通：1901年8月1日付書簡（No. 5.3）。商業上の取引（No. 3.3）は削除された。書簡中木彫製作を描写する箇所と、彫刻のモティーフ・仕様のみが掲載された（No. 5.3）。またアベンダノン夫人が家具職人を「芸術家」と呼び、木彫作品を賛美する箇所は削除されず掲載された。つまり、文化・芸術としての木彫の再評価は許されるが、その経済的意義については認めないという姿勢が明らかである。

第2通：1902年3月5日付書簡（No. 4.4）。同じく受注の過程や商品説明は削除され、第1通から7ヶ月の間、カルティニの木彫工芸振興活動の展開については、全く伝えられない。モティーフの原画を描くジュパラの人々についての言及だけが掲載された。

---

119) カルティニは、初対面時（1900年8月）のアベンダノン夫人を「彼女」と書くことによって、夫人を「天使」と呼ぶ1901年8月現在との親密度の差を表現した。

第3通：1902年6月10日付書簡。同じく受注や製品開発や生産管理などの記述は削除された。本章第1節で述べた *Eigen Haard* に寄稿する木彫りの記事を、アベンダノンがカルティニに求めたことが採録された。展覧会で高い評価を受けたこと（No. 4.5）が採録され、「ヨーロッパの人々が我民の文化や美術工芸品に多大の関心を示すことは、実によいことです！」とは、確かにカルティニの言である。しかし、アベンダノンはこのカルティニの言葉を曲解して、価値の最終判断者としてのヨーロッパ人に文化を判断させようとするカルティニの屈辱的な姿勢を強調している。

第4通：1902年9月2日付書簡。妹ルクミニが職人達と共に働く描写が採用された。

第5通：1902年9月22日付書簡（No. 1.15）。ここでも商業上の取引は削除された。衝立の出来栄えと、第1節で述べたように、カルティニがアベンダノンの薦めによりジュパラの木彫についてのエッセイをアムステルダムの雑誌 *Eigen Haard* への寄稿を決意表明した箇所が掲載された。つまり、アベンダノンにとってはカルティニの木彫の見解ではなく、アベンダノンつまりオランダの啓蒙活動によって、ようやく日の目をみる「伝統芸術」を知らせたかったのではないだろうか。

第6通：1902年12月12日付書簡（No. 6.5）。木彫職人シンゴの仕事に対する熱心さが記された箇所だけが採録された。

第7通：1903年2月1日付アベンダノン氏宛書簡。序章で述べたように「合成」された書簡である[120]。1911年版には、1987年版の同年同月17日付書簡（No. 3.8）から、カルティニが美術工芸振興活動を通じてジュパラの住民へ奉仕する喜びを述べる箇所と、東西協会との良好な関係を伝える箇所が採用された。しかし、17日付書簡でアベンダノンに報告した「会計管理（No. ⑥）」は削除された。

第8通：1903年3月9日付書簡。カルティニの民芸復興への意欲的な取り組み（No. 7.c）と新規若手職人の増加（No. 6.6）を伝える。

第9通：1903年5月14日付アベンダノン氏宛書簡（No. 7.4）。この書簡は序論で述べたように「合成」された書簡である。1911年版では職人の生活向上を喜ぶ記述が紹介されるが、これは本来、1903年同5月18日付アベンダノン夫人宛書簡である。

第10通：1903年8月25日付書簡（No. 8.5）。カルティニの事業に対する将来像の提示。

第11通：1903同年12月11日付夫妻宛書簡（No. 10.2）。結婚報告の一環として、婚家のレンバンで美術工芸振興事業に対する展望を述べる。カルティニはジュパラの職人を呼び寄せる案を提示するが、逆に言えば、実際にはまだ何も実行に移していない現状を伝えている。

---

[120] 合成された書簡については、第6章第2節で述べる。

第1通から第11通までにアベンダノンが強調したかったことは、ジュパラの木彫工芸の芸術性であり、その埋もれていた芸術を、カルティニがヨーロッパ人に紹介し、とくに、書簡を「合成」してまで（第7通・第9通）、カルティニの木彫工芸振興への貢献が強調される。同時に、それは1911年版の編集の恣意性と史料価値の低さを明示する[121]。一方、具体的な商取引や商談、製品開発、会計管理に言及した箇所、また、カルティニが果した生産・市場・流通の仲介の機能は削除された。なぜなら、「原住民が経済の事をわかる」というのはオランダの「原住民」イメージとは合わないからであろう。

　次に、1911年版にはアベンダノン夫妻以外に宛てた木彫に関する書簡が4通採録された。
　① アベンダノンの子息宛1902年8月15日付書簡
　② ファン・コル夫人宛同年同月20日付書簡
　③ 1903年1月31日付アベンダノンの子息宛書簡
　④ 1902年10月11日付ステラ宛書簡

　①と②は、アベンダノン夫人宛書簡（No. 4.5）の内容と重複する。その主旨は「展覧会でジュパラの工芸品が高い評価を受けた」とし、展覧会での成功だけを強調する。③は、アベンダノン夫人宛の1902年8月24日付書簡（No. 1.13）と1903年5月18日（No. 1.28）の書簡に詳述されている。ここでは、カルティニがアベンダノンの子息から注文を受けて、大層心弾ませる描写が採用された。④は、以下のようにオランダ語問題にふれている。

> 東西協会は現在我々を優遇してくれます。協会もこちらで人を必要としているからです。というのは、協会の方々はオランダ語でしか読み書きできないので、会員達に直接に連絡することができないからです［1902年10月11日付ステラ宛書簡, Kartini 1911: 423］。

　ここでは、市場であるオランダ語世界と、生産者との間に立つ単純に言語だけの「通訳者」カルティニが強調される。ここで以上の4例を抜粋採録したアベンダノンの意図は明白である。つまり、ジャワの工芸を評価する（展覧会）のも、それを注文するのも全てオラン人であり、カルティニはその最も優秀な仲介者であるという指摘である。すなわち、倫理政策の本質を端的に明示して

---

[121]「合成書簡」については第6章第2節で、具体例を挙げて述べる。

いる。

2. 木彫工芸振興におけるカルティニとアベンダノンの関係

　ここでは1911年版で故意に削除の対象となった商取引問題に重点をおき、経済面におけるカルティニとアベンダノンの関係を考える。

　1987年版書簡によれば、アベンダノン夫妻は、各種ボックス、テーブル、衝立などの木彫り製品をおよそ40点、木彫以外にもカルティニが伝統技法を復活した織布（ドリンギン等）や鼈甲製品および銀細工製品などを購入し、その総額は650ギルダー余りに上った。年々のカルティニへの支払額は次のようであった。

　　1901年：35ギルダー
　　1902年：167.5ギルダー
　　1903年：326.45ギルダー＋24ドル（No. 5.c）
　　1904年（1-8月）：71.5ギルダー

　東西協会が一括して注文を受け付けることになった1902年9月2日（No. 8.3）以降も、アベンダノン夫妻はカルティニにとって「特別の顧客」であり、個人的な受注を続けた。とくにアベンダノン夫妻はカルティニが考案した新製品（試作品？）を積極的かつ大量に購入した（No. 1.8-1.32）。その結果、支払いが文字通り桁違いに増加した。この商取引の伸びは、アベンダノンの「女子校設立案」が1901年末に頓挫したこと、その後にカルティニが工芸振興活動に積極的になった時期に一致する。その背景には、アベンダノン自身が東インドの産業を発展させるために美術工芸振興策に言及し（No. 7.1）、教育・宗教・産業局長官として展覧会を計画していたことがあった。実際に1902年6月にバタヴィアで東インド美術工芸展が開催され（No. 4.5）、ジュパラの木彫は高く評価された。さらに、アベンダノンが東インドの美術工芸について2論文をカルティニに送り（No. 4.1）、他の地域の木彫工芸の情報をカルティニに伝えている。また同時に、おそらくはアベンダノンの紹介で東西協会の関係者がジュパラへ木彫製品を見に来ている（No. 4.1）。

　アベンダノンはこの木彫工芸産業については、カルティニの教員免許取得の件とは全くうってかわった積極的な提言をカルティニにしている。1911年版

に表現された教育と倫理政策を語るアベンダノンではなく、実際のアベンダノンはカルティニを通じて東インド工芸を振興させる計画をもっていた。

　アベンダノンの戦略の変更は、まず、カルティニの父親によってもたらされた。前述のように、彼は他のブパティ達の批判を受け、1901年6月、カルティニ達のバタヴィア修学奨学金を辞退した。カルティニは教師資格を取得できなくなった。さらに、政庁はアベンダノンが立案した原住民女子校案を不採用とした。その年12月のことであった[122]。1901年はカルティニにとって厳しい年であっただけでなく、教育・宗教・産業局長官アベンダノンにとっても戦略転換を迫られた年であった。こうして、1901年末以降、アベンダノンは女子教育から伝統工芸に主軸を移した。ジュパラの木彫り、すなわち、東インドの美術工芸の振興活動がアベンダノンとカルティニの新しい「結び目」となった。

　一方、カルティニにとっての1901年は何だったのだろうか。よく知られるようにカルティニは、2つの書簡集の中にアベンダノン夫妻を賛辞する文章を多く残している。プラムディヤはこれをアベンダノンに対するカルティニの「跪拝の姿勢」とし、土屋はアベンダノン夫妻の力はカルティニの希望の道だったと指摘する［土屋1991: 154］。なぜ、「跪拝の姿勢」をとり、なぜ希望のためにアベンダノン夫妻が必要だったのか。それはオランダ留学のためである。しかし、バタヴィア修学は流れ教員資格取得は遠退き、女子校開設は頓挫し、オランダ留学はカルティニの一方的な「夢」でしかない。カルティニの「希望」は遠ざかり、その結果、「跪拝の姿勢」もその質を大きく変えていく。

　教師になる機会を逸し女子校設立案が頓挫した後のカルティニの決意は、以下の書簡に的確に表現されている。

> カルティナのスケッチブックに人物が上手に描かれていました。習ったこともないのに素晴しく、妹も水牛の世話をする絵の巧い少年と同じジュパラの子です。栄えあるジュパラ。自分の住む所にこれ程までに誇りをもつ理由を、お解りにならないでしょう。ここに住まざるを得ない多くの者が、可能性のないこの地で暮らす運命に苦しめられているからです！［1902年3月5日付アベンダノン夫人宛書簡，Kartini 1987: 149］

　カルティニは「可能性の無い」ジュパラで暮さざるを得ない、「自分もその一

---

[122] アベンダノンは1901年10月31日付で、Rapport aan den Gouverneur Generaal いわゆる「原住民女子のための学校設立案」を提出し、同年12月に政庁が「不採用」を決定するという経緯があった。

人」[123]という現状を認識した。ここからカルティニは「現地の人」になることを決意する。そして、彼女はジュパラの美術工芸の振興に誇りをもって奉仕した (No.7.3)。このカルティニの戦略では、アベンダノンはジュパラの木彫工芸を振興させるために、パトロンとして不可欠な存在であった。アベンダノンとカルティニの関係は、木彫工芸の振興活動に移行してはじめて、パトロン－クライアント関係が成立した。それは、カルティニがアベンダノン夫人に、受注相手も含めて取引の一部始終を書簡で詳細に伝えたことからも、察することができる。

これ以降、アベンダノンはカルティニを学び続ける者ではなく、すでにヨーロッパ人小学校のカリキュラムに沿って体系的にオランダ語を修得した、オランダ語教育の修了者とみなすようになった。東インド政庁が播いた種は刈り取らねばならない。彼はカルティニにオランダ語ができる地域住民の手本の役割を与えた。

第1節で述べたように、本国オランダで発刊されていた雑誌 *Eigen Haard* へのカルティニの寄稿案件は、その証拠である (1903年1月)。実際に、ジュパラの美術工芸振興は「オランダ語教育のひとつの成果」として高く評価された [van Kol 1903: 677-678]。

1904年、アベンダノンは政庁の教育・宗教・産業局長官退任報告を、カルティニから「教育・文化」面での評価ではなく、「原住民の産業振興についての報告書をオランダへご送付なさいましたか」と、厳しく指摘されている (No. 15.b)。しかし、カルティニはこの報告書を同年8月10日付の書簡で、次のように記している。

> 夫も妻の心の母〔アベンダノン夫人〕を非常に尊敬しています。そして東インドに素晴らしい人達が多くいると思っていらっしゃる御主人様〔アベンダノン氏〕も尊敬しています。それは我々の土地に対する大いなる祝福です。皆が脱帽する人物であると、夫はいつも申します。現地の産業振興についての報告書 rapport over de opbeuring van Inl. nijverheid を手にして以来、「何という活力、仕事力、明快な識見なのだ！」と、夫は一層尊敬し言葉を極めて申します [1904年8月10日付アベンダノン夫人宛書簡, Kartini 1987: 375]。

---

123) 同様の表現は1901年8月付ファン・コル夫人宛の書簡にもあり、「私はこの土地で生まれ育ったジャワの子です」[Kartini 1911: 183] と記され、カルティニは自身がジュパラという芸術性の高い土地に生まれたジャワ人であることの誇りを、複数の文通相手に主張したことを示している。

カルティニは、アベンダノンが任務の集大成として記した報告書を「現地の産業振興についての報告書」とみなし、その貢献への「活力、仕事力、明快な識見」を称賛する。そこにはアベンダノン在任中の、たとえば女子教育への経綸への評価は全くない。だからこそ、アベンダノンはこの文章を1911年版から削除せざるをえなかった。

　このゆえに逆に、*Door Duisternis tot Licht* の出版は「カルティニ学校」の開設というアベンダノンの過去の挫折した夢の叙述のために、カルティニとアベンダノンとの関係を女子教育問題に偏重しなければならなかった。そして、それは今日まで、現地女性と植民地官僚の美しい関係性として伝えられてきた。しかし1987年版によって、カルティニがその夢の挫折後、文字通り命を投じて伝統美術工芸の振興活動を続け、ジュパラの住民に貢献したことが明らかになった。

3.　カルティニの社会活動

3.1.　美術工芸制作におけるカルティニの創造性

　カルティニの短すぎる後半生の最も重要な使命は、ジュパラの美術工芸振興活動への貢献である。本節ではその使命の具体的な内容、つまりカルティニが何をしたかについて分析する。

　カルティニはジャワの美術工芸作品のヨーロッパ市場へ紹介・進出し、地域振興に結びつけた。それはまさにオランダ語教育を受けたジャワ人であり、女性という社会的拘束に苦しめられ続けたカルティニでなければできなかった「使命」であった。

　当時の東インドの木彫りは、儀式に用いられる用具や家の柱等に施され、ジャワではワヤンの人形やクリスの柄や鞘、踊りに用いる仮面などが代表的な作品であり、ジュパラはジャワを代表する木彫の製作地であり、バリ島と並んで広く知られていた［Bezemer s.n.: 10］。だが、それだけでは市場に限定があり、ほとんど経済効果をもたなかった。カルティニの活動の第一は、ヨーロッパ人を木彫作品の顧客とすべく、木彫工芸の情報を彼らに発信し続けたことである[124]。

---

[124] 木彫り製品は地元で華人達に前請けされていた［Soeroto 1984 (1977): 204］。

第二に、カルティニはオランダ語を活用して、工芸品の受注から納品までを適切に処理するエージェントだった。後に、東西協会が販路を担うようになると、返品やキャンセルが発生した時、東西協会が買い取ることをカルティニは提案し、受け入れられた（No. 1.12）。また、カルティニは仕上がった作品を自ら梱包した事は（No. 1.30、No. 1.31、No. 9.4）、最終の商品検査の責任を彼女自身が担ったことを意味する。納品後に寄せられる苦情への対応は、カルティニの役割であった。それは二つの世界の価値観をともに理解したカルティニだけができる「仲介」であった。

　カルティニ姉妹とジュパラの職人達が互いに可能な限り力を出し合い、受注から代金受領までの過程で仕事を分かち合い役割を果たした。カルティニ自身はオランダ語が必要とされる仕事 ── 商品の紹介や注文品の仕様、請求、苦情処理など、オランダ人の顧客とジュパラの職人との仲立ちをする役割を担った。特に、顧客の要望や製品のコンセプトを職人に伝えると同時に、カルティニは木彫職人が作品に込めた思いを、素直に正確に顧客にオランダ語で伝えた。さらに注文を待つだけでなく、顧客にとっての価値がどこにあるのかを見極め、その提案を先取りすることが自らの役割であると認識していた。例えば、顧客が注文し易いように商品リストを作成し（No. 1.22）、顧客の求め易い価格で日常生活に役立つ製品を企画した（No. 5.9、No. 5.11）。前節の「活動状況」を記した書簡が示すように、カルティニのビジネスは暖かみのある付き合いを旨とし、顧客に対する理解や洞察を通じてビジネスを展開し、顧客と作り手が双方共に満足できる状況を作り出そうとした。

　すなわち、カルティニは植民地社会にあって隷属的な立場にあった生産者側のエージェントとして、「家具の素描」など具体的なイメージを発信し消費者と生産者の感性を仲介することによって、その主体性を主張し続けたのである。

　第三に、カルティニは市場を見据えた優れた商品開発者であった。先述のように、当時の東インドの典型的な木彫は儀式用の像や道具類などに施され、用途が限定した工芸品であり、主に男性を市場としていた。しかし、カルティニは表4に示すように斬新なモデルを提案した。「活動状況」で言及したように装飾性と実用性を追求し、また日常身辺の道具類にはジェンダーを超えたコンセプトを提案した。さらに、「活動状況」の生産管理や製品開発で述べたように、ジュパラの木彫品に新しいデザイン管理（No. 5.1）をもちこんだ。それは、

表4：美術工芸制作におけるカルティニの創造性を示す作品一覧表

工芸種類	種目	商品
木彫品	家具	衝立（スクリーン）：扉用、暖炉用、室内装飾用（透かし彫り、ワヤン・蔦・虎等木彫装飾付、三つ折り・五つ折等有、主に欧風家屋向け）
		テーブル：小型（サイドテーブル三脚・四脚湾曲型、銀細工装飾付、螺鈿細工付）、ライティングテーブル、ドレッサー（化粧用脚付台）
		棚：書棚（ワヤン等木彫装飾付、ガラス扉有・無）、食器棚、キャビネット（飾り棚）
		その他：ワードローブ、チェスト、チェア、絵画用額縁、室内装飾用調度品各種
	雑貨その他	箱：宝石箱（蓋及び側面木彫有・無、内側絹布有・無、銀装飾有・無、名前彫入り）、シリボックス、カトラリーボックス、ファイルボックス、写真箱、文箱、おしろい箱、切手箱、吸取り紙箱、作業箱等
		フォトスタンド：額一般、写真を入れる絹布張り箇所にワヤン等刺繍付コラージュフレーム、スクリーンミニチュア風写真立（衝立とお揃い可）等各種
		トレー：切手・印紙入れ、パン皿、手袋入れ、吸い取り紙入れなど盆の形状の浅い箱各種
		ケース：名刺入れ、シガレットケース、トランプ用ケース、ワヤン人形型ケース等各種
		その他：ペーパーナイフ、カードファイル、レターホルダー、ペーパーホルダー、ラック等
木彫品以外		銀製品（ケース、トレー、果実オブジェ、ボックス）
		鼈甲製品（シリボックスほか箱各種、装飾用櫛）
		織物（プランギ飾帯、ドリンギン絣）

注）木彫品のほかに、カルティニがジュパラの伝統技法を復興し製作したと記した美術工芸製品も挙げた。これらの製品はほとんど全てオランダ人顧客と東西協会に納品された。*Brieven* には、当時、他所の木彫工房で製作されていた儀式用関連品は全く記されていなかったことを、ここに特記したい。

ヨーロッパ市場が希求し、しかもヨーロッパでは創りえない作品を開拓し、紹介し続ける試みであった（No. 5.2）。

　カルティニは職人と直接的なネットワークをもっていた。前節でみたように、カルティニと妹ルクミニは製作現場へ足を運び職人と話し合い、新製品を開発した。一緒にアイデアを出し合って見取り図を作り、また仕上がりイメージを絵にして（No. 5.6、No. 6.3）、それらは後に、カルティニが顧客に送付し注文品の確認や要望を尋ねる時に使われた。カルティニは、商品開発を通じて、職人の仕事場に創造性と市場性をもたらした。

第四に、カルティニは生産者を拘束する悪しき慣習の破壊者であった。以下は、カルティニが亡くなる十日前、最期の書簡の「追伸」の部分である。

> 奥様がこちらで私に御見せくださいましたワヤンの形をしたクバヤ kebaya〔ジャワの女性の上衣〕用の銀のピン留 1 セットを欲しいと思います。どなたにそれを注文すればよろしいのでしょうか。東西協会宛に書簡を書けば、入手が可能でしょうか〔1904 年 9 月 7 日付アベンダノン夫人宛書簡．Kartini 1987: 381〕。

　アベンダノン夫人が以前、見せてくれたワヤン wayang（ジャワの影絵芝居）の人形を意匠とした銀細工のブローチを、カルティニは病床で求めている。クバヤの「留め」にワヤンをモティーフとすることはこれまでありえなかった。カルティニは他者の作品に注目し、ワヤンの文様を服飾品とする斬新な発想に共感した。カルティニはそのブローチを参考に、伝統工芸と伝統芸能のコラボレーションを進めようとしたのであろう[125]。

　確かに、カルティニと職人達の双方がジャワの慣習を打破し、ジェンダーを超えて共に働くことは[126]、当時のジャワの「常識」を逸脱していた。が、実際にカルティニは職人を必要とし、職人ももちろんカルティニを必要とし、両者は正に共生した。

　それはカルティニ自身が生産側の人間として、職人と仲間意識をもちえたことによる（No. 6.3、No. 7.5）。次の一文は、カルティニの妹ルクミニの描写であるが、ルクミニの仕事をほほえましく観察するカルティニがあり、それがカルティニの同時代の中では考え難い進歩性を表明する。

> *妹ルクミニはもちろん直ちに職人達と一緒に長椅子に座って仕事に加わりました。妹はいつもそこに座っているかのように楽しみくつろいでいました*〔1902 年 9 月 2 日付アベンダノン夫人宛書簡．ibid: 197〕。

　カルティニ姉妹がブパティというジュパラでは最高のエリートの娘であることが、その自由さを保障していた。ファン・コルもジュパラの木彫工芸を次のように評した。

---

125) 今では、ワヤンのモティーフを銀製品やバティックの文様に採用することは、一般化している。
126) この点を、アベンダノンは上述の第 4 通にみられるように、貴族と職人の協力を宣伝し、植民地主義の介入による身分制社会の変化を語らせる上で、1911 年版に採用したが、それはオランダ人を読者の対象とする考えであって、ジャワ人では「上位下達」と解釈されるであろう。

ジュパラの産業について、糖業の他に見事な木彫と趣味のよい藍染めの織物がレヘント
によって奨励され、それは民衆を愛するレヘントの令嬢達〔カルティニ姉妹〕に対する
レヘントの強力な支援となってあらわれている［van Kol 1903: 677］。

　上述は、ファン・コル（本国オランダの国会議員）が東インドを視察した1902
年の記録である。ジュパラで高度な木彫技術が職人に脈々と受け継がれている
こと、カルティニ姉妹が父親のレヘントの支援を得て産業の振興に努めること
が記されている。オランダ人にとって、それはレヘントの令嬢の道楽かもしれ
ない。しかし、その社会的身分はカルティニによって十分に「進歩的」に利用
されていた。すなわち、貴族の令嬢であり、ラデン・アユになるカルティニだ
けが伝統を批判し、職人と交わることができたのであった。

　カルティニは時代を理解し、夢をもった商品開発者であり、カルティニ個人
がもつ独自性を発揮した。カルティニ自身もワヤンを木彫りや銀細工の調度品
のモティーフに取り入れた（No. 5）[127]。職人達にも無意味な慣習の打破を説得
し、新規性のある木彫りを創造した。カルティニは自身のバティックの文様を
用いた木彫りを提案した［Kartini 1911: 476］。ほかに、古のジュパラのスルタン
が使用した文様を採用し（No. 4.4）、ジュパラにまつわる伝説をアベンダノン夫
人に紹介した［Kartini 1987: 148］。カルティニは伝統を重んじると同時に、
ファッション性のある革新的で創造的な作品の提供に努めたことを意味する。
創造性を重視する姿勢は、注文に応じることと並行して、カルティニの提案す
る製品（No. 5.2）に表出した。カルティニが提案したデザインが、木彫り職人
の精神と想像力を解放した。現在、ジュパラの木彫家具はその現代性と芸術性
に高い評価を受けているが、これはカルティニのこの時の活動なくしてはあり
えないことである。

　第五に、カルティニはジュパラの住民の生活向上のために、市場と誇りとし
てのオランダ人を利用した。カルティニの最大の目的は、ジュパラの職人達に
仕事を与えることであった。それには近代市場の拡大こそが唯一の道であっ
た。だから、木彫製品を購入したオランダ人から喜びを伝える書簡を受け取る
ことが、カルティニの喜びであった。オランダ人に認められることはジュパラ
の工芸品の国際的な販路を拡大し、安定的な市場を用意する最良の手段だから

127）カルティニがワヤンのモティーフをジュパラの木彫工芸に加えたことは、スロトも指摘する
　　［Soeroto 1984(1977): 106］。

であった。
　オランダ人に認められるためには、オランダ人の価値観に受け入れられるものでなければならない。それはオランダ人がジュパラの木彫りの価値を発見するのではなく、カルティニがオランダ人の価値を発見し、利用するのであった。
　カルティニはオランダ語と人脈を駆使して（No. 5.4、No. 5.7）、他者の慶事・吉報に共感し、喜びを木彫品に託して贈ることを自ら実践しかつ提案した[128]（No. 5.2）。また、カルティニは展覧会に強い関心を寄せた（No. 4.3、No. 4.5、No. 4.7-9、No. 7.1）。なぜなら、カルティニにとっての展覧会は、ジュパラと顧客との出会いの場であった。カルティニは覚書「ジャワ人に教育を」の中に展覧会について次のように記している。

> オランダで東インドとその住民への関心を喚起するには、視覚に訴えることである。その効果は人気を博す本より大きいであろう。ハーグで「西洋と東洋 Oost en West van Indische Kunst」のような東インドの芸術・工芸の展覧会をもっと開催し、例えば家屋〔純粋のジャワの〕を展示し、ガムランを公演する。多くの人が展覧会に足を運べるように入場料は安価にし、オランダ各地を巡回してはどうだろうか［富永 1987: 205］。

　また、官邸でのレセプションに、カルティニは理事官の勧めもあって度々出席したが、「楽しみや、華やかさを求めて出席しているのではなく」［Kartniti 1911: 6］、社交界をジャワの文化を伝える広報の場と認識していた。
　カルティニはヨーロッパ人にジャワの文化を紹介するという使命感ゆえに、倫理政策の宣伝に使われることを知っていても、あえて忍耐を強いて伝統工芸の広報活動を優先した。それは、既に述べたように、*Eigen Haard* の寄稿に言及した 1903 年 10 月 19 日付書簡でも明白である。カルティニがジュパラの美術工芸を外の世界へ発信する努力に対し、オランダ本国から次のような反響が見あった。

128）カルティニ自らも率先して行った。たとえば、アベンダノン夫妻の銀婚式に木彫り製品を贈った。「明日、鉄道にて銀婚式の贈り物として小型テーブルをバタヴィアへお送りします。スマランからバタヴィアへの郵送料を存じず着払いで発送致し、多少の遅滞があるかと存じます」と記している（1903 年 2 月 4 日付アベンダノン氏宛）。また、カルティニの結婚祝いに何がよいかとアベンダノン夫人に訪ねられた時、「私を喜ばせる事とは何でしょう —— 本以外でしたら美術工芸品、一番に私の土地のそれが大好きです」と答えた（1903 年 11 月 3 日）。

> 最近オランダから届いた物をご想像ください。暈し織・染めの本を、国会議員ペイナッケル・ホルデイク Pijnacker Hordijk 氏の義理のごきょうだいの作家の方から頂戴しました。ジャワ人の洗練された文化を広めた我々の努力が認められました。暈しと民衆の文化、どちらもすばらしい！ さる方がドライフラワーとそれを作る道具を送ってくださいました。その理由は、我々は我々の地方が大好きで、その大地の植物から生まれ出た作品と深くかかわっているからです。まさにその通り！ 我々が植物学者になること間違いなし。まだそうでなければのことですが！［1903年5月18日付アベンダノン夫人宛書簡，Kartini 1987: 291］

　自称「植物学者」とは、カルティニがジャワの植物の全てを知り尽くしているのではなく、その地に生まれ、そこに暮す人々の個性をよく知り土地の理解をもっていることへの誇らしげな宣言であった。

3. 2.　「もの言わぬ弱者」の代弁者

　前述のように、ジュパラの工芸振興活動において、カルティニは職人が技術を伝授する現場に自ら足を運び、ともに作品を練り上げた。カルティニは職人と接することで、匠の技の高さと同時に彼らの社会的地位の低さを認識した。が、このような経験は、ブパティの娘であるカルティニにとっても、はじめてではなかった。

> 子供の頃、踊りを習いガムランの調べに合わせ腕や手や身体を動かし、踊り子になる夢を描き、踊り子と交流がありました。母は踊り子の衣装の着付をしてくれました。倒れるまで踊り、踊り子達の腕の中で親しく横たわり、本当に我々は無邪気でした。踊り子達の芸術を鑑賞し、彼女達は我々を本当に可愛がってくれました。後ほど、民衆文化が賞賛されるべきなのに低い評価を受け、踊り子に憧れたことは恥であると知りました。さらに後になって我々が民衆文化と切り離されていることが判るようになりました［1902年12月12日付アベンダノン夫人宛書簡，ibid 1987: 249］。

　カルティニは踊りを通じて、自らと踊り子の間に何らの差がないことを感得した。さらに、

> 我々に祖先を自慢させるものは何なのでしょう。道端で働く強制労働を課された人々の祖先は、我々の祖先と同じ時代に生きていなかったのでしょうか。その家系は我々のそれと同じくらい存続し、彼らは空や地面から出て来たのではなく、我々のように両親から生まれて来ました［ibid 1987: 250］。

カルティニはつまり、下層社会の人々と自分が同じであること、不平等は生まれが彼らに過酷にのしかかった結果であることを、経験と知識、さらにその知性によって知っていた。

> 嘗て我々がその芸術に酔いしれ「その美はどこからくるのか」と、尋ねると一瞬目を伏せそして我々を見て、「私の心からです。お嬢様」と、はにかんで答えました。私は彼よりも社会的に高位 ── 私は段上にいて、彼はその下で我々の前で身を低め小さくなっていることに対し、私は嫌悪感をおぼえ堪えられませんでした。なぜなら、我々は偶然に父の子であるというだけで権力と信望があると認識されるからです。どのような権利で我々がいつも人々から尊敬されているのでしょう。私はそれが嫌で耐えられません。「貴族の血」の一人の者がそう思い考えます。すなわち結局それが社会民主主義に行き着いても不思議はないと！［1902年8月24日付アベンダノン夫人宛書簡，ibid: 194］

　当時、カルティニの父親のような仕事に従事する者 pegawai と、職人 tukang との間に社会的な隔たりが存在した。しかし、職人が作り出したものの美しさを知り、その美が彼らの心から生まれたことに感動するカルティニに、職業の貴賤はなかった。

> 素朴なジャワ人の能力への真の崇高さと驚嘆です。立派な作品を目にし、次に素朴な作り手と簡素な道具を見て、職人がそれを用いて立派な作品を作り出すところを見れば、作品に対する敬意そして彼らが真の芸術家であることを確信するのです［ibid: 193］。

　カルティニは彼らの仕事に対し尊敬の念を伝え、職人が仕事の崇高性を認識することを求めた。カルティニはさらなる技術の向上を最重要課題とした（No. 10.2、No. 7、No. 10）。つまり、美しさと機能的に優れた作品を生み出すことを通じて、非合理な社会的身分、その制約を打破しようとした。そのためにカルティニは、職人が作品を立派に作成することに傾注できるよう心を配った。しかし、カルティニが高く評しても彼らの社会的地位が上がるわけではなかった。そこからカルティニは職人達の声を代弁する使命に気付いた。カルティニは次のように彼らの資質・個性そして意思を伝えはじめた。

> 少し前彼〔木彫職人シンゴ〕は災難を奇跡的に免れました。火事が発生し、彼の同僚の家を11戸焼き尽くしました。屋根の上にそびえる椰子の木は炎に包まれましたが、家は全く無傷で残ったのです。繰り出してきた人々がこの奇跡を見て、火災を免れた家の

持ち主に何の「まじない」をしたのか尋ねました。彼は、「まじない」などせず、「アラーの神よ」とだけ唱え災難から免れたと言いました。立派な答えだと思われませんか。聞いてください。火災の翌日、彼は我々を訪問し、我々の恵みで家が無事であったことに対し感謝の意を述べました。彼への我々の恵みの力で、彼の家が火災を免れたと言いました。このような純朴な信心に感動を覚えます［1902年12月12日付アベンダノン夫人宛書簡, ibid: 241］。

アベンダノンの編集では、シンゴ（木彫職人）の事例が工芸振興活動の範疇に留め置かれた（No. 7.4）。しかし、カルティニの意図は夫人との文通を通じてムスリムの職人の実態を例に挙げ、オランダ人行政官がその事実を知るようにオランダ語で解説することにあった。

> 幸福でいる彼らから純朴な信心を取り上げてよいのか、自問します。その代わりに彼らに何を与えることが可能でしょうか。破壊は誰にもできますが、立ち上げることはどうでしょうか。彼らに何もしてあげられないことを我々はわかっています。彼らの信仰に対して他の信仰を示すことができましょうか。本当の信仰は受身であったり受け継いだりするのではなく、心の裡に生じます。その純朴な信心に、我々や他者には持ちあわせない奇跡を起こす力があると思うと、深い神秘を感じます。不慮の事故に遭った人々に対して我々の友人から多くの励ましを頂きました［ibid: 241］。

上述で、カルティニは職人達に代って、信仰が守られ、彼らの自己決定が尊重されるよう求めた。それはシンゴ達の働きとその世界に本来の尊厳を与えて、彼らの思考する自由を守ろうとしたからであった。

しかし、カルティニがオランダ語で代弁すればするほど、その内容は政庁のオランダ語教育政策のねらいとは対極となった。まさに、「他の信仰を示すことができましょうか」とは、カルティニが倫理政策のもとで展開されたキリスト教の布教についての、とくに宗教戦争の様相をみせるアチェ戦争への、弱者の代弁者としての必至の抗議であった。

また、上述のアベンダノン夫人宛書簡から時を経ずして夫人の子息に記した書簡には、カルティニの主張の連続性が見られる。

> ムスリムは自分の信仰を捨て別の信仰に奉じる元信者を軽蔑します。ムスリムはそれを最大の罪と看做します。キリスト教に改宗した者は、まだイスラームを信仰する者を軽蔑します。キリスト教に改宗した者は、オランダ人と同じ宗教を信仰する今、オランダ

人と同じくらい偉くなったと思います。このことから何が生じるか、これ以上書く必要はないと存じます［1903年1月31日付アベンダノン子息宛書簡．Kartini 1911: 470-471］。

ここで、カルティニは政庁が推進する改宗は、単に改宗や文明化の問題ではなく、人々の心を傷つけ、人間関係に楔を打ち、遂には社会を解体させることを警告した[129]。

最晩年（1904年）の8書簡の内7通が美術工芸製品に言及し、その内6通（No. ⑫-⑰）が商品代金の請求であり、その内容を知るのはカルティニただ一人であった。カルティニにとって最後の最後まで最重要の課題は、民衆の啓蒙や教育の発展による「闇から光へ」の道を模索することではなく、技術を磨き、美しいものを創造し、産業を振興し、市場を国際化し、その結果として既存の美しい伝統を守りながら、その中の非合理なものを改めていく運動だった。カルティニは、あたかも自らの余命を予知していたかの如く、自己の役割を果して逝った。

オランダ東インド政庁の教育・産業・宗教局長官であるアベンダノンは「女子校設立計画」が頓挫した直後に、カルティニを教育政策の対象から、「原住民産業振興」の対象として捉え直した。生前のカルティニとアベンダノンは産業振興におけるパトロン－クライアントの関係であり、カルティニは仕事上の連絡を取るために、書簡を書かなければならなかった。工芸の振興と発展が、両者の文通を成立させた大きな要因のひとつであった。

カルティニの工芸振興活動は、経済成長の追及を意味しない。当時、カルティニと職人の関係は、「ブパティの令嬢」が上下関係で仕事を与えるような印象をもたれたが（No. 5.5）、カルティニの実践は両者が共に働くことによって、富める者と貧しい者と間につながりを生むのみならず、ジェンダーを超えた協同の場を表出した。それは、カルティニがジュパラの人々の資質や個性をよく認識し、社会に対して果す役割を明示したことを意味する。また、カルティニは単なるオランダ語による市場と生産現場との仲介者であるのではなかった。カルティニの仲介とは、二つの世界を生きたカルティニだけができ

---

129) この引用文は、次の章で言及するカルティニが後に作成した覚書「ジャワ人に教育を」の一節に記された文章と共通する。

る、二つの相異なる文化価値を仲介することであった。

　その活動は木彫工芸のみならず、ドリンギン（絣織）や金細工の復興へと広がった（No. ①-⑰）。そして、職人の生活水準の向上をみた（No. 7.4）。工芸振興活動はすなわち生活改良運動の側面もあった。さらに、カルティニは「声なき弱者」の代弁者としての役割を果たした。カルティニの働きは、工芸振興活動がジュパラにとって「何のための成長か」という点について、その方向性を明確に示した。

　しかし、「カルティニ学校」の開設というアベンダノンの目的性のために、*Door Duisternis tot Licht* ではカルティニとアベンダノンとの関係性が女子教育問題に偏重し、カルティニが全生涯を懸けた工芸振興活動の全容を欠いて編集された。しかし、1987年版には、カルティニが工芸振興活動を通じて、「私もジュパラの住人の一人」（No. 7.3）と断言するカルティニへと変貌する軌跡を示していた。それは今も、実働するカルティニの姿と実声を我々に伝えている。

第 5 章
失われたカルティニの声を求めて

カルティニの理想と現実

カルティニは現在のインドネシア共和国で、ジャワ人女子のために東インド初の女学校を開設した教育者としても顕彰されている。カルティニの学校の実践規範は倫理派の者達に影響を与え、カルティニ学校 Sekolah Kartini の設立を促したと言われる［Soeroto 1984(1977): 33］。しかし、カルティニがジュパラで実際に教育に携わった期間は、結婚前のわずか5ヶ月の間で、しかも彼女が理想とする学校と大きな乖離があった。事実、女性が「考えても実行が許されることがなかった」[130]時代思潮が1987年版に描かれているように、慣習によって行動が束縛されたカルティニが実行できた事はわずかであった。

ゆえに、本章では女学校を運営した教育者という観点からカルティニを捉えるのではなく、「時代の制約」を乗り越えようとした時にジャワの女子教育問題に直面したカルティニが、解決することを願った問題、解決しようと努めた問題そして解決できなかった問題を検討する。

さらに、カルティニは知人の女性達を挙げ、その場にいた女性にしか分からない思いを今日に伝えている。それは、プライベートな手紙に記されたという点で、広く流通することを前提としない記録資料である。しかし、アベンダノンは、カルティニが日常の身辺で取材したジャワの女性の事例を消し去り、カルティニの夢と理想を中心に *Door Duisternis tot Licht* を編集した。その編集によって、失われたカルティニの理念、カルティニ達女性の声を本章で紹介し、検討する。

第1節　失われた女性達の声を求めて

1. 削除された女性達の声

本節では、女性問題について、アベンダノンの編集で失われた事実を掘り起

---

130) 1900年8月付アベンダノン夫人宛の書簡で、ジュパラのヨーロッパ人小学校校長にその令嬢と一緒にオランダへの進学を薦められた時、「そうしたいかとお尋ねにならないで、することが許されるのかとお尋ねください」と、カルティニは答えた［Kartini 1987: 8］。誰が許すのか――それは父親であり、彼の判断はジャワの慣習を根拠とした。この書簡を筆頭に、「考えても、出来ても、欲しても、許されない」事例や表現が繰り返し書簡集に述べられている。

こし、世紀転換期のジャワ人の女性の実状を考察する。本節に登場する女性達は、妹カルディナや、友人などの文通相手の他に、カルティニと直接会話した女性達や、アベンダノン夫人とカルティニの共通の知人からの伝聞、つまり間接的な知人達の情報も含まれる。それは特定の社会環境をもった女性達が、自分から語りだした内容である。

では、なぜ彼女達がカルティニに実状を訴えたのか。中には初対面の女性もいたのである。人は一般に、自分の理解者にしか話そうとしない。つまり、カルティニは自身の状況が特殊なものとせず、他者の悲惨な状況と無関係ではないと認識し、他者と問題を共有し、その苦痛を理解できたからではなかろうか。また、カルティニは他の女性達の言葉から、その思い、感情を瞬時に掌握する能力を備えていたのであろう。このような他者への共感から、カルティニは声なき女性に代わって社会の不条理を表明した。

しかし、アベンダノンの編集では女性達の叫びを代弁しようとするカルティニの姿は見えない。しかし、*Brieven* はそれを今に伝える。

Door Duisternis tot Licht に原文のまま全文が掲載された書簡は次の通りであった。

① 官吏の2番目の妻（1901年11月29日付書簡、第2章第3節参照）
② ワヤン・オラン一座のブパティの孫娘（1902年1月3日付書簡）

Door Duisternis tot Licht に部分的に掲載された女性達の声、及び編集の際に名称を変更された女性達が綴られた書簡は次のとおりである：

① 母の亡き姉（1901年11月29日付書簡：1911年版では「母の知人」に変更の上、一部のみ採録）
② クトアルジョのブパティの令嬢達（1901年12月21日付書簡）
③ 別のスンダのブパティの令嬢（1901年12月21日付書簡）
④ 別のスンダのブパティの孫娘と彼女の義理の娘（1901年12月12日付書簡）
⑤ カルティニの長姉の夫の妹（1902年1月3日付書簡：1911年版では「私の知る女子」に変更の上、全文掲載）
⑥ 助産婦ユスティナ Justinah（1903年8月4日付書簡、同年8月14日付書簡：1911年版では前者は全文削除、後者は全文掲載）
⑦ 妹カルディナの結婚問題（1987年版書簡集の中で1900年末から1903年まで途切れることなく記されている）

⑥以外は、「多妻家庭」の環境にある娘達および強制結婚を強いられた女性の事例である。

1987 年、Brieven の刊行によって初めて公表された女性達とその書簡は次の通りである：

① プリアンガンのブパティの令嬢（1900 年 10 月 7 日付書簡）
② バンドンのラデン・アユとその妹（1901 年 9 月 30 日付書簡）
③ チアミスのブパティの令嬢姉妹（1901 年 9 月 30 日、1902 年 3 月 27 日、同年 12 月 12 日付書簡）
④ カルティニの長兄の妻（1901 年 11 月 29 日付書簡）
⑤ 旧友と結婚した現地人女性（1901 年 11 月 29 日付書簡）
⑥ カルティニの叔母（1901 年 12 月 21 日付書簡）
⑦ カルティニの母方の従妹（1901 年 12 月 21 日付書簡）
⑧ ボジョネゴロのブパティの令嬢（1901 年 12 月 21 日付書簡）
⑨ 正妻として暮らす中で半狂乱になった某ブパティの令嬢（1902 年 3 月 27 日付書簡）
⑩ 家庭愛に渇望した著名なブパティの令嬢（1902 年 3 月 27 日付書簡）
⑪ ガルートのラデン・アユ（1902 年 7 月 15 日付書簡）
⑫ カルティニと同様の世間の酷評を受け、早世したブパティの令嬢（1902 年 10 月 27 日付書簡）
⑬ カルティニの父方の叔母とその異母令嬢（1902 年 12 月 21 日付書簡、第 2 章第 3 節でデマックの叔母として既述した）
⑭ チアミスのブパティの令嬢（③）の姉とチアミスのラデン・アユ（1902 年 12 月 12 日付書簡）
⑮ カルティニと同時期に出産したブパティの妻（1904 年 8 月 24 日付書簡）

まず、Brieven で初めて紹介された「多妻家庭」に育つ娘の 3 事例を考察する。

【例 1　クトアルジョのブパティの令嬢】

我々は解放を志向する同世代のブパティの娘を知っています。彼女はさらに学びたかったことでしょう。彼女はオランダ語が堪能で読書家です。クトアルジョ Koetardjo のブパティの 2 人の娘たちは大変愛らしく、我々は大好きです。知人の女教師から姉の方が勉強好きであると知りました。その子がヨーロッパを見たいと私に言ったことがあります。妹の方も大変可愛いよい子ですが、頭はそれ程よいとは思いません。彼女は直に非

常に若いブパティと結婚しました。彼女自身もまだ非常に若く、まだ16歳だったと思います。数年前、その姉妹が拙宅を訪問し、戻ると直に絵画を習い、今では上手に描きます。女性が何かを学んだ時、男性は大きな支援をしていると父は申します。父は洗練され教養ある女性に敬意をはらいます。我々はそのブパティのもう一人の娘と知り合いで、彼女は既婚者でオランダ語をあまり話せませんが、何事もよく理解し、自由で自立したヨーロッパの女性に共感し、現地人社会もそうであったなら理想的だと思っています［1901年12月21日付アベンダノン夫人宛書簡．Kartini 1987: 121］。

　1911年版に採用された部分には、クトアルジョの一人の令嬢がカルティニ同様に解放を志向し、自立・自由に共感することが記されている。しかし、令嬢は16歳で結婚させられ勉強を続けることを許されなかった。カルティニ一家と親交があったクトアルジョのブパティもまたオランダ語の重要性を認識し[131]、子供達に洋式教育を授けた[132]。しかし、中等教育機関が充実しても、女性は慣習に阻まれ倫理政策の恩恵に浴せず蚊帳の外であった。

　上述の書簡で1911年版では以下の箇所が割愛されている。

　　この少女達が両親にここへ連れられて来た時、母は娘達の母親に尋ねました。長女は彼女自身が産んだ子であるのかを。「いいえ、長女は私の娘ではありません。メイドが産んだ子です。彼女（妹の方を指して）が私の長女です」と、答えました。可哀想なルビリン Roebilin。母は涙を溜めて私に話し、ひどく心を痛めていました。誰かが義理の子の話を母にむけても、我々が母の子ではなくそれが母の心の傷であることを、母は決して他言しません［1901年12月21日付アベンダノン夫人宛書簡．ibid: 121-122］。

---

131) *De Echo* 1901年9月8日号に掲載された定期購読者のリストに、「R. A. Poerboatmodjo, Regent, Koetardjo」と名前・職業・住所が挙げられている。カルティニと同様、数少ないジャワ人の購読者であり、オランダ語に堪能で開明的な人物であったことを示す。

132) 1911年版では削除された別の書簡には、カルティニの弟とクトアルジョのブパティの子息が同級生であると記されている。1903年4月19日付アベンダノン氏宛の書簡で、カルティニは、「農学校が森林官を養成する機会を設けるか否かを御一報頂ければ幸甚です。弟ムリオノがあちらへ行くのであれば、他のブパティ（クトアルジョ Koetarjo）のご子息も行く予定です。良いことだとお思いになりませんか。弟が4年次進級試験に通ることが目下の願いですが」と、書いている。倫理政策の下、専門職につながる中等教育機関が設立または拡充され、進路の選択肢が増加した。上述はカルティニが弟の進路をアベンダノンに相談する箇所であり、カルティニの弟とクトアルジョのブパティの子息はHBS 3年次生であることから、留年していなければ16歳であろう。彼らはHBSに在籍を続けるか、ボゴール農学校へ進学するか将来像を描きながら進路を考慮中である。

ここでは、母ラデン・アユと異腹の娘の関係が如実に描かれている。カルティニは義母であり、正妻であるラデン・アユとの確執を経験し、それゆえに正妻の心の傷が理解できた。娘を「可哀想」というカルティニの思いは、クトアルジョのブパティの姉娘ルビリンに自身を投影したからにちがいない。

　カルティニの家庭では父親であるソスロニングラットの考えによって、兄弟姉妹の秩序は母親の社会的身分ではなく「長幼の序」に則っていた。身分差が年齢差よりも重んじられた時代にあって、異腹のカルティニや兄カルトノ達が、ラデン・アユの子達と平等に学校教育の機会を与えられたことは、世紀転換期における教養あるブパティ家の文化の変化を表出している。しかし、第2章で述べたようにカルティニは「多妻家庭」に育ち、幼少の頃から苦悩した。だから、ルビリンが解放を志向し、「ヨーロッパを見たい」という言葉の背後を、カルティニは理解し共感を覚え、その印象を書簡に残したのであろう。

　日付が記された書簡でクトアルジョのブパティと記載すれば「名指し」と同然であり、アベンダノンは匿名性を守るために割愛した面もあろう。しかし、問題とすべきはアベンダノンが紹介する上段（斜体）のヨーロッパ賛美と、アベンダノンが削除した下段での女性達の苦悩との落差である。すなわち、1911年版だけを読むかぎり、オランダに好意的で洋式教育を望む若い女性を読者に紹介したにすぎず、カルティニの意図はまったく換骨奪胎される。なぜなら、この令嬢は、ヨーロッパでは女性問題に改善の兆しが見られることを知ると同時に、彼女の親世代が受容した抑圧を今度は自身が再生産する立場、すなわち一夫多妻制に「加担」させられる環境にあることを痛感しているからである。倫理政策が始まっても女性には、悪しき慣習が繰り返されるかぎり苦悩が強いられる。カルティニは自身を省みて、ヨーロッパ人小学校という空間と家庭の間に生じる格差を再認識した。すなわちそれは、ジャワの女性は世界の動きからさらに取り残されるというカルティニの焦燥と嘆きであった。

　次に、結婚と同時に「義母かつ義理の祖母」となった若きラデン・アユの例を挙げる。

【例2　別のスンダのブパティの孫娘と彼女の義理の娘】
　ブパティの孫娘（両親は既に死亡）は立派な教育を受ける機会があったにちがいありません。上手にピアノを弾くこと等から判断すると。何でもあって本当にリッチです。彼女はセイトホフ理事官のご一家とご懇意で、理事官は彼女の事をよく話題になさり、

第5章　失われたカルティニの声を求めて　221

我々もよく耳にしました。彼女はヨーロッパ式に婚約して結婚しました。複数の女性と成人した子も含めて大勢の子供のある誰かと。私は彼女の義理の娘と面識があります。その子はオランダ語ができて2歳の子の母親で17歳、義理の母親との年齢差は2歳ほどで、夫となる男性を自ら選び、とても幸せと言いました。結婚すると聞いた時、私は胸が痛みましたが、今やブパティの正妻！ 彼女は百万長者にちがいなく、黄金の傘paqjoengを伴わない金に何の意味もありません。結婚前に彼女が如何に悩んだかを誰も知りません。スタール大佐がファン・デン・ウェイク v. d. Wijk 総督の名代として、結婚式にご臨席になりました［1901年12月21日付アベンダノン夫人宛書簡，Kartini 1987: 122］。

　なぜ令嬢は「結婚前に苦悩した」のか。なぜなら、洋式教育を受けた令嬢は「多妻家庭」を、学び知った西洋の開明的な考え方と乖離すると気づいたにも拘らず受け入れざるを得ないからである。令嬢は教育を受けたがゆえに問題を「発見」し苦悩する。ところが、当の洋式教育を与えた令嬢の親がその苦悩に気づかない、あるいは知ろうとしない。結果的に、令嬢は慣習と親に従わなければならず、自分の受けた教育や考えを封印し、慣習的結婚制度を結果的に承継する。実際に、このブパティの孫娘は結局のところ結婚と同時に「義母かつ義理の祖母そして正妻」つまりブパティ邸のラデン・アユになり、複雑な「多妻家庭」を再生産した。

　カルティニは洋式教育と結婚問題をリンクしてこの事例を捉え、「誰も令嬢の苦悩を知らない」ことこそが、真の問題であると指摘する。その問題解決の方法は、洋式教育を受けた一群の女性達が深く悩み抜く中で、女性としての自己を再定義し、意識と社会規範の変革が必要であると認識し行動することにある。そして、「悩む女性」はその戸口に立っていた。だからこそカルティニは彼女達を案じ、彼女達に代わってもの言わぬ女性達の声を伝え、その惨状に対する理解を求め一夫多妻制の廃止を叫んだ。そこには、カルティニの日常身辺に基づく経験に培われた彼女独自の視点があり、カルティニを時代の証言者とみなすことができよう。

　しかし、1911年版では物言わぬ女性の声が削除され、女子の洋式教育と結婚問題が別問題として扱われた。なぜなら、アベンダノンは洋式教育によってジャワの女性を「文明化」できると信じていた。したがって、洋式教育を受けた女性達が結果的に慣習的制度を受け入れた事実が示されることは、アベンダノンには不都合であった。

次に、実際に洋式教育を授けられても慣習的結婚制度を疑問視しない令嬢の事例を挙げる。

【例3　別のスンダのブパティの令嬢】

> 別のブパティの娘はスンダの女性で、ジャワ語が話せないのでオランダ語で会話をしました。最初に、彼女は「お母様は何人いらっしゃるの」と、尋ねました。私は驚き悲しい目をして彼女を見ました（彼女は家庭でヨーロッパ人に教育を受けていました）。彼女は言いました（驚いた様子も無く）。「私には53人の母がいます。兄弟姉妹は83人で、ほとんど面識がありません。私は末っ子で、父に会ったことがありません。生まれる前に亡くなりました」悲痛な思いがしませんか。彼女は結婚してバイテンゾルフに住んでいます。彼女の夫はスカブミの著名なパティ patih の弟です。我々の知人達が彼女に会い、我々と同じように彼女を素敵だと思いました。彼女は今19歳です [ibid: 122]。

カルティニは1900年9月に生涯に一度のバタヴィア旅行をした。その帰途、西ジャワで交わされた会話を1901年12月21日付書簡に記録している。その令嬢は、ヨーロッパ人の家庭教師にオランダ語を習い、カルティニと会話ができるまでのオランダ語能力がありながら、初対面で開口一番に母親の数を問う。カルティニは「驚き悲しみ」を感じた。

> たとえヨーロッパ式教育を受けても、学習しなかったかのように考え方は全く原住民的で、自分と異なる考えを理解していません！〔中略〕洋式教育を受け教養ある女性が、複数の妻と子供がいる既婚男性と躊躇せず結婚し、問題に気づいていないのです。彼女達は良き愛すべき女性達、彼女達を思うと非常に悲しく辛くなります！　スンダ地方で〔旅をして〕私が見聞したことは、私の考えを堅固にしました。知育が全てではないということです。高度な知的発達と、人が達すべき点へと導くことは別であると思います。知育だけで心の面は放置され、洗練されているのは外見だけのように見受けます [1901年9月30日付アベンダノン夫人宛書簡, Kartini 1987: 90]。

令嬢は幼少より「家庭」を知らなかった。カルティニは一夫多妻制が一人の令嬢の心理的成長にもたらす過酷さを指摘した。一方、アベンダノンは編集の際に上述の斜体で示した文章だけを採用し、つまり上流家庭におけるジャワの慣習的一夫多妻制の特異な事例だけを選び、珍奇なものとして採用した。しかし、カルティニの書簡に記された数ある多妻家庭の例は排除され、心を重視する教育と結婚問題を関連付けて主張するカルティニの叫びは、まったく無視さ

れた。

　このように、カルティニは初め子供の立場から問題を指摘した。妹カルディナの縁談を契機として、カルティニが結婚問題に対する見方を深化させる過程を検討する。本節では、まずアベンダノンの編集で大半が削除された「強制結婚」を受け入れるカルディナ、カルティニ姉妹の苦悩の叫びを照射する。

【例4　カルディナの結婚問題とカルティニ姉妹の苦悩：強制結婚について】
　ジャワでは当時、嫁入りさせられる当人の意向は省みられず両親が結婚を決めた。また、婚家の一夫多妻は両親には考慮の対象にならなかった。しかし、洋式教育を受けたカルディナには「多妻家庭」に正妻として入ることは受け入れ難く、ついに体調を崩した。
　次に挙げる文章は、1911年版にはまったく削除されている。

> 妹は顔面蒼白でほとんど口を利かず、テーブルに着いても笑わなくなり、非常に辛そうで食欲も失せました。私は皆がそれを見てみぬ振りをする事に耐えられず、妹の苦悩を見ていられず、妹が無視されていることに怒りを覚えました。私は幾度も言いましたが耳を貸す者は無く、すなわち、誰も私の言う事を聞きたくないのだと、悔しい思いをしました。しかし私は恥と嫉妬に駆られていると思われました〔1901年11月29日付アベンダノン宛書簡．Kartini 1987: 108-109〕。

　結婚式を2ヵ月後に控えたカルディナの苦悩は極度に達していたが、「良縁」ゆえに彼女を気遣う者はなかった。それは、当時のジャワ社会が強制婚を全く非難の対象としなかったことの証明である。それ故、妹の結婚に物申すカルティニは、世間から誤解と非難を受けた。それは、また母であるラデン・アユに対しても向けられた。

> 母が3月にこの件〔妹の縁談〕で私と話した時に私は反対し、母は相手に妻子がいる事を父に考慮してもらうと言いました。親愛なる母は物申しましたが、「母親が反対している。母親がカルディナの大きな幸福、すなわち、未来のブパティの妻になることを妬んでいるから」と言われ、母の声は世間の恐ろしさによって消されました。私は母に我々の受けた教育を思い出させ、ヨーロッパ式教育を受けさせた中国人の親が、娘を無学の中国人と無理やり結婚させたことは、如何に酷いことであったかを母に思い出して貰いました。また、精神的に劣った級友と結婚した洋式教育を受けた現地人女性を母に思い出させました。彼女は富と名誉に恵まれ尊敬をあつめていますが、本当に幸せで

カルティニ生涯一度の旅行（1900年9月）

バタヴィアからの帰途、バンドゥンを中心とするプリアンガン地方で、カルティニ達一行はブパティ公邸を訪問、令嬢たちと会談した。
上　1896年頃のバタヴィアの街中、トラムの軌道が敷設されていた。右側はオランダ東インド会社の建造物。
下　旧市街の商家と大川（Grote Rivier、現カリ・バサール Kali Besar）に架かる橋（現ジャカルタ・コタ地区）。

しょうか。さらに多くの事例を挙げて母に話すと、母は私が父に話すべきだと言って、私に父の考えを変える許可を与えました［ibid: 105］。

カルティニは、また次のように非難された。

「化け物 monster、手に負えない女、悲鳴をあげて父を苦しめるとは ── 心の底まで残忍な人間！」［ibid: 106］

カルティニの主張は理不尽なことを要求すると捉えられ、カルティニは「モンスター」と非難された。そして、カルディナの苦痛も見過ごされた。

奥様が Droom van het Ghetto（『ゲットーの夢』）からザンウィル Zangwill の言葉をお贈りくださる以前に、カルディナもよく似たことを申しました。タルトか何かを頂いていた時、妹が走って来て欲しがりましたが空いている皿がなく、別の妹が「お姉様のお皿で頂けば、お姉様のように賢くなるわよ」と言いますと、カルディナは「愚者でいいの。賢くても皆を幸福にしません。考えても実行が許されないことは不幸なの。考えることはできても望んでもその実現が許されないのだから、愚かなままでいいのよ」と、言い返す言葉にはやり場のない悲痛な叫びがありました。何という事を考える子なのでしょう［ibid: 105］。

実際に、一緒に闘っていた妹は慣習に屈し、その言動は変わり果てた。

我々は権利を侵害され精神的な殺害を受けたことを覚え、行動するでしょう。カルディナの犠牲は無駄になるのでしょうか。我々も共に犠牲になるのでしょうか［ibid: 109］。

事実、カルティニ三姉妹は不条理に抗議した。しかし、カルティニの考える不条理と世間のそれとは異なった。恐らく、この問題について世紀転換期のジャワで、カルティニ達の「権利を侵害し精神的に殺害した」と認識する者はほとんどなかったであろう。それゆえ、カルティニは自分達の犠牲が、世間では「犠牲」と認識されず無視され、そして無駄になることを危惧した。カルティニが世間の犠牲になることを危惧する背景には、次のような女性の先例があった。

数年前に世間の噂になったブパティの令嬢がいました。ヨーロッパ式の教育を受けた初期の娘で、その才能の噂はジャワ中に知れ渡りました。しかし最後には悪評とともに令嬢は亡くなりました［1902年10月12日付アベンダノン夫人宛書簡，Kartini 1987: 219］。

書簡中の「権利の侵害 rechtsverkrachting」とは、カルディナが意に反する強制婚を拒否することが許されなかった事実を指して使われた言葉である。加えて、カルティニは亡くなったブパティ令嬢を「権利の侵害」によるものと理解している。女性が人としての権利を侵害されていることに気づいたカルティニは、当時のヨーロッパの人権思想からこの問題を読み取ろうとした。カルティニは、ヨーロッパ人小学校時代にアメリカの独立やフランス革命を学び、文通や読書を通じて学びを継続することによって、「人間と市民の権利の宣言」（1789年）の根幹をなす「人間の生得の譲渡しえない神聖な権利」を知り、女性解放思想、平和運動、社会福祉活動に出会い共感した。彼女は、教科の一つに過ぎなかった知識を自己の置かれた環境のなかで血肉化し、書簡に表した。よって、その言葉は、カルティニの成長の軌跡を映し出している。ジャワの女性の問題が書簡中に鮮明に切実に描き出されているのは、その成果であろう。

> 妹は巨大な力の前に屈し、自身を仕事に呈したくてもできませんでした。〔中略〕妹の苦悩そして妹を待ち構える事を思うと、胸が張り裂けそうです。妹は私より立派です。その決断が妹に犠牲を強い続けることを私は認識しています［ibid: 111］。

　「巨大な力」とはジャワの慣習を意味する。女性が因習に束縛されたジャワ社会で、妹の能力を有益に使うことができず、妹も自身の能力を発揮する機会がなく封印する状況に置かれた。「その決断」すなわち「多妻家庭」に入ること、そしてそれがいかなるものかを知るからこそ、カルティニ姉妹は苦悩した。

> 我々は可愛い妹の仇を討ち、大仕事を強力に推進するよう励みます。何千回も心の傷を負った何万もの女性が不正に悲鳴を上げる現状に終止符を打ち、愛しい妹の心を傷つける不正を止めさせるために。〔中略〕悲しく残酷な慣習に対して何かしたい。この件を最初で最後にしたい［ibid: 111］。

　カルティニは妹に対する権利の侵害を認識するからこそ、「ジャワの常識」とされた強制結婚や一夫多妻という慣習を「不正」と言い切る。ここに、慣習に対する「正当な怒り」という初期段階から、怒りを無視する社会の不条理に挑むステージに立つカルティニ像が浮かび上がる。
　しかし、1911年版ではカルティニのこの志は消された。アベンダノンが抜粋した強制結婚の事例は以下のようなものである。

> 女性を除外して結婚を決めることができる事は、不幸です。結婚に際して女性の父、叔父または兄弟の同意だけが必要、結婚の決定に女性の出席は全く無用です。女性に父や叔父または兄弟がない場合のみ、結婚の決定を女性に求めます。女性の保護者が望む人物の元へ嫁がせることが可能です。新郎が我々より社会的地位が劣る場合のみ、結婚を強制できません。両親は娘に地位の低い者との結婚を強制できません。それは身勝手な保護者に対する我々の唯一の武器です。男性は女性の父、叔父または兄弟と共にプンフル panghoeloe の所へ行き、結婚が決まります。女性は何も知りません。娘の親が結婚を望めば、娘は結婚させられます。母の姉は結婚を拒否しました〖母は結婚を拒んだ女性を知っています〗。彼女は両親が娶わせた男性と結婚するなら死んだ方がましだと思いました。天の助けで結婚の3ヶ月前に、彼女はコレラに罹り世を去りましたが、たとえ彼女が抵抗しても誰も気を留めず、結婚させられたでしょう。我々にこの話をするとは、母も軽率です。母の時代にも反抗的な娘がいました [ibid: 101]。

原文ではラデン・アユ・ソスロニングラットの実姉の話であるが、1911年版は〖大括弧〗の中に記したようにカルティニの知人として扱われ、ほとんど削除せずに掲載された。アベンダノンの編集意図は、ジャワの結婚慣習を紹介し、かりにその習慣と親権に抵抗した女性がいたとしても、死以外には解放されないとするにとどめ、その不条理への抵抗の意志は抹消されている。

> 娘は両親に盲従すべきであると同様に、夫に従うべきだと世間は言います。女性は夫と一緒で不幸を感じても、「くだらない。じゃあなぜ結婚したのか。それを望んだからだ。夫に従うことを望んだからだ。自ら望んだことに文句は言えない」と言われます [ibid: 101]。

カルティニは「女性は両親や夫に従わなければならない」というジャワの教訓を挙げ、したがって結婚に際しても女性は彼らの決定に従うのみであり、その決定に際し、新婦となる女性が帳の外に置かれても当然と受け止める実状を指摘する。この状況を打破するにはどうすればよいのか。アベンダノンは読者に教育の必要性を訴えた。アベンダノンは「倫理派」である。彼の言う教育とは「ヨーロッパの光で文明化」を意味する。つまり洋式教育が浸透すれば解決できる問題とし、いわば女性の苦悩を植民地化の正当性の論拠にねじまげる。

今まで主としてラデン・アユとして嫁ぐブパティの令嬢の事例を見てきた。婚家には既にあるいは将来ほかに夫の妻が存在することが、当時は「普通」であった。だから、新たに嫁ぐラデン・アユの苦悩は問題にされなかった。カル

ジャワの風景

上　西ジャワ・プリアンガン地方の鉄道。カルティニがバンドゥンからジョグジャカルタへ向かう時に見た風景であろう。

下左　ローゼボーム東インド総督（1899-1904）とその家族と思われる。ジャカルタから南へ約 60 km に位置する標高 260 m のハイランド「バイテンゾルフ（現ボゴール）植物園」。

下右　ジャワの古都といわれるジョグジャカルタ。この地でカルティニは De Echo 編集長とジャワ人女子の中等教育について会談している。

ティニはその苦悩に光を当てた最初のジャワ人女性であった。

　カルティニはブパティの令嬢である。だから、カルティニはラデン・アユの側に立つことは自然である。しかし、現実には「別の女性」も慣習の犠牲者である。しかもラデン・アユの数よりも「別の女性」の方がはるか多く、「別の女性」はカルティニの属する社会であるラデン・アユに対立する。だから、慣習的結婚制度を女性問題として認識するためには、「別の女性」の立場を認識し、理解することが必要である。カルティニは自らの限界を越えて、「別の女性」の立場にも心を寄せることができた。長兄スラメトの初婚の相手を例に挙げ、次のように描写した。

【例5　長兄スラメトの妻】

　　数年前、長兄スラメトは健康上の理由で休暇をとりました。母が言うには、兄はソロの女性を伴って帰宅するが、それは我々に王宮 Kedaton の作法を教えて貰うために母がアレンジしたことで、我々在所の女性は作法に絶望的な程こちないからとのことでした。〔中略〕ほどなく若く美しい女性が来ました。次の朝、我々が自室で書き物をしていると、ドアが怒りで開けられルクミニが部屋の中へなだれこんできました。妹がひどく興奮していることが直ちに見て取れました。「彼女は家庭教師ではないの。私達、騙されていたのよ。彼女は兄の女なの」という涙を溜めた妹の叫びを聞きました。「私達の兄弟は他の男性とは違うと信じていたのに。兄の女と聞いた時、顔を打たれた思いがしたわ」私は悲しみに打ち拉がれる妹を見ていられませんでした。その時妹はまだ15歳でした。私の大きな夢も潰えました。それは我々の最初の深い失望であり最初の悲哀でした！　世間的には兄は結婚していないと看做されましたが、我々はそう思うことができませんでした。兄は確かに合法的に結婚し、彼女は兄の妻です。我々は兄が既婚か否かを尋ねられた時、頬を染めずして「否」と答えることは出来ませんでした。我々は質問が聞こえないふりをし、避けられない場合には「兄にはラデン・アユはいません」と答えました［Kartini 1987: 103］。

　まず、「合法的に結婚している」について、長兄達はプンフル penghulu[133] 立会いの下でイスラームの式を挙げたことを意味する。つまり、長兄の妻はラデン・アユの称号を有していなかったが、内縁ではなかった。第一番目の婦人が

---

[133] ジャワが植民地化する過程で植民地官僚機構に組み込まれた宗教行政に携わる官吏、ムスリム住民対策上不可欠の要員として位置づけられ、オランダの間接統治を補強した。主な任務は宗教裁判所の運営、モスクの管理、婚姻の成立と解消の指導等であった［小林 2008: 111-114］。

必ずしも正妻とはかぎらないことは、社会層が反映されたからであった。カルティニの時代において、ジャワの貴族は一般に一人以上の妻をもち、正婦人をガルウォ・パドミ Garwa Padmi、そうではない女性をガルウォ・セリール Garwa Selir と呼び、後者も法に則って結婚しているため妾には相当しなかった [Kardinah 1966: 285]。また、ジャワの慣習では正妻が家庭の全ての子供達の母親と看做され、正妻以外の母親達はたとえ実子であっても「おばさん」と呼ばれた [Vreede-De Stures 1965: 238]。この時点において、当時のジャワの慣習通り、長兄が後にラデン・アユをむかえることを「当然の前提」として話が進展する。

> 我々は、合法的に結婚した兄の妻を無視することはできませんでした。彼女あるいは兄の立場で何が問題なのでしょうか。彼女は一人の人間、我々の義姉で兄の唯一の女性である間、兄は罪悪感がないでしょうが、いつまで続くでしょうか。彼女は予めそれを理解し、こちらで幾度も彼女に指摘しました。兄の唯一の女でなくなる時が来ること、すなわちラデン・アユが来た時に彼女は誰に従わなければならないのかを。彼女に十万回も指摘したところで、一体何になるのでしょう。そうなっても、彼女は痛みを感じないのでしょうか。生を受けた者は皆死ぬことを誰もが知るからといって、残された者の痛み悲しみがやわらぐでしょうか [Kartini 1987: 103-104]。

長兄のガルウォ・セリール（非正妻）のケースは、カルティニを彼女でなければならない一つの到達点に導いた。それはカルディナの場合にも見られたように、令嬢がラデン・アユとして嫁した時には、既に夫とその家庭にガルウォ・セリールが存在しているという危惧と苦悩である。確かに、ブパティの令嬢に共通した苦悶は、将来的にカルティニの身に起こる可能性も高く、他人事ではない。同時に、カルティニ自身がガルウォ・セリールの子である。だからカルティニは生母ンガシラが長兄のガルウォ・セリールと同じ立場にあることを認識していた。それゆえ、カルティニは兄嫁のケースにおいて、ガルウォ・パドミとガルウォ・セリールの両者の苦悩を等しく推察することができた。さらに、当時のジャワでは母親達の社会的身分が子供達の間においても反映された[134]。カルティニは長兄の初婚の相手の子供達が、後に義母であるラデン・アユとの関係においてカルティニ自身と同じ苦悩（第2章で既述）や、また

---

[134] 第2章第3節で例に挙げたカルティニの叔父（デマックのブパティ）の家庭の箇所参照。

子供達の間に生じる問題にも憂慮した。

しかし、親の世代は自らの内に慣習的結婚制度を受け入れ、そして、その役割や規範を当然のことのように引き受けた。女性は慣習の犠牲者であり、同時にその担い手でもあった。それは、女性が自ら抑圧を受容し、そして自分達と同じ道を娘達にも辿らせ、因習は連綿と続いた。

【例6　幼年結婚を強制されたチアミスのブパティの令嬢達】

> チアミスのブパティの令嬢であるヨー Jo とミミ Mimi の結婚をご存じでしょうか。今月15日と16日です。可哀そうなミミ、夢があったのに！　お母様は洗練され教養もおありなのに13歳の娘を嫁がせるとは！　何も言えなかったにちがいないとミミ達の手紙で拝察、結婚の知らせを読み怒りと後悔と絶望で涙し、愛らしいミミは未来を信じていましたのに。可哀想なミミ、結婚——幼すぎます、残酷です。夢を押し殺すことを強要され、もう夢を描けない悲惨さがこみ上げ酷すぎます［1901年9月30日付アベンダノン夫人宛書簡，Kartini 1987: 91］。

カルティニとアベンダノン夫人の共通の知人であるミミが13歳で結婚した。バタヴィアの学校で就学中[135]にも拘らず、女性であるがゆえに結婚によって教育の機会を奪われた。

> ミミが勉強を望んだ事は私の作り話ではなく、彼女の友人や彼女を教育したシスターから知りました。彼女が勉強、心底望んでいた勉強をなぜ続けなかったのかと尋ねると、「結婚しなければならない」との解答がありました。「彼女は非常に若いのに、なぜ結婚しなければならないのでしょうか」と尋ねると、「ジャワの娘として結婚しないことは、恥です。娘達は非常に満足しています！」とのことでした［1902年3月27日付アベンダノン夫人宛書簡，Kartini 1987: 152-153］。

当時の女性には知識を得る時間がなく、断片的な事しか学んでいない状態で家庭に入ることを、ミミも自覚していたことが窺える。カルティニは女性の知性を磨くことを軽視する姿勢を問題視した。しかし、「娘達は非常に満足しています」というラデン・アユとして嫁いだことを誇る母親の応答が、カルティニの発言を封じ込めた。カルティニは自身の見解とジャワの常識の乖離に直面

---

[135] チアミスのブパティの令嬢達がバタヴィアの学校に就学したことは、1903年7月14日付アベンダノン夫人宛書簡に描写されている［Kartini 1987: 309］。

した。実際には、「夢をもち、勉学を望み未来を信じて」自己実現を目指すことを否定されても、慣習に抗い難い状況にあった。しかし、カルティニは、幼年結婚がもたらす結果を黙視できなかった。

> チアミスのブパティの小さな娘のミミが母親になりました。あの小さな子が母親とは！ 子供が子供をその腕に抱く！ セランのラデン・アユのヨーも母親になりました。でもミミが、一体どうお考えになりますでしょうか［1902年12月12日付アベンダノン夫人宛書簡，Kartini 1987: 252］。

友人の幼年婚問題は、カルティニの「戦い」の主題であり女子教育に関心を寄せる発端となった。ミミのように自分を押し殺す状況に置かれた十代半ばの女性が、現実に子供を育てる時、人間の尊厳に対して敬意をいだくよう我が子を教育することができるのか、また、母子共に本当に幸福といえるのか、カルティニは疑問を感じた。

> ミミのお姉様にはお気の毒で言葉もありません。結婚して12年目に母親になりましたが、子供が死亡したことをヨーとミミ自身から聞きました。彼女は若くして結婚──望まれ誇りをもって！ 彼女は13歳の時に身ごもりましたが車から落ちて重症を負い、今も患っています。医師は手術をしましたが。可哀想な子、酷い親達！ チレボンのブパティの令嬢から聞いたのですが、お父様が実際にご覧になったそうです。チアミスのブパティ邸で皆がライスターフェルを囲むパーティーの最中に、妊娠中の正妻がテーブルを離れました。しばらくして正妻は腕に生まれたばかりの子を抱き、血の気が失せた顔をして戻ってきました。メスマン Mesman 理事官は座ったまま驚いて見つめました。食事は正妻も同席で続けられました。メスマン理事官はそれを……狂気、狂気の国、それが東インド！と思われたにちがいありません［ibid: 252］。

カルティニは、結婚後12年を経たミミの実姉と幼年結婚を強いた親について言及する中で、女性の生命が軽視される状況を描いた。親達は慣習的結婚制度の弊害に疑問をもたず規範を自らの内に取り込み、役割を引き受けていた。母親は何の問題意識もなく、「古き良き育て方」でジャワ社会の「昔ながらの馴れた道」を娘に示した。このように、母親は自ら受容した抑圧を今度は娘を通して再生産していたが、その自覚がなかった。ましてや変革期の認識をもち新しい規範を創造することなど望むべくも無い状況が描写された。

2. カルティニが見た20世紀転換期のジャワ人社会

　カルティニは、先の事例に挙げたチアミスのブパティ夫妻だけを非難の対象としたのではなかった。カルティニの義母であるラデン・アユも大同小異であり、カルティニも令嬢達に準じた状況にあった。

> 母は我々の望むことは誤りだと言いました。母は何も分っていません。母にとって最善とは昔ながらの馴れた道を行くことです。母の夢は我々が結婚して人間 mensch になること！　未婚者は人間ではないということです！［1901年11月20日付アベンダノン夫人宛書簡．Kartini 1987: 97］

　カルティニがmenschと翻訳したことは、ジャワ文化の文脈において、カルティニは「人間」つまりジャワ人と認知されていなかったことを意味する。では、ジャワで人menschと認知されるには、カルティニには何が欠けていたのであろうか。

> 世間の嘆かわしい見方によれば我々は常軌を逸しており、恥も外聞も無く独身を貫いているため、恥の意識が全く無いと思われています［1901年9月30日付アベンダノン夫人宛書簡．Kartini 1987: 90］。

　カルティニは閉居の慣習を破り未婚で公式の場へ出席した。それが原因でジャワ社会から「恥の意識が無い」、「常軌を逸する」と非難された。カルティニは「monster 化け物」と中傷されたことをアベンダノン夫人に1901年11月29日付書簡で伝えている［Kartini 1987: 106］。ジャワに suwarga nunut naraka katut という諺がある。それは、夫が天国へ行く時も、地獄へ行く時も、妻は一緒に付き従うという、夫と妻の主従関係を教え諭す諺である。しかし実際に、世間や母親の言葉を受け入れ結婚したところで結局は、家父長制の担い手になることをカルティニは認識していた。それは、「個の自立」を求めるカルティニには苦悩以上のなにものでもなかった。

> 私は自由を望みます。私が自立できるように、他人に頼る必要のないように、そして、……結婚しなくてもいいように。しかし、私達は結婚しなければなりません。必ず絶対に。結婚しないことはイスラームの Mohammedaansche 最大の罪を犯すこととなり、原住民未婚女性 Inlandsche meisje と親族 familie には最大の恥です［1899年5月25日付

ステラ宛書簡，Kartini 1987: 6-7]。

加えて、カルティニはラデン・アユになることを次のように捉えていた。

> ラデン・アユ、それは土地の者の見方によれば、一握りの者にしか手にできない至福、原住民貴族の女性の最高の理想、すなわち「ブパティの妻！」がなぜ憐れであると思えるのか。なぜなら、自身の幸福を望めないから不幸だと思うのであります［1901年9月30日付アベンダノン夫人書簡，Karini 1987: 90］。

「妻自身の幸福」というカルティニの発想は、妻が一個人として存在することを認識してはじめて成り立つ考えであった。ここに、カルティニの「読書」の影響が見られる。しかし当時のジャワには、妻自身に「権利」という意識が無く、家父長制に基づくジャワの家庭はカルティニの発想と酷くかけ離れた状況であった。

このように、カルティニが自己の経験や自身が見た諸事例を省察した結果、到達した彼女の見解にはジャワの一般認識と大きな乖離があった。それは、単なる母と娘の対立という個人的な世代間の問題であるのみならず、カルティニがジャワ人女性として不可避の社会問題であった。カルティニは自身も悩むなかで、女性達の悲痛な叫びも引き受けることが責務であると認識し、慣習に起因する女性の苦悩と不条理を綴った。それは当事者である娘の視点から一夫多妻の家庭の弊害を告発し、現状肯定・中傷と戦いつつ悲惨な実態の改善を主張し、繰り返し実態を開示した希少かつ貴重な記述である。

特に書簡には、一夫多妻制の是非を論ずるまでもなかった当時の状況が記されている。

> カブパテン kabupaten を歩き回って、妻を一人しかもたないブパティやその息子を数えてみてください。そして我々はそのことを〔一夫多妻〕を非難することが許されるのでしょうか［1901年11月29日付アベンダノン夫人宛書簡，Kartini 1987: 105］。

さらに、

> ギムナジウムに通学しヨーロッパで教育を受けたブパティがいます。彼は数人の子供を持つ父親で、彼の正妻の子達には母親がいますが、他の子達は生後数ヶ月たつと、暇乞いを申し渡された生母達から引き離されました［ibid: 104］。

上述のブパティはたとえヨーロッパで教育を受けても、ジャワの慣習に浸りきって自己と周囲の環境を省みず、しかし、それが「普通」であれば、ジャワでは非難の対象にはならなかった。カルティニ母娘の確執においても、ジャワの慣習的一夫多妻制を是とする社会的な刷り込みに対しカルティニが道徳的な問いを発するにも拘らず、母親にはカルティニの言葉を受け入れる余地はなかった。このような状況下、カルティニがジャワの「常識」に敢えて抵抗しようとすれば、逆にカルティニが「常軌を逸する者」として非難され中傷された。言葉を換えて言えば、カルティニは20世紀転換期のジャワの家父長制の下での既成の社会規範から「ずれた人」であり、その「ずれ」の巾がジャワの常識とカルティニの認識との乖離の大きさを明示した。カルティニは、ジャワ社会の定めに目を向けた。

> 法律や慣習 de wetten が男性のために作られ、女性のためでは全くないとしたら。もし、法 wet と教義 leer の両者が男性のためだけに作られたのであれば、もし男性は何をしてもよいのであれば、どうしようもありません［1899年5月25日付ステラ宛書簡, Kartini 1911: 7］。

　カルティニが上述で意味する wet とは女性に不利な律法やアダット[136]を意味する。引用に先行して「結婚しないことはムスリムの女性には大罪」という文が記されたことから、この wetten には具体的に結婚に関するジャワとイスラームの掟の両方が含まれる。両者は共に論評の対象ではない。したがって、否定することは世間的に難しく、従うのみである。しかし、それらは社会における男性の優位性を保証し、女性を束縛することにカルティニは気付いた。

> 男性には受け入れ易くても、女性には極度に残酷な地獄のような苦しみが、イスラームの制度 Mohammedaansche instelling により生じることは、周知の事実です［1901年8月付ファン・コル夫人宛書簡, Kartini 1911: 182-183］。

　カルティニは「見えないわけでも聞こえないわけでもない者は、現地人社会における苦悩を知っている」とし［Kartini 1987: 105］、女性が不利な立場にある

---

[136] カルティニはオランダ人の文通相手を考慮したためか、書簡中でアダット adat という言葉を使用する頻度は少なく、代わりに上述のように wet をよく用いた。たとえば、上述の同日付書簡に de wetten van mijn land とあり、その言い換えに eeuwen-oude traditties と記され、それはジャワの慣習法を意味している。

ことを述べた。

> 結婚しないことは恥のみならず大罪であると我々は幾度も言われました。結婚しない女性はこのように侮辱されます！［1902年3月27日付アベンダノン夫人宛書簡，Kartini 1987: 153］

先の引用にもあったように、カルティニは「大罪」という言葉をオランダ人の文通相手に繰り返し述べ、それが女性に対する「侮辱」という認識を示した。カルティニの認識は慣習的結婚制度の否定を意味し、そのことで自身が「ジャワでは人と認められない」と自覚していた。だからこそ、カルティニは言う。

> オランダ行きを希望した理由は、オランダだけが我々を解放してくれるからです。本気で戦って負けました。我々は完全に自由になることを真剣に考え、それが皆に我々を怖がらせました。我々のように人の口に上り、嘲笑され罵倒され批判されるジャワ人女性はいません［1903年7月24日付アベンダノン夫人宛書簡, ibid: 317］。

カルティニは留学を「オランダへの避難」としたのではなく、ジャワという与えられた環境の中で自分を適応させることだけが原理ではないことを自覚した。事実、「皆に我々を怖がらせた」という言葉に注目すると、先ず「皆」とはカルティニを取り巻き干渉するジャワの人々を指し、そしてカルティニ達がジャワの慣習に従う生き方を否定し、「恥」を恥とも思わずジャワ社会からの逸脱を唱えれば、「怖がらせた」と言われた。また、カルティニ自身が「我々は呼吸する度に世間の反感を吸っている」と述べている［Kartini 1987: 219］。それゆえ、カルティニは与えられた環境を自力で変えることに対し、非常な困難を覚えた。

しかしなぜ、カルティニはこれほどまでに「嘲笑され罵倒され批判」されたのか。なぜなら、カルティニは慣習的結婚制度を強要する旧態依然としたジャワの社会の枠組みの中で、女性として果す役割を放棄したからである。カルティニはジャワの枠組みの外で、ステラ達とのコラボレーションを指向した。

> 私はこの新しい時代の精神、勇気を湧きたてる精神ゆえに燃えています。そう、私はこう言える。私はこの時代の東インドの考えや精神に共感するのではなく、遥か西欧にいらっしゃる新しい女性、すなわち私の姉妹のスピリットに強く共感します［1899年5月25日付ステラ宛書簡，kartini 1911: 1］。

カルティニは変革期の世界の中に新しい女性と共に自身を位置付け、自己の役割を演じる意思を表明した。

> ジャワの慣習から解放される時代が必ず来ると思いますが、我々の3、4代先でしょう。我々の手足はまだ慣習に縛られその手枷足枷から自由になれません。慣習は、社会への導入を願う事に全く反しています。私は四六時中、慣習から自分を解放する方法を真剣に考えています［1899年5月25日付ステラ宛書簡, ibid: 1］。

事実、上述の例に挙げたブパティのような男性が慣習的結婚制度を肯定するジャワ社会で、女性は慣習の遵守を強いられ過酷な状況にあった。しかしだからこそ、カルティニは女性問題で行動しなければならないのは自分達女性であると認識した。オランダ本国では重婚を禁止した法律が制定されていた。カルティニはオランダ人の知人にむけてジャワの惨状に対する理解と協力を求め、オランダ人がジャワの一夫多妻制や強制婚、幼年婚を「廃止してくれる」可能性にかけた。

3. 消し去られたカルティニの声 ── スヌック・フルフローニェ批判

1899年から1906年まで、スヌック・フルフローニェ C. Snouck Hurgronje（1857-1936、以降スヌックと記す）は東インド政庁の原住民・アラブ人問題の顧問 Adviseur voor Inlandsche en Arabische Zaken を務めた。彼はライデン大学卒業後、1884年から翌年にかけてメッカで東南アジアから来たムスリムを調査し、聖地との交流によってインドネシアでイスラーム化が進展していくことに注目する。東インド政庁では、特にイスラーム問題について政策提言をするなかでアチェ戦争の積極策や、アダットの成文化を提言したことは注目に値する[137]。彼が構築したオランダのイスラーム政策の基本は「宗教には寛容を、政治には断固とした態度で臨む」であった［小林 2008: 1-11］。また彼は「倫理派」として知られ東インドの欧化を唱え、洋式教育の普及を唱道した。帰国後はライデン大学の教授に就任し、カルティニの兄カルトノを指導する立場にあった。代表作『メッカ』、『アチェ人』などを著し、イスラームの権威として国際

---

[137] 植民地政策とアダットについては［小林 2008: 10-16］に詳しい。スヌックの政策姿勢がカルティニを苦しめた。

的に認知されている。

　本項の目的は、カルティニが女性問題の視点からスヌックを批判したことを考察するのであって、スヌックの業績を批判するものではない。

　これまでに、スヌックに対するカルティニの批判を紹介した論文として、ヤケット論文とファン・ホフウェッフェン論文が挙げられる。前者は、ヤケットが編集に携わった *Brieven* の紹介を主眼とする。そのなかで、カルティニの問いに対するスヌックの応答は非常に辛辣であったことを、1911年版に掲載されなかった事柄のひとつとして手短に紹介している [Jaquet 1988: 80]。そして、アベンダノンがスヌックの名前を削除した理由を、1911年版の刊行当時、スヌックは兄カルトノが学ぶライデン大学の教授の職にあったとする [ibid: 80]。つまり、アベンダノンを擁護し、その編集を批判するものではない。後者も全く同じ文章に言及するが、アベンダノンが原文の主語である「スヌック・フルフローニェ」を、一般の人々を指す「men」に置換した [van Hofwegen 1990: 121-122] ことを指摘し、政治問題を避けたと主張する（後で、両者が指摘した一文を紹介する）。

　確かに、両者ともに、「カルティニがスヌック・フルフローニェを批判した」事実が1911年版で削除された点を紹介する。しかし、カルティニがなぜ、スヌックを批判しなければならなかったのか、その考察がなされていない。この点が欠如すれば、一夫多妻制に反対を唱えるカルティニの真意を理解することはできない。

　本項では、カルティニが見ざるをえなかった世界を論じ、カルティニが当時、どのような信条に基づき「スヌック・フルフローニェ批判」を表明したのか、という点を「カルティニの女子教育考」を補助線として考える。

　まず、カルティニが語るスヌックを紹介する。

> アベンダノン夫人はかねてよりジュパラの我々を訪問する計画をおもちでした。夫人は我々のことをしばしば耳にし、夫人に我々を推奨したのはスヌック・フルフローニェ博士だと〔ジュパラを訪問した〕アベンダノン夫人に伺いました。博士はイスラーム学者で政庁の東インド問題の顧問、総督の右腕でいらっしゃいます。ご存知かと思いますが、博士は研究のためにメッカでアラブ人のように仮装し、キリスト教徒と発覚した時、命からがらかの地を後になさいました。聞くところによれば、博士はその後イスラームに改宗し、プンフルの教養の高い娘と結婚なさいました。お名前しか存じ上げない博士が、我々を新しい友人〔アベンダノン夫妻〕に推奨頂いた本当のところを知りた

いと自問します［1900年8月23日付ステラ宛書簡，Kartini 2005: 64］[138]。

上述から、スヌックがアベンダノンより先に、カルティニを倫理政策の好例と捉えていたことを明示する。しかし、カルティニは自身の「価値」にまだ気付いていない。そして1年後も、カルティニはスヌックに好印象をもっていた。

> ［アベンダノン］ご夫妻のご友人であるスヌック・フルフローニェ博士の写真を *De Hollandsche Revue* の中で拝見しました［1901年7月付アベンダノン夫人宛書簡，Kartini 1987: 59］。

カルティニは、スヌックがアベンダノンの友人、すなわち、女子教育に関心をもち、洋式教育を通じてジャワの文明化を推進する人物であると思った。だから、カルティニはスヌックに次のような質問をもちかけたのであろう。

> ご友人のスヌック・フルフローニェ博士とお会いなります折に、ヨーロッパ人と同様にムスリム Mohamedanen にも同意能力年齢 meerderjarigheid の法があるかどうかお尋ねくださいませんか。あるいは、私自身が博士にお尋ねしても宜しいでしょうか。私は権利や義務に関する法律を、ムスリムの女性に関する法律をよく知りたく存じます［1902年2月18日付アベンダノン夫人宛書簡，ibid: 146］。

イスラームが父や世間に対し説得力をもつのであれば、イスラームの中で、アダットが強要する幼年婚の無効性を唱える法律を探す。カルティニは女性を擁護するイスラームの法律を求めて、アベンダノン夫人を通じてスヌックの力を借りようとした。しかし、1ヵ月後に次のような回答を得た。

> 我々のためにスヌック・フルフローニェ博士から情報を入手して頂き、本当に有難うございました。奥様のお手紙から、博士が我々の戦いに反対であると結論付けなければならないことを、非常に辛く感じます。大衆の侮辱や誤解はそれほど問題視しませんが、上位1万人の共感が我々を奮起させ、助け慰めです。大物であるスヌック・フルフローニェ博士が我々の戦いに反対であることは、大いなる悲しみです［1902年3月27日付アベンダノン夫人宛書簡，ibid: 152］。

「博士が我々の戦いに反対」とは、スヌックがカルティニの唱える一夫多妻制の廃止に反対したことを意味する。すなわち、スヌックにとって、カルティ

---

138) J. Coté の編集によりカルティニからステラへ宛てた書簡のみを蒐集した資料である。その特徴はアベンダノン編1911年版で削除された箇所が斜体で示され、この引用もその一つである。

ニはオランダ語教育普及に代表される倫理政策の好例のほか何者でもなかった。しかし、引用文中の斜体部分だけでは、カルティニが「有力者の共感を得た」印象を与え、次のアベンダノン夫人の激励文は本来の目的性を逸し、単に訓戒を垂れる誤解を招く。

> 「気を挫かず、屈せず善行に励み、頑張れば通ず」と、拝読して我々の目標が善であることを信じます [ibid: 152]。

　実際には、アベンダノン夫人は強制結婚に苦悩するカルディナに心を寄せ、カルティニの依頼を受けた。しかしその結果に対し、アベンダノン夫人はカルティニが絶望すると確信し、励ました。カルティニが「女性問題」についてヨーロッパ人でも男性と女性という立場の違いで認識に大差があることを知ることによって、両者の心的距離は縮まった。
　そして、カルティニはアベンダノン夫人にスヌック批判を吐露した。

> スヌック博士 《世間》は私が見たこと全てを見て、私が知っていること全てを知った時、「彼女達はそれを良いと思って満足している」と、なおも冷静におっしゃる《言う》のでしょうか。私はマックス・ミューラー *Max Muller* 教授の講演の写しをもっています。教授は東洋の言語や歴史に通じたドイツの偉大な学者です。その写しによれば、「一夫多妻制は東洋の人々のあいだでおこなわれているが、夫や保護者がなく一人で生きることが不可能な未亡人や娘には良い方法である」マックス・ミューラーは亡くなりましたので、我々はこの慣習の恩恵を見せるために、彼をこの世に呼ぶことはできません [ibid: 153]。

　上述の引用文の冒頭が、先に紹介した2論文すなわち、ヤケットが「スヌック・フルフローニェ博士」をアベンダノンが削除したとし [Jaquet 1988: 80]、ファン・ホフウェッフェンは「スヌック博士」をアベンダノンが「men 世間一般の人々」(ここでは「世間」と訳す)に変えたと指摘する問題の箇所である [van Hofwegen 1990: 121-122]。アベンダノンの抜粋と調整によって、1911年版ではマックス・ミューラーだけが非難の的になってしまった。何よりもアベンダノンの編集は、「*彼女達、すなわちジャワ人女性がそれ、すなわち一夫多妻制を良いと思って満足している*」という文章が、カルティニの問いに対するスヌックの回答であることを、わからなくしている。カルティニがこの言葉で負った心の傷を読者に伝えていない。

では実際に、カルティニは何を見て、何を知っていたのか。

> 博士はジャワの全てを熟知していらっしゃるのでしょうか。ご承知のように、ジャワでは一般に、親は縁談の進捗を娘に知らせません。スンダ地方では婚前に互いに面会し、ジャワでもそうする所があります！　何も御存じない方々（ヨーロッパ人）は妹が婚前に夫となる人に会ったか否か、お尋ねになるのでしょう。
> 子沢山の県長公邸 ―― たとえば成人した娘達や、元ブパティ令嬢で「非常に幸福な結婚」をして半狂乱になった正妻と、母となった数名の女達 ―― このハーレムの所有者はまもなく再度結婚します。私はそこに住む女性達が考えている事を問題にしているのではなく、ヨーロッパ式教育を受けたその家の令嬢達の心情を憂慮します。娘達は考えることができなくても、何かしら感じているのです［Kartini 1987: 153］。

カルティニはスヌックが倫理政策を唱道するのであれば、オランダ語教育の普及だけでなく、洋式教育を受けた令嬢達が一夫多妻制に苦悩する現状を認識すべきことを指摘する。しかし、アベンダノンの抜粋と調整によって、洋式教育を受けた令嬢が感じた問題点が曖昧となり、ブパティの令嬢が婚家で夫の妻達と同居し「半狂乱」となった事例は削除された。すなわち、アベンダノンも女子教育と結婚問題を関連付けるカルティニの考えを否定した。しかし1987年版には、スヌック批判が次のように展開されている。

> その娘は、母親達とその子供達の中にあってただ一人母のない子でした。彼女は姉妹の一人に求めました。愛する人、愛してくれる人がほしいと。彼女の求めにはこの世の悲哀が凝縮しています ―― 愛の渇望 ―― 可哀想！　ヨーロッパ式教育を受けた著名なブパティの令嬢です。女性達の苦悩を無視するがよい！　女性は自らの「自由意思」でしているのですから不満を言う権利はないですが、子供はどうでしょうか。幼くして人生の影の部分を知った子供ほど惨めなものはありません。とくに娘には酷です。娘達はそれを日常的に押し付けられる状況にあります。複数の女性達が互いに夫のことで忍耐を強いられることは、冒とくではないでしょうか。ジャワ人の娘はもっと主張するようになるべきです！［ibid: 153］

「女性達の苦悩を無視するがよい！」とは、スヌックにむけて発せられたカルティニの言葉である。しかしたとえそれが採録されても、アベンダノンの削除と調整によって、カルティニの真意は消し去られた。カルティニは、スヌックが家庭教育の重要性について認識を欠き、「多妻家庭」の苦悩を令嬢個人の問題と捉え、不問に付す態度に怒りを覚えた。しかし、それはアベンダノンも

同様であった。なぜなら、上述のブパティの令嬢の実母はおそらくガルウォ・セリールであり、令嬢が所与の条件によって異母姉妹の間で疎外感を抱き苦悩する事例は削除され、「女性達が互いに夫の事で忍耐を強いられる」という認識度が高い問題だけを採録したからである。

次に、カルティニがスヌックの回答を得て、1ヵ月余りたって記された書簡を挙げる。

> 私はアニー〔アンニ・フラーセル〕に妹〔カルディナ〕の子供達のことをどう言えばよいのかわかりません。どのように言えばアニーは理解できるのでしょう。アニーはカルディナの夫はやもめだと他言されました。我々と喜びを分かち合い純真で気高き理想をもった友である憐れな妹は、この事が心に重く圧し掛かり、神が妹に耐える力をお与えくださいますように！ 生来の誇り高い妹が耐えるには重すぎます！ 私はスヌック・フルフローニェ博士の仰せになる〔一夫多妻の家庭が〕「うまくいっている」という意味を考えました。最近目にした多くの事を思うと、私はその言葉に失望し皮肉を込めて笑います。奥様、黙らせたり、打ち消したりする事は今回だけではなく、今後も続くのでしょう！ この世はまだ非常に道徳的で身に一糸も纏わない娘から目を逸らすように、彼らは「赤裸々な事実」から目を逸らし、事実を見つめようとしません〔1902年4月8日付アベンダノン夫人宛書簡, ibid: 156〕。

カルティニは、スヌックがジャワ人女性の「事実から目を逸らす」ことを批判した。上述の「妹の子供達」とは、ラデン・アユである妹が婚家に同居する夫の「女性」の子供達の「公認」の母親として、養育を担ったことを意味する。それは同時に二人の女性を生き辛くした。そして何よりも、妹の苦悩を解決できないことが、カルティニを悩ませた。しかし、スヌックによって、「多妻家庭」における女性の惨状が否定された。さらに、アベンダノンの編集で、スヌックに対するカルティニの怒りと絶望が削除された。すなわち、カルティニは生前と死後に2度にわたって否定された。

次に挙げる例文は、カルティニが先に挙げた書簡から2週間後に書いた書簡であるが、妹の苦悩を列挙し、スヌックの批判を強めている。

> 今は地獄！ 可哀想な妹〔カルディナ〕！ 妹の話を母は泣いて聞きました。全て分っていた事で、妹が日々経験することは当然の成り行きです。可哀想な子！ 輝く若妻が衝立の後で見たことに嫉妬を抱いたにちがいありません〔1902年4月22日付アベンダノン夫人宛書簡, ibid: 160-161〕。

第5章 失われたカルティニの声を求めて

「妹が日々経験する事」とは、同じ屋根の下に暮らす夫の「女性」との確執を意味する。

> 私は再度スヌック・フルフローニェ博士やマックス・ミューラー教授のことを考えました。もし博士たちが妹の胸の裡を読むことができ、妹の日常の環境を考慮に入れることができても、なおもすまし顔で持論を主張なさるのでしょうか！　妹が生きた心地をおぼえるのは屋外にいる時のみ、家に入ると心が塞ぎます。昔からの信頼できる使用人だけが妹の味方で、多数の者達は妹の生活を悲惨にします。妹には乳母だけが支えです。あちらの人々は皆妹を褒め、妹は微笑み全てを忍びますが、妹に対する行為には涙を誘うものがあります。泣くことしばしばですが、妹は不平を言わずに微笑んでいます。「彼女のことはもうどうでもいいの」と言い、石のように冷たい表情を時折見せ、妹は結婚に同意した事を非常に後悔し、昔の妹のプライドが蘇ると一層冷淡になります。妹は全く感情を表さなくなりました。妹は無表情になって変わり果てるのか、あるいは精神に異常をきたすのではないかと心配です [ibid: 161]。

カルティニは、妹が実際に受けた教育とかけ離れた環境で人格が変わるほどに苦悩し、洋式教育の恩恵を活かすことができない実態を挙げた。カルティニはそれを妹一人だけの問題ではなく、大きな社会問題を示唆すると認識した。だからこそ、一夫多妻制を肯定し、女性の地位を改善しない者を厳しく批判した。

> スヌック博士よ、私の妹は幸せに暮しています。非常に幸せに！　我々にはすべてわかっていたことです！　妹につきましては奥様を悲しませるだけですから、このへんにしておきます。が、妹のことをお聞きになりたいのではないでしょうか。なぜなら、奥様や私が妹に全く望まない運命を、妹は与えられたのですから [ibid: 162]。

「幸せに暮らす」とは、妹が将来のブパティを約束された男性のラデン・アユとして暮らすことを意味する。それは個人情報の表層だけを世間評に照合したに過ぎない。カルティニは、内実を見ずに「幸せ」や「うまくいっている」と評する無責任な発言を批判した。そして、「全く望まない運命を妹は与えられた」のであれば、与えたのはカルティニ達の戦いに反対する者、スヌックもその一人であった。

後日、カルティニは自身の結婚に臨むに当たり、再度スヌックの回答に言及し非難した。

> 昨年、私がお母様を通じてスヌック・フルフローニェ博士に質問した事をまだ覚えていらっしゃいますか。その答えを考え、ご自身のためにお心にお留め置きください。それは罪な考えです。それは立派な犯罪です。私は正々堂々と手の内を見せ、勧告しました。お気の毒な方、運命が人を導くと考え、運命に手が届くことをご存知ないとは。今、博士は甘い夢を見ていらっしゃいます。博士が私の人生に干渉する前、私が正に見たような黄金とばら色の夢を織っていらっしゃるのです。誰の夢が実現するのでしょうか。戦慄を覚える恐ろしい日々が私を待ち受けます。私の仮装大会〔結婚式〕の衣装の準備は整いました。ルクミニはそれを死装束と捉えます［1903年10月19日付アベンダノン夫人宛書簡，ibid: 335］。

「勧告」とは、一夫多妻制の廃止についてカルティニがスヌックに説き勧めたのであろう。それに対し、「博士が私の人生に干渉」した。すなわち、スヌックがカルティニの「一夫多妻制に対する戦いに反対した」こと［ibid: 152］を意味する。また、「戦慄を覚える恐ろしい日々」とは、婚家には三人の婦人とその子供達がいて、カルティニがラデン・アユとして婦人達の子供の「母親」となり養育することは、間接的に婦人達から子供を取上げることを意味した。カルティニは、妹カルディナのように「同居する女性達」と確執が生じることを懸念した。カルティニは、一夫多妻制を「罪な考え、立派な犯罪」と断言した。カルティニが考える罪の概念を述べた箇所を書簡から引用する。

> イスラームの教え Mohammedaansche leer は男性に四人の妻を同時にもつことを許します。イスラーム法 Mohammedaansche wet では何千回も無罪になりますが、私は以前からそれを罪と捉えています。人を苦しめる行動は全て罪です。罪とは、人であれ獣であれ傷つけることです。夫がイスラーム法に適った別の妻を家に連れてきた時、妻はそのライバルと仲良くすべき、という地獄の苦しみの只中にいる妻を想像できますか。夫は妻に何回も誤った接し方をして、死ぬまで妻を苦しめるにちがいありません。夫が妻に自由を与えたくなければ、それまでです。ジャワ人の慣習や教訓はすべて男性のためだけにあり、女性のためにあるのではないのです［1899年11月6日付ステラ宛書簡，Kartini 1911: 22-23］。

「人を苦しめる行動は全て罪です」というカルティニの言葉は、多妻家庭で娘として苦悩する自分が、今度はラデン・アユとして別の女性を「傷つけ」、「罪」を黙認する側になるという切迫した問題を示唆する。カルティニは自身の抱える不安や問題を他者に差し出すことによって、新しい絆を独力で切り拓

いた人であった。何よりもカルティニの文通はその最たる例であり、カルティニが元々縁も所縁もないヨーロッパ人と問題を共有することで示した絆である。しかし、スヌックの場合は異なった。カルティニはスヌックに反対されたことによって、それが大きな社会問題と関連し、政治問題に手を染めたことを自覚した。

一方、スヌックはジャワの男性には援助を惜しみなく差し伸べた[139]。当時の状況をスロトは、

> スヌックもアベンダノンのように好んで若い学徒を招いた。何人かの青年達が彼に勉学を助けられた。その中の一人が後にセラン Serang の知事になったアフマッド・ジャヤディニングラット Achmad Djajadiningrat であった [Soeroto 1984 (1977): 200]。

とする。チアミスのブパティの令嬢ヨー（先述の事例 6）が 1901 年にセランのブパティと結婚したことを考慮すれば、カルティニはおそらくヨーからスヌックがジャワのエリートに対して教育熱心であると耳にしたであろう。また、カルティニが書簡や覚書「ジャワ人に教育を」の中で言及したクスモ・ウトヨ Koesoemo Oetojo[140] に対しても、スヌックは目を掛け [Sutherland 1979: 49-50]、カルティニは恐らく両者の関係を知っていたであろう。

スヌックは近代的教育すなわち洋式教育の普及を通じてオランダとインドネシアの一体性を強化すべきだとした [Furnival 1939: 246]。確かに、カルティニも洋式教育の普及に賛同した。が、彼女はスヌックの家父長的かつ政庁の官僚としての立場を見落とした。オランダは彼らの近代西欧と「原住民社会」の伝統的権威を結合させて東インドを統治することにあった。オランダの政策と東

---

139) 弟フセイン・ジャヤディニングラット Hoese Djajadiningrat (1888-1960) には、オランダ本国のギムナジウム卒業資格試験に備え、スヌック自ら古典語（ギリシア語・ラテン語）を教授して進学を支援し、フセイン・ジャヤディニングラットは留学後わずか 1 年で試験に合格し、1905 年にライデン大学に入学した [Poeze 1986: 73]。

140) ウトヨ（当時ガウィ Ngawi のブパティ）はカルティニ達のオランダ留学を非難する者に対して擁護した [Kartini 1987: 213]。また、1903 年カルティニはバタヴィア修学を辞退する旨を記した書簡のなかで、自分達の奨学金をアグス・サリムに与えることを請願する際に、ウトヨの名を挙げ HBS の卒業試験でトップの座に就いた最初のジャワ人で、ウトヨとサリムの年齢差は少なくとも 12 才であると存じます [Kartini 1987: 315] と述べている。更に、ウトヨが 1871 年ブカロガンに生まれ、兄カルトノ（1875 年生まれ）と同じスマランの HBS の卒業生であることからも、ウトヨの名前を知る機会があったのであろう。ウトヨは HBS 卒業後直にアシスタント・ウェダナに任命され、10 年後にブパティに昇進し、アフマッド同様 1902 年ごろオランダ語が堪能なブパティ 4 名の 1 人に挙げられた [Sutherland 1979: 49-50]。

インドの住民との間の媒介が必要であった。この点にアベンダノンもスヌックも大変熱心であった。オランダ語教育によって、「原住民エリート」の中に西欧的文化様式に対する憧憬の念を生じさせ、媒介にしようとしたのであった。すなわち、教育と雇用で「彼らを文明人にする」ことにあった。カルティニと同世代の「彼ら」は、「媒介」としての役割を果たした[141]。確かに、「彼ら」は政庁の教育制度のもと、学力（学歴）が官吏の採用時に重視されることによって出現した新しいタイプのエリートであった。しかし、その対象は男性であり、女性は対象外であったことから、教育政策が女性の地位向上を考慮に入れていなかったといえよう。

確かに、カルティニはスヌックの反対に大打撃を受けたが、だからこそ、彼女は、実際に女性問題を女性の側から発議していく重要性を強く認識した。しかし、慣習が女性の行動を規制するジャワ社会で、カルティニが使命を果たすには、1987年版に示されるように、声なき女性達の代弁者として、言葉で訴え賛同を得るほかなかった。書簡は、彼女が洋式教育で享受した知識を基礎にして、一夫多妻制廃止を要求した初の植民地国家オランダ領東インド住民であったことを明示する。

4.「一夫多妻制」に関するアベンダノンの編集の特徴

1987年版では、ジャワ人女性の事例が記載されたアベンダノン夫人宛書簡は20余通ある。しかし、1911年版では、カルティニをはじめ数々の女性達の声は、本節第1項の事例にみられたように削除された結果、全文が掲載された書簡はわずかに次の3通であった。
　① 私の知る女子（1902年1月3日）
　② ワヤン・オラン一座のブパティの孫娘（1902年1月3日）
　③ 官吏の2番目の妻（1901年11月29日）（第2章第3節参照）
アベンダノンはこれらの事例を通じて、読者に何を伝え共感を得ようとしたのか。

141）たとえば、クスモ・ウトヨはブパティを歴任し、フォルクスラートの議員となり、6名の子息達を次々とオランダへ留学させた［Poeze 1986: 281］。また、フセイン・ジャヤディニングラットは博士号を取得して帰国後、政庁の要職を歴任し、東インド評議会議員に任命され（1935-1940）、政庁の教育・宗教局長に就任した（1940-1941）。

まず①について、1987年版ではカルティニの長姉スラストリの夫の弟について言及した後に、「彼の妹」について述べた箇所が次に引用する文章であるが、1911年版では「私の知る女子」と書き換えられて、全文が割愛されずに採録された。

> 彼〔私の義弟〕の妹『私の知る女子』はスマランの修道院の寄宿学校にいましたが、引き戻され寡婦の娘として気の毒にも全く別の人生を送り、誰とも没交渉で細々と暮しています。彼女が何かを学んでいたとしても稼ぐことが可能でしょうか。このような場合は、「働く貴族」の模範が示されるべきです。現地人の娘が家族に従属することを望まない場合、その必要はないという実例が。他者に従属すること以上に屈辱的なことがあるでしょうか。仕事を会得していれば、彼女は自立し今は自由であったのに！ このままではどのような運命が彼女を待ち受けているのでしょう！ 当然結婚しなければなりません［1902年1月3日付アベンダノン夫人宛書簡．Kartini 1987: 131］。

義妹は開明的な父親を亡くした。それはジャワの慣習に反して娘に洋式教育を与え、世間の非難に対する防波堤の役割を果たす保護者を失ったことを意味した。結果、義妹は退学し実家に戻り、学問の自由も職業選択の自由も奪われ、女性の自立を是としない旧態依然とした慣習にしたがって、多妻家庭に入ることは必至であった。女性の従属性はこの義妹のように連綿と続き、若い時に自分を磨く機会が妨げられた。すなわち、この事例は父親の生死に左右されることのない、女子の学ぶ権利を確立する教育システムが急務であることを訴える。確かに、カルティニは女子教育の推進と女性の経済的自立を主張したが、令嬢を例に挙げて訴えることは稀であった。しかし、アベンダノンは出版目的に適う事例を選択し、義妹を「私、すなわちカルティニと面識のある女子」に替えて、1911年版に掲載した。

次に、同じ書簡からアベンダノンが採用した②「ワヤン・オラン一座のブパティの孫娘」を引用する。

> 先日ワヤン・オラン一座が来訪し、踊り子の中にブパティの孫娘が！ なぜ落ちぶれたのでしょう。以前は子供を学ばせることは特別でしたが今は普通です。が、子供が25人もいれば全員に十分な教育を与えることができましょうか。以前、現地人貴族のプレステージ失墜の原因が問題になりましたが、子育てが不可能な場合子をなす権利がないことが問題となったでしょうか。知育だけでなく徳育も行われるべきです。幾度も見聞きし、怖くて震え心が痛み「ジャワ人に教育を与えよ！」という叫びが込み上げました

〔ibid: 131〕。

　上に挙げたブパティの孫娘の事例は、一夫多妻制に浸りきってしまった結果が招いた一例であるが、カルティニは同様の事例を「幾度も見聞した」と記し問題を提起する。それは、先述した義妹の事例と問題の所在が別である。しかし、アベンダノンは原書簡から「女性の教育の欠如が身を落とす」点を抄い上げ、事例を並列して「私の知る女子」の行く末は強制結婚か「ワヤン・オラン一座の踊り子」という流れを作り、「女子教育の必要性」を訴えた。すなわち、アベンダノンは自身の主張をカルティニの発言から採録している。

　このようなアベンダノンの手法は、カルティニ自らが主張する機会を奪い去った。その一例として、カルティニの「踊り子」についての見解を取上げる。まず、踊り子について当時の一般的な解釈を、カルティニと長兄の会話の中から次に挙げる。

> 兄は妹の自由・自立・解放への憧れを聞き、「もちろん、ガムランの前で自分の足で立てるよ」と、嘲笑しました。投げつけられたこの侮辱の言葉は心を切り裂き、ただ目前の生々しい現実だけを見つめました。〔中略〕「ラデン・アユさもなければ踊り子！」と、何度も呻きました。一方は男性の気まぐれで生き延び、他方は恥で生きていくのです〔1900年8月付アベンダノン夫人宛書簡, ibid: 12〕。

　上述の前半は、兄がカルティニを揶揄する文脈で会話を進め、当時のジャワ社会の見解に従えばラデン・アユと踊り子は対極にあり、カルティニも当初は侮辱と感じた[142]。それは、カルティニも「踊り子」に対して世間的な見方を踏襲したことを意味する。しかし、カルティニは、「何であるか」ではなく、「どうあるか」という視点に転換した時、「ラデン・アユ」と「踊り子」に共通項を見出した。すなわち、カルティニのラデン・アユに対する認識は、「男性の気まぐれで生き延びる」女性であり「男性の所有物になる」〔Kartini 1987: 12〕こと、すなわち女性が男性に従属して一生を送ることであった。それは、踊り子も同じであった。両者ともにジャワ社会で生き辛いという本質に気付いた時、カルティニの裡にあった「ラデン・アユさもなければ踊り子」という考え方は消失した。

---

[142] 1902年12月12日付アベンダノン夫人宛書簡中、カルティニが子供時代の回想し、踊り子になりたかったが、後に「踊り子に憧れたことは、恥であると知りました」〔Kartini 1987: 249〕

このように1987年版は、カルティニが苦悩する中で問題を発見し、自己の見解がジャワの社会認識と大きく乖離し、その解決策を教育に見出す過程を鮮明に伝える。しかし、アベンダノンの編集は上に挙げた引用を削除したため、読者にカルティニが両者の共通項に気付く過程は伝わらず、独自の考えを提議するカルティニの勇姿は翳められた。

　次に、③「官吏の2番目の妻」についてアベンダノンの編集を検討する。まず1987年版を出典とする1901年11月29日付アベンダノン夫人宛書簡では、前項の事例5（兄嫁の話）に続いて、第2章第3節で述べた「ファーティマ」と「官吏の2番目の妻」を比較する構成をとる。カルティニは前者の行為が讃えられ女性の惨状は改善されないことを指摘する。身分差を肯定する社会にあっては、前者は後者よりも極めて高位に位置するが、カルティニは対象を等しく捉え、後者に強く共感しその言動を支持する姿勢を見せた。

　しかし、アベンダノンは「預言者の娘ファーティマについての話」と明記された挿話を1901年11月29日付アベンダノン夫人宛書簡から削除した。あらためて1911年版を見ると、1901年8月付ファン・コル夫人宛書簡に「古い伝承」としてファーティマだけが次のように登場し、筋書きはほぼ同じである。

> 古い伝承では、ファーティマの夫が別の女と結婚したので、預言者 De Profeet はファーティマに問うと、「平気よ、お父様」と、言ってバナナの木にもたれると、木は焼け炭と化した。もう一度預言者はファーティマに心境を問うが、「何とも思わない」と繰り返すだけであった。そこで預言者は生卵を彼女の胸に押し当て、同じ質問をするとゆで卵になった［1901年8月付ファン・コル夫人宛書簡, Karini 1911: 183］。

　上述は、ファーティマが「お父様 vader」と答える文脈から父と娘の関係が分る程度である。したがって1911年版の「古い伝承」よりもアベンダノンが削除した1987年版の方がより詳細に記され、カルティニの批判点を明確に伝える。

　ジャワでは女性差別として意識される前に、家父長的慣習が固守された。カルティニはファーティマと官吏の2番目の妻と並列する構成を採用し、両者を比較検討して女性の自立を阻む問題を論じた。が、アベンダノンはカルティニがこのように新しい視点を導入し「ファーティマの挿話」を二度も書いた事実を、尊重しなかった。しかし生前、カルティニは一夫多妻制下の女性の苦悩をアベンダノン夫妻に、次のように訴えていた。

> 現地の女性は血の滲む思いをし、何も知らない子供も苦悩しています。〔中略〕女性は誤った状況に慣れ、不平を感じなくなり黙従し諦め、男性の当然の権利と思い、それを女性に生まれた嘆き悲しみとして受け入れています。私は怒りを覚え心を痛め、女性と子供にとって呪いの的である根深いアダットと対決し始めました！ 私は一個人としてその悪習に対して成す術もなく絶望し途方にくれています。それはイスラームの教え Mohamedaansche leer の下で守られ、女性は己の無知ゆえにそれを遵守し、女性はその犠牲者であることをわかっていません！ 一夫多妻と呼ばれるおぞましい不正に加担させられる運命がいつか来るのでしょう。我々は生まれてから死ぬまでこの状況下で耐え忍ぶことを求められます［1900年8月付アベンダノン夫人宛書簡, Kartini 1987: 6］。

上述の「女性は誤った状況に慣れ、不平を感じなくなり黙従し諦め、男性の当然の権利と思い、受け入れます」という箇所は、次に挙げる文章と酷似する。

> 人類は諸悪が忍びうるものである限りは、その慣れ親しんだ形態を廃止し諸悪を正すよりも、忍耐する気になってしまいがちであることは、あらゆる経験が語っている［Hunt 2007: 216］。

上述は周知のように、「アメリカの独立宣言 The Declaration of Independence」（1776年）の一文である。この後「このような関係を絶ち、将来の安全のために新たな防御手段を用意することは、人民の権利であり義務である」と続く［ibid: 216］。カルティニもまた女性としてジャワで制約を受けながらも、でき得る限り取り組み励んだ。事実、カルティニはヨーロッパ人小学校での学びを基礎に、読書と文通によって女性解放思想や平和運動、社会福祉活動に共鳴した。上述の書簡は、これらの新思潮の通奏低音に流れる普遍的思想にカルティニが共感し、それと同じ視点を用いて彼女自身そしてジャワを照射した一例であるといえよう。カルティニは、一夫多妻制がイスラームの到来する以前から家父長制を支えるジャワの慣習であり、その慣習が存続する一因が女性にあることを指摘し、女子教育の重要性と一夫多妻廃止の理解と協力を求めた。

しかし、そもそも、アベンダノンは政庁の教育・宗教・産業局長官在職中、一夫多妻制の問題から距離を置いたことを、次に挙げた「カルティニの問い合わせ」は証明する。

> 覚書についてご助言を頂けますでしょうか。結婚問題にも言及すべきでしょうか。原稿は総督に届く前に多くの人の手を通り、珍事ゆえに十中八九リークし人の口に上り、

ジャワ人が耳にすれば一体どうなることやらわかりません。〔中略〕私を暗愚とお思いでしょう。それは植民地大臣へ提出された覚書で既に詳細に扱われ、ファン・コル夫人の手紙より広範に、ファン・オーフェルフェルト氏が著者となり、下院で今年度東インドに掛かる予算会議で取り上げられることになりました。本国政府は公式にその問題を意識していますが、東インド政庁はいかがでしょうか。この件に一言頂戴することができれば幸甚です。葉書にてイエスかノーで結構です。イエスなら結婚問題を書く、ノーならその必要なし、グッドならそれに言及しない覚書を請願書に添付して送り、そして忌憚のない私個人の意見を貴殿にお送りする。私がそれを総督へ無事に送ることが可能であると思われますか。あちらこちらで噂になることは嫌です［1903年2月1日付アベンダノン氏宛書簡. Kartini 1987: 270］。

カルティニは「結婚問題」が本国オランダでは是でも、東インドでは言及を憚る懸案であることを認識するがゆえに、nota 覚書[143]の中で「結婚問題」に言及する許可をアベンダノンに求めた。結局、カルティニは「結婚問題」に言及せずに提出した[144]。

アベンダノンもスヌックと同様に、洋式教育の推進を女性問題と切り離すという点で、カルティニの目指す方向性とは明らかに違った。そして、カルティニがこの問題について、政庁の教育・宗教・産業局長官という立場を考慮することは、アベンダノンを頼ることは難しいと認識したことを意味する。しかし、カルティニは持論を放棄したのではなく、一人で戦わなければならないことを自覚したのであった。

第2節　カルティニの理想と現実

カルティニが女子教育について考えていた時、ほぼ時を同じくして着任したアベンダノンはジャワ人女子を対象とした学校設立計画を立案した。しかし、レヘント達の反対で女子校設立には至らなかった。

---

143)「ジャワ人に教育を」とは別の覚書である。バタヴィア行きの奨学金の願書に添付する覚書である。
144) 覚書を書き終えたが、提出には気乗りがしない旨を1903年4月19日付アベンダノン氏宛の書簡に記している。カルティニはその内容に不本意であった。

> 教育・宗教・産業局長官〔アベンダノン〕はジャワ人の進歩における女性の役割に関心を寄せ、〔女子校設立〕計画を進めていたが、〔中略〕意見を求められたレヘント達は、現地人首長の娘を対象とした学校の開設を時期尚早だと考えた。しかし実際、反対したレヘント達は、娘が教育を受ける時代の到来を感じていたが、洋式教育をまだ一般的ではないと問題視した。また、我が子には最良の教育を授けたいが、他人に奨励しない理由は他者も教育されるからであった。今、学校が開校すれば、各人が子供を入学させるであろう。そうなれば、彼らが唯一の享受者でありたいと望んだ教育を皆が子供に受けさせることができる［富永 1987: 201］。

「近代」とは一体誰のための「近代」だったのか。20 世紀初頭、ジャワ人女子には政庁の教育改革を享受する機会がほとんどなかった。カルティニもその一人であったからこそ、女子教育を放置した政庁を批判し、独自の「女子校案」を提示してその必要性を唱えた。

本節では、初めに彼女が提案した女子教育を検討し、次にオランダ語教育を取上げ、カルティニの教育理念と倫理政策の背後にある目的の相異を論じる。さらに、彼女が提案したオランダとジャワの相互理解と平和を検討し、カルティニの理念の独自性を論じる。

主な史料として、カルティニが 1903 年 1 月に記した Nota 覚書 Geef den Javaan Opvoeding!（「ジャワ人に教育を」）を用いる。女性の視点に立脚した政策提言は当時としては稀有であり、カルティニの思想を考察する上で貴重な史料である。先ず、カルティニが覚書を書く上で問われた事と、作成に取りくむ様子を書簡の中に見たい。

> 植民地省のＳという法学士、教育に関する法令制作のため本国政府から派遣され、2 月中に帰国予定でジュパラへ行くことが難しく、諮問表に速やかに答えてほしいとのこと。氏の設問は非常に重要です。だからこそ早急に答えられる質問ではありません。例えば問 1、「ジャワの住民の教育と福祉のためにどのような方策をとるべきか」この問いに対して白髪の有能な人々が研究を続けています。それを我々が早急かつ詳細に答えなければならない！　問 2 の「教育の改善策とその広め方について」一つの問いに一言で答えるとは！　少なくとも数頁を要します！　問 5 の「ジャワ人の発展における女性の意義について、政庁の役人は関心を寄せていないのではないか」という質問には、一言で答えました。そして、「ジャワ人の女性を教化するには何から始めるのが最善策か。そして、それを進める上でジャワの慣習とのせめぎあいはおこらないのだろうか」という最後の質問に、喜んで解答しました。この諮問表は、問われなければ考えつかなかっ

た事を我々に喚起しました。昨晩、我々は考えを書きとめ、今練り上げているところです［1903年1月31日付 E. C. アベンダノン宛書簡. Kartini 1911: 469］。

S法学士とは法務局高官のスリンゲンブグルフ Slingenberg のことである。カルティニはフラーセルから依頼されて「諮問表」に基づいて回答した。言葉を換えて言えば、カルティニは1903年1月の時点におけるオランダの東インド支配に対し、教育の観点から不服を申し立てる機会を得たのであった。覚書の冒頭を次に引用する。

> 2700万人を一度に教育することは困難である。まず貴族を教育し啓発すれば、自ら受けた教育を民衆に還元するであろう。民衆は貴族に従順で、貴族からもたらされることを容易に受け入れる。政庁と貴族と民衆にとって有益に違いないこの環境から、どのような利益が引き出されたであろうか。今までオランダ本国の寧安を保ち収益を納めるために利用されただけである。本国と貴族は恩恵を蒙るが、民衆は何を得ているのであろうか。民衆に深く崇められ、民衆を支配するため政庁に利用されている貴族は、民衆のために何をしたか。善行はほとんどなく悪行のみである。貴族は権力を乱用している。この事態を変革すべきである。貴族は民衆を侮らず、民衆に計り知れない利益をもたらす貴い存在となるべきである。それ故、政庁は貴族に、知育のみならず人格教育を根本とする立派な教育を与えよ。それはジャワ人にもたらされる教育全般において最も重視すべきである［富永 1987: 199-200］。

「貴族を教育し啓発すれば」という仮定法の意味するところは、実際にはまだ啓発されていない女子教育を示唆する。カルティニは「収益」が本国へ流れジャワに還元されないことを指摘し、民衆に恩恵が及ぶかたちでの還元、たとえば保健 ── 公衆衛生、救急処置法の普及を要請した。それは、医師不足の指摘を意味した。この一例のように、カルティニは20世紀転換期のジャワで必要不可欠であるにもかかわらず、政庁がまだ取り組まない、あるいは全く取り組もうとしない点を指摘した。それは主に次の9点であった。

①女子教育（女子校の開設）　⑥保健・衛生学の普及 ── 救急処置法を学校の科目に採用
②学校教育において人格の陶冶を重視　⑦伝統的医療法の尊重
③オランダ語教育と母語の重視　⑧現地人官吏の登用に能力主義を導入
④中等教育 ── 職業専門課程の多様化　⑨オランダと東インドの相互理解の促進
⑤図書館の設置とジャワ語・マレイ語・オランダ語の書籍の充実

カルティニは①を最重点課題とした。その必須科目に⑥保健・衛生学、救急処置法を提案し、②知育とともに人格の陶冶も重視した（本節第2項）。③オランダ語教育と母語の重視については、⑤と連関させてオランダ語教育についてカルティニの持論を展開した（本節第4項）。④・⑤・⑧は後に改善が見られたことから[145]、覚書にはカルティニの先見性が表出しているといえよう。とくに、⑦伝統医療法の尊重・⑨オランダと東インドの相互理解は、カルティニ独自のビジョンを反映し、倫理政策と一線を画す（本節第4項）。カルティニの特徴は、欠けている点を指摘すると同時に、自身の案を示すところにあった。

1. カルティニが構想した女子教育

　カルティニは20世紀初頭のジャワ人女性が置かれた状況を、次のように認識していた。

> 我々よりも博識で才能に恵まれ洗練された女性が多くいます。彼女達は自身で何でも出来ます。機会がないだけです。彼女達の心をもってすれば、この社会を豊かに育て上げることが可能です。彼女達の心の啓発を妨げてはなりません。求めに応じて何にでもなれる女性達ですが、女性を導くことがなされていない現状では、なにも出来ないのです〔1901年6月10日付アントン教授夫妻宛書簡, Kartini 1911: 164-165〕。

　カルティニが「機会がない」と指摘するように、親世代が娘に学校教育を受ける機会を妨げ、結婚の他に選択肢がなく、旧習を踏襲した。カルティニは政庁に女子教育を求めた。

> 女性の心と知性を啓発し、女性が何百万の人々を文明化する仕事の働き手となれば、民衆の向上は時間の問題であろう！　まず、貴族の娘の教育から始めよう。ここから文明が民衆へと広がるのである。〔中略〕私立および公立校が現に存在することは、多くの現地人首長が娘に因習に囚われない教育を望んでいることを示している〔富永 1987: 200-201〕。

---

145) ④について、1909年以降、法律学校、工業学校、農業学校、獣医学校、行政学校、簿記会計学校などが設立された。⑤について、1914年までに原住民小学校に680の図書館が設置され、また、オランダ語書籍の需要があることがわかり100の図書館にオランダ語書籍が配布された〔Furnival 1939: 422〕。⑧について、官吏登用試験の実施と教育制度の充実により、世襲制から能力（学歴）の評価へと徐々に移行した。

上述の「心と知性の啓発」について、カルティニは女性が不快な事を不快として認識できず、そのため他者のつらさを共有できず、人格の陶冶を痛感したことがあった。「貴族の娘の教育を始める」ことは、閉居の打破と同時に教育の機会を与えることを意味し、それがジャワ社会の変革を促す要因となるとする。

> 社会道徳を習得するために女性が大役を担うことを、誰が否定することができようか。〔中略〕母として女性は人間性を最初に育てる人である。子供は初め母の膝の上で感じること、考えること、話すことを学ぶ。初期の躾は生涯を通じて極めて重要である。人の心に善と悪の種を最初に播くのは母であり、生涯にわたりそれを持ち続けることは稀ではない。今、ジャワの母親が教育の無いままで、どうして子供を教育することができようか。女性が取り残された状態でその務めを果たさなければ、ジャワ人の教化と啓発は決して進展しない [ibid: 200]。

　カルティニは、政庁に女性の人格を高め、健全で知的な母親かつ保育者に育て上げることを求めた。なぜなら、カルティニは言う。

> 学校だけでは社会の進歩は望めず、家庭も貢献すべきである。特に、教育の力は家庭からもたらされる。家庭では昼夜を通じて教育が行われ、学校は日中の数時間に過ぎない。家庭の要である女性 ── 母親 ── が子供を教育することが不可能であれば、家庭で健全な子供を育成することができようか [ibid: 202]。

　「母親の教化」の提唱は、母性崇拝や女性を家庭に限定したと曲解され、「良妻賢母を謳うカルティニ像」を形成した。しかし、それは当時のジャワ社会が家庭教育における女性の重要性を認識していないことへの指摘であった。また、女性に次世代の人間を育てる能力を授ける教育を提唱する背景には、第2章第3節で述べたように、カルティニには母娘関係で苦い経験があった。

　さらに、カルティニが直接見聞した前項の諸事例は、慣習的制度で育った女性に独立心や自尊心が育たないことを証明した。だからこそ、カルティニは、「何千もの女性の魂を抑圧し踏みにじった道を、我々三姉妹が共に掘り起こし、自由で幸福な方向へ前進させます」と言う [Kartini 1911: 162]。

　それを実現するために、カルティニは次のような提案を行った。

> 教育を受けても早晩女子は旧態依然とした社会に戻らなければならず、結婚しか道はありません。職業教育を与えてくださればれば、大勢の女子に降りかかる災厄の代わりに福が来ます [1901年8月8-9日付アベンダノン夫人宛書簡, Kartini 1987: 68-69]。

上述は、カルティニがアベンダノンとの初対面の時に、女子の職業教育を訴えた一文である。カルティニは学校教育が女性の自立と地位の向上を可能にすると信じていた。なぜなら、男女に不平等を生じさせる要因は教育の有無にあることを、カルティニはヤコブス達が唱える女性解放思想を通じて認識したからである。とくに職業教育は女性に進路の選択肢を提示すると考えた。確かに、職業教育や就職の経験も無いカルティニが、政庁の政策に先行する提案をすることは、机上の空論だと思われたであろう。しかし、カルティニは、ステラ（公務員）やオーフィンク夫人（作家）、ファン・コル夫人（作家・雑誌編集者）、フラーセル（小学校教員）、ファン・ローン（HBS 教員）、*De Hollandsche Lelie* の編集長、*De Echo* の編集長、ファン・デル・メイ（雑誌編集者）等文通相手や友人・知人を通じて、有職の女性達と接する機会を多くもった最初のジャワ人女性であった。

　カルティニ自身は、社会で何の職務も有しないジャワ人女性が社会の構成員として認識されない状況を痛感していた。しかし現実には、慣習が機会を得ることを妨げた。女性が社会に参画し役割を果たして生計を立てることが、社会的に認知されていなかった。カルティニは「ジャワの常識」の中にひそむ男女の不平等性、女性の従属性を痛感した。

　次に示すユスティナ Justinah は、カルティニ書簡に登場するジャワ人女性の中で唯一の有職者であった。

> ユスティナは生え抜きのジャワ人でキリスト教徒、職務に就いて 1 年になる 19 歳の助産婦です。モジョワルノ出身、ラッキーな子！　アドリアニ博士と文通しています。1 週間ほど拙宅に泊まり、来週帰ります。会えば好感をおもちになると存じます。彼女はとても闊達で、博士によれば最も素晴らしい子だそうです。彼女の手を取って部屋へ連れて行く時、彼女は少し不安を感じていました。プリヤイに接することが初めてでしたので [1903 年 8 月 4 日付アベンダノン夫人宛書簡, ibid: 323]。

　ユスティナは「モジョワルノ出身のキリスト教徒の助産師」、「アドリアニ博士」という記述から考慮すると、モジョワルノ[146]でオランダ聖書協会が運営す

---

146) 当時、東ジャワのモジョワルノはオランダ改革派の東ジャワにおける活動の中心地であり、書簡にも登場するベルフーツ H. Bervoets をはじめとするオランダ人医師を擁した病院および小学校等を運営していた。カルティニはモジョワルノで助産術を学びたい意向を、幾度も手紙に記した。また、カルティニ書簡は、アドリアニ（オランダ聖書協会から派遣）がモジョワルノに滞在したことに言及している。

る病院付属の助産婦養成所で洋式教育を受け、社会に奉仕する有職の女性であった。当時、ユスティナがプリヤイの邸宅に泊ることは、ジャワの常識では「恐れ多い」ことであった。が、両者の通奏低音には洋式教育の経験があった。カルティニは学校時代に対等の関係を結ぶことを知り、また、性差・身分差・年齢差がもたらす不平等について事例を挙げ批判したことは、先の章で述べた通りである。この1987年版1903年8月4日付書簡は、プライバシーを含むため1911年版で割愛されたのであろう。しかし、次に挙げる同年同月14日付書簡だけでは、助産師ユスティナを知る術もなく、同時にカルティニの平等性が伝わり難い。

> テーブルを囲み手仕事をし、素晴しい交流の時をもちました。助産師のユスティナと我々四人で。とてもかわいい子！ 我々に手芸を習い有意義に過し、私が説明すると信頼して私の肩に彼女の頭を寄り掛け、今朝はとても心豊かに感じました。彼女は拙宅で一緒にくつろいでいます。私は彼女の美しい知的な目を見ることが好きです。彼女はデサの子、愛情に満ちた導きに優るものはありません！〔中略〕勇気があり、既に48名の出産に立ち会いました［1903年8月14日付アベンダノン夫人宛書簡, ibid: 324］。

カルティニは女性の経済的自立を掲げて職業教育の重要性を説き、また木彫職人との関係でも経済的存立基盤の確保に強い関心を示した。彼女にとって職業問題と、教育や平等の問題を考えることは同義であった。カルティニは自身の特権がもつ不平等性を認識していた。が、それは当時の「ジャワの常識」であった。これまでみたように、「常識」を批判するカルティニはジャワ社会で嘲笑の対象とされた。その嘲笑が、カルティニに科す制裁であると認識したからこそ、カルティニは人格を陶冶し、人間の尊厳に対する敬意を育むことが旧習を打破すると考えた。

カルティニは旧習を打破するために、自身が捨石になる決意を表明した。

> 母と女性問題について話し合った時、自立が許される事を何よりも望むと例を挙げて言いました（私の結婚観を母に内緒にせず明確にしています）。「でも我々の中でまだそんなことをした人はいませんよ」と、母は言いました。「だから誰もしないことをする時が来たのです」
> 「でも最初は皆大変なことがわかっているの！ 最初の者は厳しい人生を歩むのよ。誤解されたり、失望したり、落とし穴があることを十分わかっているのですか」
> 「わかっています。私の考えは昨今に思い浮かんだことではありません。もう何年も考

え抜いたことです」
「それであなた自身はどうなるの。満足なのですか。幸福になれるのですか」
「私が歩もうとしている道は、険しく困難で滑りやすく、前人未到の道です。ゴールにたどり着いても幸福になれないでしょう。たとえ道半ばで倒れても、私は幸せに死んで行くでしょう。なぜなら、道は拓かれ私は現地人女性を自由と自立へ導く道を拓く手助けをしたのですから。自由になりたいと願う娘の両親が『我々の中でそのような事をした人はいないのよ』と、二度と言えなくなれば私は十分満足なのです」［1900年10月7日付アベンダノン夫人宛書簡，ibid: 21］。

　上述はカルティニ21歳の主張である。「女性を自由と自立へ導く道を拓く手助け」とは、教育を通じて女性を虐げられた状況から解放することを意味した。カルティニは教育が女性の人生を変えると信じ、教職に就くことを目指した初期のジャワ人女性であった[147]。とはいえ、そもそも、慣習はプリヤイの女性が職業につくことを許さなかった。旧態依然とした人びとは「新しい女性」を我儘、利己的で無責任な女性と捉え非難した。この点について、宗主国と植民地というほどの差はまだなかった。しかし、オランダ語の書籍から新思潮を知ったカルティニは、「新しい女性 moderne vrouwen」を因習に囚われず後進に道を拓く役割を担う者であると認識していた[148]。

　では、カルティニはどのような女子校を構想したのか。カルティニが1903年に開校した女学校と区別して、それを「想像の学校」と呼ぶ。「想像の学校」は、その「スケッチ」の断片が書簡中に散在しているだけで、叶わぬ夢に終わった。なぜなら、これまでも幾度か述べたように20世紀転換期のジャワでは、カルティニのビジョンに沿った女子教育は時期尚早として反対にあったからである。しかし理想ゆえに、倫理政策の教育政策に欠落した事項が、机上に

---

147) 書簡中に散在する三姉妹が希望する職業をここに並列すると、医師・助産婦・教師・作家・芸術家（画家）などが挙げられる。医師・助産婦・教師は、閉居の慣習を打破すれば直にジャワで可能な職業であることを、カルティニが認識していたことを示す、実現可能な「夢」を語っていたといえよう。カルティニについては、もちろん、オランダ語教師の資格を得て教師を志望し、プリヤイの女子を対象とする寄宿制の中等学校を運営する夢をもっていたが、欧州留学が不可能であれば、バタヴィアで医師になる勉強を望み、それが無理ならば助産婦を希望した。

148)「新しい女性 moderne vrouwen」について、第3章第2節と第3節でメルシエールや *De Hollandsche Lelie* の記事を引用し既に述べた。カルティニの理解では職業をもち社会に奉仕し後進の女性に道を開く、それが新しい女性であった。

如実に描かれたのである[149]。

　まず、「想像の学校」は、ヨーロッパ人小学校を卒業したジャワ人女子を対象とした。中等教育レベルを志向したことは[150]、共学のHBS進学を断念させられたカルティニ自身の経験から、同じ境遇の女子に教育の機会を拓くためであった。知育とともに人格の陶冶を重視し、母親が子供を育てるように女生徒を教育し、互いに愛情で結ばれ学び教えあう「大きな家庭を思わせる学校」[151]を目標とした。それは、オランダ人の指導者と生徒達が上下の関係にあった政庁の公立校と、違いを大いに際立たせた。

> 教師の使命は、娘達を洗練され教養があり、社会のモラルを高める働きができる女性に育成し、愛情に満ちた母親に、そして知的で堅実な子を育成できる人間に育てることにある。さらに、社会のあらゆる分野で貢献できるようにするためにも、そうすべきである。当面、寄宿制の学校を開設すれば、先述の考えの下に生徒を育成することが可能である。それは通学生にも配慮できよう［富永 1987: 203］。

　カルティニは人格の陶冶には、寄宿制が有効であると説き、「夜の談話会」（本節第5項）の時間を設けディスカッションを重視する姿勢を示した。学校での使用言語をオランダ語と定めた。教科は一般科目の他に、芸術・家政学・裁縫・料理・保健衛生・救急処置法・職業教育が列挙された［Kartini 1911: 158］。とくに、職業教育を重視し、看護・バティック等ジャワの美術工芸などの科目も考案された。美術工芸を中等学校で教授することは、芸術系アカデミーに相当する教育機関がなかった当時にあって、カルティニの構想の革新性を示す。また、保健衛生・看護・救急処置法を重視したことが特徴として挙げられる［Kartini 1911: 188］。なぜ保健衛生系の科目なのか。彼女はNota 覚書 Geef den Javaan Opvoeding!（「ジャワ人に教育を」）で次のように提言する。

> 東インドで医療活動がかなり遅れていることは周知の事実である。〔中略〕初歩的な衛

---

149) カルティニの「想像の学校」の具体的な描写について、1901年5月20日付ステラ宛書簡［Kartini 1911: 158］や1901年8月ファン・コル夫人宛書簡［Kartini 1911: 188］に詳しい。一方、アベンダノン夫人には「机上の空論」を話していない。
150) 書簡の中に、バタヴィアの女子HBSでの勤務経験を有するローン van Loon 女史の名前が挙げられている。カルティニはバタヴィアでローン女史と会い好感したことは、中等教育レベルの学校を開く夢の具現化と関係があるだろう。また、学校のモデル・構想については第3章第3節女流作家とその作品の中のオクタヴィア・ヒルを参照。
151) 第3章第3節で既述したようにオクタヴィア・ヒルの女子校理念であった。

生学の基礎知識がある者が近くにいれば、これほど多くの生命を失うことはなかったであろう。医師が数マイルも離れた所から到着する前に、負傷者が死亡することが頻繁にある。子供が汽車に轢かれ、一番近い診療所まで2時間かかり、その途中で出血多量のため死亡したが、誰も救急処置法を知らなかったからである。教師は学校で保健衛生学を教えるべきである［富永 1987: 208］。

救急処置法[152]に代表される保健衛生系の科目の導入案は、職業教育と関連したコースとして設置し、人命を尊ぶカルティニの信条を反映した。そして、カルティニが育成を目指す生徒像は次のようであった。

生まれ育った土地とその人々に愛と喜びの精神をもち、その土地と人々の優れたところに十分に気持ちを奮い立たせ、そして困難にも立ち向かうジャワ人を育てたい［1902年6月10日付アベンダノン夫人宛書簡，Kartini 1987: 170］。

すなわち、カルティニの目標は女性のみならずジャワ人の地位向上にあった。カルティニにとって学校は、カルティニの理念が根を張る運動を実行できる空間を意味した。

2. カルティニの現実 ── 実際の女子校（1903年設立）

1903年1月、アベンダノンは、オランダ留学を断念するカルティニに再度バタヴィアでの学びを提案し、「奨学金を待つ間」にジャワ人女子を対象とする私学校を開くことを勧めた［Kartini 1911: 463-464］。半年後、カルティニは女学校をブパティ公邸に開校したことを、次のようにアベンダノン夫人に報告している[153]。

素敵な仕事を始めたばかりです。ご主人様のご助言 ── 資格がなくても直に始めなさい。大変感謝申し上げます。我々の小さな女学校には既に7名の生徒が在席し、入学志望者も増加中、喜びです！　このように受け入れられるとは思ってもみませんでした。子供達は喜び、親御様にも大変喜ばれています！［1903年7月4日付アベンダノン夫人

---

[152] おそらくカルティニは、定期購読をした *De Echo* 第3巻29号及び31号に連載された救急処置法の記事に着目し、その必要性を認識して科目に取り入れることを考えたのであろう。
[153] 1903年7月5日付アドリアニ宛の書簡にも、「拙宅で学校を開き、生徒が7名、官吏の娘達です。さらに3名受け入れます。生徒一人で始めました。直に5名となり、翌日には8名、そしてその日の終わりに10名となったしだいです」と、記された。

宛書簡，ibid: 302]

　上述のカルティニが設置した学校が、ジャワ人女性によるジャワ人女子のために開かれた最初の女学校と言われている。しかしその実体は、率直に言えば無資格者が暫定的に開いた学習教室であり、アベンダノンが構想した女学校やカルティニの「想像の学校」とは全く違った。カルティニは、「資格がなくても直にでも始めなさい」というアベンダノンの助言を、政庁の教育・宗教・産業局長官から開校の許可を得たと、解釈したのであろう。
　では、カルティニの女学校は一体どの程度ジャワ社会で受け入れられたのか。

> 最初にここへ来た生徒は、この地域で最も開明的な官吏の娘です。母親と話し合う機会を設け説明をした後、娘をこちらへ託しました。〔中略〕その後、収税官吏や副収税官吏の娘達も入学しました。一昨日はカリムン・ジャワ Karimoen Djawa のジャクサも娘を連れて来ました。お母様想像してください、親達が娘を家の外へ連れ出し、この地で先生と生徒という家族と共に寄宿生活をするのです。親御様は我々の考えに賛同し、中には全てにおいて娘を我々の手に委ねようとなさる方もありますが、今すぐではなく、徐々にそうなればと願います。今日、ハシム Hasim の妹も授業を受けに来ました。昨日は若い母親が来訪し、自身が学びたいのですが遠方に住み残念至極、娘はまだ1歳に満たず、6歳に達したら入学する予定ですが、母親は出来るなら今すぐにでも子供を託したいのです [ibid: 302-303]。

　上述の「親達が娘を家の外へ連れ出し」という言葉は、カルティニの長年にわたる願望成就を意味する。カルティニを信用し、娘に教育が必要だと考える一群の人々が行動を起こした。そして、生徒数の増加は、カルティニがジュパラを結婚で去るまで報告された[154]。
　開校前、カルティニには子供を託されないかも知れないという不安があった。なぜなら、すでに幾度か述べたように、カルティニはジャワ社会で中傷されていたからであった。カルティニがオランダ留学を断念した最大の理由は、アベンダノンにその不安を指摘されたことにあった。しかし実際には、カルティニに子供を託す親達は後を絶たなかった。

---

154) 1903年10月22日付アベンダノン夫人宛の書簡には、学校の写真を同封し、その説明には「既婚者2名が生徒として学び、この歳で勉強を始める勇気に敬嘆します」と記されている。また、事業の拡大についても言及している。

> 明日も授業があります。喜ばしいことに新入生が9名、マレー人の親御様の生徒もいます。勝利！　人生は山あり谷あり躓きそして前進、失えば得るものありですね［1903年7月7日付アベンダノン夫人宛葉書, ibid: 306］。

さらに、

> 私に子供達を託そうとする人、例えばこの地の副監督官で裕福なブパティのご子息は、「私の子をあなたの僕にしてください。娘に床を拭かせ、水くみをさせ、あなたの思いのままにしてください。娘があなたの傍にいる限り」と言います。［1903年8月14日付アベンダノン夫人宛書簡, ibid: 325］[155]。

カルティニの結婚にともない、子供もレンバンへ移動させて引き続き教えを請う親もいた。

> 私が新居へ連れて行く子は唯一人、8歳で両親に託されていますので。その子は教師の娘で、模範生で理解力があり有能です。彼女がふさわしい職業に就くことができる教育をしたく思います。彼女は私の妹から手芸のレッスンを受けています［ibid: 325］[156]。

さらに、

> 一昨日、監督官が父を訪れ、夕方まで娘を我々に託す話をしました。彼の妻は既に我々と話しておりましたので、彼は私の父にその話をしに来たのでした。私はこちらから連れて行く子達がいますが、その子達皆を連れて行くか否か断ることも難しく約束も出来かねます。思案投げ首です［1903年8月25日付アベンダノン夫人宛書簡, ibid: 327］。

上に挙げた一連の書簡はカルティニの不安が杞憂であったこと、すなわち、アベンダノンの忠告が的中しなかったことを、カルティニが報告したと解釈することができよう。

次に、授業風景の描写を引用する。

> 子供達は週4日8～12時、読み書き・料理・手芸を習いに来ます。私は子供達を教えるにあたり方法論に従うのではなく、ジャワの子供が喜んで学ぶ対象に留意しています。子供達はいつも身なりを整え、愛らしい新鮮な気持ちで臨み、理解力が良く、明朗で何事もオープンかつ自由に我々に話すようになりました。最初は他者を意識していた子も今では目で人の気を引こうとせず、自身のすべきことに専心します。傍目をかまう

---

155) 1911年版では1903年8月8日付書簡に貼り付けられている。
156) 同上。

ことを止めるようになり、互いにうまくいくようになりました。子供達はジャワ語の敬語で話しますが、強制していません。今日は誕生日をむかえた生徒のために、今朝の授業の手芸は特別に料理の授業に変更しました。スコーンやクレープを焼く子、カスタードを作る子、それぞれが頬を紅潮させ目を輝かせてとりくみ、親御様に御見せすべく作品を持ち帰りました［1903 年 7 月 4 日付アベンダノン夫人宛書簡, ibid: 303］。

　上述は、前述した「大きな家庭を思わせる学校」という理念を可視化し発信することによって、生徒が集い始め、カルティニは生徒を孤立させないように、萎縮させないように一人ひとりに眼差しを向け、女生徒達が家庭で役立つ学びに励む様子を提示する。とはいえ、上の事例に挙げた科目と、「想像の学校」（中等レベル）の科目には甚大な差があり、「学校での使用言語はオランダ語」（カルティニの持論）であったはずが、実際にはジャワ語が話され、オランダ語は教科のひとつに埋没した（右頁比較表参照）。

　カルティニは仕事を通して問題を発見し、自分に出来るかぎりの事を行った。

　幸いにも今までは手芸に必要な教材が揃い、ストックがある限り生徒達はそれを無料で入手できます。その後、親御様がそれを揃えることができる子達は、そうするでしょう。しかし、他の教材について我々は頭を痛めています。我々がオランダ語やジャワ語の教科書を購入することが可能であろうかと。お母様、ご主人様にお尋ねくださいませんか。このまま順調に生徒が増加すれば、我々はいわゆる助成金を申請することが可能でしょうか。それは我々のためではなく親御様の負担を小さくするためです。下級官吏には余裕がありません。50 ギルダーの給料で一家が暮し、女性も共に働き、余分な出費に廻すお金など残りません。我々も常に子供達に全ての物を与えることができないことを、ご理解頂きたく存じます。外出できるようでしたら、スマランへ行き診察を受けます。リュウマチの頭痛が慢性になってきたようです。スマラン行きのもう一つの目的は生徒用の教材の購入です。鈎針とスレートが底を尽きましたので［1903 年 7 月 4 日付アベンダノン夫人宛書簡, ibid: 303-304］。

　上述には、娘の教育費は「余分な出費」という当時の女子教育に対する意識が表出する。確かに、その原因はジャワの慣習にあるが、それをよいことに娘に教育は無用とする家庭を、カルティニは身をもって知っていた[157]。カルティ

---

157)「私は物入りだと母は言う」［Kartini 1987: 36］と述べ、カルティニはラデン・アユに経済的な不満を零された経験を伝える。

比較表：カルティニの「想像の学校」と現実

項目	カルティニの想像の学校	実際の学校（1903年）	カルティニ学校	ヨーロッパ人小学校
レベル	中等	初等	初等	初等
生徒	女子のみ	女子のみ	女子のみ	男女共学
タイプ	寄宿制	全日制	全日制	全日制
使用言語	オランダ語	ジャワ語	ジャワ語	オランダ語
科目	一般科目、ジャワの美術工芸、家政学（料理・裁縫・家計）、保健衛生（看護・救急処置法）	オランダ語の読本及び習字、家庭科（料理・裁縫・レース編）	オランダ語、一般科目、家庭科	一般科目
職業教育	有	無	無	無

ニは、教え子達に自身と同じ思いをさせないためにも、通学させる父母達の経済的負担をアベンダノンに伝えた。

しかし、カルティニは学校運営にかかわる期間を「奨学金を待つ間」と決めていた。

> この仕事を妹達のために始めました。後は、カルティナが手芸と料理をスマトリがその他の科目を教えることでしょう [ibid: 303]。

カルティニが女学校設立当初より「妹達に譲る」と考えていたことは、むしろ当然であろう。なぜなら、カルティニがバタヴィアへ遊学し資格を取得すれば、公立校の教師に就任し、アベンダノンの言葉を信じるのであれば、校長に就任する可能性もあったからだ。

では、「束の間の私塾」がいつから「ジャワ人女性によって設立されたジャワ人女子のための最初の学校」と讃えられることになったのか。週刊誌 *Weekblad voor Indië* 1904年10月9日号に掲載された「追悼記」は木彫工芸振興活動と併記して、カルティニが開設した女子校がジャワやオランダ人の間で評判になった旨を、また、1904年版 *Indische Gids* では同年9月22日の *Het Koloniaal Weekblad* の追悼記事を引用して、上述の2点をカルティニの功績とし、他紙・他誌も同様の報道をしたことが記されている。これらの記事は次章で詳しく述べるが、カルティニの活動を伝える人々が存在した証左である。さらに、政庁

が複数のメディアの報道を認知したことは、間接的にカルティニの私塾を「学校」と認めたことを意味する。しかし、「想像の学校」と比較すれば、カルティニの理想と現実の格差は一目瞭然である（比較表参照）。

アベンダノンは退官後、*Door Duisternis tot Licht* を出版し、その収益で「カルティニ基金」を設立し 1913 年にジャワで「カルティニ学校 Sekolah Kartini」を開設した[158]。「カルティニの遺志をついで」と言われたが［Kartini 1911: iiix］、カルティニの悲願であった初等教育を修了した女子の職業教育はなされなかった（比較表参照）[159]。「カルティニ学校」は、家庭のよき主婦、よき母になるに必要な教科を大切にした［Soeroto 1984(1977): 433］。そのことによってカルティニは「良妻賢母」のイメージを与えられた。

ところで、アベンダノンは、「カルティニの女子教育および開設した女子校」について、どのように編集したのだろうか。

カルティニの原書簡から女子教育に言及する箇所ほぼ全て、特に「実際の学校」について、アベンダノン氏宛書簡すべてを *Door Duisternis tot Licht* に採録し[160]、「女子教育のカルティニ」物語を誕生させた。その「物語」は冒頭から、女子教育のビジョンを繰り返し掲載する手法で、カルティニは複数の文通相手に夢を語る。その後に、女子校設立つまり「実際の学校」がリアルに描かれた書簡を配置し、夢の現実を読者に印象付ける。そして、カルティニが結婚しラデン・アユとなった婚家でも教育理念を実践し、子供達 7 名を育てる日常を演出する。カルティニの発想には当時の女性解放思想の影響がみられるとこから、アベンダノンはカルティニの言葉がオランダ人に受け入れられると考えたのであろう。

158)「カルティニ学校」については、スロトが一節を割いており［スロト 1982: 350-353］、本節では「想像の学校」との比較の対象として「カルティニの想像の学校と現実」の表に挙げるだけとする。

159)「カルティニ学校」が開校された翌年の 1914 年、最初の女子師範学校が中ジャワ・サラティガに開校した。すなわち、カルティニの提唱が具現し彼女の夢であった教師の道が拓かれると、中等教育を享受する女学生の一群がジャワに出現したことを明示する。しかし、このような潮流をよそに、アベンダノンは初等レベルの女子校を建設した。しかし実際に、複数の「カルティニ学校」がジャワ各地に開設されたことは、1903 年にカルティニが開設した女学校がジュパラ周辺の女子教育のニーズに適い評判になったのと同じように、当時のジャワ社会における女子教育の実態を反映しているといえよう。

160) 具体的に書簡の日付を挙げると、アベンダノン宛書簡について① 1903 年 7 月 4 日② 同年 7 月 7 日③ 同年 8 月 14 日但し、1911 年版では 8 月 14 日付の書簡は存在せず、8 月 8 日付アベンダノン夫人宛書簡に「貼り付け」られた（後述）。④ 同年 8 月 25 日、以上 3 通であり、アドリアニ宛書簡は 1903 年 7 月 5 日の 1 通であり、全て *Door Duisternis tot Licht* に掲載されている。

Door Duisternis tot Licht は「実際の学校」をフォーカスしてカルティニの教育活動を可視化し、覚書「ジャワ人に教育を」全文を［Kartini 1911: 553-583］掲載した。アベンダノンはカルティニというキャラクターを用いて書簡を出版し、「カルティニ学校」を開設するに至った。しかし、その編集過程で、カルティニが女子教育を考える根拠に相当する女性達の声、すなわち、前節で検討した女性達の諸事例が削除され、忘却されたことを強調したい。

3. オランダ語教育と相互理解

3.1. オランダ語教育

これまで述べたように、カルティニは「倫理政策のオランダ語教育の好例」とされたが、実際に、カルティニ自身は「オランダ語教育とその役割」について、どのように考えていたのであろうか。

はじめに、カルティニがオランダ語の教育を重視した背景を考察する。

> 学校ではオランダ語を用いる！　西欧の言語、当面は当然オランダ語が原住民社会の上層に進歩と精神の自由をもたらすことができよう［ibid: 203］。

上述の「当面」と「上層」という言葉に注目する。カルティニは学校でオランダ語を用いる「時」と「人」を限定した。「ジャワ人全員にオランダ語の習得を意図しているのではない」とし、「適性と能力を有する者だけでよい。そして学習者は次の事を心に留め置き勉強する」と記されている。

> オランダ語それ自体は何もならないし教養を意味しない。教養はオランダ語を話すこと少なくともオランダ的外見を知る以外のものであり、ましてや洋装する以外のものにある。この宝庫を自分のものにするように勉強しなければならない［ibid: 203］。

それはカルティニの経験に基づく言葉である。彼女はオランダ語で西洋思想を学び、日々新聞・雑誌などを通じて知る努力をおしまなかった。カルティニがオランダ語を重視する理由のひとつに、「ジャワ人は無知の中に取り残されるのであろうか」［富永 1987: 203］という、不安と焦りがあった。このような「オランダ語観」は、カルティニ独自の考えというよりむしろ、当時のジャワの知識人の考えと共通する。たとえば1905年、民族主義運動の先駆者でブディ・ウトモ結成を促したワヒディン・スディロフソド Wahidin Sudirohusodo (1857-

1916）が、編集長を務めた *Retnodhoemilah*（『レトノドゥミラッハ』）[161]）に次のような一文が記された。

> 知識はオランダ語の知識を通して入ってくる。オランダ語を知らぬ者は、まだ進歩の海辺に立ったとはいえない［永積 1980: 106］。

確かに、カルティニとワヒディンを肩書で見ると、前者は令嬢・令夫人であり後者は原住民医師・ジャーナリストであるが、「どのようであったか」という視点でみる時、両者ともにヨーロッパ人小学校に学びオランダ人と交流する機会をもち、そしてオランダ語は西洋の叡智や情報・技術を得るための媒体であり、自己の目的を達成するための手段であるという考えが通奏低音にあった。それは、ワヒディンやカルティニの世代にオランダ語を理解することができる一群の東インドの住民が出現し、各人がそれぞれの現状を新しい文脈に位置付け、新たな意味を感じ「何かのかたち」に表出しようとする時代が到来したことを意味した。カルティニは「何かのかたち」を受けとめ、育て、定置する世代が生きた時間を、20世紀初頭の時点で上述の「当面」という言葉を用いて表現した。

カルティニが教育を提唱する時、オランダ語のみに傾倒しているのではなかった。しかし、カルティニの母語に対する考えが披露される機会はほとんどなかった。しかし、次のように、カルティニはオランダ語のみならず母語のジャワ語も重視した。

> 言語を学ぶ最良の方法は、できる限りその言葉で考え話すことである。が、母語を疎かにしてはならない。母語にはオランダ語と並んで最大の注意を払うべきである［富永 1987: 203］。

また、

> 私はオランダ語を十全に使いこなせるようになれば、オランダ人にジャワの美を全て説明することができます。また、私はジャワ語にも習熟します。ジャワ人にオランダ人について教えたいのです。オランダ人が重んじ愛する気高さと偉大さを、ジャワ人が知る

161）ワヒディンは 1901 年以来、*Retnodhoemilah*（『レトノドゥミラッハ（輝く宝石）』、ジャワ語－マレイ語誌）の編集長（1901-1906）を務め、海外ニュースを積極多岐に紹介した。例えば、義和団事件、ブーア戦争、日本－ロシア戦力比較、チュランロンコン王（タイ）の近代化政策等［永積 1980: 101］。

ようになるべきです［1902 年 8 月 15 日付ステラ宛書簡, Kartini 1911: 364］。

さらに、

> 原住民官吏養成学校及び師範学校に充実した図書館の設置が必要である。できればジャワ語・マレイ語・オランダ語の 3 言語で記された教育的で進歩的で、精神を高揚し豊かにする図書を蔵すべきである［富永 1987: 209］。

カルティニは東インドにおけるリンガ・フランカ lingua franca として「Maleisch」を意識していた。政庁はオランダ語の使用と並んで、植民地官吏がオランダ語を解しない人々と接する場合に、マレイ語をオランダ語の補助言語として用い、それは次第に官僚機構の内部に浸透し、それを母語としない地域においても次第に共通言語となっていった［土屋 1982: 68］。「マレイ語」図書の設置について、それがすでに東インドで流布する事実を重視した提案である。そして、1902 年にアムステルダムで創刊された *Bintang Hindia*[162]（1902-1907）は、次のように高い評価を受けた。

> マレイ語とオランダ語で記された写真入の雑誌 *Bintang Hindia*〔東インドの星〕の出版を喜びたい。それはオランダで学ぶ青年グループが編集・出版している。彼らは故郷とその人々を熱烈に愛し、その啓蒙と文明化を願っている。その努力を支援しようではないか［富永 1987: 204］。

さらに、カルティニはオランダ語を修得した者の使命について述べている。

> 考える力も心もよく鍛え、母語とその土地の事情およびオランダ語と西欧の知識に秀でた人間を養成すべきである。彼らは自分達に適うように新しい情報を処理し、人々がそれを享受しやすいように働かなければならない［ibid: 203］。

カルティニは西洋の最新情報と東インドの住民を仲立ちする役割の重要性を

---

162) アムステルダムで、アブドゥル・リファイ Abdul Rivai (1871-1933、ミナンカバウ出身) とオランダ人のブルッソン C. Brousson の共同編集で隔週に発行され、オランダと東インドの双方で購読された。編集に係った「彼ら」とは、マス・アブドゥラ Mas Abdullah (ワヒディンの子息)、R. M. A. クスモ・ユド Koesoemo Joedha (ジャワ出身)、テフペイオリー J. E. Tehupeiory (1882-1908、アンボン出身、STOVA 卒)、アブドゥル・ムイス Abdul Muis (1883-1959、ブキティンギ出身、STOVIA 中退) などであった。すなわち、彼らは種族を越えてマレイ語とオランダ語のバイリンガルの雑誌を編集していた［Poeze 1986: 36-39］。

指摘した。だからこそ、母語やマレイ語を疎かにしてはならないのであった。では、どのようにして媒介者を育成するのか。カルティニは具体例を次に挙げている。

> 首長学校をバタヴィア、スマラン、スラバヤに1校ずつ増設し、ジャクサ養成校を設立し専門教育を実施する。これら全ての学校ではオランダ語を用いる！［ibid: 207］

カルティニはオランダ語の学習者が「読後の集会」をもつことを提案し[163]、ディスカッションを次のようにすすめている。

> できる限り生徒に文学を愛する心を育てよう。文学に造詣の深い教師のもとで読書し、学生達が毎回読後に自由に意見を交換し、思考を切磋琢磨する。例えば、「談話会の夕べ」では教師の指導の下に重要な問題や出来事について話し合い考えを分かち合う。生徒達はそれらを熟考し、集会で皆と共に意見を述べる。誰かが奇妙な事を言った時にも笑わず機転を利かせ、優しく愛情をもって助言しよう。嘲笑されれば心を閉ざす。生徒達に自分自身で考えることを教えるべきである。繰り返し言うが、教師には二つの仕事がある。すなわち、知識を教授すること及び人格を形成することである！［ibid: 209］

読書を通じた意見交換と思考の切磋琢磨については、スカルノも学生時代を振り返り、実践者として具体的に次のように述べている。

> 私は5名のインドネシア人とスタディ・クラブを作った。私が *Handeling der Tweede Kamer Van de Staten General* のような代表的な文献を図書館から選び出し、我々5人で各人が1週間ずつ文献を持ち回った。5週で一巡すると読後に会合し、夜を徹して互いに議論をたたかわした。文章に下線が引かれ、段落は丸印か付けられた本は、私の後に読む者は誰でも私の考える方向を知った。私は余白に批判を記した。賛成する頁に丸を付け、そうではない頁の下に注を付けた。これらの宝物のような書物は、図書館から選び出した時は新品同様であったが、読後は決して元の状態と同じではなかった。この Algemeene Studieclub に若いインドネシアのインテリ達が集い、その多くはオランダから帰国した、輝かしい学位を取得したばかりの者達であった。積極的な政治の意見交換が我々の主な活動となった［Sukarno 1965: 76］。

---

[163] 意見交換について、例えば、『マックス・ハーフェラール』で知り得た事を基に文通相手と意見を切磋琢磨し理解を深めるとともに、相手から賞賛された時、自身が気付かなかった自己の力を認識し生きる喜びを感じた経験があった。文字媒体のみならず直接言葉を交わすことへのカルティニの強い希望が、「読後会」の提案となった。

上述のクラブからスカルノの政治的組織が発生し、インドネシア国民党 Partai Nasional Indonesia へと成長したことは周知の事実である。カルティニとスカルノに共通することは、1冊のオランダ語の本の読後に、皆で意見交換の時を共有することである。スカルノはオランダの本を「宝物のような書物」と表現し、カルティニは「オランダ語は西欧の文化・科学の宝庫を開く鍵」と描くところに、両者共通の認識が表出する。

　カルティニはオランダ語を知ることによって、自己表現に必要な言葉を獲得した。カルティニの一世代後に相当するスカルノの場合、その言葉が学生時代に仲間との討論の場で使われた。両者は母語がジャワ語であるが、なぜ上述のような意見を交わす場でジャワ語ではなくオランダ語を用いるのか。まず、母語について語るスカルノの言葉を引用する。

> 封建君主制を廃止すべく聴衆を諭す間に、私は一層進歩した。言葉だ。ジャワ語だけでも地位によって13段階あり、我々の群島にはこのような言葉を使用する地方が86も存在した。〔中略〕公式にジャワ人は高位の者に対して「あなたは私を呼びましたか」と決して尋ねない。「あなた」と言う言葉を高位の者には決して使わない。その代わりに「あなたの足」や「あなたのスリッパ」という言葉を使う。そして、「あなたのスリッパが私を呼びましたか」と、尋ねる。卑屈な身分は動作にも表れる。私は人差し指で指すが、身分の低い者は親指を使う。そのような卑下は、支配者が我々を呼ぶように、「虫」や「蛙」の国民を飼育するのを助ける秘密兵器を彼らに提供した。我々は「世界で最も臆病な人間」と言われた［Sukarno 1965: 73］。

　ジャワ語については言語学的にいろいろ見方もあろう。が、スカルノの意図は、ジャワ語の会話時に身分差が表出することを、指摘し強調することにあった。カルティニはこの点について、兄スラメトの例を挙げている。

> 兄はジャワ語で短い手紙をよこしました。兄の依頼で我々は一時オランダ語で文通をした事もありましたが、今兄はそれを脇へやっています。オランダ語は敬意を表するには不十分なのです［1902年10月27日付アベンダノン夫人宛書簡，Kartini 1987: 227］。

　上述は、カルティニの兄スラメトがジャワ語で家族間の序列を容認し、表敬を好んで求めることを表す文章である。ジャワ語は、妹と兄が対等な関係でコミュニケーションをはかることが難しく、両者の「差」を察して謙る言葉であることを示す文章である。が、当時のジャワでそれを好む者はスラメトだけで

はなかったであろう。しかし、カルティニは姉妹の間でジャワ語を使うことを止めた [Karini 1987: 15]。なぜなら、ジャワ語は常に自己と相手の年齢・性・身分の差を考慮して、話すことが求められる言葉であるから、姉妹が対等に意見を交換するには不適切な言葉であると、カルティニは考えたからであった。ここに、カルティニとスカルノには、ジャワ語が討論を想定した場合に使用言語として適さないという共通の認識がみられる。それゆえ、両者はともに議論の場における使用言語として、ジャワ語に代わる言語を推奨した。事実、オランダ語を用いたディスカッションは、カルティニ達がジャワ語を手放し[164]、すなわち一旦身分を外して家族という集団から分離することを意味した。カルティニがディスカッションにオランダ語の使用を力説した点はここにある。年齢や身分から解放されて議論することが可能な空間を創出し、自説を主張し異なる意見に耳を傾け、他者を認める寛容の精神を養うことを意図した。

また、カルティニはオランダ語が外界に向かって発信するコミュニケーション・ツールとして有効であることを、次のように説いた。

> 教師は生徒達に、将来社会で彼らが治める民衆に対して道徳的使命があるという自覚を喚起しなければならない。卒業後も学生時代の友人関係を保つ最良の方法は、生徒や同窓生のための雑誌の創刊であり、教師がその編集に携わり最上級生が手伝う。その雑誌にオランダ語を使用するのは、自己のオランダ語を維持するため、そしてヨーロッパ人にも回覧してもらうためである。卒業生は仕事上の発見と経験を投稿し、教師と生徒がそれを話し合って返事を認め、毎号誌上で投稿への返事を掲載する [富永 1987: 209]。

カルティニが「支配者の言語」であるオランダ語を躊躇なく使い、またジャワ人に勧める理由は、オランダ人が十全に理解可能なメッセージを発し続けることの必要性を認識していたからである。

> ジャワ人にオランダ語を学ばせることは素晴しいことであり、ジャワ人がオランダ語で自己を表現すれば、オランダ人に確かに理解されるであろう [ibid: 205]。

カルティニは相手に理解されるのを待つのではなく、自分から一歩踏み出し

---

164) 第2章第2節第3項で述べたように、カルティニは、実際に、妹達と同等の立場で議論するには不適切な言葉であると考え、姉妹の会話で、ジャワ語を使用することを禁止した。それは同時に、ジャワの慣習を打破することを意味した。

理解を求めることによって相互関係を促進する大切さを説き、ジャワ人にオランダ語の学習を勧めた。

　カルティニと倫理政策は共にオランダ語教育の重要性を説いた。しかし、倫理政策のもとでオランダ語教育に力が注がれた主な理由は、東インドの住民から政庁の下級官吏を調達することにあった。なぜなら、1870年から実施された自由主義政策と、世界規模の交通・通信の発達にともない植民地経営が拡大すると、本国から派遣された官吏だけでは足りず、人件費を抑え人手不足を補うには、平易なオランダ語の読み書きが可能で、文書を書き写す下級官吏を植民地で調達する必要があったからである。だから、学校で修得したオランダ語力が活用される空間は、トップダウンの管理方式が実施される職場であった。しかし、カルティニの語学教育は、コミュニケーションを重視した相互理解を指向した。すなわち、オランダ語教育を通じて両者が目指す方向性は、まったく異なった。

3.2.　相互理解

　前章第3節で、カルティニはオランダと東インドの出会いの場として展覧会の効用を説いた点を挙げた。それは、美術工芸振興活動を通じて、オランダ人がジャワの美に触れることにより、異質の文化に対して理解を深めることに気付いたからであった。次に挙げるNota覚書 Geef den Javaan Opvoeding!（「ジャワ人に教育を」）には、学校を相互理解の主要な場とする提案が示される。

> 東インドとその住民についての一般的な知識が、オランダ人にはあまり見受けられない。オランダ人が純粋な観点でジャワ人について教われば偏見は失せ、将来はジャワ人を同じ仲間とみなすことが普通になり、ジャワ人の欠点は褐色の肌のせいではないと理解するであろう。〔中略〕しかし、どうすればオランダ人に東インドへの関心をもっと早く生じさせることが可能であろうか。学校はオランダと東インド双方にとってそのための絶好の機会であるべきだ。学校で東インドについて教えるには、たとえ理解しやすく書かれていても教科書だけでは不十分である。教師も生徒の質問に対して戸惑わないためにも、今より一層東インドについて知る必要がある。師範学校には東インドの幅広い知識を習得するための新科目を設置する必要があろう。〔中略〕一般に、オランダ人は知識人も含めて東インドを知らないことは、東インドにとって悲しむべきことであり、オランダ人にとっても恥ずべきことである。オランダがジャワ人に一層の進歩と繁栄をもたらすために、政庁が成すべきことは、オランダ人が東洋の知識をもち、東イン

ドへの関心を高めることであり、それはオランダ自身のため、疑いなくオランダ人のためになる。〔中略〕オランダで東インドの正しい知識が普及すれば、万事首尾よくいくであろう。オランダは、大オランダ Groot-Nederland〔オランダ「帝国」〕を植民地強国たらしめ、その重要性を有難く思う海を越えた美しく豊かな東インドに対し、道義にかなった活動を学校と家庭で若者に教え広めよう。オランダで、「東インドがなければオランダはどうなるのか」を自問し考えることを教えよう。同時に「オランダなしの東インドはどうか」を、東インドに教えよう〔富永 1987: 205-207〕。

大オランダ Groot-Nederland とはオランダ本国とその植民地を含むオランダ「帝国」をいう。カルティニはジャワに無関心であるオランダの国民意識を指摘した。カルティニはオランダと東インドの共存を唱え、互いに歩み寄り知識を与え合う関係を提案した。相互理解を深めるために、カルティニは経験に基づいて次のように主張した。

> ヨーロッパ人女性も大きな祝福をもたらすことが可能である。素養のある若い原住民女性が、西欧人女性の個人的な影響を受け一層教化され、社会に奉仕する使命に開眼し恩恵をもたらす例がある。オランダ自身も人間愛 humaniteit の行為から生じた若い原住民女性達の恩恵をこうむっている。西欧人女性達はジャワ人女性達とその家族の心の中に、西欧人女性の故国とその国民への愛情を植付けた。西欧人女性達もジャワ人をよく知るようになった。人間愛ゆえに相互の尊敬と信頼を導き、良好な状況をもたらした〔ibid: 206〕。

「若い原住民女性が西欧人女性の個人的な影響を受け一層教化され」とは、カルティニとオーフィンク夫人の交流を示唆し、個人の交流を支える根幹を humainiteit とし、それは人間愛あるいは徳の高い人間性を意味する。すでに何度か述べたように、カルティニはオーフィンク夫人から *De Hollandsche Lelie* を紹介され女性解放、社会福祉活動など新思潮を知った。確かに、ジャワでオランダ語ができる女性は少数であるが、カルティニは交流活動を通じてオランダ人女性の知的営為が一粒万倍となる可能性を指摘する。また、オーフィンク夫人もカルティニを知りジャワを知った[165]。互いが自分に無い価値を相手の中に発見し合い、共通の価値を探究するなかで与え合い共感を育んだ。

---

165) オーフィンク夫人のジャワ理解は、第3章第1節・第3節で述べたようにその著作に現れている。

両者の相互交流を支える根本には、互いの文化を超え共に苦しみ共感する「絆」があった。カルティニはこの絆こそが文化的差異を容認する寛容な社会を構築する礎と考えた。カルティニは、「権威」が両者を二分すると指摘し〔富永1987: 206〕、オランダ人に狭隘な国民意識から一歩踏み出す努力を求めた。

さらに相互理解を深めることによって、オランダ人が次のような現象にも偏見をなくし、耳を傾ける日が来ることを展望した。

> ヨーロッパで教育を受けた原住民医師も生まれ育った土地に伝来する全然いかがわしくない薬を科学的根拠に基づき、ヨーロッパ社会に紹介する研究を通じて、重要な役目を果たし立派な貢献ができる。原住民は非常にシンプルで無害な薬を用い効果抜群であるが、科学的でなければヨーロッパ人に受け入れられない！　たとえば、炎症をおこした目を鰻やミミズの体液で治すと、医者に言えば笑われるであろうが、事実であり、この様な例は多くある。椰子の水やバナナにも特効がある。土地の病はその地に伝わる薬で治す。それが頭で納得できないものだからといって、効果がないという証拠にはならない。患者（西欧人）が赤痢（熱帯病）に罹患し、西洋医学の知識を有する医師に見放されたが、無害な土地の薬で治ったということがよくある。〔中略〕ジャワ人医師はこの様な事例を公表しようとしない。西洋医学の医師が嘲笑するのを恐れるのであろうか。彼らは、同僚のヨーロッパ人医師と同等の資格をもっているのであるから、その信念を守り、実行しなければならない〔ibid: 210-211〕。

ここに、ジャワのよいものを外界へ伝え、分かち合う努力を尽くすというカルティニの使命感が見出される。カルティニが示した伝統医療の高い評価と提案は、洋式教育を受けたジャワ人医師が偏見から自らを解放し、誇りをもってはじめて実行できるものであった。カルティニがジャワ人の医師に求めたことは、同時にカルティニ自身にも言えることであった。カルティニは、ジャワについてオランダ人を代弁者として求めた時から歩を進め、覚書の中で自ら発信する自律性を明示した。

また、カルティニは知らないという事が偏見を生み、人種の不平等を広め、相互の尊重と人間の尊厳・平等を否定し、信頼関係を切り裂く事態を避けるため、次のように説いた。

> ジャワ人に言動で何が真の文化と真の愛であるかを教えよ。真の文化は、肌の色・衣装・うわべの洋式・言葉・宗教にあるのではない。それは心の裡にある。それは人格と心の気高さである〔ibid: 207〕。

この発言の背景には、カルティニの次のような考えがあった。

> ジャワ人は、以前は同じ宗教であったが離反しキリスト教に帰依した同邦を、心中で多少軽蔑する。ムスリムはこれを宗教上の最大の罪とみなす。キリスト教に改宗した原住民はイスラームに留まる同胞を多々見下す。彼らには上昇した感があり、白人と同じ宗教を信奉する現在、全てにおいて白人と同等であると思っている。ジャワ人を教育し、自分の頭で考えることを教え、成人した時に自分で宗教を選択させよ。ジャワ人に洗礼を受けさせよ。何人もそれを妨げてはならない。キリスト教は正直で敬虔な信者を増している。祖先の信仰を続けたい者にはそうさせよ！［ibid: 207］

「覚書」を作成する1ヶ月余り前に、カルティニは上述の「覚書」と同様の趣旨を、アベンダノン夫人に次のように伝えていた。

> ［セイトホフ理事官は晩餐会で他言を受け入れず菜食主義を貫くカルティニに対し］もし君が狂信的なムスリムになったとして、宗教戦争を唱え我々皆を海に投げ込むのであれば、ああ悲しきかな、とおっしゃいました。お母様［アベンダノン夫人］、私が宗教戦争を説くであろうと、決してご心配には及びません。宗教という仮面に隠れた無慈悲を散々見て参りましたので、我々は長い間宗教だけは回避してきました。宗教が無慈悲なのではなく、生来美しい人間が醜いことをするのだと次第に知るようになりました。我々は愛を最も気高く美しい最も尊い教えと考えます。生きていく戒律はキリスト教だけなのでしょうか。仏教、ヒンズー教、ユダヤ教、イスラーム Mohamedaan の異教徒達もまた純粋な愛のある生活を導くことができます［1902年12月12日付アベンダノン夫人宛書簡．Kartini 1987: 248］。

カルティニが生れた時には既にアチェ戦争が展開していた。カルティニはステラに次のように記していた。

> 私は宗教など無ければよいと思ったりします。なぜなら、すべての人々を一つの集団に帰属させる宗教は、幾世紀にもわたり流血をともなう恐ろしい殺人、すなわち戦いと内紛の原因となっています。我々全てが兄弟姉妹という観点で天上に同じ親をもつ者同士です。が、互いに威嚇しあうのは、互いが同じ唯一神を異なる角度から崇拝するからです。〔中略〕宗教が人間のために幸福か否か、自問します。我々を罪から守るべき信仰が、宗教という名の下で一体どれだけの罪が犯されなかったのか、疑念をもって自問します［1899年11月6日付ステラ宛書簡．ibid: 31］。

カルティニは「互いに威嚇しあう」つまり臨戦状態にあるアチェのムスリムとオランダの双方の集団を批判し、また、彼女は宗教の名の下に教団に対する個人の従属を強いる状況を危惧したが、倫理政策のもとでキリスト教の布教がすすめられるなか、「宗教だけは回避してきた」ことを吐露する。しかし、政庁に反する事を承知の上で「自分で考えることを教え、宗教を選択させよ」と表明するに至った。なぜなのか。なぜなら、カルティニは、前章第3節で述べたように、改宗が人間関係に楔を打つことを非常に危惧したからである。カルティニは、「覚書」の執筆を、木彫職人達に代わって声を伝える貴重な機会と位置付けた。覚書と同時に書かれた次の私信には、次のように記されている。

> ジャワ人に純粋に宗教を学んでもらいたい。それから、キリスト教の神である愛の神、万物の造り主である唯一神を理解できるように教えよ。同様に、イスラーム、仏教、ユダヤ教その他の宗教の神を自分で理解できるように教えよ。ジャワ人に心の裡に信じることを教えよ。そうすれば、キリスト教徒として、同様にムスリムとして信仰告白が可能となるでしょう［1903年1月31日アベンダノン子息宛書簡，Kartini 1911: 471］。

　上述は、個人が学び思考し自決する自由を唱道する。それはまさに、カルティニ自身の求めでもあった。カルティニは宗教を尋ねられた時、二通りの答えをした。アベンダノン夫人などの極親しい人に対し、カルティニは「仏陀の子」と答えた［Kartini 1987: 230-231］。カルティニは菜食主義者になった話を1902年10月27日付アベンダノン夫人宛書簡に記している。それによれば、「数年前から菜食主義ですが、続ける強固な意志がありませんでした。私はまだ14-15歳で、あらゆる考えがそれに行き着いても実行するには幼くて諦めましたが、自分に責任をもつことが出来るようになった時、再度それを実行に移しました」［ibid: 229-230］。カルティニは胎児の健康が危ぶまれて、医師に止められるまで「仏陀の子」として菜食主義を貫いた［ibid: 363］。もうひとつの答えはソスロニングラット家の宗教イスラームであった。しかし、「ムスリムの子孫であるから我々もムスリムと呼ばれるが、それは名ばかりである」というのが、カルティニの本音であった［Kartini 1911: 257］。カルティニが「名ばかりムスリム」であり続けなければならないことは、集団に対する個の従属を意味した。カルティニはこの経験を通じて、集団に対する個人の優位は思考する点にあることを認識した。
　カルティニは *De Echo* で知った布教をともなわない活動を提案した。

第5章　失われたカルティニの声を求めて　277

> 宗教問題が除外され、宗教に中立であれば、その国〔アチェ王国〕の一部の狂信的な者達の危険性を懸念することは、何もなかっただろう。宣教活動がなければ、その狂信的な者達の怒りを恐れず、ジャワ全土に恵み深き寛大な活動ができたはずだ［富永 1987: 207］。

上述の「活動」について教育・医療分野の福祉活動を意味することが次の文章から窺える。

> 我々が思うには、オランダが善き働きを志す教養あふれる気高い人々を派遣し、ジャワ人と共に生きジャワ人を育て病気を治療するといった真の援助は、随所で求められています［1903年1月31日アベンダノン子息宛書簡, Kartini 1911: 471］。

まず、覚書と同時に書かれた次の私信で、カルティニは言う。

> キリスト教主義の内閣が受け入れないであろう考えが我々には浮かぶのです。キリスト教の使命とは別に、そして全ての宗教を除外して、唯一愛だけを基礎にしてジャワ人に行う伝道とは何であるとお思いですか。なぜモジョワルノ Mojowarno で行われている事が、宗教色を抜きにしてジャワ各地にできないのでしょうか。そうすれば、ムスリム Mohammedaansche bevolking は鎧に身をかためて闘うことはないのです［1903年1月31日アベンダノン子息宛書簡, ibid: 470-471］。

上述の「キリスト教主義の内閣」とは、カイペル Kijper 政権（1901-1905、宗派連合を指し教育の世俗化に反対）を意味する。「モジョワルノで行われているような事」とは、オランダ聖書協会が主催する教育と医療である。カルティニの提案は、蘭印軍の代わりに、「善き働きを志す教養あふれる気高い人々」による教育や医療などの援助であった。さらに、「ムスリムは鎧に身をかためて戦う」については、先述した覚書の中の「一部の狂信的な者達の危険性」に通じる。

カルティニがオランダとアチェを批判したことについて、プラムディヤ・A・トゥールは、

> カルティニがオランダと東インド原住民の間に戦いの必要はないと考え、オランダと東インドが利益を貪る支配関係に代えて、友情で結ばれる関係を提案するのは、その著者ズットナーの理想をカルティニが引き出した結果である［Toer 2000: 149］。

とし、ズットナーの著書『武器を捨てよ』がカルティニに与えた影響の大きさを指摘する。

　カルティニは以前、*De Echo* に連載した「総督の日」のなかでブーア Boer 戦争（1899-1902）に言及している。ローゼボーム総督就任の祝賀行事として軍隊マーチが実施されることになり、カルティニは初めて、華やぐ州都スマランで武器を持つ兵隊を目の当たりにし、「今この瞬間に、このような武器が南アフリカで実戦に使われている流血の戦場」に思いを馳せ、「最も痛ましい取り返しのつかない悲惨な現場、不健全で強欲なイギリスの犠牲となって」と記した［*De Echo* 1900 年 9 月 16 日号］。この年のクリスマスに『武器を捨てよ』が贈られ、カルティニが大きな影響を受けたと記した［Kartini 1987: 39］ことは第 3 章第 1 節で言及したが[166]、一体何に対して心を動かされたのか。ここで、『武器を捨てよ』について述べるにあたり、英語訳第二版：von Suttner, B., *Lay Down Your Arms: The Autobiography of Martha von Tilling*, trans. T. Nolmes, New York, London, Bombay, 1906 を用いる（小説の引用文の後の括弧の中の数字はこの版の頁数を表す）。

　『武器を捨てよ』はオーストリア出身の女性マルタの人生を縦軸に、ドイツが周辺諸国と戦争を重ねて、国民国家を形成し台頭した状況を克明に記し、勝敗にかかわりなく戦争で個人が甚大な害を被る現実を訴える。一方で、グローバルな胎動、たとえば国際赤十字連盟（220 頁・327 頁）や 1889 年にパリで開催された国際社会主義者会議（425 頁）等の開花を横軸に、国際仲裁裁判所を提案し国際協調の重要性を説く。戦争が国際法上合法であった当時、ズットナーは個人を照射する手法を用いて、戦時下で個人がいかに無力で脆弱な存在となる

---

[166] 第 3 章で述べたように、ズットナー Berta von Suttner（1843-1914、オーストリア出身）は、1889 年に Die Waffen Nieder（『武器を捨てよ』）を出版し、1905 年にノーベル平和賞を受賞した。1899 年、ズットナーはハーグで開催された万国平和会議に出席し、国際仲裁裁判所の設立に賛同する女性であった。また、ジュネーヴ条約の原則を海戦に応用するハーグ条約が成立し、オランダ本国では国際協調を思索するムードが流れていた。翌 1900 年に『武器を捨てよ』はオランダ語に翻訳された。カルティニは直後に読書の機会を得て、1900 年 12 月 21 日付アベンダノン夫人宛書簡と 1901 年 1 月 9 日付ステラ宛書簡に『武器を捨てよ』の感銘を記した。ズットナーは「反戦小説」の作家、平和運動家として著名であり、『武器を捨てよ』は現代のドイツでなお広く読み継がれている。1972 年に『武器を捨てよ』は彼女の自伝 *Memoire* と共に The Garland library of war and peace に収録され、国際連合ジュネーヴ本部におさめられている。

かを描写し、個人の尊厳とそれを守り抜くための問題を提起した[167]。

カルティニは『武器を捨てよ』を読み、武力で国民国家を建設するドイツに列強が対峙する19世紀の国際関係を知った[168]。その当時、新しい国際秩序のあり方を提唱するズットナーは「非現実的」であると激しく批判された。しかし、カルティニは『武器を捨てよ』に強く共感した。カルティニは威嚇し合う関係性を否定し、人間の尊厳と平和を希求するズットナーの提唱に共鳴した。カルティニは読書を通じて国際社会に直接接続する情報回路をもち、ズットナーの作品にいち早く平和主義の萌芽と「世界主義」を標榜する思潮を感じた。同時に、カルティニは「国際的正義の確立」に賛同した最初のジャワ人女性であった。カルティニはズットナーという新しい女性に出会い、勇気を得た。その後、先に述べたように、カルティニは「威嚇しあう関係」を憂える人であったから、宗主国オランダとアチェの争いに遺憾を表明し、「利益を貪る支配関係に代わる」[Toer 2000: 149]関係の結び直しを模索していたといえよう。

加えて、1911年版に全く掲載されなかったが、1987年版には他民族に隣人

---

167)『武器を捨てよ』について、手短にプロットの要約と主人公を以下に紹介する。
　　主人公マルタは17歳で軍人と結婚したが、イタリア統一戦争(1859年)で夫が戦死した。事実、オーストリア帝国からの解放を叫ぶイタリア人の自由獲得のための戦争によって、両軍に多大の犠牲者が出た。その後、マルタはベルリン出身のフォン・ティリングと再婚した。1866年、プロシア－オーストリア戦争が勃発して夫は従軍しプロシアは勝利するが、夫は行方不明となり、マルタは夫を探して戦場を巡り、荒廃を目の当たりにする。また、敗戦後の生国オーストリアは経済力が衰退しマルタの実家も困窮し、戦地から帰還した弟がコレラに罹患すると次々と妹達も罹患し、同時に父親も心臓を患い、家族が相次いで死亡するなかマルタだけが生き残る。マルタは「息子が兵士にならなければならないことに、耐えられない。自由を夢見ているに違いないのに」と言うと(374頁)、辛うじて生還した夫は「1～2世紀後に生まれてくるべきだった。我々の時代は自由も真理もまだ貧弱なほど無きに等しい」と応え(375頁)、マルタ夫妻は設立間もない国際赤十字連盟など、国際協調に関心を寄せ始める。が、1870年にプロシア－フランス戦争が勃発し、プロシアはフランスを破り、パリ駐在となった夫に同行したマルタは、ベルサイユ宮殿でプロシア王ウィレム1世がドイツ皇帝として戴冠する儀式(1871年)を目の当たりにする。しかし、ドイツ帝国の成立直後、夫はスパイ容疑で軍事法廷に連行され銃殺刑に処せられた。一連の戦争を目撃したマルタは「相手を負かすという精神と自分の国の事だけを思うエゴが、正義を全否定する」(403頁)戦争の愚かさを実感した。マルタは、因襲的な愛国主義にしたがって防衛力を張り合うよりも協調性を重視し、武装した平和に益無し、と思い至った(431頁)。夫の遺志を継いで、マルタは人間の尊厳と平和を希求し「国際的な調停機関」を構想し、平和運動を始める。

168) 当時の戦況を詳細に記すことも大きな出版目的であったこと、そのために当時の新聞や公文書、従軍記者のリポートや軍医の報告書など膨大な量の記録を読み込んだと、ズットナーは述べている[Suttner 1910: 294-295]。

として眼差しを向けるカルティニの姿が浮かび上がる。たとえば、カルティニは華人とその活動について、個人名を挙げて深く心を寄せた書簡が収録されている[169]。カルティニは異なる人々に敬意を、国籍にとらわれない平等性を、そしてジャワとは異質の文化に好奇心をもって臨む人であった。

では、カルティニは文化を異にする者達が協調関係を結ぶために、どのような方法を提案したのであろうか。

> 手短に言えば、洗礼抜きの伝道活動です。それは実行可能でしょうか。そのような活動に適った要素を見つけることは難しい。先ず倫理の土台を作るべきです。私は読書によってその土台がもたらされると思います［1903年1月31日アベンダノン子息宛書簡, Kartini 1911: 471］。

カルティニは「読書 lectuur」を重視した。カルティニは文学作品を多読し言葉を獲得し、心の中にある思いを書簡に表現した。しかしなぜ、カルティニはこれほどまでに手紙を綴り表現を重ねたのか。なぜなら、カルティニは他者とつながっていたい、そして自己と他者を心底わかり合いたいと願う、個人の人間関係を尊重する人であったからである。事実、カルティニは読書し文通という意見交換によって、自身が気付かなった自己の力にめぐり合い、他者から賞賛された時に生きる喜びを感じた。その経験が上述の「読後の会」の提案となった。そして、文学をこよなく愛する気持ちこそが、常に人をその心を愛しみ相互理解を推進するとする、カルティニの提言であった。

カルティニは、慣習の廃止と新たな制度の構築のために、とくに女子教育が不可欠と考え女子校を開設し、自ら提案した方向性の正しさを示そうとした。

覚書「ジャワ人に教育を」の中には、子供・女性・信教の自由を保障されない等の社会的に弱い立場にある人々、人種・身分・性による構造的な差別、教育や健康への取り組みも含まれる。カルティニは、選択の自由を奪われ、固定された階層社会の中でその生を終える多くの人々に心を寄せ、改善を求めて覚書を著した。また、カルティニはジャワに無関心であるオランダ人の国民意識を指摘し、東インドを含めた「大オランダ」を提唱しても現実にはジャワ人を、

---

[169] カルティニはスマラン在住の中国人や祖父の代から交流をもつアラブ人の家族を好意的に描写した。特に、前者では、黃仲函［Kartini 1987: 133-135］と災害時における彼の令嬢のボランティア活動［ibid: 251］に言及し、深い理解を示した。

東インドを隔てるオランダの「虚」を突いた。カルティニは、オランダ人が東インドの多様性を認め、互いを理解する過程を共有することによって、心の裡に相互の関心と助け合う心が芽生え、絆を育み、それが個人を偏見から解放すると提言する。

　その理念は、カルティニが共感した19世紀末、ヨーロッパの新思潮に見出せる。とくに、カルティニは『武器を捨てよ』に描かれたズットナーの平和主義に大きな影響を受けた。そして、カルティニは人々の知的そして「心の連帯の上に築かれる平和」を「あるべき世界」とした。ゆえに、カルティニが教育を求める通奏低音には、解放と平和に通じる考えが存在した。カルティニは「あるべき世界」を唱える理想主義を呈する一方で、「ありのまま」を認識し現実に立ち向かった。すなわち、カルティニの世界観は、そのいずれかにあるのではなく、二つの世界の緊張関係の中にあった。

第6章
「光と闇」をめぐって

1911年版書名と編集の考察

序章で述べたように、オランダ植民地史とインドネシア史において1900年をもって時代を画し、とくに、インドネシア・ナショナリズムの研究では、20世紀の時代精神をカルティニに見出そうとし、インドネシアの独立達成の物語の中にカルティニが定位され、結果的にカルティニを取り巻いた世界の検証に終始した。
　従来の研究がカルティニの「光と闇」という表現に20世紀の時代精神を見出そうとするのは、1911年版の題名にとどまることなく、アベンダノン夫人宛書簡のなかでしばしば目にするこの文言に起因するからである。
　なぜ、カルティニが「光と闇」という表現方法を、とくにアベンダノン夫人宛書簡で用いなければならなかったのか。カルティニは「光と闇」として何を意味しようとしたのか。本章の目的は1987年版の「カルティニ・ドキュメント」を題材にして、カルティニを「光と闇」概念の「呪縛」から解放することにある。
　さらに、アベンダノン氏がその書簡集を Door Duisternis tot Licht と命名した理由を検討する。そしてカルティニはこの出版によって、婚姻後の名称「ラデン・アユ・ジョヨアディニングラット」ではなく、未婚時の称号を付した「ラデン・アジュン・カルティニ」という呼称のなかに固定された。本章ではその過程を辿ることによって、アベンダノン氏編集の1911年版がもっていた意味について考える。

第1節　カルティニの「光と闇」概念について

　カルティニはジュパラのブパティ公邸におけるアベンダノンとの初会談（1900年8月8-9日）の数日後、アベンダノン夫人宛書簡の第1報に次のように記す。

> あなた様のご来訪は喜ばしい驚きでした。もし生き永らえて百歳になっても1900年8月8-9日を決して忘れないでしょう。御一緒した数時間は人生の美しい思い出となり、たとえ我々の運命が暗闇の谷底にあっても、我々の光となりましょう。それは「夢」のようでした！　海岸の美しい夕暮れ、ジュパラからクドゥスへの旅！　それは幻夢と見

紛う現実でした！〔中略〕我々の中で葬り去られた未来への希望・善・永遠の美・生きとし生けるものへの愛情を、再び我々に蘇らせました。我々の人生観は過酷な現実の辛辣な非難によって暗くなりましたが、今再びその理想に火がひかり輝き始めました！〔1900年8月13日付アベンダノン夫人宛書簡，Kartini 1987: 1〕

カルティニは自らの立脚する場を「暗闇の谷底」と設定し、

> 厳しい現実が我々の夢を潰そうとし、冷たい現実のために我々の夢や理想を捨て去り葬ることを余儀なくされました。なぜなら、現地人社会がそれを必要としなかったからです〔ibid: 1〕。

と説明する。引用文中「過酷な現実の辛辣な非難」とは、他の章で述べたように、当時のジャワ社会で、性差や年齢の差を絶対視する人々による、カルティニへの批判・中傷を意味する。一方、カルティニは「現地人社会」の人々を「世間の狭量な人々」〔ibid: 3〕と批判し、自分達に否定的な現実を「暗黒の谷間」と称した。このような状況にあったカルティニはアベンダノン長官夫妻の訪問を「licht 光」、「schitteren ひかり輝く」ととらえ、それだからこそアベンダノン夫人宛書簡の第一報から「光と闇」の表現を用いた。

ここでは「光と闇」という表現がインドネシア史にとって何であったのかではなく、「闇」の中に縛られていたカルティニが見た「光と闇」とは何であったのかを検討する。

本節では、主に次の資料を挙げる。

① 1987年版1901年8月8-9日付アベンダノン夫人宛書簡に添付された、カルティニが夫人へ贈呈した自作の物語：メモワール「若い女性の人生の中の数時間」
② 1987年版1901年11月29日付アベンダノン夫人宛書簡
③ 1911年版1902年8月15日および17日付アベンダノン子息宛書簡

まず、資料①のメモワール〔Kartini 1987: 63-75〕について、1987年版の意義を述べる。アベンダノンはメモワール自体を1901年8月8-9日付アベンダノン夫人宛書簡〔Kartini 1911: 170-175〕として編集した。その結果、カルティニが朗読劇のような手法を用いて[170]、夢と現実の描写を展開した箇所がほとんど削

---

170) カルティニが回想文を記す時、朗読劇のような描写を用いたことは、1900年8月付のアベンダノン夫人宛書簡でも見受けられ、子供の頃の回想を「三姉妹の物語」に仕立てるスタイルを用

除された[171]。本来、カルティニは過酷な現実のなかで、自立を阻む制約を越える夢を見た。この経験から、夢と現実のコントラストを鮮明に描こうとした。しかし、大幅な「切り貼り」によるアベンダノンの編集によって、カルティニが意味しようとした光と闇（夢と現実）の落差は、1911年版では曖昧で抽象的なものになってしまった。

カルティニがメモワールを記した経緯を1987年版1901年8月8-9日付アベンダノン夫人宛書簡に求める。書簡の冒頭を次に引用する。

> 前回のお手紙からお疲れと拝察し悲しく存じ激励いたしたく、楽しい語らいをお忘れのご様子、明るいお気持ちになれますようにと、幸いにもアイデアが浮かび、笑ってお元気になって頂ければ本望、そこでお許しください。私は罪を犯し、ある独身女性の日記の写しをお送りします。〔中略〕では、センチメンタルなオールドミスをお笑いください［1901年8月8-9日付アベンダノン夫人宛書簡．Kartni 1987: 62］。

カルティニは自分のメモワールである「ある独身女性の日記の写し」を書簡から独立させ、あたかも第三者のメモワールをアベンダノン夫人への贈りものとするかのように記す[172]。書簡の冒頭で「他人の記したものを写した」と断りストーリーを展開するスタイルは、当時大ベストセラーであった『マックス・ハーフェラール』の書き出しに倣ったものだ。語り手の「私」は、匿名性の強い「ある独身女性」という第三者を設定し、過去時制で語る。すなわち、語り手に客観的立場を与え、過去・現在・未来すべての事に通達し、関係付けさせる役割を演じさせる。同書はカルティニの愛読書でもあった。ここに、オラン

いている［富永 2010: 28-30］。

171) 本書に挙げたカルティニ書簡の引用文のなかで、斜体文の割合の低さが明示するように、カルティニの所信表明はアベンダノンによる大幅な削除を経過して、*Door Duisternis tot Licht* に「貼り付け」られた。たとえ、それが実際にカルティニの手になる文章であっても、前後の文章が削除され脈絡が失せ、カルティニの主張が換骨奪胎された結果、書簡の真意が変容する危険性が発生した。1987年版書簡が出版されて初めて、回想に記されたカルティニの真相が知られるようになったのが実情である。

172) 1987年版の英語版では、翻訳・編集をした Cotë が、カルティニからアベンダノン夫人宛第一報である1900年8月13日付書簡の前に、上述の「メモワール」を配置し「初会談の話」という説明を付している。このことは、カルティニとアベンダノンとの間で交わされた話を把握した上で、書簡を読み進めることが両者の関係とカルティニを理解することに役立つことを示唆している。

ダ語による読書の影響が見受けられる[173]。

> ある若い女性の人生の中の数時間：ひとりのセンチメンタルなオールドミスの思い出
> あなたを決して忘れない。そして私の人生に新たな太陽が生まれた 1900 年 8 月 8 日を。その光が、私の餓えた心を温め、私は新たな活力を得てその光に幸福を感じ、私の人生の水平線に照り輝いて以来、私の人生にその光は不可欠となった。それすなわち我が麗しの黄金の太陽！　善なる神に選ばれたご夫妻が、過酷な人生で死傷を負った三人の少女の魂に新しい命を与え蘇らせた最高の日を忘れはしない [ibid: 63]。

文章中に頻出する「光 licht」「太陽 zon」「輝く stralend」「黄金 gouden」等の言葉が象徴するものは何か。「メモワール」のなかのアベンダノン夫妻との初会談の箇所に明らかである。

> 「教育を受けても早晩女子は旧態依然とした社会に戻らなければならず、結婚しか道はありません。職業教育を与えてくだされば、大勢の女子に降りかかる災厄の代わりに福が来ます」と、言った。
> 「あなた、お聞きになって。こちらのレディーが女子のための職業教育を尋ねていらしてよ」と、お声に喜びをともなう驚きがあり、その黒い瞳の中の眩い炎で私も心も温かくなった！　長官は驚き、友好的に見抜くような視線で、私の心を読むようによく通る声で、「本当に、原住民女子の職業訓練を望むのですか。何になりたいのですか。医者ですか」とお尋ねになり、私は頭の中を駆け巡る考えを抑制して、沈黙した。
> 「知っています。ライターですね。でも、教育は必要ありません。勉強をしなくてもなれます」と、気さくに長官は仰せになった。これ以上何も言うなと、父の黒い瞳は語っていた。
> しかし、もう叱責を気にしない。聞いて頂き理解される歓びの方が十倍の重みがある。私はこれまでの思いの丈を話した。自分の裡に溜め込んだ全ての事を、今やっと私の側に立って聴いてくださる人を見つけた！ [ibid: 69]

政庁の長官つまりアベンダノンは、ブパティである父親の遥か高位にある。

[173)]「ある独身女性の日記の写し」についての前書きは、『マックス・ハーフェラール』の冒頭で、珈琲商人が匿名性の高いシャールマン（ショールを巻いた男）からマックス・ハーフェラールの手記を手渡され、それを雇用者のステルンに書き写させる場面を喚起する。すなわち、書き手は「写し」の中に登場する人物の背後に位置し、記述に対する客観性を強調する。カルティニが「写し」と称してジャワ人女性を対象とする慣習批判を表明したことは、『マックス・ハーフェラール』が強制栽培制度廃止の契機となった点を意識したカルティニの行動といえよう。

ジャワ人女性がオランダ人の高位の人物に、自己主張をすることは非常識をこえて常軌を逸している。しかし、カルティニは叱責を受けるリスクをおそれず、慣習を打破して語り訴えた。その「努力が我々の新しい友人の厚い支援を見出し、激励を受けた」[Kartini 1987: 70] と、カルティニが信じたのは、まさにカルティニが訴えたジャワ人の女子の職業教育の必要性を、アベンダノン夫人が認め、理解したと実感した瞬間であった。カルティニはアベンダノン夫人を理解者と認識し、ともに過した情景を次のように描いている。

> 人生におけるその偉大なる救済を思い出す。〔中略〕輝く太陽の道に微笑む並木道に沿って、黄金の草原の中に！　自然は、歓喜の空気の中で震える我々の魂と太陽の光輝との調和における、微笑と光であった！ [ibid: 70]

引用文中「救済」とは、アベンダノン夫人がカルティニに与えた提案や助言を意味する。「太陽の光輝 zonneglans」すなわち陽光とは、まさに幸福をもたらすアベンダノン夫人という意味を含みもたせている。そして、「輝く太陽の道 schitterend zonneweg」、「黄金の gouden」、「光 licht」は、カルティニを「救済」するアベンダノン夫人への賛美の言葉である。さらに、直接カルティニに教師になることを薦めた人物は、定説のようにアベンダノン長官ではなく、1987年版で初めて知りうるように、アベンダノン夫人であった。

> 「クラスの前で立ちたいと思いませんか。子供の人格を形成し導きたいと思いませんか」天国の門が一気に開き、永遠の美が目前に広がった瞬間であった！　長い間の夢！　起きたら覚めるただの夢ではないのか。否、また声が聞こえた。頬の紅潮を感じ、優しく私の腕をつかみ彼女はもう一度尋ねた。「あなたはそうしたいのですか」と。〔中略〕「教育を受けたいの。そうねえ、修道院の学校かどこかそのような所へ行くことができるわ。それなら大変ではないわ。でも、ご両親様はどうお思いかしら。お許しになるかしら」[ibid: 72]。

「教師就任」は慣習ではありえない。カルティニにとって、ジャワの現実の女子教育は闇であった。だから教師になることは慣習からの解放を意味する。カルティニとっては、「教師の資格を目指して学校教育を受ける」ことを奨励したアベンダノン夫人は暗中にいるカルティニを照らす実体的な光だったろう。だから、カルティニは先に挙げた引用文 [ibid: 70] で、そのまま実体としての「光」として表現した。これは、アベンダノン夫妻の夢に応えるカルティ

ニ自身の感動の表現ではなかろうか。

> 至る所で現地人女子のための学校への賛同を聞くと、我々の目は輝き胸が熱くなり、思わず歓喜の叫びを上げないよう唇を噛んで堪え、熱い思いを表に出さないよう手を強く握り感情を抑えます。我々の知る限り現地人女性社会もこの件に熱き思いを寄せています。我々がそれを話し合う人は皆、もう一度子供に返って教育の恩恵を受けたいと願います〔1901年1月31日付アベンダノン夫人宛書簡, ibid: 45〕。

そして、カルティニが絶賛するのは、アベンダノン長官の女子教育計画が単に夢に終わるものではなく、実現する計画と信じたからである。だからこそ、アベンダノン夫妻は実体的な光として表現する必要があったのだ。しかし現実には、カルティニ自身の進学は難しい。進学を阻む最大の要因は、カルティニの父親だった。

> 翳が私を被い、幸福の輝く太陽が暗くなった！　私は頭を振り、ゆっくりとその難しさを語った。天国で夢見心地の気分から地上へ引き戻された心境であった。現実の冷たい世界へ。「許されないでしょう」と、私は言った。〔中略〕「夫も心配しています。昨夜、あなたのことを話し夫はよい案だと言いました。ご両親様が賛成なさらない事を危惧します」〔中略〕「我が友よ、未来を信じる勇気を出して！　あなたの前に一筋の道があります。このままではいけません。夫はお父様と文通をします。私はあなたとそうします。あなたはここからもっと広い世界へ行くべきです。勉強することが可能な、立派な心の人々と交流できる所へ」〔1901年8月8-9日付アベンダノン夫人宛書簡, ibid: 72〕。

家父長制の下で慣習を遵守する父とこれに従わざるをえないカルティニの前に、突然その制約を打破することを勧める女性が出現した。それは、カルティニの目に「救済」と映った。しかし、「ご両親が賛成なさらないことを危惧しています」という言葉には、次のような経緯があった。

> 我々が6月にセイトホフ理事官を訪問した時、教育局長官〔アベンダノン〕が原住民女子寄宿学校の校長を探していることを知っているか否かお尋ねになりました。「レヘント、あなたはその件をお嬢さんに話しましたか」と、そして、あなたの娘〔カルティニ：カルティニがオーフィンク夫人を「お母様」と呼ぶ関係を示す〕を見て「あなたはその学校の校長になりたくないのですか」と。娘は父と理事官から目をそらせ、硬く口を閉じました。〔中略〕父がそれを望まないことを知っていたので、彼女〔カルティニ〕は別の話をして父を助けなければなりませんでした。が、その質問は父の悩みの種となっ

ています［1900 年 8 月付オーフィンク・スール夫人宛書簡，Karini 1911: 100-101］[174]。

　上述のオーフィンク夫人宛書簡と、アベンダノン夫人宛書簡を比較する。アベンダノン夫人に対するカルティニの言葉の選択と、オーフィンク夫人に対するそれとはまったく異なる[175]。確かに、両者に宛てた文面はともに父親を問題とする点で一致する。が、アベンダノン夫人宛書簡だけに、父親の反対を「翳」「暗」という言葉が用いられている。そして、「光」はその対句として用いられている。

　続いて、資料② 1901 年 11 月 29 日付アベンダノン夫人宛書簡から、カルティニの意味する「光と闇」を検討する。資料②はこれまでにも複数の箇所を引用したが、カルティニが「強制結婚」と一夫多妻の慣習を鋭く批判し、女性の自由を追求した点において、百余通の書簡の中でも極めて重要な資料である。

> 相変わらずですが、平静を取り戻したことをお知らせ致します。心の中はもはや夜 nacht ではなく、平安と静寂です。暗闇と霧を通して door duisternis en nevelen 我々を優しく手招きする光りの出現 lichtende gedaante、すなわち理想が見えます。この理想は既に人生の一部となり離れ難く、我々は理想を失えば死ぬでしょう。仕事で苦悩することは昨今のことではありません！　我々に別の事を考えさせようとする人は、新しい心臓、血管、血液を我々に与えるべきです。人間の尊厳を知り光 licht の方向を聞き知った者は、二度と忘れることはできません［1901 年 11 月 29 日付アベンダノン夫人宛書簡，Kartini 1987: 100］。

　カルティニは「別の事を考えさせようとする人」について同じ書簡で次のように述べる。

> なぜ行動の制限を受けなければならないのでしょう。心の狭い人々の云う事を聞きいれるために。我々は心の狭い人々を満足させるために、夢を捨てなければならないのでしょうか。全てが世間中心に回り、世間の犠牲になるのです。我々がしたいようにすれば、人はとやかく言います。では、世間の人とは一体誰でしょう。その人々のために

---

174) 8 月の時点で 6 月を振り返り直接話法で会話の様子を再現する時に、カルティニは「私」ではなく三人称を用いて記した。このように、過去の自分を振り返り物語る時、「三人称の語り」を用いることは、カルティニ書簡の特徴の一つといえよう。
175) アベンダノン宛の書簡と比較して、他の文通相手に社会変革を綴るカルティニの文章には、「光と闇」の表現はあまりみうけられない。

> 我々は抑圧され、絞殺され、闇へ戻されるのでしょうか [ibid: 107]。

カルティニはこの書簡で、ジャワ社会が突きつける時代の制約を「闇」と表現した。しかし、カルティニは「宗主国と植民地」のいずれにも女性問題があることを知見していた。だから、カルティニはアベンダノン夫人を、家父長制のもとで女性に生まれ、その結果一生が束縛されることを知った女性として認識した。それゆえ、カルティニはアベンダノン夫人に忠告どおり「広い世界へ行く」支援を、次のように求めた。

> 妹に約束しました。仕事が完成するまで戦い続けることを。ご夫妻は我々が妹に約束したことを応援してくださいますか。我々を待ち受ける仕事を達成することを、一層強く決意しました。妹は巨大な力の前に屈服し、仕事に身を呈したくてもできませんでした。私は自らの裡に新しい力が湧き上がるのを感じます！ 我々のオランダ留学を政庁に請願することが可能でしょうか！ ご夫妻は応援してくださいますよね。我々は正当な道を採るべきです。すなわち、オランダへ行きオランダで学ぶ。〔中略〕可愛い妹の仇を討ち、大仕事を強力に推進するよう励みます。何千回も心に傷を負った何万もの女性が不正に悲鳴を上げる現状に終止符を打ち、愛しい妹の心を傷つける不正を止めさせるために。奥様も大好きな妹のために、我々の夢の実現に、ご夫妻の支援を求めます [ibid: 111]。

妹は強制結婚という慣習を拒否できない。その現実に直面し、カルティニは慣習の打破と女性の解放が表裏一体であると思った。死を考えてしまうほどの否定的な現実は、カルティニにはまさに「闇」と映った。

> *何もできないのです ── 聞こえないわけでも見えないわけでもなく、若さと濁りない感性を無視する、歪んだ現地人社会 Inl. Maatschappij の只中で。粗野で醜く酷い生活の実態を否応なく見つめました。両親から心が傷つく荒々しい言葉を全く聞いたことがありませんが、若さや濁りのない感性を無視する現地人社会という人間社会で生きています。おお、死よ！ 我々を辛い人生から救い出してくれる死よ、なぜ恐れられるのか。私は感謝し喜んでついて行きます！* [1900 年 8 月付アベンダノン夫人宛書簡, ibid: 12]

引用文中、カルティニは若者を軽んじる社会を強烈な批判の対象とする。しかし、それはカルティニ個人の問題が実は社会問題であることを示唆しようとする一例にすぎない。事実、カルティニは年齢差別によって自身の尊厳が認められず、不当な扱いを受けた自分が劣化し自滅することを恐怖した。カルティ

ニが慣習に挑戦すればするほど、理解を得るどころか言葉による暴力を受ける。因習を社会秩序として受け入れる人々と旧態依然とした閉塞的な社会、そしてその制約に無力な自分に絶望を覚えた。それは個人の努力では解決不可能な社会問題だからである。

このままでは、カルティニはいかなる選択肢も与えられず、無意味な生涯を終えるのだ。カルティニはそれを「闇」と表現した。そこでカルティニは「個」として生きる場と支援を求め、その支援者と共に、時代の制約を越える努力をしようとした。その唯一の道が留学だった。カルティニはヨーロッパに憧れるだけの「西洋かぶれ」ではない。

それがゆえに留学の支援を夫妻に請うた。したがって、カルティニにとって「留学支持者」とは、カルティニの苦悩に共感を示し、カルティニの自由と尊厳を求めて行動を起す人を意味した。それがカルティニの見た「光」であった。

しかし、カルティニにとってアベンダノンは「光」ではなかった。アベンダノンは女子校設立に失敗した。アベンダノンは、カルティニを伝統産業保護のための現地人助手にしようとした。これを知ったカルティニは、その苦しみから乗り越えた道をアベンダノンの子息に伝える。

> 我々がオランダへ行きたいという意思を固めたのはいつだったかご存じですか。1901年12月、言うに言われぬ苦悩を抱えていた時のことです。我々の前には荒涼とした道が伸び、我々に冷たく接する人々に悩まされていました。はるか遠い別世界へ行ってしまいたかった。そして、心の傷が癒え身体も強くなると、生まれ変わったように、この旧態依然とした社会を改革する仕事に就きたいと思うようになりました［1903年1月27日付アベンダノン子息宛書簡. Kartini 1911: 462］。

では1901年末、「荒涼とした道」に続く強制結婚に苦悩し、自滅寸前の状態にあったカルティニを、「生まれ変わったように」したのは誰なのか。次の書簡は、カルティニが新しい「光」を見出したことを示している。

> 一昼夜食を絶ち、その間寝ずに一人で過すのです。
> 「夜を経て光へ、Door nacht tot licht
>   嵐の後に静けさが、Door storm tot rust
>   闘い終えて敬いへ、Door strijd tot eer
>   苦悩のあと喜びに至る Door leed tot lust」
> この老女の言葉の中にある考えは、こうです。断食と断眠は、「欠乏し悩み考えること

を通じて光に至る door ontberen, lijden, nadenken tot het licht」という意味の象徴です。予め闇 duisternis の状態でない所に光 licht はない ── 素晴しい考えと思いませんか。節制とは物質に対する精神の勝利です。すなわち、一人で過すことはよく考えることを鍛え上げる場なのです［1902 年 8 月 15 日付アベンダノン子息宛書簡，ibid: 367-368］。

　カルティニとアベンダノンの子息は「第 3 章　カルティニの読書」で述べたように、文通を通じて読書の感想やジャワ文化等について意見を交した。上述もその一例であり[176]、カルティニは老女の言葉をジャワ語からオランダ語に翻訳した。これまでにもカルティニの解釈について、

> 極めてジャワ的な老婆の言葉も、カルティニによって置き換えられると、あたかも「プロテスタンティズムの倫理」的な色彩を帯びてくる［永積 1980: 94］。

と指摘された。事実、カルティニはジャワの老女の「悩み考えることを通じて光に至る」、「闇の状態でない所に光はない」という考え方をヨーロッパ思想的なコンテクストの中で「素晴しい」と評価する。しかし、カルティニは単に思想的な解釈を加え、抽象的に賛美しているわけではない。その評価には闇があってはじめて光が見えた彼女の実際の経験があった。そして、その経験を言葉として表現してくれたのがアベンダノン夫人であることを強調する。

> 「私〔アベンダノン夫人〕がいつも幸せだとは思わないで。長い間悩み続けました。私が身の上話をして、今のように幸福になる前に酷く不幸であったことをお伝えすることは、勇気ある者がいつかは勝利するという強い信念をもち、未来に希望をもって戦い続ける勇気をあなたに与えると思うからです」と、彼女は言った。そして、波乱万丈の人生を感動して聞いた。長い間の深い心傷と絶望的な夜を幾度も過し、日の出は来ないと思えた日々のことを。そして、心痛の暗雲の中に幸福の光が射した時、彼女は喜ぶどころか不安で希望もなく幸福に当惑したのだった［1901 年 8 月 8-9 日付アベンダノン夫人宛書簡，Kartini 1987: 71］。

---

176) *Door Duisternis tot Licht* という書名の由来となった引用文中の四行詩は、プラムディヤによれば、ジャワのシャイール syair（詩話）であり、インドネシア語で次のように記される。Habis malam terbitlah terang, Habis badai datanglah damai, Habis juag sampailah menang, Habis duka tibalah suka［Pramoedya 2000: 212］。

　Habis malam とは malam 夜を終えたという意味があり、terbitlah terang について terang 光が輝く状況を意味する。1911 年版の表題のインドネシア語訳は Habis Gelap terbitlah terang すなわち gelap 闇が終わって光輝くと言う意味である。上述のシャイールは Habis malam terbitlah terang のフレーズだけが韻を踏んでいない。それは夜が終了したこと、そして光り輝く状態が常態化する様を表している。

上述は、アベンダノン夫人が「光と闇」の二元論を用いて説明した様子が描かれる。初対面時のエピソードとして「メモワール」の中に取上げたこと自体、カルティニの心に深く刻まれる説明の仕方であったことを明示する。カルティニはアベンダノン夫人がその表現法を好んで用いていること、同時にそれがアベンダノン夫人を納得させる思考様式と認識した。それゆえ、アベンダノン夫人へ訪問の返礼を表する目的上、カルティニは先に引用した1900年8月13日付アベンダノン夫人宛第1報で、「暗黒の谷底」、「我々の光」、「火がひかり輝き」等の表現を用いた。さらに一年後、カルティニはアベンダノン夫人に贈呈した「メモワール」や1911年11月29日付書簡に「光と闇」の文学的技法を用いた。

　ではカルティニが、アベンダノンの子息までにも「光と闇」を繰り返し表現した目的は、何であったのか。1902年8月15日と17日付書簡はいう。

> 子供の頃は何も考えず言われるままに行いました。他の人々も私と同じ事を行いましたから。私の心に疑問が芽生える時が来て、「なぜそうするの」なぜ、なぜ、頭から離れませんでした。そして、私は教え通りにはしないと決めました。もうこれ以上理由も判らず機械的に行いたくなかったのです。私は、外国語で記されたコーランの教えを意味も解せず暗誦する勉強に気乗りがしなくなり、私の先生方もお解かりでないように感じ、言いました。「意味を言ってください。私は全てを知りたいのです」私は罪を犯しました。コーランは我々が理解するにはあまりにも神々しいのです。以前は考えもせずに行っていた断食を、やめると決めました。考えるとできなくなりました。〔中略〕時が過ぎて、我々はムスリム Mohammedaan と呼ばれ、なぜならその子孫ですから名ばかりのムスリムでした。神様、という言葉は、我々が願い事をするときに口に出して言う、というぐあいに過ごしていた我々に転機が訪れました。我々は気付かぬうちに長年求めていた神に出会いました。長い間探し求めてもわからなかったのに、我々の心の裡にあったとは。誰が神と我々を出会わせてくれたのか。ファン・コル夫人です。ファン・コル夫人は我々の心に沁み込んでいたことを我々が発見することを可能にしてくださいました。夫人が我々を目覚めさせ、神に出会うことができました〔1902年8月15日付アベンダノン子息宛書簡，Kartini 1911: 369〕。

　上述は一見すると、カルティニがイスラームを批判する感がある。しかし、カルティニが問題視するのは、イスラームの思想ではなく、コーランの個別指導を行うムスリム教師の資質と姿勢である。カルティニは、悩みに共感し親身になって相談に乗ってくれる人を求めていた。カルティニは愛情のあるコミュ

ニケーションを求めていた。ファン・コル夫人は親身な書簡を交わすことによって、年齢・人種・環境など全てが異なるカルティニの苦悩を理解し、旧態依然とした集団からカルティニの尊厳を守るための暖かい配慮を示した。カルティニはファン・コル夫人を信頼した。アベンダノン氏に絶望したカルティニはファン・コル夫人によって再起した。上述の「出会い」と、先の例文中の「生まれ変わった」［Kartini 1911: 462］という言葉がカルティニの再起を如実に表現する。同年8月17日付の書簡は、日付は1日ずれているが、ファン・コル夫人を知った経緯を述べる。

> 昨日の続きを書きます。迷える子羊たちが正しい道に連れ戻されたことにつきましての両親の喜びようは、感動的でした［1902年8月17日付アベンダノン子息宛書簡, ibid: 370］。

最初に表現される「迷える子羊たちが正しい道に連れ戻された」とは、『聖書』の引用である。カルティニはアベンダノンの子息に西洋人なら誰もが知る言葉を用いて、ファン・コル夫人の貢献を強く訴えた。

> ファン・コル夫人宛の書簡を書き、〔中略〕夫人と意見を交わした時、私は夫人を自分の母親のように思いました。神が我々に温かい友人の心をお贈りくださり、その心を通して我々に神を気付かせました。〔中略〕ネリー〔ファン・コル〕には、我々にしてくださる事よりも別の事に対して一層深く心から感謝しています。それは、ネリーの心の愛、我々に彼女自身の愛を与えてくれました［ibid: 376］。

「我々にしてくださる事」とは、ファン・コル夫人のカルティニ姉妹の留学実現に向けての骨折りのことである。「愛は光である」［Kartni 1987: 100］から、「愛を与えてくれる」ファン・コル夫人はカルティニの求める「光」である。確かに、聖書や伝承説話などを通じて西洋文学に親しむ者には、「光」は馴染みの深いシンボルであり、真理や清澄と道義である。したがって、ここでの「光」は、ファン・コル夫人の重要性を示唆すると同時に、現実をありのままに照らし出すさまを伝える。

しかし、アベンダノン子息への書簡では、ファン・コル夫人をアベンダノン氏に代わる新たに見出した光であるとはしていない。カルティニはファン・コル氏との面談時（1902年4月）にファン・コル夫人との文通を勧められたことを強調する。さらに、ファン・コル夫人との親交に至った過程では「神が」と

いう言葉が複数回にわたり用いられている。

> 今はもう人からの慰めを求めません。神の御手に委ねました。そして、そこで闇は光となり、嵐は微風となります。不安はありません。私達を目覚めさせ、見守り、愛情をもって裁きを下す神とともにいます。私達が人に悩まされ続けたその間に、神を知りました。それは神の御業、神は私達に力をお与えになりました［ibid: 376］。

このように、カルティニが「神」を登場させて唱える流儀は書簡を通してみられ、たとえば、先述のアベンダノン夫妻との初対面時を描いた引用文「神に選ばれたご夫妻が過酷な人生で死傷を負った三人の少女に新しい命を与え甦らせた」［ibid: 63］と関連させ、ファン・コル夫人の時も同じように「神」が出会わせたとし、カルティニ自ら「神の御手に委ねた」という言葉でアベンダノンの子息を説得する。カルティニは 15 日付書簡で老女の言葉 habis の翻訳にオランダ語の前置詞 door を使用し、「悩み考えることを通じて光に至る」と能動的に捉えた。が、カルティニ自身の場合は、動詞 werd を使用し「daar werd de duisternis licht」そこですなわち神の御手の中で闇は光となったと受動的に記した。上述では「神の御業」という言葉まで用い、ファン・コル夫人との親交はカルティニからのアプローチではないと釈明する。

　これはアベンダノン子息の理解を得るためである。なぜ、カルティニはこれほどまでにアベンダノンの子息との友好関係が壊れないよう配慮するのか。なぜなら、カルティニはファン・コル夫人との親交について、アベンダノン子息の理解を得なければならなかった。

> オランダ議会の関係者〔ファン・コル達 SDAP 党員〕があなたの姉妹〔カルティニ姉妹〕の支援者になったことが嬉しくないのですね［ibid: 374］。

重ねて、カルティニは「忠誠こそが我々の友情の礎であるべき」[177]だから、ファン・コル夫人を知った経緯を話したまでで、「私との文通を止めようと思わないで」と述べる［ibid: 376-378］。どこまでもアベンダノンの子息に対してはファン・コル夫人との関係は、アベンダノン家との関係に入れ替わるものではないことが語られる。

　1902 年 8 月 15 日付と 17 日付の 2 通の書簡は、先に挙げた「昨日の続きを書

---

177) カルティニはアベンダノン夫人にファン・コル夫人と知り合った経緯を述べる時、同じことを書いている。

きます」というカルティニの意思表示から、15日分を前半・17日分を後半とする 2 部構成として捉えることができる。前半で、カルティニは「夜を経て光へ」というシャイールの一節を紹介し、アベンダノンの子息の関心と理解を促し共感を誘い、後半で「ファン・コル夫人を信頼する」という本題に入る。したがって、カルティニは Door nacht tot Licht（夜を経て光へ）というフレーズを、コミュニケーションを潤滑にはかる目的で借用したのであった。その後もカルティニとアベンダノン子息との文通は続行し、木彫家具の注文も受けた事実から、「光と闇」に喩えたカルティニの説得工作は成功したといえよう。

　このように、カルティニは「光と闇」というキリスト教的に理解可能な二元論を採用して、アベンダノン夫人や子息の説得を試みた。同時に、この文学的技法を逆手に用いてジャワの社会秩序に叛く自己主張を織り込んだのだ。

　カルティニが二元論（光と闇、進歩と慣習等）的な見解を好んだか否かは、また別の問題である。カルティニはアベンダノンの子息の理解を得るべく、「光と闇」の用法を繰り返して、すべてを神の御業に還元しているかにみせているのであって、「神」それ自体を問題にしているのではない。

　オランダ人社会とジャワ社会の双方で、称賛から誹謗・中傷まで幅広く評された 1902 年のカルティニはすでに自身も含め、すべてが二元論で説明できるほど単純ではないことを認識していた。カルティニは、ヨーロッパ人小学校でオランダ語を学び、さらに読書で表現力を培い、オランダ人と十分に意思疎通が可能であった初期のジャワ人であった。このような環境で育ったカルティニは言葉を重ねて理解へと導き、言葉を通して解決を図ろうとする地道な努力を重ねた。

第 2 節　アベンダノン編 *Door Duisternis tot Licht*
── 書名の命名と「切り貼り」による編集

1.　書名の考察

　1911 年版は出版当初から、カルティニを最もよく知るオーフィンク夫人か

ら次のような指摘を受けていた。

> 「カルティニはジャワのプリンセスで、美しい本を書いた方でしょう、奥様」と、言われるが、カルティニは本を一冊も書いていない。素晴しい書簡をたくさん綴り、それが一冊の本として編まれたのである。おっしゃる通り私は全てを知っているわけではない。が、本のタイトルについていえば、書簡の中では「闇から光へ Van Duisternis tot Licht」であったと、記憶している。それ故、私はその本を小説 roman のようなものと思った [Ovink 1925: 1]。

　当時、数少ない女性の作家であり、カルティニが全幅の信頼をおき「お母様」と呼んだオーフィンク夫人は、書名 *Door Duisternis tot Licht* の批評を通じて作品全体の恣意性を公言した。確かに、「小説のようなもの」という言葉に、露骨な目的をもったアベンダノンの編集によって、カルティニの「素晴しい書簡」が実態と乖離した「読み物」に仕上げられたことへの、厳しい怒りを看守できる。

　しかし、オーフィンク夫人が指摘した点にこそ、アベンダノンが出版で成功をおさめた要因がある。そこで、本節では書名の命名と編集過程を考察する。

　周知のように、1911 年に *Door Duisternis tot Licht* が刊行されてから、カルティニの書簡集は絶えることなく編まれ、翻訳・出版されてきた。しかし、書名は統一されず「書簡」という言葉の有無で二通りに分かれる[178]。肝心の 1911 年初版の表紙では「*Door Duisternis tot Licht — Gedachten van Raden Adjeng Kartini* 闇を越えて光へ ── ラデン・アジュン・カルティニの思想」とあるだけである。また表紙を開くとタイトルページに「*Door Duisternis tot Licht ──*

---

178) 1911 年版のバネ抄訳版（抄訳）は *Habis Gelap Terbitlah Terang*（闇を越えて光へ）と題し、1938 年の初版以来版を重ねている。しかし、*Door Duisternis tot Licht* のインドネシア語全訳版は *Surat-Surat Kartini*（カルティニ書簡集）と題して 1979 年に出版された。そして、新たに出版された 1987 年版の書名は *Brieven*（書簡集）である。1922 年に出版されたマレイ語版も *Habis Gelap Terbitlah Terang* であり、1911 年版の題名に沿うものである。スンダ語版（1930 年）とジャワ語版（1938 年）の題名もマレイ語版に準じるが、副題に「書簡」と付した。しかも、マレイ語・スンダ語・インドネシア語の出版元はバライ・プスタカであり、ジャワ語版はカルティニ基金によるものであった。20 世紀前半のインドネシアでは 1911 年版の書名に準拠して、翻訳版に「光」と「闇」の 2 文字が掲げられていた。
　また、1911 年版出版当初における各国語の翻訳版のタイトルは、アベンダノンの命名に準拠するものであった。が、英語版の書名 *Letters of a Javanese Princess*（1919-1920 年）について、アベンダノンによる序文には「このような不適切なタイトルはアメリカの出版社だけにしか見られない」という註がある [Kartini 1976: xxvi]。

Gedachten over en voor het Javaansche Volk van Wijlen Raden Adjeng Kartini 闇を越えて光へ —— 故ラデン・アジュン・カルティニのジャワ民族のための、そしてジャワ民族についての思想」とあり、若干内容を説明しているが、両者ともに書簡という文句はない[179]。

　なぜ、アベンダノンは「書簡集」と命名しなかったのか。*Door Duisternis tot Licht* にはどのような意図があったのだろうか。上述の見開きの副題の右下に、前節に挙げたカルティニのオランダ語訳によるジャワのシャイール［Kartini 1911: 367］が抜粋され、なかでも「夜を経て光へ Door nacht tot Licht」の字句は、1911年版の中で最もよく知られている。

　また従来のカルティニ研究は、1911年版の有名な題名 *Door Duisternis tot Licht* の出典を、1902年8月15日付アベンダノンの子息宛のカルティニ書簡からの引用文に求めてきた［永積 1982: 94］。

　さらに *Door Duisternis tot Licht* という書名についてギアツ Hildred Geertz は、

> アベンダノンが「覚醒」運動に密接に関係し、共感し、彼が選んだ書名はその運動の環境に相応しいものである［Kartini 1964: 15-16］。

とする。確かに H. ギアツの指摘するように、アベンダノンの命名は、序章で述べたように新聞や定期刊行物に「輝く光のイメージ」として描かれたインドネシアの民族主義運動と結びつけ論じられてきた。

　しかし直接的にはこの表題には、もっと経済的な意味がこめられていた。アベンダノンには編集・出版は一大事業であり、しかもその「収益でジャワに女学校を建設する」という目標があった。このためには、オランダ語読者人口が限定されているオランダ領東インドよりも、本国オランダの出版市場で大量の購読者を獲得することが必須であった。表紙を飾る題名は、このためのキャッチコピーであり、出版の成功を握る重要な鍵である。表紙の副題はタイトルページの副題を一層簡略に表現している。アベンダノンはオランダの一般の人々の興味を引こうとしたのだ。

---

179) ここで使われたカルティニの呼称は、婚姻後の名称「ラデン・アユ・ジョヨアディニングラット」ではなく、「ラデン・アジュン・カルティニ」である。カルティニはこの出版によって「ラデン・アジュン」すなわち未婚時の呼称のなかに固定されたといえよう。後節で呼称が定着していく過程を辿る。

また書名とともに表紙に並列される作者カルティニの名前が、購入意欲をそそるとは考え難い。なぜなら、それはカルティニの知名度の如何にかかわらず、作者が女性であることに深くかかわっていた。当時のヨーロッパ社会では第3章第3節で言及したように、女性が執筆した書籍というだけで不利な条件を負うため、実父や夫の名前を筆名にすることも少なくなかった。このようなマイナス要件を補って、さらに「女学校を建設する」という収益性を確保するには、ジャワに関心がある人だけでなく、またカルティニを知る知らないにかかわらず、読者の購買意欲をあおるだけの魅力的な書名を選定する必要があった。

　だから、*Door Duisternis tot Licht* の上梓をインドネシアの「覚醒」運動という後世の後付けの視点ではなく、その現場でのアベンダノンの出版事業として検討することが求められる。

　カルティニは door nacht tot Licht と書いた。アベンダノンは「夜 nacht」を「闇 duisternis」に代えた。なぜなのか。実は、書名に選ばれた Door Duisternis tot Licht という語句は、オランダ語では決して新奇な表現ではない。それはむしろありふれた表現であるがゆえに、読者には耳慣れして親しみ易かった。『旧約聖書』の創世記第1章第1節から第5節には、

> In het begin schiep God de hemel en de aard. De aard was onherbergzaam en verlaten. Een watervloed bedekte haar en er heerste diep duisternis. De wind van God joeg over het water. Toen zei God 'Er moet licht zijn!'. En er was licht. God zag hoe mooi het licht was en hij scheidde het licht van de duisternis. God noemde het licht dag en de duisternis nacht. Het werd avond en het werd ochtend, één dag was voorbij.（初めに神は天地を創造された。地は混沌であって、闇が深淵の面にあり、神の霊が水の面を動いていた。神は言われた。「光あれ」こうして、光があった。神は光を見て、良しとされた。神は光と闇と分け、光を昼と呼び、闇を夜と呼ばれた。夕となり、朝となった。第一日である）[日本聖書協会 1995: 1]。

とある。オランダ語版『聖書』の短い引用文の中に、光 licht と闇 duisternis が合計8語存在する。「闇を夜と呼」んだのはほかならぬ神である。だから、闇と夜を同列と認識することは、常識中の常識である。それゆえ、アベンダノンは、子息宛のカルティニ書簡中にあった老女が伝えたシャイールの言葉「夜」を躊躇することなく「闇」に置き換えた。こうして、アベンダノンはシャイー

ルの言葉を『聖書』の「光と闇」に移し替え、これを書名にした。オランダ人誰もが知る一節であるから、読者はアベンダノン編のタイトルに聖書の言葉としての意味を感じた。1911 年版が出版された時代のオランダ本国は政権がめぐるしく移行し、同時にオランダ領東インドでは先述のように「モデルン」の時代が到来を告げ、また世界も混沌とした様相を呈していた[180]。このような情勢下で、一般の読者には単純な古典的二元概念の「闇と光」が受容し易い傾向にあった。それだからこそ、この言葉はジャワやカルティニ等をほとんど知らない読者にも、それなりのイメージと関心を喚起した。つまり、ここでの闇、光の概念は、ジャワ思想や民族主義とは無縁の西欧的な文脈で理解されたからこそ、オランダ市場に迎え入れられたのである。

　出版状況は序章で述べたとおりであるが、第二版以降、オランダのみで重版された事実は、オランダ本国の出版市場に絞って購読者を確実に獲得できたことを示している。たとえば、第 3 章第 1 節と前章第 2 節「相互理解」の項で述べた *Die Waffen Nieder*（『武器を捨てよ』）の出版当初の発行部数と比較する。比較対象にズットナーの著作を挙げる理由は、作者が女性であること、当時の社会でメジャーとは言い難い問題を扱う点が *Door Duisternis tot Licht* と相似するからである。*Die Waffen Nieder*（1889 年）は 1905 年にズットナーがノーベル平和賞を受賞しその影響で世界的なベストセラーとなったが、初版は 1000 部であった［Suttner 1972: 6］。一方、*Door Duisternis tot Licht* はオランダ語の出版市場がドイツ語のそれより小規模にも拘らず、初版の 1000 部は数ヶ月で完売し、続く第二版 3000 部も 7 ヶ月で完売したため、即第三版 4000 部が刊行された。つまり、*Door Duisternis tot Licht* は出版当初から極めて好調な滑り出しをみせ、1 年余で 8000 部に達した[181]。両書の出版当初の商況を比較すれば、『武器を捨てよ』という少数者に受け入れられるだけの「反戦」小説よりも、「光と闇」と

---

180) オランダ国内では、1888 年に自由主義に代わって、初めて宗派連合であるマッカイ政権が政権の座に就いた。1891 年から 1901 年までは再び自由主義諸派が政権に就き 20 世紀に入ると宗派連合のカイペル Kijper 政権（1901-1905）、自由主義のデ・メーステル De Meester 政権（1905-1908）、宗派連合のヘームスケルク Heemskerk 政権（1908-1913）と目まぐるしく政権が移行した。さらに、オランダのみならずいわゆる「ドイツ問題」を抱えるヨーロッパの状況は、第一次世界大戦（1914-1918）前夜に相当し、また中国で辛亥革命が勃発した年でもあり、従来の認識の枠組みでは理解し難い様相を呈していた。

181) 発行部数については［Kartini 1987: ix］、商況については *Door Duisternis tot Licht* 第二版・第三版のアベンダノンによる「前書き」を参考にした。

いう慣れ親しんだ語句の方が、より多くの購読者を魅了したと言えよう。すなわち、アベンダノンの題名作りはマーケティングに限れば成功した。加えて、*Door Duisternis tot Licht* の刊行は時宜を得た企画であった。アベンダノンは倫理政策の施行から10年を経た1911年に、洋式教育を受けたカルティニがオランダ語で書いた書簡を広く社会へ提示し、人々に政策の成果を実感させた。しかも、倫理政策にはキリスト教の布教が含まれていたことから、キリスト教的な「光と闇」の概念は一層魅力的な書名であった。

このようにして、アベンダノンは出版を通じ、カルティニを倫理政策の文脈で「植民地の女子教育推進者」として公認させた。前章のようにカルティニは、「新しい女性」を自称し「日々進歩する世界」に自らを位置付け生きぬこうとした。カルティニは現代的世界的な問題を具現し、それを解決しようとした。だから、東インドをはるかに乗り越えた存在を目指した。しかし、オランダでの成功はカルティニをかえって「オランダ領東インド」という限定した枠に閉じ込めた。そこに、東インドが Groot Nederland（大オランダ）の一部であるという帝国主義的構図を再確認し、それを堅持しようとするオランダの意志が働いた。アベンダノンと倫理政策はまさにそのために働いているのである。

こうして、アベンダノンによってカルティニは植民地東インドの「闇」とそれを照らすオランダの光という言説の中に位置付けられた。しかも、カルティニはオランダ留学を志向したことから、カルティニはヨーロッパ文明を「光」として希求する女性と解釈され、つまり植民地政策の忠実な支持者とみなされた。したがって、*Door Duisternis tot Licht* が版を重ねた時代の読者が想像する「光と闇」と、カルティニが意味することを求めた「光と闇」とは決して同じではない。

2. アベンダノンの「切り貼り」による「創作」

Door Duisternis tot Licht がオランダで版を重ね、時を移さずして西洋諸語に翻訳・出版された事実は序章で述べた通りであるが、それはアベンダノンが西洋人に受け入れ易い編集に努めた証でもある。どうすれば読まれるかという命題に対し、アベンダノンはどのような「努力」をしたのであろうか。そもそもカルティニの原書簡は、世紀転換期に特定の相手の理解力に適うよう綴られた。しかし、1911年の刊行を機に書簡は公開される文章に変化した。このた

め、アベンダノンはこの「市場」を意識し、不特定多数の読者に受け入れられる文章にするために、積極的に切り貼りを行った。こうして出来上がった *Door Duisternis tot Licht* が、カルティニの何を無視し、何を否定したかについて、これまでの章で述べてきた。

　本項では、原文の大幅な削除が別の物語を生む事例を検討する。カルティニが心に映り行く事柄を記す時、理解してもらいたい相手にだけ心の裡を描写した。これはカルティニの書簡すべてに見受けられる特徴である。それは基本的にアベンダノンの削除の対象になったが、必要とあればアベンダノンは「切り貼り」と調整で、「美化」し「昇華」させようとした。アベンダノンの編集に対する恣意性について、スロトは次のように指摘する。

> 目的はカルティニ学校を設立する募金にあったから、読者が寄付をする気になるよう、オランダ社会の同情を得ることが必要であった。オランダ人を惹きつける事柄を全面に出し、オランダ人読者が良く受け取らない事は掲載しなかった。公開されなかった事柄には、カルティニの政庁やオランダ人に対する批判が含まれていると推測する［Soeroto 1984(1979): 424］。

　引用文中、スロトも出版の目的がカルティニ学校建設にあったと指摘する。しかし、スロトは1987年版がまだ出版されなかった時代だったから、この意見は推測である。が、アベンダノンがオランダ人購読者を強く意識して編集したというスロトの指摘は、当を得ている。スロトが指摘するようなアベンダノンの編集によって原書簡が歪められた結果、生じた問題について5つの事例を挙げる。

　まず、「切り貼り」が「ジャワの自然美の描写」を創出した例を2つ挙げる。

【例1 「ジャワの自然美描写」の創作】

　アベンダノンが複数の書簡を1通に「合成」した書簡について、序章で日付を挙げて述べた。その中から、新たに書簡を作り出した事例を紹介する。原文書簡は1987年版の1901年1月31日付アベンダノン氏宛書簡である。

① 　アベンダノンは先ず自分宛の1901年1月31日付宛書簡「原文書簡」を分割し、「1901年1月21日付アベンダノン夫人宛書簡」（1月21日付創作書簡と略す）を作り出し、

② 　その冒頭へ1901年5月25日付アベンダノン夫人宛書簡の「結び」（A）

文から斜体箇所を「1月21日付創作書簡」へ移動させた。

(A) 今日の午後、我々はホンフレイプ Gonggrijp 夫人〔オーフィンクの後任の副理事官夫人〕と浜へ行き海水浴をしました。海は穏やかで澄み渡り、私は岩に腰掛け水中に足を浸し、遥かなる水平線を眺めました。おお！ 地球は何と美しいのでしょう！ 喜びと感謝と平和を心深く感じました。母なる自然は我々を決して放っておきはしないでしょう、もし私が慰めを求めれば！ 海で楽しく過していた時、奥様〔アベンダノン夫人〕をお思いしておりましたので、帰宅するや否や文を認めた次第、お耳を傾けてくださるにちがいありません。ほんのわずかの言葉ですので〔1901年5月25日付アベンダノン夫人宛書簡, Kartini 1987: 55〕。

上述は、アベンダノン長官との面談 ——「女子校設立計画」と「カルティニ姉妹のバタヴィア遊学志願」—— から既に10ヶ月近く時が移り、父ソスロニングラットが遊学辞退をアベンダノン長官に申し出る直前、5月末に書かれた書簡である。それは、結果的に頓挫する「女子校設立計画」に対する支持が、年初に比べて降下を辿った時期であった。カルティニがアベンダノン夫人を案内したブパティ邸近くの海辺で、アベンダノン夫人に思いを馳せ、「母なる自然 Moeder Natuur」の「母」にアベンダノン夫人を重ねた。つまり、カルティニはアベンダノン夫人を海として信頼し、アベンダノン夫人が我々を見捨てないと信じるというディスコースが生まれる。

しかし、「1月21日付創作書簡」に貼り付けられた斜体文だけを読むと、ジュパラの自然賛美に終始する。この直後に、「アベンダノンの女子校計画」真最中であった1901年1月31日付書簡から「知育だけでは教育者の使命をはたしていると、私は思いません。人格形成にも配慮すべきです」という文章が「1月21日付創作書簡」に切り貼りされ、次のように「繋ぐ」編集となっている。

高い知性にも拘らず人格が洗練されない人は枚挙にいとまがないが、多くの場合、その人自身の誤りではなく、教育の誤りです。知育には多くの注意が払われますが、人格形成については一体何がなされたでしょう —— 何もなされていません！〔中略〕人は最初に女性から教育を受け、その膝の上で子供は感じること、考えること、話すことを学び、初期の躾は一生を通じて非常に重要です。女性に教育がなければどうして子供を育てることができましょう〔1901年1月31日付アベンダノン夫人宛書簡, ibid: 45〕。

上述は、この2年後に覚書「ジャワ人に教育を」（1903年）に結実するカル

ティニの思想の一端である。覚書では人格教育の必要性を性別・人種を越えて説く。が、アベンダノは、カルティニの主張を女子教育に特化させた。この直後に1901年1月31日付書簡から、カルティニがアベンダノン長官の「女子教育の計画」を絶賛する次の箇所を切り取り、「1月21日付創作書簡」に貼り付けた。

> 女子教育に関する回状にみられるご主人様の主張、すなわち教化の牽引者としての女性！というお考えに私も賛同します。それが女性に適するというより、女性が善かれ悪しかれ生活に大きな影響を及ぼし、精神の高揚に多大な貢献ができるからです。〔中略〕私は現地の女子に教育を与えるためのご主人様の立派なご計画に熱狂します。私は女性の悲惨な状況が変わるよう以前から考えていました。女性のためだけでなく現地人社会全体にも女子教育は福音となりましょう！［ibid: 45］

アベンダノンはカルティニの言葉をつぎはぎして「1月21日付創作書簡」を作り、ブパティ達に潰された計画を披露し自画自賛しようとした。

こうして、アベンダノンは「1901年1月21日付アベンダノン夫人宛書簡」を創作し、「ジャワの美しい自然」と「女子教育のカルティニ」のコンビネーションを提示した［Kartini 1911: 143-146］。だがしかし、教師になる機会を逸することだけは避けたいカルティニが思わず吐露した、アベンダノン夫人に助けを求める声は消し去られてしまった。

そしてさらに、アベンダノンの編集は「1月21日付創出書簡」の後、すぐ続けて1901年1月31日付アベンダノン夫人宛書簡を配置し、冒頭に次の原文（B）の斜体箇所を貼り付けた。その結果、「1月21日付創作書簡」に連続して、ジャワの自然描写が掲載された。

> （B）多くの愛や信頼について書かれたお手紙を拝読し、私は佇み前を見つめ、現実の嵐── さまざまな考えが凄い力で押し寄せ頭の中を駆け巡り、考え感じることも出来ず朦朧としていましたが、過ぎ去ると徐々に頭の中の靄が消え、私の親愛なる友人である立派な天使で恩恵を施す女性を見上げた時、優しい微笑を湛えた口元や目元がよく見え、御手を取るために手を伸ばした瞬間に、驚きと共に幻想が消えました。頭の中で大きな呻き声がして、「私はその立派な気高い心から何のために慈愛と信頼を得ているのか」と尋ねました。「何のために」私は全てを思い起こし探しに探し、その愛や信頼を正当化することを見出すことができませんでした。
> 私は青空を見つめました。あたかもそこに我が心のわだかまりの答えを見つけるこ

とを期待するかのように。目は無意識に雲の流れを追い、雲は揺れる椰子の緑で見えなくなり、輝き揺れる椰子の葉は陽光を浴びて輝き、なぜ太陽は輝き、誰にそして何に向けて陽光は発せられているのでしょう。おお、我が太陽、金色の太陽、私はあなたの励ましと美しく高貴な光で育ち暖められ、あなたによって創造され生きています！！ 私の親愛なるお方、その慈愛と信念が私を高揚し、私は努力を尽します。高貴な義務を果たすために。深謝申し上げることは、奥様とのお出会い、私の心の光を見つけたこと！ 本当に私は一層良い人間になり、人生が一層素晴しくなり、幸運の星をご夫妻がもたらしてくださって以来！ 私は今まで天から授かり物を受けたことがなく、それは奥様の慈愛と信頼を通じて、私が今受けた大きな価値ある授かり物です。〔中略〕ご夫妻を思うと苦しい時も力が湧き、慰め ── 光 ── たとえ私が暗闇にあっても、涙しても、全てを超越した高所に理想が見え、美しく、清く、触れることが許されない所で輝いています。私は常に高潔なるものを信じ、そしてご夫妻を知り、その信念を誰も取り去ることは出来ません。高潔なお方人を存じているのですから！〔1901年1月31日付アベンダノン夫人宛書簡, ibid: 43-44〕

　引用文中の「あなた」つまり「*我が太陽* mijn zon, *我が黄金の太陽* mijn gouden zon」は、後続の文章によってアベンダノン夫人を意味することは明白である。しかし、1911年版では、つぎはぎの配置によってジャワの自然描写となる(斜体箇所)。しかし実際に、カルティニはアベンダノン夫妻を自らの計画のコンテクストの上で、光と形容し延々と賛美を続ける。そもそも、カルティニの自然描写はアベンダノン夫人の賛美を目的とし、自然を写実的に描写する意図が無い。そのゆえ、(A) 5月の乾季の海と (B) 1月の雨期の海の描写を通読して違和感が無く、結果的に両者を「1月付書簡」とする編集を許した[182]。

　このように、アベンダノンは出版の目的性から「女子教育のカルティニ」を1911年版の縦糸とし、ジャワの自然を横糸として原文書簡から「熱帯の美しさ」を醸し出す描写をすべて採用した。

【例2　自然描写への貶め】

　前節で取上げた1901年8月8-9日付アベンダノン夫人宛書簡に添付された

---

182) 第3章第2節で引用したA. ウィッツの作品から雨期のジャワの海を描写した箇所と比較すると、カルティニが自然そのものを写実的に描写する意図がないことは、明白である。

「メモワール」[Kartini 1987: 63-75]をもう一度ここで検討する。1911年版の掲載箇所（斜体）のみでは、特に次の3点は察しがつかない。

① 1911年版の冒頭は、引用文の斜体文から始まるため、「我々が新たに見つけた高価な宝石」がアベンダノン夫人を指すこと。
② 「はるか彼方の異国」とはスペインを指し、カルティニ達がスペイン人であると知ったアベンダノン夫人[ibid: 67]の語りを夢見心地で聞く理由。
③ スペインつまりヨーロッパも女性の進学についてはジャワと共通する状況があり、それが逆に両者の友好関係に一役買っている。

再度ここに例文として挙げる。

幻想的で素敵なクレイン・スヘフェニンゲンで、彼女〔アベンダノン夫人〕が女性解放に理解ある強力な支持者と知った。数時間前まで見知らぬ他人であった二人の人生が共鳴し、一層強く惹かれた。クレイン・スヘフェニンゲン、何と美しきかな！ 殊に黄昏の美しさは！ 後にも先にも見た事がないほど美しく、讃えるべき人物の到来を予感したのか。だから、最高の美を見せたのか。
私は再び淡い金色の月が銀色の光で幻想的に照らした美しい浜辺を見た。それは、果てしなく揺れ動く海に月光が、何百万もの粒子となってたゆたう金と銀が永遠に煌めいて、海に鏡のように映っていた！
私は再び椰子の緑の葉擦れの音をきいた。それは、大きな銀色の羽が心地よい夕暮れの風に愛想よくそよぎ、愉快に我々の頬をかすめ、耳元でカサカサと音をたてた。
その葉擦れの音は、純白の浜に輝く小波が浮かれ騒ぎ向こう見ずに砕けるときのやわらかな打ち当たる音と、美しく調和した。
*それは美しい夢！ 幸福な夢であった。そして我々は、銀色の月光の浜、金と銀の交じり合う海、薄明かりに輝く星たちと銀色に縁取られた綿毛の雲に飾られた美しく青き空、揺れて銀色に輝く椰子の木、葉擦れの音と波がやさしく砕ける音のする幻想的な世界の中で座り、我々の真ん中に我々が新たに見つけた高価な宝石を置いて、高まる歓喜とともに、我々の前の金と銀が永遠に輝く海、そのはるか彼方の異国の御伽噺を語る旋律の美しい声に黙って耳を傾け享受した。*スペインという神々しく美しい彼女の祖国から、温暖な気候、実り豊かな果実の木、広がる青空、美しい月夜、野や海に人々の笑い声が響き、彼女のスペインと我々の東インドが彼女にその思いを馳せさせた。彼女は尊敬する二人の女性を挙げた — 彼女の母親と長姉。彼女を今ある姿、我々の愛すべき善良なる天使に育てた女性達であった。姪御様は才能豊かでスペインで医師の資格を取得

した最初の女性、気心の合うお方でいらしたのに昨年永眠、「彼女」は喪に服している。我々の愛しい天使である彼女も勉学を続けたかったが、ご母堂様が許さず……［1901年8月8-9日付アベンダノン夫人宛書簡，Kartini 1987: 67-68］。

斜体文は一見すると、自然描写に思える。が、カルティニの心が自然描写を借りて表出していることは明白である。オランダ語の読書に慣れ親しんだカルティニは、「月光」が西洋文学で二面性をもつ光源であり、夜との関連で不吉な面を呈することを知っていたであろう。それゆえ、カルティニは「美しい夢」すなわち「バタヴィア遊学」や「女子校設立計画」の背後にあった教師になる夢が潰えたことを、「月光」を用いて表現した。確かに、「月」が「美」で現実の厳しさを覆うように、「彼女（アベンダノン夫人）も勉学を続けたかったが、ご母堂様が許さず」という一文に、カルティニ自身も許されない現実の厳しさを覆い被せた。それはカルティニの夢が潰えたことを意味した。事実、1900年8月から1901年末まで、カルティニは次の3つの苦悩の只中にいた。

① アベンダノンの「原住民女子校設立計画」に対するブパティ達の異議は、カルティニが女子校校長になることに対するジャワ社会の非難と否定を意味する。
② カルティニ達のバタヴィア遊学の奨学金を父親が辞退し、「教師資格取得」の機会が消失した。
③ アベンダノンは①と②より、カルティニを「女子教育問題」の対象から「伝統産業振興」の対象と捉え直した。

そして、1901年8月の時点で事の流れを察知したカルティニは、アベンダノン夫人に受け入れられた1年前を「月光」に託し、「思い出」として甘受する心境を描いた。

確かに、アベンダノンはカルティニが書いた文面をほとんど修正・加筆しなかった。しかし、具体的な問題・話題を削除し編集した自然描写は、後の研究者に

> 植民地社会のいかなる社会集団もこれを独り占めすることのできない風景、それゆえに、逆にオランダ人もユーラシアンもプラナカンもそしてカルティニ自身も、つまり誰もが共有することのできる「夢のような風景」、「遠い海の彼方」につながる普遍的な風景［土屋1991: 108］。

という共感を与えた。すなわち、アベンダノンの編集は、時空を越えたさまざ

まな読者の共感を得ることが可能な風景を創出した。その代わり、自然描写に寄託したカルティニの失意や悔しさは消し去られた。後世に理解された「カルティニの風景」は、カルティニの文章ではなく、アベンダノンの風景というべきではなかろうか。

　しかしなぜ、アベンダノンは先般から例挙するような「切り貼り」で調整した自然描写を積極的に採用したのか。なぜなら、アベンダノンは「女子校設立」のために収益性を考慮し、オランダ人読者のイマージュに応えることに努めたからである。事実、1911年版は先述したようにベストセラーとなり、引用文で示したように「美しい本」と評価され、多くの購読者を獲得するという成果をあげた。だがしかし、カルティニが海や空に託したアベンダノン夫人への思い、そして両者の関係性とくに交流の移ろいを量る手がかりは消され、そして、カルティニはアベンダノンが編み出した風景の中に、美化され昇華された。

【例3　オランダ人批判】

　アベンダノンによる抜粋と調整は、オランダ人批判の箇所でも発揮された。例えば、1987年版の「メモワール」の冒頭には、初めてアベンダノンを迎える時に、カルティニの妹達が遠慮なく語るオランダ人批判が、あたかも脚本のごとく次のように展開される。

> 「やんごとなき方」を迎えることに姦しく、妹達はその客人に対し思い思いのことを語り合っていた。
> 「〔アベンダノン夫人は〕お若くはないでしょうね。お背が高くて細身だけれどがっしりして、鼻眼鏡をかけ絹を纏い、バタヴィアご出身の誰か様のように、『呪われた惨めな僻地』であるこの地を醜いと思い、嫌い、全てを見下す。絶対にそう！」
> 「そして何かにつけて格好つけて」
> 「ディナーの時には着飾って、もううんざり。恐らく孔雀みたいでしょうよ……」
> 「まだ何も分からないお客様に対しよくない想像ばかりして、恥を知りなさい！　優しいお方かもしれないわ」
> 「そう思いたいわ！　でも『彼女』は高慢で冷ややかに我々を見下し、下等動物を見るかのように。私はヨーロッパ人でカンジェン・ニョニャ kangjeng Njonja、あなたはただのジャワ人にすぎないのよ、という具合にね。このような経験は初めてではないわ。前にもそうだったでしょう」［1901年8月8-9日付アベンダノン夫人宛書簡，Kartini 1987: 63］

確かに、上の会話は一見たわいない家族内の会話にみえる。また、「宝石」[ibid: 68] と称賛するアベンダノン夫人に謝意と賛辞を贈る文脈上、カルティニは苦い経験を挙げることによって、他のオランダ人と称賛すべきアベンダノンとの違いを強調したと理解することもできよう[183]。しかし、そのたわいなさの中に、実は当時のジャワの上流家庭では見ることのできなかった姉妹が、年齢差に関係なく意見を主張し反論すること、はじめて意見を交換し、苦い経験を分かち合うことができるさまが描かれる。そしてその環境を、カルティニが作り出していることが看守される。

　次に、そこで妹の口を借りて語られる「たわいない」オランダ人批判がある。確かに、1911年版にもオランダ人批判は見受けられるが、カルティニは観察者の立場に位置し、ジャワ人に対するオランダ人の偏見を客観的に描写するにとどまる[184]。しかし、上述ではカルティニは自らの経験に基づく植民地批判を、会話体すなわち直接話法を用いて訴えている。その経験とは、オランダ人がジャワ人をジャワ人という所与の条件だけで見下し、それをジャワの少女達が体で感じていることである。同時に、カルティニは、ジャワ人を見下すバタヴィア在住のオランダ婦人達が「絹を纏い孔雀のように着飾」っているのは、東インドで展開される植民地的搾取の結果であることも認識し、それを書簡の中で「たわいなく」訴えている。この批判はアベンダノンによって完全に無視された。

【例4　華人への共感】

　カルティニはオランダ領東インドに暮らす華人達への一定の共感をもっている。

　我々は、あらゆる民族の方々を友達にもち嬉しく思います。ただ華人とは、残念にも父

---

183) 例えば、テイラー J. G. Taylor は1987年版の「書評」の中で、カルティニが表したアベンダノン夫妻への賛辞、感謝、友情、再会の熱望を、アベンダノンは抜本的かつ大幅に取捨選択したことを英断と評し、アベンダノンをカルティニの編集者として高く評価する [Taylor 1989b: 157]。そうであるならば、「書評」に事例は挙げられていないが、上述の会話がアベンダノンへの賛辞を含蓄するゆえ、1911年版で削除の対象となったと理解される可能性も否定できない。しかし、それはオランダ人批判あってのアベンダノン夫人への賛辞であり、「たわいない」会話に真実を込めるカルティニの特徴がみごとに表出する一例である。

184) 1911年版に基づいた「オランダ人批判」については、スロトの記述に詳しい [Soeroto 1984 (1977): 115-125]。

が望まないため交流を許されませんが、純粋な観点から知り合いたい。なぜなら、貧しさと低められた点から知ることは、大抵悪い事だからです。その民族の高貴さ・偉大さ・美しさを見出すことができないという考えを、受け入れることはできず、受け入れたくありません。

突然、ある華人を思い出しました。我々の所が洪水の危機に瀕した時、10万ギルダーを政庁に提供し、人々の苦境を緩和した方がいました。

否、我々は一般に言われる華人に対する軽蔑を、一緒に話すようなことをしていません。華人の裡には高貴で大きな心が宿っています。アンボンで災害を目撃した牧師のお話では、華人は被災者に対し並々ならぬ慈愛を示したそうです。ヨーロッパ人と現地人は幾人かの華人商人の恩恵を蒙っています。というのは、全ての日常品は全て同じ価格で規則正しく供給されています。そして、彼らは買い付けのために船を出し、人々が必要とする全ての物を市場で買い上げます。

黄仲函の娘達や幾人かの華人はスマランの貧しい人々に、政庁の裁量任せにせずに非常に数多くの台車分の米を供給してくれました。

我々の困窮した土地からお金を巻き上げる、ジャワ在住のヨーロッパ人の百万長者達がいます。なぜ、軽蔑される華人側だけからこのような援助がもたらされるのでしょうか。なぜ金満家のヨーロッパ人から多くの援助がないのでしょうか。彼らこそが援助をすべきだと思います。なぜなら、我々は中国の臣民ではないのですから。百万長者でリーダーである黄仲函の娘達は、教育を受け開明的だと言われています。彼女達は流暢に西洋の諸言語を話すに違いありません。そのうちの一人が法律家になる勉強をするためにヨーロッパへ行きたいそうです。皆がこの家族と付き合いがありますのに、我々だけがありません。

我々には華人の血を引く弟がいて、父の養子です。彼は我々の両親を父母と、我々を兄弟姉妹と呼びます。父がまだウェドノの時、近隣に住む華人は子達9人が生後間もなく死亡し、10番目の子を授かった時、我々の両親にその子を与えると言いに来ました。父も母もこれを受け入れました。出産後子供を拙宅に連れて来て父が名付けた後、子育てのために連れ帰りました。その子は成長し結婚して父親になりました！　彼は我々の両親を尊敬し、養父母の承諾なしに結婚したくないと言いました。彼の第一子は亡くなりましたが、第二子を兄の所へ連れて行き、兄はその養子にジャワ人の名前を付けました。このようなことは現地人社会では非日常なことです。こうして母は大勢の子を「養子」にしました。その内の2人は瀕死の状態で母の所へ連れて来られ、母がウリップ〔命〕と命名し、今では両人ともに大きく育ちました〔1902年12月12日付アベンダノン夫人宛書簡, Kartini 1987: 251〕。

上述には、カルティニが自分を世界の中心と思わず、自己の位置を相対化し、他民族の良いところを見つけ賞賛する姿勢が表出する。彼女の公正な眼差しは、伝聞した華人に対する偏見を指摘し、オランダ人を批判する。そして、彼女は多様な文化のなかで共に生きる姿勢を明示する。事実、カルティニが好んで訪れた国際色豊かな植民地都市スマランで、彼女は黄仲函邸の庭園を見学し［Kartini 1987: 133-135］、オランダ人やアラブ人等さまざまな民族と交流した[185]。しかし、アベンダノンは1911年版からカルティニが華人に好感を示す箇所を全て削除した。アベンダノンの編集は、多文化共生をめざすカルティニの志を削除し、外来東洋人へ開かれた心は無視され、オランダ好きでジャワしか知らない女性という偏見を作り出した。華人への称賛をすべて削除の対象としたことは、言うまでもなくアベンダノンが当時のオランダ政庁の対華人差別政策の代弁者であったことを示している。カルティニの華人への関心を削除することによって、1911年版の中のカルティニは植民地政策に共感するジャワ人女性に作り替えられているのである。

【例5　合成された書簡：1903年2月1日付アベンダノン氏宛書簡】

　アベンダノンが複数の書簡を1通に「合成」した書簡について、序章で日付を挙げて述べた。その中から、1911年版1903年2月1日付アベンダノン氏宛書簡を「合成書簡」として取上げる。

　カルティニは折にふれて書簡中に、心を寄せるジュパラの人々を美しく描写し、1911年版1903年2月1日付アベンダノン氏宛書簡にもその特質を称賛した。しかし、1987年版同年2月1日付アベンダノン氏書簡に該当箇所はない。なぜなら、アベンダノンは「切り貼り」の手法で同氏宛3通の書簡を1通に合成──1903年2月1日付書簡に同年2月4日付書簡と同年2月17日付書簡からの「切り取り」を貼り付けた後、先の2通を削除したからである。そして、2月1日付書簡自体も8割強が削除された結果、1911年版に掲載された1日付書簡のカルティニの原文は、留学中止で喜ぶ両親が表するアベンダノンへの謝意［kartini 1987: 269］と、次に挙げる斜体文のみとなった。

---

185) アラブ人との交流については、一部削除されてはいるが、1911年版1902年12月12日付アベンダノン夫人宛書簡に、スマラン在住のムスリムであるサイドSaid家との交流の様子が掲載されている［Kartini 1911: 448-450］。「アラブ人もまた心を込めて愛することができる善良な人々です」［Kartni 1987: 251］というカルティニの言葉は、1911年版で削除された。

仕事の話はこれで終わりますが、親切なご助言に対し再度ここに感謝を申し上げなければなりません。話し合えましたことを本当に良かったと存じます。私はその視点から問題を捉えていませんでした。すなわち、オランダへ行くこと自体に問題があるということに。もしオランダへ行ってしまえば、「身も心もオランダに染まる」と知り合いは言うでしょうし、多くの親達も我々に子供を託すことを躊躇うでしょう。この点について開眼することが間に合ったことを神に感謝します。本当に有難うございます［1903年2月1日付アベンダノン氏宛書簡. Kartini 1987: 270-271］。

「仕事の話」とは、主にカルティニが作成する覚書について、一夫多妻制の問題を取上げてもよいか否か、アベンダノンの許しと助言を請うものであった（前章第1節3項・注143・144参照）。また、ソスロニングラットの依頼によって、アベンダノンが視察旅行の日程にジュパラ訪問を組み会談が実現したことに対し、カルティニが表する謝辞［ibid: 269］も「仕事の一環」である。しかし、斜体文だけの掲載では、アベンダノンの助言に対するカルティニ個人の感謝という印象を与える。

このように、アベンダノンは2月1日付書簡の文脈を断ち切る一方、3通の中で削除箇所が最も少ない17日付書簡を1日付書簡に編みこむ手法で、「1日付」を残した。なぜなのか。なぜなら、1911年版の編集上、「1903年2月1日付」の方が一層効果的であったからである。その直前の1月31日付アベンダノン子息宛書簡で、カルティニはオランダ留学中止の旨を述べた後、法務省の高官から依頼された覚書（後の「ジャワ人に教育を」）に話題を替え、ジャワ人の資質と信仰に言及した。アベンダノンは2月1日付書簡にこの流れを引き入れ、留学を止めたカルティニの視線を一気にジャワへ転換させた。

すなわち、カルティニがアベンダノン長官に宛てた、「一夫多妻制」の問題や留学棄権の事後処理、受注した美術工芸品の業務連絡等を記した「ビジネスレター」が合成を通じて換骨奪胎され、ついにはジュパラの美を呈する話題にすり替わっているのである。2月1日付書簡自体［Kartini 1987: 269-271］はまったくジュパラ領民の個性や信仰心の考察を目的とするものではない。次に、そのアベンダノンの合成創作過程を分析する。

まず、1903年2月4日付アベンダノン氏宛書簡では、主に工芸品の代金請求とセールス等の連絡事項が削除され、一方「雨乞い」の描写が抜粋された。

鼈甲のシリボックスの代金について申し上げます。鼈甲f. 15、技術料f. 5、銀細工製作

費 f. 18、合計 f. 38。バタヴィアから銀貨をお送りくださいますか。1個につき 10 ドルです。ご送金の際、お母様のためにもう 10 ドルをお送り頂けますでしょうか。その折にボックスの送料もお願いします。こちらにはまだ他に銀製小箱、例えばマンゴスティンの形のもの等があります。正真正銘の東インド製で化粧台に映えましょう。制作費が f. 4 ～ 5、加えてもう 4 ドル必要です。貴殿のために作らせましょうか。〔中略〕
今朝、散歩の折りに素朴で純真な祈りを目にし感動しました。農地で人々も動物も乾いた大地に天から雨が降るように全能の神に祈っていました。前方に祈祷師とサントリ *santries* がその後方に白衣の女性祈祷師がおり、その両脇に大勢の男女や子供達がいました。羊、ヤギ、馬、水牛もいました。祈祷師は立って大きな声で祈りました。人々は羊の鳴き声に混じって「アミーン、アミーン」と唱和していました。「神への祈り *Sembajang istica*」と呼ばれています。我々のみどり子のような土地の人々の繊細で純真な信心です［1903 年 2 月 4 日付アベンダノン氏宛書簡，ibid: 271-272］。

さらに同年 2 月 17 日付アベンダノン氏宛書簡から、次の斜体箇所のみを取上げた。

昨日 f. 50、本日 24 ドルを無事に拝受、有難うございます。早速、金細工師に銀製果実の制作に着手させました。今ちょうど打ち合わせを終えました。鼈甲はカリムン・ジャワ Karimoen-Djawa からまだ届かず、何もできない状況です。海はこの 2 週間ずっと荒れ船を出すことができません。「雨乞い salat istika」の晩にスコールがあり終日雨が降りました。数回にわたって水が溢れ出し、ブソノ兄の地区は先週の日曜日から浸水し、我々は今週の月曜日に兄の処へ行きパサールを航海しました。ウェラハン Welahan が浸水して今日で 10 日目になります。
祈祷は 3 日 3 晩続きました！ 雨が降り始めた時、人々がいかに喜び感謝したかをご理解ください。その祈祷は役立ったのです！ 人々が言った事をご存知ですか。なぜなら、我々が居合わせたからだと！ 人々は我々がそれには関係がない事を受け入れません。前に他の処で「Sembajang istica」が行われましたが雨は一滴も降らず、我々が偶々参加した所で雨が降りました。我々が祈りの場で力を合わせたから願いが聞き入れられて雨が降った、と我々の繊細でみどり子のような人々は結論づけます。本当にみどり子のような祈りには心を動かされます！
この儀式を写真におさめ、コメントを私がつけるというのが父のアイデアです。腕が立つ当地の知人が写真撮影の約束をしてくれましたので、父はスラマタン slametan を行うために再度人々を集めます。私にカメラがあれば、ヨーロッパ人が見たことのないユニークな慣習のスナップ写真を撮影し、ご覧に入れますのに。ヨーロッパ人が我々ジャ

ワ人をよく理解できるよう、写真に説明を付けて多くの事象を記録したいと思います〔1903年2月17日付アベンダノン氏宛書簡, ibid: 273〕。

そもそも、2月17日付書簡の目的は、工芸品の代金の受領と受注した鼈甲細工の工程に降り続く大雨による遅滞の発生を知らせることにあった。加えて、4日付書簡に記した「雨乞い」から2週間も降雨が続く旨と関連させ、カルティニは「企画」を発表する。それは、祈りに表出するジュパラの人々の純真無垢な資質をヴィジュアル化する提案であった。ブパティである父親は領民を集め「雨乞い」を再現し写真に収める手はずを整え、写真のコメントはカルティニが担当すると説明する。おそらく、アベンダノン長官は留学をやめたカルティニの気を紛らわすため、カルティニ父娘にそのような提案をしたのであろう。引用文中「*前に他の処でSembajang istica が行われましたが雨は一滴も降らず*」という報告は、カルティニ父娘がアベンダノンとの会談後、早速長官の言に沿って行動を開始し、「雨乞い」を取上げたことを示す。そして、アベンダノンのジュパラ訪問から20日ほど経たアベンダノン氏宛2月17日付書簡で「仕事の一環」として進捗状況が報告された。

前章第2節「相互理解」の項で述べたように、カルティニはオランダと東インドが対峙する関係ではなく、相互理解の重要性を指摘し、共存するための活動を提案した。しかし、現実にはアチェで戦闘状態にあった。カルティニは、ヨーロッパ人に東インドの民の資質の美しさを伝え、野蛮なイメージと偏見を払拭するため、ヨーロッパ人が受け入れ易い事例を選ぶ努力をした。上述の事例はその一例であり、二つの世界のあいだで葛藤に苦しんだ、カルティニのコミュニケーション能力と見識を如実に反映するものであった。

実際に、カルティニの「オランダ人を見る目」は間違っていなかった。なぜなら、アベンダノンが出版の目的性ゆえにオランダ人読者を意識して編集したことは幾度も述べたが、書簡を合成までして、彼自身つまりオランダ人の切り口で同年2月4日及び17日付書簡中のジュパラの民の祈祷の描写を、同年2月1日付書簡に「切り貼り」して掲載したからである。事実、この箇所は『マックス・ハーフェラール』に描かれるサイジャの純真を髣髴とさせる。

　　暗い大地にしっかりと着いてその光を広げる火の矢は、出会い、交差し、揺らめき見返りながら金の光となり、真珠色に大地を照らし、青・黄・銀・紫そして全ての中に瑠璃色があった。神様！　まさに夜明け、アディンダがやってくる！　サイジャは祈りの唱

え方を習っていなかった。それを彼に教えるのは惜しいことであった。というのは、魂の無言のエクスタシーの中に見出される神聖な祈りと熱烈な感謝は、人の言葉では表現できないからであった［Multatuli 1988: 231］。

　上述は作中でひときわ美しい描写として知られ、オランダ人の視点で表出した東インドの民の無垢な純真への賛歌である。それはまた、アベンダノンが1911年版に掲載したジュパラの描写における素朴な純真と通じる点がある。というのも、先の引用箇所は書簡の筆者と編者の双方が、「オランダ人に受ける事」を可視化した文章だからである。カルティニは『マックス・ハーフェラール』の影響の大きさをよく理解する愛読者であったから、「サイジャ」を参考に、シンプルで純粋な面を照射しオランダ人に紹介する手法を考えたのだろう。アベンダノンは1903年2月1日付書簡にこの点だけを切り貼りした結果、本来のカルティニの「企画」報告が「ジュパラの民の純真」に替えられた。

　このように読者を意識した、言わば「オランダ人好み」を反映した抜粋箇所が、1911年版を成功に導いたといっても過言ではないであろう。たとえ、1911年版が「物語」としての魅力を呈し、多くのオランダ人に読まれても、実際はアベンダノンの編集による影響は免れず、1911年版のアベンダノン宛書簡すべてはアベンダノンに選ばれた文章、つまり、支配者であるオランダ人の言語・文脈で構成された「物語」であると言っても否定はできないであろう。

　確かに、アベンダノンが「女子校設立」という目的性を反映できるよう、収集した書簡に抜粋と調整を重ね感動を呼ぶ物語を編み、それが「美しい本」と評されたことは編集力によるところが大きい。事実、アベンダノンが出版市場で成功をおさめた *Door Duisternis tot Licht* によって、カルティニは作家としてオランダ文学、とくにオランダ植民地文学 Indisch-Nederlandse Letterkunde の分野に位置付けられた。確かに、1911年版に表出する時空を越えたカルティニの幻視は、カルティニの人間性を掘り下げ、カルティニを解釈する土台となろう。しかし、カルティニが当時行ったこと、見たこと、聞いたことを記録した箇所が削除された。アベンダノンは、『書簡集』として出版する意図がなかったといっても過言ではないであろう。そのかわりにアベンダノンが提供したものは、カルティニの名を借りた、アベンダノンの創作した倫理政策の申し子のような政庁と植民地主義に無批判なジャワ人女性の手記である。

　そもそも序章で述べたように、アベンダノンは書簡の形式を採用しなかっ

た。そのため、本来はカルティニと特定の文通相手の二者関係であったものが、書簡の中でカルティニが「二人称」の呼びかけを重ねるごとに、一般の読者は直接カルティニに語りかけられるようで親近感を増幅し、カルティニへの共感と感動を覚える。カルティニが熱く語る手の届かない夢、それは具体性が削除されているがゆえに読者各自の想像を許す。1911 年版に掲載されたカルティニの夢の描写は真を描いているかもしれないが、実ではないからである。しかも、1987 年版の 3 割に満たない 1911 年版によって形成された虚像が流布し、カルティニは誤解を受け続けた。その誤解はひとつにはオランダに忠実なジャワ人を求めるオランダの一般の読者によってイメージ化され、またその逆にカルティニを伝統社会と戦った民族主義のシンボルと考える研究者によっても、ますます実体とは異なる形で増幅された。カルティニの実像を知らず、そのゆえに誤解が誤解をまねく余地を残したまま、カルティニの思いを実証的に研究することもなく、ただ読者の思い込みのためだけのカルティニ理解を繰り返して一世紀近くが過ぎ去った。

第 3 節　ラデン・アジュン・カルティニと呼ばれて

　本節では、アベンダノンが *Door Duisternis tot Licht* の著者名に「ラデン・アジュン・カルティニ」を選択したことをとりあげる。なぜなら、それは、カルティニが望んだ呼称でも自ら名乗った婚姻後の名称でもなかったからである。生前、カルティニはアベンダノンに対して次のように書き記していた。

> あなた様〔アベンダノン氏〕が我々のことを「ラデン・アジュン」と仰せになるのは、嫌にございます。願わくは、称号を付けずに名前だけを呼んで頂けますでしょうか［1903年 1 月 14 日付アベンダノン氏宛書簡，Kartini 1987: 265］。

　カルティニは他の文通相手に対しても「カルティニ」とだけ呼ばれることを求め、「個」として存在することを希望した［Kartini 1911: 13］。しかし、*Door Duisternis tot Licht* の刊行によって、時空を越えたさまざまな読者が「ラデン・アジュン・カルティニ」と呼び広め、カルティニは令嬢時代の呼称のなかに固定された。つまり、アベンダノンの選択はカルティニを語る者達が提示するカ

ルティニ像に、大きな影響を与えた。確かに、従来の研究が示すように「ラデン・アジュン・カルティニ」の呼称が定着する過程は、カルティニが虚像化される過程と軌を一にする。しかし、本節の目的はインドネシアにおけるカルティニの「再生」過程を述べることにあるのではない。呼称は、カルティニが社会でどのように認識されていたかを表出する。呼称の変遷を照射することを通じて、一個人が公的象徴とされることによって事実が失われ忘却されていく過程を辿り、その意味を問う。

まず、ここに挙げる1939年に刊行された名著 *Netherlands India: A Study of Plural Economy*（『蘭領インド —— 複合経済の研究』）は、*Door Duisternis tot Licht* を資料としてカルティニに言及する最も初期の論文である。ファーニヴァル J. S. Furnivall（1878-1960、イギリスの社会経済史学者）は第8章7節「現地人の民族運動」のなかで、

> ナショナリズムの夜明けは、カルティニ嬢 Miss Kartini という顕著な若き女性の出現によって始まったのかもしれない［Furnival 1939: 242］。

とする。ファーニヴァルは一貫してカルティニを Miss Kartini とする。それは、執筆がなされた1930年代のインドネシアで、「ラデン・アジュン・カルティニ」の呼称が定着していた事実を明示する[186]。論文に描かれたカルティニ像を次に紹介する。

> カルティニ嬢が16歳の時、ローカル・レジデント〔セイトホフ理事官〕は彼女の妹と一緒にヨーロッパ人社会を見させるように彼女の父親を説得し、また1900年に彼女は教育局長官〔アベンダノンを指す〕にバタヴィアへ招かれた。この共感と励ましのもと、彼女は女子教育の計画を立ち上げた。すなわち、「女性を教育すれば、民衆の教化という途方もなく素晴しい仕事の働き手達を見出せるであろう」彼女は官吏の娘達を対象とした学校を設立することにより、自ら範を垂れた。彼女はオランダ語を教えることにおいても熱心であり、それは「ジャワ人を似非ヨーロッパ人にするのではなく、ジャワ人を一層良く理解してもらうために、そして東インドとオランダがより親密な関係になる」ためであった。〔中略〕彼女の考えにはナショナリズムの芽が見える。すなわち、彼女は教育を欲した。物質的な利益を求めるのではなく、人々を進歩させる手段として。

---

[186] 一例を挙げると、「1903年に彼女はジャワ人の官吏と結婚した」と記す同じ段落にも、カルティニを Miss Kartini と記している［Furnival 1939: 243］。

そして、彼女の仕事は、彼女のした事や考えた事においてだけでなく、ナショナリズムが既に社会秩序の中に存在し、それが飽和状態になり最初の衝撃で結晶化する準備が整っていることを見せ続けたことにおいて重要であった [ibid: 243]。

ファーニヴァルはカルティニがオランダ人官吏の励ましと援助を得た点を指摘し[187]、女子教育への献身を高く評価した。すなわち、ファーニヴァル論文はアベンダノンの編集を見ごとに反映する。しかし実際には、この時期、カルティニが作った女子校は、彼女がバタヴィア行きの奨学金の支給を待つ間だけの暫定的な組織であり [Kartini 1911: 463-464]、その目的はカルティニ自身よりも妹達が学校運営に携わるように始めた女子校である。実際に、妹達がこの学校を引き継いだ [Kartini 1987: 303]。これらについては、各章で述べた通りである。

そもそも、上述の「ジャワ人を似非ヨーロッパ人にするのではなく」という1911年版からの引用文は、ファン・コルが支援するカルティニのオランダ留学に難色を示すアベンダノン夫人に対し、カルティニが反論し同時に説得を試みる、次のようなプライベート発言の「断片」であった。

> 我々はファン・コル氏に全て申し述べました。ルクミニは、数ヶ月の間芸術アカデミーに在席し、才能が無いことが判れば家政学校で学び、東インドへ戻ったあかつきには教師になって、ジャワの女性に家政を教える意思があると伝えました。現地人官吏に節約を教えることは政庁の意向ではありませんか。政庁が現地人官吏に節約の利点を説いても、家庭を預かる官吏の妻がお金の価値を理解していなければ、一体どうなりましょう。妹がジャワの婦人に節約を教えることができれば、たいへん有益と存じます。家政学校のさまざまな情報が我々の元にあります。無垢な子供の心を守り導き育てる仕事にむけた準備をしたいです！　その2つの資格を取得後、我々の母語の語学の資格も取得します。寄宿学校を開設し、我々の指導の下で生徒達全員を守り導き、人格形成を行いたいのです。
>
> *我々は生徒を半ヨーロッパ人あるいは似非ヨーロッパ人にするのではなく、自由な教育によって真のジャワ人、すなわちジャワの美しさに対して目と心を開き、自分の土地と民族への情熱と愛情をもったジャワ人にしたい！　素晴しい独特の個性を変え、排除す*

---

[187] ファーニヴァルは、セイトホフ理事官のカルティニ達への貢献については、1902年1月3日付アベンダノン夫人宛書簡を参考にした。アベンダノン宅での滞在については、1900年9月24日および10月7日付アベンダノン夫人宛書簡を参考にしている。教育についてのカルティニの言葉は、覚書「ジャワ人に教育を」から引用したと考えられる。

るのではなく、高めるために生徒達にヨーロッパ文明の素晴しさを与えたいのです［1902年6月10日付アベンダノン夫人宛書簡，Kartini 1987: 169-170］。

　原書簡の文脈を断ち斜体文だけが1911年版に抜粋された。この結果、ファーニヴァルはアベンダノンの編集というフィルターを通して「カルティニ嬢」を再構築せざるをえなかった。このため、本来は教職を希望し留学によって叶うとアピールした個人レベルの希望が、「オランダ人に物申すジャワ人」という拡大解釈された。すなわち、*Door Duisternis tot Licht* は「本来のカルティニ発言」とは別の解釈を可能とし、結果的にカルティニが経験していないインドネシア・ナショナリズム運動の一環に組み込んでしまった。

　この例のように、ファーニヴァル論文は、1930年代には「ラデン・アジュン・カルティニ」つまり令嬢としてのカルティニが、東インドに定着していたことを明示している。ゆえに本節では、カルティニの生前20世紀初頭から1930年代までの間に、誰が・どのような目的をもって令嬢時代の呼称でカルティニを語ったのかについて、時系列に述べる。

1. *Door Duisternis tot Licht* 刊行前の
   カルティニの呼称と認識のされ方について

　ここでは、さらに生前のカルティニ（A）と追悼記で語られるカルティニ（B）に分け、呼称の変遷を述べる。

(A) 生前のカルティニの呼称と認識のされ方

　1902年、*De Locomotief* 4月25-28日号に掲載された「Met van Kol op reis ファン・コル氏旅行同行記」について第2章で言及したが、その中でカルティニは「一人のレヘントの令嬢 een regentsdochter」と記載された[188]。

　1903年、ファン・コルが国会議員として東インド視察（1902年）を総括した *Uit Onze Koloniën*（我々の植民地から）がオランダで出版された。その中でカルティニは次のように記載されている。

　　ジュパラの他の産業として、見事な木彫りと趣味のよい色合いの織物がレヘントによっ

---

188)「一人のレヘントの令嬢 een regentsdochter」という表記自体が、当時の未婚女性は父親に従属するという社会認識を明確に反映し、女性の社会的地位を今に伝える貴重な史料である。

て奨励されている。レヘントは民衆を愛する彼の娘達 de volksliefed zijner dochters に強力な支援を行っている。〔中略〕

我々が植民地国家としてジャワ人を支配するために、どのようにジャワ人を精神的に支え好意を示すのか。つまり、オランダの使命は愛と献身をともなう美しい使命として、どのように果たされるのか。私はここで理想的な影響の実例を見た。良い洋式教育が、ジャワ独自の性質を捨てる必要なくジャワ貴族のうちに芽吹いていた。彼女〔カルティニ〕の民衆への愛情、学問への情熱、洗練とそのさらなる向上が、洋式教育に見受けられる。私は大仰ではないシンプルな言葉と真のジャワ人の控え目さゆえに、彼女の頭の中の高尚な計画に協力するようになった。「オランダ文明のよい所をジャワ人に移植したい」という彼女の言葉は、心の底から発せられていると感じる。彼女は自ら責務を課し、ジャワ人を支援するために自らの能力を役立てるよう伸張したく思っている。立派な理想が彼女の目前にあった。彼女は大半のジャワ人女性とは全く異なる人生の目標に向っていた。彼女にはさまざまな計画があり、いずれも達成可能と思われた。ジャワ人の熱情で立派な夢を実現するため、政府は彼女の崇高な試み〔オランダ留学〕を支援し達成しようとした［van Kol 1903: 677-678］。

引用文にカルティニの名前はない。しかし、「ラデン・カルティニ Raden Kartini の記事〔ジュパラの木彫について、第 4 章で紹介した〕、*Eigen Haard* 1903 年 1 月 3 日号参照」という注釈を付し、名前を挙げてカルティニの業績を紹介する［van Kol 1903: 677］。ファン・コルの報告は、学校で修得したオランダ語を産業振興に活かし、植民地社会に奉仕するカルティニを照射し、まさに倫理派の真骨頂である。

1903 年 11 月にカルティニは結婚し、ジャワ社会の慣習にしたがってラデン・アユ・ジョヨアディニングラットと呼ばれた。たとえば、カルティニが永眠した 3 日後のことであるが、*De Locomotief* 1904 年 9 月 20 日号の告知欄 Advertentiën に夫妻連名で「元気な子息の誕生をお知らせ申し上げます。1904 年 9 月 14 日於レンバン」という記事が掲載され、カルティニはラデン・アユ・ジョヨアディニングラットと表記されている。そして翌日、同紙の告知欄に「4 月 17 日、私の愛する妻 mijn geliedfde echtgenoote（ママ）の死亡」が、彼女の夫ラデン・アディパティ・ジョヨアディニングラットの名前で掲載された［*De Locomotief* 1904 年 9 月 21 日号］。

(B) 追悼記にみられるカルティニの呼称と認識のされ方

De Locomotief 1904 年 10 月 10 日号の一面記事に掲載された *De Echo* 編集長テル・ホルストの署名入り追悼記事 Van "Tiga Soedara"(「ティガ・スダラ」から)によれば、カルティニは木彫工芸活動の方が女子教育よりも広範に知られていたことを伝えている。前者について「カルティニは木工職人の物資面を支援し技術を磨き、今ではジュパラの木彫品を知らぬ者はいない」とし、後者については「女子寄宿学校を開くに必要な実力を身につけることを望んだが反対された」と記されている [*De Locomotief* 1904 年 10 月 10 日号]。1900 年にカルティニの連載記事が *De Echo* に掲載されたことはすでに述べたが、実はこの間にカルティニはジョグジャカルタを訪れ、編集長テル・ホルストとジャワ人女子を対象とする中等学校の必要性について意見を交わし、その実現を熱望していた [kartini 1911: 127]。確かに追悼記事で、テル・ホルストは慣習に阻まれデスクプランに終わったカルティニの無念を代弁し、その構想を顕彰しているが、カルティニの開設した「実際の学校」にほとんどふれなかったことに注目すべきであろう。そして、呼称には記事の冒頭に R. A. Kartini と記して弔辞を表した後は、Kartini とだけ記している。

De Indische Gids 1904 年 10 月号に、De Raden Ayoe van Rembang(レンバンのラデン・アユ[189])という追悼記事があり、「レンバンのレヘントと結婚する前はラデン・アジュン・カルティニとして非常に有名なジャワ人貴族の女性」と解説し、*Eigen Haard* 1903 年 1 月 3 日号を挙げ、また *Het Koloniaal Weekblad* 1904 年 9 月 22 日号に死亡記事が掲載されたことに言及し、カルティニの功績を「ジャワの美術工芸産業と地元の娘達の教育」と述べ、複数の新聞・雑誌に同様の報道があったとする [*De Indische Gids* 1904: 1707][190]。

1904 年から 1905 年当時の追悼記事の例として、*Eigen Haard* のカルティニの文通相手ステラによる追悼記事(a)と *Weekblad voor Indië* の追悼記事(b)を比較し、カルティニ認識の相違について検討する。

---

189) ここでの名称の綴りは同誌に従う。以下それぞれの掲載誌の表記に従う。

190) *De Indische Gids* はアムステルダムで発刊されたオランダ領東インドについての代表的な月刊誌(1879-1941)である。扱うトピックは政治・経済・文化等広範囲にわたる。上述の追悼記時にも示されるように、他社の雑誌・新聞の記事を効果的に引用し、当時の東インド植民地社会の動向を知る上で、有益な資料であると評価されている。

(a) *Eigen Haard*

　1904年11月12日号に *Raden Ajoe Adipati Djojo Adhiningrat Kartini*（ラデン・アユ・アディパティ・ジョヨアディニングラット・カルティニ）と題する追悼記事がカルティニの肖像写真とともに掲載された。確かに、名前の表記として上述はおかしい。が、ステラは *Belang en Recht* 1904年11月号にも *Eigen Haard* と同じ題目の追悼記を寄稿した［Coté 2005: 113-114］。なぜ、ステラは意図して「ラデン・アユ／令夫人」の呼称の後にカルティニの名前を冠したのか。カルティニがステラを「心の友」と呼んだことを考慮に入れ、次に全文を掲載する。

> 多くの読者は、本誌1903年1月3日号に掲載された、ジュパラの木彫に関する記事をまだ記憶にとどめているであろう。その記事を書いた人物は、当時ラデン・アジュン・カルティニと呼ばれていた［富永 1993: 136］。

　これ以降、本文ではステラはカルティニに特別な称号を付けず、ただカルティニとだけ記した。文通を始める際に「ジャワ人には姓がありません。私をカルティニとだけ呼んでください」と願った［Kartini 1911: 13］カルティニの意図を、ステラが尊重し続けたことを明快に示す。

> 書簡で彼女の早すぎた死を知らされて以来数週間、悲嘆にくれているが、遺してくれた思い出に感謝を捧げつつ、この若き女性について述べたい。私が彼女から最初の書簡を受け取ったのは1899年6月であった。これが長きにわたる文通の始まりで、年齢など自己紹介した事を鮮明に覚えている。文通によって、人として確かな考えをもつ、滅多に出会えない気高い人物を知り、学べたことを光栄に思う。
> 　妹達と一緒の写真を本誌に再度掲載されたが、その三つ葉の長姉が最も洗練され且有能な人物であった。彼女は12歳までしか学校教育を受けなかったが、立派な文筆家も羨むほどオランダ語に長けていた。彼女の書簡はいつも見事な文章スタイルと豊富な語彙で、外国人が書いたとは思えないほど立派で賞賛に値した。生来の恵まれた資質と語学の才能で、彼女は多読することだけオランダ語を完全に修得、つまり第二の母語にした。この点について、彼女は首を縦に振りはしなかったが。
> 　彼女の理想はジャワ人女性が長年、甘んじてきた低い地位から引き上げることであった。それを通じて、彼女は間接的にジャワ民族全体のために働くことを望んだ。彼女は子育てをする女性から大きな力がもたらされることを認識していた。ジャワの民の自立について、民衆は尊敬する貴族から多くを見習うことから、彼女は手始めに貴族の娘達の教育にとりくんだ。彼女が妹二人とともに学校設立を計画し、知識と心の両面を教育

することが、高位のジャワ人女性に不可欠と考えたからである。彼女の教育案には保健や看護も重視された。三つ葉の最年少の妹が結婚した後、彼女はもう一人の妹ルクミニとともに理想に邁進した。

彼女の希望は計画に必要な知識をオランダで習得することで、昨年はチャンスが到来した。男子なら大きな好機に遭遇したと思い、彼女自身の境遇においてもそう思われた。レヘントの子息がオランダへ留学する。男子なら一度は抱く希望で許されるが、女子ではどうであったか。この勇敢な二人の先駆者が、理想のために苦悩したことを誰も理解しなかった。留学が決定し、カルティニは最難関を克服したと思った時、オランダ留学を取止めざるを得なかった理由をここでは言及できないが。彼女に強いた犠牲の大きさを誰もわかっていない。が、彼女がすすんでそうしたのは、自身のすべき「仕事」だと考えたからである。「私達は自らを仕事に捧げます」と、彼女は留学を取止めジャワに留まるという苦渋の決断の後で、書いていた。彼女がどれほど苦悩し精神的な痛手を負ったか、私はここで書く事は出来ない。書けば本１冊ほどのボリュームとなろう。

「先駆者には何一つ楽しい事はなく、地獄の苦しみがあるとわかっていました。しかし、地獄を支援する人がいるとは思ってもみませんでした。数えきれない苦しみを味わい、もう何も感じなくなりました。いつの時にも理想を正当化するのは難しいことでした。一般の多数の人々とは異なる印をつけて、人中を歩き回ることに対して、世間は我慢なりません。世間に苦しめ続けられた結果、自分の服を脱ぎ捨てて、代わりにごく普通の服を着るようになるのです」彼女自身の言葉を引用する方が、気高き彼女が心狭き者達の中で、いかに苦悩したかがよくわかると思い、先の文章を挙げた。しかし、彼女は諦めの境地で耐え、性懲りもなく全能の神が全てを善に導くと信じた。このムスリムの女性はまったく純真であったから。

運命は彼女に別の決定を下した。つまり、彼女の苦労は実らなかった。

昨年11月、彼女はレンバンのレヘントと結婚し、そして長男の出産によって命を落とした。

彼女を愛した者に、彼女は忘れられはしない。短い生涯で成し得た事が消滅せず、彼女が心血を注いだ民族によって達成されるよう、希望する [ibid: 136-138]。

　ステラはカルティニの結婚にふれても、あえてラデン・アユ／令夫人の名称を出さない。アディパティの称号をもつジョヨアディニングラットのラデン・アユとのみ呼ばれることが、女性の自立と「個」として認められることを希求したカルティニにとっては、どれほどの苦悩であったか、ステラはよく理解していた [富永1993: 138]。

また、カルティニのオランダ語について、「12歳までしか学校教育を受けなかったが、生来の恵まれた資質と語学の才能で、オランダ語を多読することだけで完全に修得していた」とすることは重要である。ステラはここで倫理政策の「恩恵」としての受動的な教育の効果を否定し、カルティニの自主的な勉学意欲を高く評価するのである。さらに、ステラはカルティニのオランダ語学力と才能が、活かされなかった植民地社会の環境を指摘する。

(b) *Weekblad voor Indië*[191]

　ここでは、追悼記事（1904年10月9日号）に加えて、カルティニが書いた掌編小説 *Ontgoocheling*（幻想を捨てさせること、同誌10月2日号）、*Herinneringen aan Japara*（ジュパラの思い出、1905年2月12日号）、さらにカルティニの父親ソスロニングラットの追悼記事（同年同月日）を、カルティニの追悼に関連する記事と捉えて紹介する。

　追悼記事に先立って、同誌10月2日号に次のような注を付した掌編小説 *Ontgoocheling* が掲載された。その簡約は本章の脚注に紹介した[192]。

　　この短編は、つい最近レンバンのレヘントの妻として逝去した、有能なラデン・アジュン・カルティニの手による作品である［*Weekblad voor Indië* 1904: 310］。

「レンバンのレヘントの妻」という表記は通例である。しかし、とくに「ラデン・アジュン・カルティニ／令嬢カルティニ」と表記したのは、「令嬢」が「令

---

191) 1904年5月1日にスラバヤで発行され1917年まで続いた週刊誌であった。寄稿家にはボレル（H. Borel）、ファン・コル（van Kol）夫妻、サフォルニン‐ロフマン（A. Savornin‐Lohman）等オランダ在住の著名人の名前がみられる。毎号16頁で構成され、総督関係の記事、ヨーロッパのニュース、女性の境遇、ユーラシアンの実態、音楽、演劇、運動競技さらにハーグの東インド料理店など多様な分野の記事が掲載された。東インドの話題と並んでヨーロッパにも多くの題材を求めていることから、東インド在住のオランダ人がヨーロッパの動向を知りたいという要望に対応した誌面作りが行われていたといえよう［富永 1993: 128］。

192) *Ontgoocheling* を簡約して紹介する。
　　一羽の小鳥が巣の外の広い世界にあこがれ、一日も早く巣立ちたいと強く主張した。しかし、父親の許しを得られなかった。ある日、小鳥は自ら巣を離れ喜びを感じたのも束の間、実世界は父親の言った通り危険に満ち、小鳥の思い描いた美しい世界とかけ離れていたことに幻滅し、現実を痛感した。小鳥は稲光に打たれ目が見えなくなり、世間の荒波のなかで疲弊し、ついに亡くなった［富永 1991: 128］。
　　「小鳥」とはカルティニを指し、閉居の習慣を破り甘い夢を抱いて世間に出たが、誹謗・中傷に衝撃を受け、失意の中で意に反して嫁いだ多妻家庭での終末を予言した作品である。

夫人」よりもカルティニを正しく表象し、カルティニ追悼に最もふさわしい称号とみなされたのだろう。

　そして、1904年10月9日号に追悼記事がカルティニの肖像写真とともに掲載された［*Weekblad voor Indië* 1904: 321-323］。表題は *Raden Ajoe Adipati Djoijo Adhiningrat*（ラデン・アユ・アディパティ・ジョヨアディニングラット）、つまり通例の書式である。しかし、記事の本文では「ラデン・アジュン・カルティニ」を一貫して採用し、結婚に言及した箇所にさえ令夫人の名称はない。一方、ブパティであった夫のジョヨアディニングラットは、ただ「カルティニの夫」と記され複数回登場する。掲載写真には、「ラデン・アジュン・カルティニ、レンバンのラデン・アユ・アディパティ・ジョヨアディニングラットとして死す」という2通りのキャプションが併用された。

　追悼文の要旨は、①洋式教育の享受②カルティニの使命③結婚と晩年の生活の3点に分けられる。手短に要約すれば、カルティニの祖父と父が西洋文明を理解し、娘達にも洋式教育を授けカルティニと姉妹達も小学校で学んだ。そして、他のブパティ達がカルティニ姉妹の教育を見て不信感を表したことに対して、

> カルティニが西欧文明に近づくことによって、ジャワ人と疎遠になることが懸念された。が、彼女はその過程においてこころを磨き、こころの成長によって、逆に民衆に共感を覚えるようになった［富永 1993: 135］。

とする。つまり、洋式教育という学習環境を評価し、女子生徒の通学を主張する倫理派の筆致である。さらに、カルティニがジャワ人女子のための初の学校を開設し評判となったこと、また著述によって土地の人々に益をもたらし、地場産業（木彫工芸）のために広告塔となったことが報告された［富永 1993: 135］。これはカルティニが洋式教育で受けた恩恵を社会に還元し、自らの使命を果たしたとされる。しかし、洋式教育を受けたカルティニも慣習を否定できなかったとし、その結婚がカルティニの本意であったか否か、疑問を呈する。結果的に、婚家の知的環境が劣悪で、カルティニは幸福でなかったとする。しかし、その環境の中でもカルティニは産業振興のため協同組合に関する本を読み、その手法を取り入れて、協同組合を実現しようとしたことが評価される［富永 1993: 135］。

　すなわち、同誌の編集には、この追悼記事が前週に掲載された掌編小説と重

なり合って読者の意識にのぼり、記事の理解を促す構成が窺える。

さらに、*Weekblad voor Indië* 1905年2月12日号に次の2本の記事が掲載された。

 (1) カルティニの父親ソスロニングラットの追悼記事［*Weekblad voor Indië* 1905: 701-702］。

 (2) *Herinneringen aan Japara*（ジュパラの思い出）［ibid: 702-704］

(1)では、ソスロニングラットの死因が「愛娘のカルティニでレンバンのラデン・アユ」の死による心痛と苦悶とし、つまり「カルティニ」と「ラデン・アユ」が併記され、次のように顕彰された[193]。

> 三名のラデン・アジュン達は女生徒達のみならずオランダ人の男子生徒達と共にクラスで席を同じくした。同時に、レヘントは娘達にジャワ語とジャワ文学のレッスンをジャワ人教師によって受けさせた。カルティニと彼女の二人の妹達は、他のレヘントの令嬢には実現するなどありえなかった教育を享受した［*Weekblad voor Indië* 1905: 702］。

さらに、子息達は中等教育を受けオランダ本国のライデン大学で学ぶ者もいると続く。しかし、その中で、名前が明記されたのは「カルティニ」だけであった。倫理政策の骨子である教育政策の推進には、「カルティニ」が宣伝塔として相応しいからである。だから、ソスロニングラットはジャワの慣習を打破して、娘達を公立校に通わせ洋式教育を与えた女性教育の先駆者として讃えられた。

(2)「ジュパラの思い出」では、*De Echo* に連載されたカルティニの寄稿 *Een Oorlogsschip op de Ree*（艀の軍艦）に言及し、軍艦スマトラ号の入港時にカルティニと言葉を交わした記者が、往時を次のように追懐した。

> カルティニがこよなく愛するジュパラの人々と土地について話してくれた。彼女が土地の人々のために行うジュパラの民芸品の振興、とりわけ木彫工芸に心血を注いでいると語っていた。彼女の教養、ピアノ演奏や絵画、著作にはネリー・ファン・コルや他のオランダの知識人との交流の影響によるところが大きいと語っていた。彼女が教養ある貴

---

193)「ソスロニングラットの追悼記」の冒頭を要約すると、ソスロニングラットの父親であったデマックのパンゲランが、後に日刊紙 *De Locomotief* の編集長を務めたファン・ケステレンを家庭教師として招聘し、子息達はスマラン、デマック、クドゥス、ジュパラのレヘントとなり、ソスロニングラットは1880年12月にジュパラのレヘントに任命された。追悼記事は同誌の企画の一つであり、政庁の政策に適うブパティの功績を顕彰した。

族の女性であることは、外見だけでなくこころ映えから明白に察せられる。彼女はジャワ人を心から愛し、ジャワ人の高揚のために共に働くことを望み、西欧文明の良いものをジャワ人に与えたいと願っている。彼女はジャワ人について、ジュパラの歴史や遺跡、ヒンドゥー・ジャワ文化の水準の高さ等、ジャワの過ごし黄金時代について語った。〔中略〕別れ際に、私はカルティニに日本製の扇子に名前を書いて欲しいといった。それは船員からの貰い物で、本来は涼をとるために扇ぎ、電気のない所でも使用可能で船内で使われていた。カルティニは大きくしっかりした字でKartiniと書いた［富永1993: 135-136］。

　カルティニ達令嬢が軍艦に乗船した事例は、閉居の打破を推奨することを意味する[194]。なぜなら、親が娘に閉居を強要する限り、教育を授けても卒業者数の上昇は見込めず、教育政策は水泡に帰するからであった。

　なぜ、同誌は「ソスロニングラットの追悼記」と「ジュパラの思い出」を同時に組んだのか。なぜなら、前者は西欧文化への理解と洋式教育の重要性を、カルティニの通学によって強調し、後者でカルティニが慣習の打破と伝統産業振興に努めたことを顕彰し、カルティニを洋式教育が植民地社会の発展に還元される好例として評価するからである。その呼称はカルティニに限定される。「カルティニ」は旧習打破の象徴であり、いかにも旧慣にならった「レンバンのラデン・アユ」とするよりも、はるかに「倫理政策」的であった。

　ところでカルティニの死後、1904年から1905年の時点では報道メディアは、通例の令夫人の名称と令嬢の時の呼称を併用し、カルティニの功績を「伝統産業の振興」、「女子教育」の順で紹介している。カルティニを洋式教育によってオランダ語が堪能で、地域振興に貢献したジャワ人女性とする見解は、倫理派のカルティニ評価にならっている。このように、カルティニの死後から時を経ずして、「カルティニ」の顕彰と追悼に名を借りた洋式教育のキャンペーンが同時進行した。すなわち、カルティニはジャワ人社会ではなく、オランダのジャーナリズムによって表象され、解釈され、使命を与えられた。それは、政策を重視するあまり、現実のカルティニの苦悩を覆い隠し、実像を見えなくした。できるかぎりカルティニの意思を尊重したステラの追悼とは対照的である。

　1908年、ブディ・ウトモ Budi Utomo の結成に際し、ジャワの青年達は協力

---

194) 記事では、カルティニとルクミニに加え、姉妹の友人であるジュパラのパティの令嬢達3名も閉居の慣習を打破し、軍艦に乗船したことを強調した。

を呼びかけるために諸都市の学生、数人の進歩的なレヘントやカルティニの妹たちなどの所へ書簡を書いた［永積 1980: 122］。カルティニの妹達、ルクミニ、カルティナ、スマトリがブディ・ウトモの最初の女性会員となり、ジョグジャカルタで開催された大会に出席した［Coté 2008: 20］。それは、ジャワ社会が「カルティニ」を肯定的に受入れ始めたことを意味した。

2. *Door Duisternis tot Licht* 出版後の
   カルティニの呼称と認識のされ方について

　1911 年、*Door Duisternis tot Licht* の刊行はカルティニの可視性が増大する機会となった。アベンダノンは著者名に「ラデン・アジュン・カルティニ」を選択した。出版事業という視点から考えると、「レンバンのレヘントと結婚する前は、ラデン・アジュン・カルティニとして非常に有名なジャワ人貴族の女性」と先の引用例にあったように［*Indische Gids* 1904: 1707］、「通りのよさ」を重視すれば、令嬢の頃の名前が決め手となったといえよう[195]。

　本項では、この時期、カルティニはどのような称号で呼ばれたか、またそれぞれが、どのような意図をもってその呼称を用いて語ったかについて検討する。この過程の中にアベンダノンのカルティニへの呼称が固定され、後世に残るカルティニの偶像が造られていく。以下の事例はそれを早い段階から指摘している。

　1911 年 12 月、東インド協会 De Indische Vereeniging 議長ノト・スロト R. M. Noto Soeroto (1888-1951、ジョグジャカルタのパクアラム家出身、詩人、当時ライデン大学法学部生) が De Gedachten van Raden Adjeng Kartini als Richtsnoer voor de Indische Vereeniging (東インド協会の方針としてのラデン・アジュン・カルティニの思想) と題して講演した[196]。その講演は協会の機関紙第 1 号に掲載さ

---

[195] アベンダノンは、カルティニの名称を初版の「序文」の冒頭で「ラデン・アジュン・カルティニ」と記載し、以下「R. A. カルティニ」で貫き、カルティニ学校を Raden Adjeng Kartini-School と表し、「序文」の数頁の中でカルティニの結婚とその夫の名前に言及しているにも拘らず、一貫して「R. A. Kartini」を連呼する［Kartini 1911: i-iix］。しかし、本節の冒頭で示したように、カルティニは生前、アベンダノンに名前だけで呼ぶように求めていた［Kartini 1987: 265］。

[196] 東インド協会として、*Door Duisternis tot Licht* を会員が購入し売り上げに寄与することで、出版を祝賀する記念行事に代えた。加えて、1917 年 11 月に開催された文化公演の収益をカルティニ基金の支援に当てた［Poeze 1986: 123］。一般に、東インド協会は 1908 年に創設され、オラン

れ、一節を次に引用する。

> カルティニは偏狭なナショナリズムを考える人でもなければ、外国の真似をして自己を低めることもせず、人として温かみのある考えの方向性に沿った善なる心に、その思想の基盤を置いていました。〔中略〕
> ヨーロッパへ行きたいというカルティニの希望が実現しなかったことは、ご承知の通りです。我々が多感な時期に、そして人生の最高の時期の大半をこの地で過ごすことが許されている状況を、彼女は羨ましく思うでしょう。今、我々が享受する恵まれた状況を認識してください。なぜなら、次のことを考えさせられるからです。我々の同胞の多くの者は故郷と民族に対して義務を感じています。恐らく、それを我々の先輩に対しても感じていることでしょう。先輩はさまざまな状況を通じて人々の心を育て、生まれ育った所を豊かに創生しようとしたことに対して、人々からの祝福を受けることができませんでした。だからこそ、全身全霊をかけた先輩の仕事を継承するこの素晴しい機会を、両手で確実に捉えましょう。カルティニを手本にして！ 彼女が強く感じた使命を我々が明確に気付き、彼女がその使命を受け入れた勇気を、その勇気をもって我々も使命を果たす役割を引き受けるのであれば、彼女は喜びを表するでしょう。〔中略〕
> ああ、それはありそうにもないことです。なぜなら、彼女の偶像に好感を抱いている人々は、彼女をうら若き乙女としか見ていないからです［Poeze 1986: 74-75］。

　上述は、ノト・スロトが *Door Duisternis tot Licht* の刊行後に、時を経ずして記した貴重な史料である。カルティニの呼称が積極的かつ意図的に用いられたこと、すでに「カルティニの偶像」が出来ていたことの指摘は、早期かつ画期的な倫理政策の恣意性への批判であった。
　ノト・スロトは、カルティニを「何者であった」という視点ではなく「どのように」考え生きたかという観点から認識し、カルティニが美しい木彫工芸を世界へ発信し、実り豊かなジュパラの創生に尽力した点を挙げた。「全身全霊をかけた先輩の仕事」、「カルティニが強く感じた使命」という表現から、ノト・スロトはカルティニが次のように記した書簡を十全に理解した上で、その方針を発表したと考える。

> 幾千もの抑圧された我々女性の魂を自由と幸福へと進めること。何百万もの我々の土地の人々の徳を高めること［1901年6月10日付アントン教授宛書簡．Kartini 1911: 162］。

ダで学ぶすべての東インド人 Indiër を対象とした協会であった。1923年にインドネシア協会と名称を変更し、さらに1925年にはインドネシア語（Perhimpunan Indonesia）に改称した。

ここに気付いたノト・スロトはカルティニの希求を民族の統合の原理に結び付けようとした最初の人物であったといえよう。
　また同年、デフェンテル C. Th. van Deventer（1857-1915、論文 *Eereschuld*「名誉の負債」を執筆した倫理政策の唱道者）が *De Gids* 誌上に「カルティニ」を寄稿し、翌年に小冊子 *Kartini* となって出版された［Deventer 1912］。
　1912 年、オランダで *Door Duisternis tot Licht* は第二版に続いて第三版と版を重ねた。一方ジャワの反応について、ボウマン H. Bouman は次のように伝える。

> チプト・マングンクスモ Tjipto Mangoenkoesoemo は、カルティニの主たる目的が婦人運動であるとした人に対し、新聞 *De Expres* 1912 年 5 月 4 日号で、カルティニは何百年も寝たきりの状態から、民衆が目覚めるのを見るという彼女の望みを毎頁に表わしていることを指摘した［Bouman 1954: 3］。

　それは、チプト・マングンクスモ Cipto Mangunkusumo（1885-1943、STOVIA を 1905 年に卒業）が東インド党 Indische Partij を結成する直前の指摘であり、オランダへ追放[197]される前年に相当し、まさに民族主義者として頭角を現す時期の記事であった。チプトは 1912 年 3 月に東インド党を立ち上げるために創刊されたばかりのオランダ語紙 *De Expres*（デ・エクスプレス）上で、カルティニをオランダから取り戻す宣言をした。
　つまり、「カルティニの主たる目的が女性運動であるとした人に対する」批判は、先に挙げた当時のオランダ語の雑誌も含め、オランダ側がカルティニを倫理政策の文脈で女子教育の唱道者とすることに対する異議であった。そしてカルティニが「何百年も寝たきりの状態から、民衆が目覚めるのを見る」ことを希求していたとする指摘は、オランダの目ではなく、東インドの目でカルティニを捉えなおす宣言である。ここに、オランダとジャワの間で「カルティニ争奪戦」が始まった。
　確かに、チプトは「真正の民主主義者」と謳われた人物であり［土屋 1991:

---

197) 東インド党は独立を掲げたため、東インド統治法第 111 条政治団体禁止条項を適用され、合法団体として政庁からの承認を得られなかった。加えて、指導者の一人であったデワントロが記した「もし私がオランダ人であったなら」［土屋 1982: 503-508］の筆禍事件で、デワントロとともにオランダへ追放された。チプトはベルリンへ行き勉強を続けたが、第一次大戦中で、ベルリン駅で日本人スパイと間違えられて逮捕された経験をもち、戦争の愚かさを肌で感じた［Poeze 1986: 94］。帰国後は民族運動の第一線で活躍し、学生であったスカルノに深い影響を与えた。

174]、世界的な進歩の潮流で人類が営みを作り変えてきた大きな運動のうねり感じていた。だから、*Door Duisternis tot Licht* に描かれた抑圧からの解放を希求する同世代のカルティニに「覚醒」の表徴を見出した。しかし、チプトは民族運動の視点から、カルティニを「東インド」という限定した「枠」の中に定置した。カルティニは前章で述べたように、オランダ本国と植民地を包括して世界を志向する女性という点で、東インドの枠組みを越えていた。カルティニは、『武器を捨てよ』、すなわち、戦争の惨禍をなくし国家と民族を越えた新しい関係性を模索し平和を求める小説に大きな影響を受けた。また、オランダと協調して一夫多妻制を打破し、女性の「縛り」を取り除くことで生まれる新しい様態と新しい女性の社会的位置づけを求めた。カルティニの普遍志向、地球志向はすでに民族の枠組みをはるかに越えるものになっていった。ところが、アベンダノンは倫理政策の担い手オランダ人と恩恵を受ける東インド人という図式から、カルティニの真意を削除した。皮肉なことに、その結果、読者はかえってカルティニを民族の覚醒を待ち望む民族主義者のホープと誤解した。アベンダノンの改ざんが、民族主義の歴史においても大きな誤解を生んだことを、チプトの事例は明示する。

同年、スマトラのミナンカバウ Minangkabau では、週刊誌 *Soenting Melajoe, Soerat Chabar Perempoean di Minangkabau*（Malayan Head-Ornament, Women's Journal for Minangkabau）のなかで、カルティニの書簡集の要旨がマレイ語（現インドネシア語　以下同）で掲載された。ミナンカバウの事例のように、この時期、東インドの至る所でカルティニは、学校教育を通じて女性解放に努めた先駆者として名を馳せた [Vreede-de Struers 1987: 55]。

1913 年、*Door Duisternis tot Licht* の収益によってカルティニ基金が設立され、「カルティニ」の名前を冠した学校 Sekolah Kartini がジャワ各地に開設された。一見すると、生前に世間から酷評をうけたカルティニが、オランダ経由で凱旋した。しかし実際に、アベンダノンの肝いりで設立された女子校は、第5章第2節でも述べたように、カルティニの「想像の学校」と大きく乖離した。

1917 年、デフェンテルの追悼記が刊行された。その中でカルティニに言及することは、倫理政策の唱道者を顕彰することに連動してカルティニが呼び覚まされることを意味した。

1919 年から翌年にかけてアメリカ合衆国で、カルティニの書簡が雑誌 *The Atlantic Monthly* に掲載され、次いで *Door Duisternis tot Licht* の英語版が 1920

年にニューヨークで刊行され、オランダの文豪クペールスが「序文」を寄せた [Kartini 1976: xxvi][198]。ルーサーフォード論文に英語版の「序文」の一部が引用されている [Rutherford 1993: 40]。そこでクペールスはアベンダノンを踏襲して「ラデン・アジュン・カルティニ」と綴っている。令嬢カルティニのイメージが、海を渡って広まり、英語を通じて固定化した。その影響は我国にも及んだ。加藤朝鳥 (1886-1938、ジャーナリスト、当時『爪哇日報』記者) は *The Atlantic Monthly* を通じてカルティニを知り、日本で最初にカルティニを紹介した人物 [坂本 1942: 148-149] とされ、加藤自身も 1920 年にアメリカの雑誌 *The Atlantic Monthly* の一節で「カルティニ姫」を知ったと書いている [加藤 2002 (1922): 96][199]。

1921 年、*Soerabaiasch Handelsbald* (スラバヤ新聞) 2 月 22 日号に「*Door Duisternis tot Licht* にはゴーストライターがいた」とする説が掲載されことは序論で述べたが、さらに週刊誌 *De Archipel Post* 3 月 5 日号でフェールスマ J. Veersema (東インドでキャリアを積んだジャーナリスト) は、倫理政策がシンボルを必要とし「de Kartini-ideë カルティニの理念」を作り出したと発言したことから、論争は大手日刊紙 *Bataviaasch Nieuwsblad*、*Java-Bode*、*De Locomotief* に及び、後者 2 社はアベンダノンを擁護した [Termorshuizen 2004: 173-174]。序論で述べたように、アベンダノンによる原書簡の大胆な削除は疑念の余地を生み、カルティニは倫理政策の是非を問う論争の渦中の人となり、プライバシーを侵害され、もはや「個」としてあることの難しさを表出する出来事が生じた[200]。

1921 年、モハマド・ハッタ Mohammad Hatta (1902-1980、西スマトラ・ブキ

---

[198] 英語の翻訳については、このほかに 1964 年にギアツが編集した英語版と 1976 年に S. カルトディルジョ Kartodirdjo が「序文」を寄せた英語版がある。

[199] 加藤がジャワでルクミニとその母親と会談を収録した『爪哇の旅』(1922 年) で、一貫して「カルチニ姫」と記したことは、英語版 *Letters of a Javanese Princess* というタイトルの影響を強く受けたことを明示する。一方、牛江清名訳 (1940 年) の読後に寄稿した坂本は、「カルティニィ姫と呼んでいいのか、カルティニィ女史と呼んでいいのか、その呼び方に迷うほどであるが、彼女自ら親しい友達への書簡のなかで、自分をただカルティニィと呼んでください、といっているからここでも単にカルティニィと呼ぶことにしよう」と記した [坂本 1942: 125-126]。それは、書簡を読んだ時点での率直な感想であるがゆえに、かえってアベンダノンが「ラデン・アジュン・カルティニ」を選択した恣意性を浮かび上がらせる。

[200] アベンダノンの編集をめぐる疑惑については序章の注 4 で述べた。この論争でカルティニはヨーロッパ人小学校時代の成績が公表された。

ティンギ出身、初代副大統領）が留学時代を回想し、カルティニの名前を挙げた箇所を次に挙げる。

> もう何年も前から故ラデン・アジュン・カルティニの兄カルトノがウィーンに住んでいる。彼は恐らく天才であろう。第一次世界大戦のかなり前から留学し、ライデンのオリエンタル・スタディーズに在席したが論文を提出しなかった。〔中略〕「カルトノは東インド協会のメンバーではないので表敬する必要はないし、住所も知らないが、このウィーンに住んでいることだけを僕は知っている」と、アブドゥラは言った〔Hatta 1981: 68〕。

ハッタと学友アブドゥラ Dahlan Abdullah（スマトラ出身、1915年留学、1917年東インド協会議長）は、カルトノが協会の役員であったことを知らなくても、カルティニの兄として、クリスマス休暇で訪問した異郷の地で話題にする。すなわち、当時、民族主義者の間ではカルティニがジャワ人の令嬢であることを超越し、東インドの「ラデン・アジュン・カルティニ」として認知されていたことを明示する。

1922年、バタヴィアで *Door Duisternis tot Licht* のマレイ語訳版 *Habis Gelap Terbitlah Terang* が「ラデン・アジュン・カルティニ」の名前で刊行された[201]。*Door Duisternis tot Licht* 第四版のアベンダノンが記した「序文」によれば、

> バライ・プスタカ Volkslectuur のリンケス D. A. Rinkes 博士が翻訳プロジェクトを引き受け、*Habis Gelap Terbitlah Terang* と題するマレイ語の翻訳書が日の目を見た。翻訳者はペンネームで「四兄弟 Empat Saudara」と称するアブトゥラ Baginda Abdoellah Dahlan〔ライデン大学マレイ語学科助教〕、ザイヌディン Baginnda Zainoedin Rasad〔ワーヘニンゲン高等農業専門学校卒〕、ザイン Soetan Moehamad Zain〔ライデン大学マレイ語学科助教、後にフォルクスラート議員〕、ジャマルディン・ラサッド Baginda Djamaloedin Rasad〔ワーヘニンゲン高等農業学校卒〕であった〔Kartini 1976: xxv〕。

確かに、筆名「四兄弟 Empat Saudara」と称するオランダの高等教育機関で学んだスマトラ出身者が（翻訳者の名前の綴りは第四版に準拠する）[202]、「三姉妹

---

[201] このマレイ語訳版は1987年版の「序文」によれば、ページ数が420頁と明記され、後に述べるパネ抄訳版が207頁〔Kartini 1987: XIV〕であることと比較して（両者共にバライ・プスタカから出版）、1911年版の完訳の可能性がある。が、現在は流布していない。

[202] 翻訳者のなかでも、ザイヌディンとジャマルディンは東インド協会の創設期からの会員であったことから、カルティニの兄つまり初代の協会役員であったソスロカルトノを直接知る翻訳者といえる。アブドゥラについてはハッタの学友として先述した。

Tiga Saudara」の代表者の手紙を翻訳したことは、種族を越えた連携の成果として、カルティニが切望した新時代の到来を見ることができる。しかし、ルーサーフォード論文は「マレイ語訳版の序文に、アベンダノン自身がバライ・プスタカ Volkslectuur[203)] にマレイ語訳版の刊行を求めた」と指摘する [Rutherford 1993: n24]。

そして翌年 (1923 年)、オランダで *Door Duisternis tot Licht* の第四版 3000 部が刊行された [Kartini 1987: ix]。上述したマレイ語訳版と第四版は連動して刊行されたと考えられる。アベンダノンはその「序文」で、初めて「故ラデン・アジュン・カルティニ、後のラデン・アユ・ジョヨアディニングラット」と「令嬢」・「令夫人」両方の呼称を記した [Kartini 1976: xvii]。なぜなのか。なぜなら、アベンダノンの「カルティニ学校」に一定の評価を得たため、古い「令嬢」の呼称をもはや声高に唱える必要がなくなったからであろう。ではなぜ、アベンダノンは初版から12年を経て、第四版を出版したのか。

まず、「序文」をみよう。「第三版刊行の後、印刷と紙の高騰で重版が困難であった」という一文で第一次世界大戦を示唆し、「第四版が東インドの原住民社会のために非常に重要であるため、出版した」とある [Kartini 1976: xvii]。アベンダノンは、「ラデン・アジュン・カルティニの理想を出版する動機」に数頁を割き、さらに、先に述べた翻訳本の詳細な説明に加え、諸外国語に翻訳されたことに言及し、ついでカルティニ学校が軌道に乗ったことを報告する [ibid: xix-xxx]。アベンダノンはカルティニの「理想」が、東インドや国際社会で共感を呼んだことを報告し、強調する。

ここで *Door Duisternis tot Licht* の付録のうち次の2点に注目する。ひとつは Aan Onze Vrienden (私達の友達へ、筆名 Djiwa、*De Echo* 1902 年 8 月 25 日号に掲載されたカルティニの詩を転載) であり、「愛・友情・共感」が叫ばれる [Kartini 1911: 549-552]。もう一つは前章で述べた覚書「ジャワ人に教育を」であり、統治者となるオランダの若者が、東インドとその住民への関心を高め知識をもてば、ジャワ人に一層の進歩と繁栄をもたらすゆえ、政庁はそうなるよう努めるべきだと、カルティニは説く [富永 1987: 205]。さらに、カルティニは、

---

203) オランダ植民地政庁が1917年に設立した図書の選定、出版を行う機関。本文の例のように若い執筆者に発表の場を与え、文学の振興に寄与したという評価もある一方で、官製の出版社という性格から作家達が検閲下に置かれたという批判もある。

オランダで、「東インドがなければオランダはどうなるのか」を自問し考えることを教えよう。同時に「オランダがなければ東インドはどうなるのか」を、東インドに教えよう〔富永 1987: 207〕。

とする。すなわち、アベンダノンの編集は、オランダとジャワの相互理解を促進し、両者の協調を唱えるカルティニ像をあえて強調していた。そうして、オランダとインドネシアの双方で第一次世界大戦後、カルティニは各種族の差異の問題を越えた存在として、「大オランダの寧安」を保つための象徴として使われ始めたことを意味する[204]。そして、皮肉なことにこの「大オランダ」の版図が民族主義の側からは「インドネシア」と呼びなおされるとともに、カルティニはインドネシア民族主義の象徴にも転化していく。

オランダからもインドネシアからも、それぞれに象徴化されたカルティニの正当性をめぐって、この時期からも双方の「カルティニ争奪戦」が熾烈に展開された。

1925 年、前節で述べたように、オーフィンク夫人はアベンダノンが編集した *Door Duisternis tot Licht* を「小説 roman のようなもの」と批判した〔Ovink 1925: 1〕。オーフィンク夫人は著書のなかで一貫して Kartini と呼んだ。カルティニ

---

[204] ウィルソン Woodrow Wilson（1856-1924）が第一次世界大戦後の民族自決政策提唱後、東欧諸国の独立を目の当たりにした東インドの留学生は、東インドの独立を強く待望した〔Poeze 1986: 135〕。例えば、スールヨプトロ Soorjopoetro（1892-1927、パクアラム 6 世の弟、1906 年デルフト工科大学入学、甥ノト・スロトに力添えし自らも「東インド協会」の初期から活動に加わった）による記事を挙げる。「ここにいるインドネシア人 Indonesiërs がオランダの法律によって投票の恩恵を蒙る状況を鑑み、私は言わずにはいられない。オランダは自らを抑制しその土地をヨーロッパにある豊かなネーデルランドに限定しなければならない。一方、インドネシアの土地はインドネシア人 Indonesische bevolking に返還されなければならず、精神を集中してインドネシア人の国 Indonesischen Staat にしていくのだ。スローガンにあるように『オランダからのインドネシア独立 Indonesië los van Holland!』そこから自由意志によって、2 国間の同盟が議論されることが可能となろう。全てが自決権 zelfbeschikkingsrecht とかかわり、心情としては至極当然である。二国間同盟は、国際連盟の方向性に鑑みてその意志に適い、誤った考えではないであろう。民族の自由と歓喜は全世界に奉仕する自由意志による活動にある。各国それぞれが法律を制定し、裁判権をもつ！　ここに国民国家の基本原則が実際に表明される。ヒンディア・プートラ Hindia Poetra（インドネシアの青年）はインドネシア民族主義 Indonesisch nationalisme を目標に掲げ、ヒンディア・プートラの国のかたちを共和制にする。選挙権のある方々、インドネシアが国家となるために最も必要とすること、それは自決権である。オランダからのインドネシア解放を唱道する政党に投票しよう。SDAP に投票しよう！」〔*Het Koloniaal Weekblad* 1918 年 7 月 11 日号からの抜粋記事である。それは、25 歳以上の男子に上・下院の選挙権と被選挙権が与えられたオランダ史上初の男子普選と、比例代表制による総選挙を目前に掲載された〕〔ibid: 135〕。

は書簡で「闇から光へ Van Duisternis tot Licht」としたことが指摘された［Ovink 1925: 1］。オーフィンク夫人は Door Duisternis tot Licht の使用を避け、代わりに Van Duisternis tot Licht の表記で貫いた。なぜなのか。なぜなら、序文の日付が1924年11月とあることから、オーフィンク夫人はアベンダノンが題名に前置詞 door（通り抜けて、過ぎ去って、終わって）を用いたことによって、マレイ語訳版に「Habis」という翻訳を許し、カルティニの「闇の状態が終わった」という誤解が広範に及ぶことを危惧したからであった。もしカルティニの「闇」の状態が倫理政策やアベンダノンによって「終了」したのであれば、題名は「宣伝」にほかならないからである。そのゆえ、オーフィンク夫人はカルティニの書簡から「闇から光へ Van Duisternis tot Licht」を引用して批判を行った。

1929年、ノト・スロトはオランダで自ら主催する雑誌 *Oedaya*（『ウダヤ』）に De gedachten van Raden Adjeng Kartini als richtsnoer voor alle Indonesische nationale stromingen（全インドネシア民族動向の指針としてのラデン・アジュン・カルティニの思想）を掲載した［*Oedaya* 1929年12月号］。

1930年、オランダ聖書協会が編集した *Dr. Adriani*（アドリアニ博士追悼記）のなかで、カルティニが呼び覚まされた［Nederlandsch Bijblegenootschap 1930: 121-125］。

インドネシアでは、マレイ語訳版の刊行後の1920年代半から、カルティニの注目度が上がり始めた。次に、ストモ Soetomo（1888-1938）の発言を見る[205]。

> 民族運動の指導者もカルティニの名を引用し、これを称えるようになる。たとえばブディ・ウトモ設立の中心人物であったストモは1928年2月14日付の『パンジ・プスタカ』紙で、「カルティニの理想は、今もますます多くの人によって注目されている」と記している。ここには一人の女性の生が、ただの生とは異なる崇高な生、それゆえにまたその死も崇高な死であると了解されている。民族主義時代の新しい共同体とは、過去 ── 現在 ── 未来という時間の流れを結び付けて、この空間的な一体性に時間的な永遠性を与えていくことであった。そのために、あれこれの情報や記憶の断片を結びつけて再生された。〔中略〕カルティニはナショナリズムの時代の冒頭の第一ページにおいて「永遠の生、崇高な死」として書き込まれた［土屋1991: 175-176］。

ストモは、「青年の誓い」が発表される機運が高まるなか、カルティニの理

---

[205] ストモは、先述のグナワン・マングンクスモとともにブディ・ウトモを創設し、STOVIAを経てオランダに留学、ドイツ、オーストリアでも学んだ経験をもつ著名な民族主義者であった。

念の需要度が増し、カルティニがインドネシア・ナショナリスト達に受容される時宜を得たことを伝える。確かに、カルティニを令夫人の名称で呼ばないこと、そして各種族の差異を超越した存在として想定することは、オランダもインドネシアも同じであった。しかし、「カルティニの理想」については、ストモが上述で言及する「理想＝インドネシアの一体性」とアベンダノンが「序文」で挙げた「理想＝オランダとの協調」はまったく別物であった。ストモの言葉に代表されるように、インドネシア・ナショナリズムの指導者が「引用すること」は、同時にカルティニをインドネシアに定着させることを意味した。すなわち、「カルティニ争奪戦」でインドネシア側が巻き返しに出たといえよう。

　1937年オランダで、留学生によって *Kartini-nummer ter gelegenheid van de viering van Raden Adjeng Kartini's geboortedag op 21 April 1937*（カルティニ生誕祝賀1937年4月21日号）が発行された。また、*Door Duisternis tot Licht* は序論で述べたように、スンダ語（1930年）、ジャワ語（1938年）、インドネシア語（1938年）などに翻訳され始めると、カルティニは本格的に種族を越え、「ラデン・アジュン・カルティニ」として一層広く知られることになった。

3.　パネ抄訳版の問題点
　　── アベンダノンの編集がインドネシア語訳版に及ぼした影響

　1938年、*Door Duisternis tot Licht* のインドネシア語版がパネ Armijn Pane による翻訳で刊行された。表題・著者名ともに1922年版と同じであるが、インドネシアで *Habis Gelap Terbitlah Terang* といえばパネ抄訳版を指し、今日まで版を重ねている。そこには、公的象徴としてのカルティニが凝縮されている。そして何よりも、パネ抄訳版の刊行によって、インドネシア人がインドネシア語でカルティニを知るようになったのである。パネ抄訳版の問題点については序章でも述べたが、ここではカルティニの真意がインドネシア人に伝え難い要因を次の3点から分析する。

　①　パネ抄訳版にはアベンダノン宛原書間の7割が削除された1911年版を翻訳するという制約があったことを、1987年版の刊行によって初めて認識できた。そもそも、1911年版の「切り貼り」で構成された箇所はもはや原書簡の文脈を失しているのであるから、アベンダノンの抜粋と調整の影響は免れ難い。

② パネ抄訳版は1911年版の抄訳である。1911年版を分母、パネ抄訳版を分子として算出すると翻訳時に3分の2が削除されている。さらに全文が掲載された1987年版を分母としパネ抄訳版を分子として算出すると9割が削除されているのである。
③ パネはカルティニが挙げた実例を削除する一方で、原文にない文章が加えられ[206]、主語が変化した箇所もあり[207]、原文の意味とは異なる語句に置き換えられた箇所もあり[208]、全編にわたりこれらの問題点が見受けられる。

そこで再度、第1節と第2節の例2で引用した「メモワール」[Kartini 1987: 63-74]を例に挙げ、上述の問題①〜③について述べる。先述したように、「メモワール」はカルティニがアベンダノン夫人へ贈呈するために創作し、1901年8月8-9日付書簡に添付した「物語」である。しかし、アベンダノンは書簡本体を削除し、「物語：メモワール」を1901年8月8-9日付書簡として編集した。1987年版を基軸として1911年版、パネ抄訳版を比較するために、巻末に資料IIパネ抄訳版「1901年8月8-9日付アベンダノン夫人宛書簡」を添付した。

① 巻末の資料I 1987年版1901年8月8-9日付書簡と物語「メモワール」の行数を分母とし、その中の斜体字で表記した1911年版同年月日付書簡の行数を分子として算出すると、やはり1911年版は本来カルティニが記した書簡の3割しか伝えていない。
② パネ抄訳版（資料II）は1911年版の3割しか訳出していない。すなわち、パネ抄訳版は1987年版と比較すれば9割が割愛されている。これ

---

[206] 一例を挙げると、パネ抄訳版1899年5月25日付ステラ宛書簡中、「ke mana ia pergi, di sana kelihatan bekas jejaknya それ（時代精神）が及ぶところそこにその足跡が見られる」という文章は、1987年版にも1911年版にも無い。カルティニも同様のことを書いてはいるが、パネ抄訳版の「付け加え」はカルティニの言を一層強調したものとなっている。これについては改めて別の機会に述べたく思う。

[207] 原文の主語が替えられたことは第5章第1節で述べたように、1911年版の編集時に発生したため、インドネシア語版でそれが踏襲されたことはもっともなことである。が、事実と異なることには変わりはなく、抄訳全体の信憑性にもかかわる問題である。

[208] たとえば、1901年9月29日付アベンダノン宛書簡の中で、1987年版と1911年版で「喜劇を演じる」と記されたところを、パネ抄訳版では「ふりをする」に替えられ[Pane 1938: 115]、カルティニが自身と社会の関係を表現する時に込めたシニカルなニュアンスが失われ、嘲笑を受けるカルティニの実像は消えた。また、1903年7月24日付アベンダノン夫人宛書簡の中で、1987年版と1911年版では「ウィルヘルミナ女王にサリムの事で援助を求める」と記されたところが、パネ抄訳版ではウィルヘルミナ女王が orang lain ほかの人「Pane 1938: 190」に替えられた。

では事実上、カルティニの真意を伝えることは不可能である。
③　パネ抄訳版（資料Ⅱ）が 1987 年版や 1911 年版と異なる筋となった一例を挙げる。第 2 節の事例 2 で述べたように、1911 年版と 1987 年版の風景描写で記された「高価な宝石」はアベンダノン夫人を意味するが、パネ抄訳版では「宝石に譬えることのできるような思い出」と書き換えられた [Kartini 1985（1938）: 95]。それは前節で述べたように、大幅な削除によって「高価な宝石」の前後の脈絡を曖昧にしたアベンダノンの編集が、影響を及ぼした一例である。

　すなわち、カルティニの描いた風景が、アベンダノンの編集という「額縁」に合わせて切り取られ、それを基にさらにパネが「別枠」を設けた「風景画」へと変容した。そして、読者はこの世のものとは思えぬあるいは見たこともない熱帯の風景描写 [ibid: 94-95]、[Kartini 1987: 67][209] とともに、

> 私の人生に幸福と平安を運んだその日〔アベンダノンと初めて出会った 1900 年 8 月 8-9 日〕を思い起こせば、甘美なその時を今も思い出して心は震える [ibid: 95]。

と読めば、二度と帰らぬ「共に過した宝石のような時間」を [ibid: 95]、カルティニとともに追憶した心地になり感動する。しかし、その感動は読者の思い込みから生じ、その思い込みはパネ抄訳版、すなわち、パネの意訳から生じる。

　さらに、パネ抄訳版の全体を通して見受けられる事例であるが、1911 年版から愛・喜び・幸福・希望・勇気・信念・誠実という、寄せ書きにみられるような抽象名詞が切り取られ、抄訳版に散在する。結果、本来はカルティニ個人の感情を吐露したこれらの言葉が、具体性を削除されたゆえに時空に制限されず、カルティニの真意を汲むにはカルティニの理性や情報があまりにも限定的であるため、読者に恣意的な想像を許す。

　すなわち、パネ抄訳版はカルティニを語っていないが、カルティニという「過去」と、読んで「今」ある者を「結びつけ、一体性を作り出し」感動を与える役割を果たす。なぜ、そこまでするのか。なぜなら、パネ抄訳版が刊行された 1938 年、ドイツがポーランドへ侵攻する大戦前夜の緊張の中にあったオラ

209）「メモワール」の風景描写は、前項事例 2）自然描写への貶めのところで例文を挙げた。すなわち、例文の斜体箇所は 1911 年版だけでなく、パネが意訳した箇所を除いてパネ抄訳版にも共通する。

ンダは、種族を超越したカルティニが説くオランダとの協調を、東インド社会にアピールする意図があったからである。そのタクティックスのひとつが、政庁の「お墨付き」であるバライ・プスタカから刊行されたパネ抄訳版 *Habis Gelap Terbitlah Terang* であった。

　実際に、宗主国と植民地社会で高い評価を受け同時に数多の種族のあいだで「名の通った人物」は、カルティニの他はいないと言っても過言ではないだろう。つまり、パネ抄訳版の刊行はオランダとインドネシアの協調を目的として、「ラデン・アジュン・カルティニ」がインドネシア中にあまねく姿を現したことを意味する。

　しかし、インドネシア人がカルティニをインドネシア語で知るには、繰り返すがパネ抄訳版に掲載されたアベンダノン宛書簡は 1911 年版の 3 割、1987 年版と比較するとわずか 1 割未満で、大雑把な理解となる。加えて、ジャワを知る者には「ラデン・アジュン」は、たとえカルティニが自己主張をしても最後は父親に従う従順な娘のイメージが表出し、ジェンダーが強調される言葉であった。

　1940 年に出版された日本語訳『暗黒を越えて』は、*Door Duisternis tot Licht* ではなくパネ抄訳版の翻訳であることから、たとえ高い評価を受けた美文であっても、パネの意訳と編集の影響を免れることはできなかった。日本軍政期（1942-1945）、インドネシア語と日本語が併記された宣伝誌『ジャワ・バル Djawa Baru』第 3 巻 9 号に、「闇去りて光は来ぬ ── カルティニ女史を偲ぶ」という記事が掲載され、カルティニは「良妻賢母」として紹介された[210]。すなわち、パネ抄訳版は状況に即応した「ラデン・アジュン・カルティニ」解釈やイメージ作りを、可能とする一例である。そして、『ジャワ・バル』の記事のインドネシア語の副題が未婚の女性の称号を冠した「ラデン・アジュン・カルティニ」であり、本文で良妻賢母と記載する矛盾を、もはや矛盾と感じないほどに、その呼称が定着していたことを明示する。

　また、パネ抄訳版は、1911 年版を通じてカルティニを知る者（オランダ人とオランダ語のできるインドネシア人）との間に情報の差を、ひいてはカルティニ

---

[210]『ジャワ・バル』第 3 巻 9 号（2604 年 5 月 1 日：皇紀が使われていた）に、「闇去りて光は来ぬ ── カルティニ女史を偲ぶ」という記事が掲載されている。執筆者はアブハニファ Abu Hanifah 夫人とあった。インドネシアにもカルティニという良妻賢母がいた。良妻賢母は郷土防衛のために尽くすのである、という文脈であった。

カルティニと呼ばれて
上 カルティニが海水浴を楽しんだ白砂海岸。彼女はオランダの南西の地・スヘフェニンヘンからとって「クレイン・スヘフェニンヘン」と呼んだ。
下 嫁ぎ先レンバン近郊のカルティニの墓地。墓碑銘には「ラデン・アユ・ジョヨアディニングラット」と彫られている。

に対する認識に差を生じさせた[211]。

　しかし、いずれにせよ原書簡の大胆な削除によって、カルティニが目指す理想とは別の方向性を示す者を許したことは否めない。事実、カルティニは必要に応じて各種の「肩書き」を付けられ、例えば、「ラデン・アジュン・カルティニ」と呼ばれ若き乙女のイメージを維持しつつ教育者、女性解放運動家、民族運動の先駆者、良妻賢母などとして称賛された[212]。「ラデン・アジュン・カルティニ」の呼称で脚色されたカルティニの物語が誕生し、実のカルティニを変容させ一人歩きを始めた。こうしてカルティニは、一世紀近く「うら若き乙女ラデン・アジュン・カルティニ」としてフリーズされた。

　以上、本章では従来の研究でカルティニに20世紀の時代精神を見出そうとするのは、1911年版の題名のみならずアベンダノン夫人宛書簡でしばしば用いられた「光と闇」の表現技法に起因すると考え、カルティニが意味した「光と闇」を1987年版の書簡集に求めた。

　そもそも、「光と闇」の二元論を最初に用いたのはアベンダノン夫人であった。その時、それは相手が納得する方法であると認識したカルティニは、「光と闇」というキリスト教的二元論を用いて主張を展開し、アベンダノン夫人や子息を説得した。それは、ヨーロッパ人小学校でオランダ語を学び、ジャワとオランダの二つの世界で苦悩しながら、読書で表現力を培い、オランダ人と十全に交渉するカルティニの生き様を表出した。ゆえに、「光」はカルティニの極めて私的な範疇にあった。

　次いで、アベンダノンが *Door Duisternis tot Licht* と命名した理由、編集手法等を検討した。命名には出版の成功が強く意識されていた。したがって、カルティニの意味する「光と闇」とアベンダノンの命名した「光と闇」は、同じではなかった。出版を成功へ導いた編集手法は、出版目的に適う「切り貼り」であった。そして、アベンダノンは *Door Duisternis tot Licht* を通じて、カルティ

---

211) ノト・スロトに代表されるように、原書でカルティニにアクセスできるオランダ語教育を受けた者が存在する。それゆえ、同じインドネシア人のなかでもカルティニ理解に情報差が生じ、受けとめ方も異なる。例えば、インドネシアを代表する作家のP. A. トゥールはカルティニを思想家と評価する [Toer 1962] が、インドネシアにおいて一般にそれは流布していない。

212) 現代のインドネシアで社会進出を果した女性達をまとめた本の題名にカルティニの名前を冠しているが、本の中ではカルティニ個人に一切言及していない編集を目にする。つまり、象徴としてのカルティニである。

ニを倫理政策の文脈で「植民地の女子教育推進者」として公認させた。確かに、それによって、カルティニは記録を残すことができた「特殊な女性」となった。しかしすでに幾度か述べたように、カルティニが「新しい女性」を自称し「日々進歩する世界」に自らを位置付け生きぬいた経緯を考慮すれば、オランダでの反応はカルティニを「オランダ領東インド」という限定した枠に閉じ込め、東インドが Groot Nederland（大オランダ）の一部であるという帝国主義的構図を再確認したことを意味した。そして、カルティニは植民地東インドの暗さとそれを照らすオランダの光という言説の中に再生した。

　Door Duisternis tot Licht の刊行は「アベンダノンの編集」という条件付であれ、カルティニの可視性を増大させた。同時に、可視化された限定的な部分を拡大解釈したカルティニ像が作られ始めた。カルティニは婚姻後の名称「ラデン・アユ・ジョヨアディニングラット」ではなく、未婚時の称号を付した「ラデン・アジュン・カルティニ」という呼称のなかに固定された。それは最初、倫理政策の好例として女子教育の推進と女性解放に貢献したイメージが定着し、第一次世界大戦後は「大オランダ」の内に東インドを確固と包含するために、両者の協調関係を維持する好例として「使われた」。また、ジャワ社会で生前に「モンスター」等［Kartini 1987: 106, 381］と中傷されたカルティニは、ナショナリズムの先駆者として認められはじめた。さらに、インドネシア語の抄訳版 *Habis Gelap Terbitlah Terang* は、原書簡の1割にも満たないことが、恣意的なカルティニ像を読み手に浮かび上がらせる。しかし、かえってそのことが、カルティニという「過去」と読者を「結びつけ一体性を作り出し」感動を与える役割を果たし続ける。

　このように、*Door Duisternis tot Licht* と *Habis Gelap Terbitlah Terang* は、その題名と「ラデン・アジュン・カルティニ」という呼称のなかにカルティニ理解を押し込めようとしてきた側面があり、オランダとインドネシアの双方で極めて政治的な意味合いで象徴として使われた。それは、「個」として存在することを求めたカルティニが否定された点で、反カルティニ的ですらある。そして、大半の事実は失われ、とくに言葉を通じて、理解と解決を図る努力を尽くしたカルティニの姿は忘れ去られた。

結　語

本書は、*Door Duisternis tot Licht* と *Brieven* を比較検討する手法を用いて、*Door Duisternis tot Licht* がどのようにカルティニの書簡に意図的な編集をおこなったのかを解明し、新たなカルティニ像を考察しようとしたものである。

　カルティニが「自己紹介」として語ったことを次に要約して紹介する。「私は新しい女性のスピリットに強く共感します。実社会において新しい女性、すなわちヨーロッパにいらっしゃる私の姉妹達が、人々の心満ち足りた暮らしの実現に貢献すべく御身を十全に捧げていらっしゃる活動を存じ上げ、私もまた新しい時代の思想と活動を共有したいと願っております」[Kartini 1911: 1]。また、カルティニは次のように言う。「私は愛・共感・権利の概念によって生きています。この３つはヨーロッパの方々に学びました」[Kartini 1987: 98]。そして、カルティニは「愛が最も偉大」とし「愛は与える時に最も豊かになります。私は皆様が私に与えてくださった愛を、その愛に利子を付けて人々へ返報します」[Karitini 1987: 340] と言う。本論で述べたように、カルティニは文通によって構築したネットワークとオランダ語メディアによる読書を通じて、19世紀末のヨーロッパにおける女性解放、平和主義、福祉活動に共感した。実際に、「新しい女性」の思想と活動に共鳴することによって、カルティニは自らをその系譜に位置付けた [Kartini 1911: 1]。

　その有言実行の一例が工芸振興活動であった。カルティニは「全国女性工芸展」を主導したオランダ人女性を初代会長とする「東西協会」と協力関係を築き、共に活動した。*Brieven* に表出するカルティニは、東西協会・ジャワの職人・オランダ人顧客の三者の品質や価格についての要求を仲介し、商取引でその能力を発揮して工芸品をヨーロッパ市場へ紹介し地域振興に結びつけた。カルティニは相異なる文化価値の仲介者であり、従来から言われる単なるオランダ語による仲介者とは全く異なる。同時に、カルティニは貧困を社会の問題と捉え、社会的に弱い立場にある人々に寄り添いその声を代弁した。しかし、*Door Duisternis tot Licht* ではカルティニが全生涯を懸けた工芸振興活動が最も無視された。

　しかし、*Door Duisternis tot Licht* の刊行によってカルティニが広く可視化されたことに対し、アベンダノンは貢献者として高く評価されている[213]。そして

---

213) アベンダノンのカルティニに対する「貢献」については、インドネシアで感謝・称賛の念をもって受け入れられている。例えば、スロトは *Kartini Sebuah Biografi* で一節を割いてアベンダノンを讃えている [Soeroto 1984(1977): 423-426]。しかし、同時にそれはカルティニ研究の限界を示

結語　349

今も、カルティニの呼称には「ラデン・アジュン」が付いている。が、カルティニは生前から「カルティニ」とだけ呼ぶことを求めていた [kartini 1911: 13, 1987: 135, 265]。それは彼女が終生苦悶した個人と集団の関係性と、彼女が求めた個の自律性を表出し、何よりも人の尊厳を求める言葉であった。このことについて再度確認するためにあえて繰り返すが、カルティニは自律した個人として生きることを許されず、納得がいかなくても命令に従う、家族の中の弱い他律的な自己を意識し、苦悩した。それは、洋式教育を受けたナショナリスト達が解放を求め新しい道を切り開こうとした正にその時に、カルティニはジャワの家父長制を基盤とする慣習に遵守することを強要されていたのである。カルティニは理想と現実の相矛盾する緊張関係の中で価値観の対立を繰り返すうちに、今まで見えていたことが違う姿で見えてきた。

　そして、カルティニが自身の経験を省察して構築した見解には、ジャワの「常識」と大きな乖離があった。カルティニがジャワの慣習に挑戦すれば、ジャワ文化との同一性を求めずジャワ文化の維持に否定的とみなされ、秩序を破壊するとして中傷を受けた[214]。が、彼女はジャワ文化を批判したのではなく、因習を固守する旧態依然とした「しがらみ」からの解放を求めたのであった。カルティニは非難を受けるなかで、集団がその集団とは異質な個人を容赦なく抑圧することを恐れた。同時に、集団は思考しないことに気付き、集団に対する個人の優位は思考する点にあることを、カルティニは経験から認識した。そして、カルティニとオーフィンク夫人がそうであったように、互いが自分に無い価値を相手の中に発見し合い、共通の価値を探究するなかで与え合い共感を育み、その相互交流を支える根本には、互いの文化を超え共に苦しみ共感する「絆」があった。カルティニはこの絆こそが寛容な社会を構築する礎と考えた。

　カルティニは終生「あちら」と「こちら」のボーダーを無くす姿勢を貫き、ジェンダー・年齢・身分・人種・文化を超えた新たな地平を切り開くことを使命とした。カルティニは言う。「できるかぎり相手を理解することに努め、理

すといえよう。

214) 既に述べたように、カルティニはジャワ社会から「化け物・嫌な女」と呼ばれた [Kartini 1987: 309, 381]。また「我々には皆が遠ざかる程の噂が立ち、ジャワの男性は中傷され嘲笑される我々のような非常識な女性と係わろうとは思いません」[Kartini 1987: 309]。さらに、カルティニ最期の書簡（1904年9月7日付）に次のような言葉を残してこの世を去った。「お母様〔アベンダノン夫人〕は、たとえ母〔カルティニ〕以上の化け物であっても吾が子を深く愛してくださると存じます。心が醜くなければ化け物でもいいでしょう」[Kartini 1987: 381]。

解を深めるほどに敵対心が薄れて相手の立場を慮り、公正な見方ができるようになります。それは、すなわち相手も自分も幸せになる道です」[Kartini 1987: 280]。彼女はジャワとオランダの学校を交流の場とし、たとえば「ジャワの美術工芸」のような展覧会を開催して相互理解を深め、共に生きることを提唱した。そして、彼女は自身の理念を実践する空間すなわち学校を構想した。カルティニが意味する「小さな学校」とは、家庭のような温かさのなかで教師も生徒も共に学び合い、自らを因習と偏見から解放し、新たなる自己に出会う場であった。また、工芸振興活動は生活改良運動の側面をもち、自己変革を実践する学びの場でもあった。すなわち、カルティニの教育理念と工芸振興活動は通奏低音で通じていた。このように、*Brieven* には生来の文化に固執せず慣習から自己を解放し、「他者」の苦悩に共感し、また、地球規模でジュパラを考え地元への奉仕を通じて人々に目覚めを喚起し、世界的な問題に取り組み励むカルティニの姿が表出する。とくに、カルティニは、『武器を捨てよ』に描かれた戦争の惨禍をなくし、国家と民族を超えた新しい関係性を求める作者の声に共鳴し（第5章第2節第4項と第6章第3節参照）、人種間の競合のない平和な社会と国際協調を希求し、それを「我々の美しい地球」[Kartni 1911: 162]と表現した。これは当時としては例外的な地球的発想だった。カルティニの普遍志向・地球志向はすでに民族の枠組みを、そして東インドをはるかに越えるものになっていった。

　確かに、カルティニが知ったヨーロッパの新思潮には激しい批判があった。が、カルティニは遥か彼方のジュパラから支持を表明した。カルティニは「閉居」や「強制婚」問題を解決しようと励むなかで先述した新思潮に出会い、本当のところを見極め、彼女自身にとってその良さを見出し共感し、それを取り込み自身のものにしていく力を体得していたことを意味する。書簡全体を通じて、カルティニがジュパラで生活し思想し活動を続けるなかで、立ち止まり自身を振り返ることを繰り返しながら独力で前進した、その軌跡が記されている。さらに、カルティニが実にジャワ人の個性、資質をよく知る人であったことを書簡から窺い知ることができる。そのゆえに、カルティニはヨーロッパ市場では絶対に作り得ない、しかも需要性の高い工芸品を創造することができたといえよう。

　書簡のなかで、たとえばガムランの描写ではその音楽性ついて論評するというよりも、カルティニが自身の心模様を述べるなかで、その音色を聴くことを

通じてジャワ人である彼女自身を見ることに言及し、ジャワの秘めたる力を醸し出す筆致がみられる [Kartini 1987: 107, 146, 294, 367]。確かに、それはカルティニの主観に過ぎないかもしれないが、第3章で述べたように文豪クペールスが *Stille Kracht*（『沈黙の力』）を描いたことが追い風となり、カルティニは臆することなく自身が体感するジャワを表現した [ibid: 226]。それはカルティニが自身を育んだ文化と真摯に向き合い、同時に、洋式教育で培ったオランダ語能力を活用してはじめて生みだした表現であった。いわゆる Stille Kracht については、作者のクペールスだけが語り手ではない。もちろん、プラムディヤ・アナンタ・トゥールも著作でジャワ人を育くむ「ジャワの内に秘めたる力」を示唆する。それは、作者達が自ら体感したジャワであって総体的に語られているのではなく、いわば、それぞれの「個性」にそくして表出した「ジャワ」といえる。カルティニの筆致は、ジャワという自身の磁場と今ある彼女自身を常に意識して、文通相手にそれを伝える。この点について、カルティニ書簡は論評というよりも文学に近い要素を多分に含むと思われるため、別の機会に検討したい。

　このようにして、カルティニは我々読者を「奥深いジャワ世界」へ誘う使命を、今もなお果たしている。一方、*Door Duisternis tot Licht* は編者の目的性によって女子教育に特化されたため、ジャワ女性の悲惨な日常生活についての見聞や感想を記した文章が多用された。また、アベンダノンの持論をアシストするにふさわしい女子教育の展望を記した文章が採択されたことは、すでに述べた通りである。

　なによりも *Brieven* は、カルティニが人の尊厳と平和を求めた希少かつ貴重な記録である。書簡にはカルティニの生きた時代では答えの出ない問いを、生涯問い続けたカルティニの姿が見出される。カルティニは特定の相手に語りかけ相談し、自身の意見と相手との不一致点を探し、共に歩むにはどうするかを真剣に考え議論するなかで、母語（ジャワ語）では表現し難いものの外周をオランダ語でしっかり固めて文章を書き、文通相手に伝えた。書簡中にカルティニが言葉で包み込んでいる真実を発見する、すなわち、*Brieven* を用いて失われたカルティニの声を求める意義は、ここにある。

　私信である以上、公開までに半世紀以上を要したことは否めない。が、早くに公開されて *Door Duisternis tot Licht* の編集・構成を把握していれば、研究者等が発した仮定・推測、疑問が生んだ二次的な誤解は避けられたであろう。そ

れにしても、カルティニの書簡が一世紀以上にわたって読み継がれてきたことは、カルティニの言葉が時間に耐え、人の心に入る側面をもつからであろう。「人は事実を隠して中途半端な情報を提供し、世間の好奇心を煽り、好き勝手に詮索し誤った事を言います」と、カルティニは言う［Kartini 1987: 187］。カルティニを今後どう語り継いでいくかによってカルティニに三重の誤解と苦悩を負わせないよう、我々一人ひとりがカルティニと真摯に向き合う姿勢が求められている。その上で、従来の文脈から離れ、カルティニを理解する道筋そのものを変えて真価を追求する。それが後世に託された課題である。その意味で、カルティニは決して過去の人ではなく、「これから」の人である。

資料I　*Brieven*［Kartini 1987: 62-75］より「1901年8月8-9日付アベンダノン夫人宛書簡（創作物語付）」翻訳資料

　資料Iは *Brieven*「1901年8月8-9日付アベンダノン夫人宛書簡（創作物語付）」［Kartini 1987: 62-75］の翻訳である。1911年版と1987年版に重複する文章をイタリックにして、アベンダノンの編集を可視化した。資料IIはパネ抄訳インドネシア語版「1901年8月8-9日付アベンダノン夫人宛書簡」［Kartini 1985(1938): 94-96］の翻訳である。両資料を比較検討することによって、1911年版およびパネ抄訳版における編集の恣意性を認識することができる。
（本文中、*Door Duisternis tot Licht*［Kartini 1911: 170-175］と重複する文章を斜体で表し、アベンダノンの編集を可視化した）

1901年8月8-9日
最愛の奥様、
　前回のお手紙からお疲れと拝察し悲しく存じ激励いたしたく、楽しい語らいをお忘れのご様子、明るいお気持ちになれますようにと幸いにもアイデアが浮かび、お笑いになって元気を出して頂ければ本望、そこでお許しください。私は罪を、盗みを ── ある独身女性の日記を持ち去り、その写しをお送りします。このような無礼を御許しください。奥様のために悪事を働きましたことに、さらに落ち込んでしまわれるかと拝察申し上げます。が、由々しき事は簡単に除けます。火中へ捨てればよいのです。
　いかがお過ごしですか。つつがなくお過ごしのことと存じます。こちらの皆も変わりございません。
　牡鹿の頭彫を注文いたしました ── お支払いお願い申し上げます。この前の繰越金がf. 0.80あります。
　では、センチメンタルなオールドミスをお笑いになって、お元気になってください。
　ご多幸をお祈りしつつ、奥様にキスをお送りします。

　　　　　　　　　　　　　　　　　　　　　　　　　あなたの愚かな娘、K.

若い女性の人生の中の数時間
── ひとりのセンチメンタルなオールドミスの思い出 ──

　あなたを決して忘れはしない。そして私の人生に新しい太陽が生まれた 1900 年 8 月 8 日を。暖かい光が私の餓えた心を元気づけ、私は汚れのない新たな活力を得て私の人生に不可欠となったその光に幸福を感じ、それ以来、私の人生の水平線に照り輝く我が麗しの黄金の太陽！　善良なる神々に選ばれたご夫妻が、過酷な人生で死傷を負った三人の少女の魂に新たな命を与え、蘇らせた最高の日を忘れはしない── まるで昨日のことのよう！

　私はベランダに座り、料理道具を取り囲み忙しく手を動かし、休みなく口も動かしていた。「やんごとなき方」を迎えることに姦しく、妹達はその客人に対し思い思いのことを語り合っていた。
「少なくとも『お殿様』についてはわかっていてよ」
「話して」
「それほどお若い方とは思えないわ」
「それは私もなんとなくわかるわ。ところで、『彼女』はどのような方なのでしょうか」
「お若くはないでしょうね。お背が高くて細身だけれどがっしりして、鼻眼鏡をかけ、絹を纏い、バタヴィア出身の誰か様のように、『呪われた惨めな僻地』であるこの地を醜いと思い、嫌い、全てを見下す。絶対にそう！」
「そして何かにつけて格好をつけて」
「ディナーの時には着飾って、もううんざり」
「ばかなこと」
「いいえ、恐らく孔雀みたいでしょうよ……」
「まだ何も分らないお客様に対しよくない想像ばかりして、恥を知りなさい！　優しいお方かもしれないわ」
「そう思いたいわ！　でも『彼女』は高慢で冷ややかに我々を見下し、下等な動物を見るかのように。私はヨーロッパ人でカンジェン・ニョニャ Kangdjeng Njonja であり、あなたはただのジャワ人にすぎないのよ、という具合にね。このような経験は初めてではないわ。前にもそうだったでしょう」
「あなたが悪態を吐くから私は多くを語らないけれど、『彼ら』を良い人だと思う。『彼』に好感をもっているわ」
「どうしてそう思うの。なぜ、『彼』のことが好いとわかるの」
「それはね……」
　その時、客人の到来を告げるガムランの音がして、我々は喜びに満ちた調べに慌

て、立ち上がり客を見に急いだ。我々はプンドポやアルン・アルンがよく見え、そして相手から我々が見えない食堂のドアの後ろに、身を隠した。馬車は既に公邸の門の中に入り、客人を目にして、我々の裡に幸福な歓喜と温かい感情が湧きあがるのを感じた。後部席の夫人の横に客人より身分の低いホスト役の父が、そして向かい側に主客が座っていた。進行方向とは逆に、前例のない光景！　何と気取らない方でしょう。

「気に入ったわ」と、歓びの明るい声で叫んだ。

「どうしてわかるの」と、意地悪な応答があった。

「気さくな方！　よかった！　ステータスなんて気にしていらっしゃらないわ。気に入ったわ」

「彼」は馬車から飛び降り客人を待つ母のもとへ階段を上り、その後方に優雅な夫人が鳥のように軽々と車を降り、階段を上った。

「まだお若くて、優雅なこと！」

「そしてなんとお美しい面立ち……」

「まるで少女のように軽やかに降り立って、優雅に歩いていらっしゃる」

「痩せ過ぎのご年配のご婦人はどちらに？」

「御髪の薄い白髭のご老人はどちらに？」

「でも、的中した事もあるわ。お背がお高くて、白くはないけれどお髭をたくわえていらっしゃる」

「さあ、はやく。後ろをご覧になればこちらが見えるわ！」自室に飛んで戻り、程なくしてお目通りとあいなった。

「お早く！」──ドアのノブを持ったまま妹は叫んだ。

「手を洗うの、少し待って」

「急いで。私は『彼女』とお近づきになりたいの、お近くで拝謁したいの」

手に手を取って我々は牧場の仔馬のように駆け出し、我々を隔てるドアのところまで来た。

「列をなして歩かないのよ。アヒルのように見えるでしょう」

「あまり離れないでね。恥ずかしいわ」

ほとんど一歩も進まないうちに、こちらを向いて座っていた長官は気付き、我々の方へ近づいて来た。おお！　なんと親しみのあるご尊顔！　愛情に満ちたお優しい眼差し！　立派なお声！　そして、お心のこもった握手！　彼女が立ち上がって、こちらへと……。お優しいご尊顔を生涯で初めて拝見した時の心境を、どのように表現すればよいのだろう。初めて目が合いお声を拝聴した時のことを、そして最初の握手の時の気持ちをとても言葉では言い表せない。何か予感めいたものが、幸福感のうちに『彼女』が私の人生に大きな意味をもち、出会いは私の人生におけるター

ニングポイントであり、互いの間に流れる温もりをその時に感じた。見つめ合い、手を取った時に一体感を得た喜びに満たされ、声は私の琴線を揺さぶった。

　我々はそこに座し、私は「彼女」の隣で聞き話し、夢の中であった！　心が高鳴る、どうして。「彼女」は立ち上がり ── 私は「彼女」に随って木彫工芸をご覧に入れた。見事なジャワ文化の工芸品の前に二人は佇み、「彼女」はそれを熱烈に賛美し ── 突然、私は肩に優しい温か味を感じ ── 白魚のような手が親しみを込めて置かれ、今までに覚えのない優しい御手に温かさが全身を駆け巡り！　「私と一緒にバタヴィアへ行きたいと思いませんか」と、優しく「彼女」は尋ねた。

　歓喜の驚きをもった眼差しで、「おお、奥様、歓んで！」と、天にも昇る心地で答えた。

　「本当に、本当に、行く気持ちがあるのですか」

　「喜んで、いつでも行きたいのです ── が、私がそうしてもよいかどうかを尋ねてください」

　「パパとママのお許しがなければ、どうするの」

　「だめだと思います」と、私は声を落として悲しく答えた。

　「尋ねに行ってきます」

　わずかな言葉をその昼に交わしただけなのに、離れてみると、二つの美しい魂の邂逅が忘れられなかった。今までに自覚なく、直に好感をもつような強い印象を私に与えた人はいなかった。愛情と共感が私に押し寄せ大きな喜びで気付く前に、もう私の心の裡にあった！　客人に対する愛情と共感で私の心は幸福に満ちた！　私はベッドに横になり冷たい枕に顔を沈め、高鳴る心臓に両手を強く押し当てた。

　「食事をとらないの」と、遠くから聞こえて来るように思えたが、声の主である妹は私の側に立っていた。

　「眠いの、お食事は？」と、妹は再度尋ねた。

　「食事？」と、私は不思議に思って妹の最後の言葉を繰り返し、一瞬理解できずに妹を見つめた。

　「猛烈におなかを空かせていたでしょう」

　ああ、思い出した。食事をとっていなかった。ライスターフェルの準備をして客人を待っていたのだ。「お腹が空いていないのなら、おしゃべりを再開しましょうよ」

　「私も！」「私も！」と、叫び声とともに妹はベッドへ、戯れる子犬のように枕を床へと放り投げた。

　「ねえ、ねえ、彼女はばかでもなければお高くとまってもいなかったわね」

　「彼女は天使よ！」と、妹が熱く言った。

　「そうね。ここへ何をしにいらしたのか分かっているの。非常にご立派だわ ── お父様と寄宿学校について会談にいらしたのよ。現地人の女子のための寄宿学校を設

立したく思っていらっしゃるのよ！　ご立派だと思わない。今の子達は幸せね。私達も子供だったら。どうしてこんなに歳をとってしまったのかしら」
「本当に。嬉しいわ、何もかもが！　私の手に触れてみて、こんなに冷たい！　何と素晴しい方々でしょう！」
「ほんと、堅苦しくないし、カンジェン・トゥアンやカンジェン・ニョニャではないわ！　でも、なんと簡素でオープンな方でしょう。もう何年も前から知己ように思えるわ！」
「私たちの前では長官や長官夫人ではなくただのアベンダノン夫妻、この世で最善の方々だわ」
「目は特に輝きを湛え、単に善良さを表すだけでなく、もっと高貴なものよ！　それはきっと高き所の輝き、天国の火の輝きだと詩人なら言うでしょうね。彼は単なる俗人ではないわ」
「『彼女』も敬うべき方のようね！」
「かわいいアクセントでお話しになることに気付いたでしょう。オランダ人でない。そう思うでしょう」
「気付いていたのね。『彼女』がバタヴィアと言ってその後にパパ、ママと言った時に、そう思ったわ」
「私も即そう思ったわ。ドイツ人ではないわね」
「ちがうわ。たぶんイギリス人よ」
「私はちがうと思う。私が考えるところによれば……」
「ニィ、ニィ」と、突然呼ぶのを我々は聞いた。次の瞬間、母が我々のベッドの側に立ち、我々は恭しく床に滑り降りた。「いと優しきお方、それはママ」と、我々三人は声を揃えて言った。
「結構、皆の者」
「本当に」と、我々は驚いて叫んだ。
「ニィ、ティニィ」と、床に散らかる枕を冷ややかに見ながら、母は続けた。「あなたは静粛にすることを習得することはないのですか。料理が終わらずまだすべき事があるのに、姫たち Raden Adjengs はベッドに寝転がり、見た事の品評会をしているのですか」
「ああ、ママ、私はとても嬉しくて！　もう終わったわ！」
「今からすぐに始めて、5時には出来るわ」
「お出かけって、ママ、どちらへ」
「もちろん、ビーチです。お客様方とご一緒にね」
彼女と一緒に美しい浜辺へ！　大好きな場所へ彼女と一緒に！　もし「彼女」がそれを喜ぶのであれば！

「ところで、お客様をどう思いましたか」と、我々は尋ねられました。
「彼女は人間ではありません！」
「どういうことですか」
「天国から降臨した天使です！」私が父を見た時、父は開口一番に「ご夫妻ともによい方々だね」と言った。
　すばらしい！　父もまたご夫妻に流れる愛情を感じていたのであった。
　「『彼女』があなた達に接するのを見て、オーフィンク夫人を思い出しました。夫人はオランダ人ではなく、スペインのお方です」
　スペイン人——私は急いで告げ、妹達は大いに関心を寄せた。「彼女」には異国情緒があり、南国の暖かさを感じた。ピクチャレスクで魅力的なロマンティックなスペイン人！　新しい出会いに有頂天になった！
　宵闇の中を客人達は美しいビーチへ一足早く出かけていた。黄昏時に、彼女と身を寄せてそぞろ歩きができるとは、なんとすばらしいことか。心臓が高鳴り続けた。きらめく知性、心の気高さ、思慮深さを伴う輝かしい言葉を耳にして、魔法にかかったようであった。それは温かい心証、気高き愛の証であった！　続いて素晴しい発見をした。彼女は自然の美に対して畏敬の念をもち、海に対して親しみを覚えセーリングはもとより、アウトドアライフを好み我々の場所を素晴しいと思った。彼女は絵を嗜み、文章も書き、音楽を奏で、我々のジャワ文化も含めあらゆる芸術を敬愛し、おお！　8ヶ国語も堪能であるとはなんたる賢者！　滅多にお目にかかれない優れた才能をもった女性！　この後が最高だった。クレイン・スヘフェニンゲン——幻想的な素敵な所で、彼女が女性解放に理解ある強力な支持者であることを知った。数時間前まで見知らぬ他人であった二人の人生が共鳴し、一層強く惹かれた。クレイン・スヘフェニンゲン、何と美しきかな！　殊に黄昏の美しさは！　後にも先にも見た事がないほど美しく！　讃えるべき人物の到来を既に予感して——だから、最高の美を見せたのか。
　私は再び淡い金色の月が銀色の光に幻想的に照らした美しい浜辺を見た。それは、果てしなく揺れ動く海に、月光が何百万もの粒子となってたゆたう金と銀が永遠に煌めいて、海に鏡のように映っていた！
　私は再び椰子の緑の葉擦れの音を聞いた。それは大きな銀色の羽が夕暮れの風に愛想よくそよぎ、愉快に我々の頬をかすめ、耳元でカサカサと音をたてた。
　その葉擦れの音は、純白の砂浜に浮かれ騒ぎ向こう見ずに砕けるときのやわらかな打ち当たる音と、美しく調和した。
　それは美しい夢！　幸福な夢であった。そして我々は、銀色の月光の浜、金と銀の交じり合う海、薄明かりに輝く星たちと銀色に縁取られた綿毛の雲で飾られた美しく青き空、揺れて銀色に輝く椰子の木、葉擦れの音と波がやさしく砕ける音のす

る幻想的な世界の中で座り、我々の真ん中に新たに見つけた高価な宝石を置いて、高まる歓喜と共に、我々の前に金と銀が永遠に輝く海、そのはるか彼方の異国の御伽噺を語る旋律の美しい声に黙って、耳を傾け享受した ── スペインという神々しく美しい彼女の祖国から、温暖な気候、実り豊かな果実の木、広がる青空、美しい月夜、野や海に人々の笑い声が響き ── 彼女のスペインと我々の東インドが彼女にその思いを馳せさせた。彼女は尊敬する二人の女性を挙げた ── 彼女の母親と長姉。彼女を今ある姿、我々の愛すべき善良なる天使に育てた女性であった。

姪御様 ── 気心の合うお方でいらしたのに昨年永眠、「彼女」はまだ喪に服し ── は才能豊かでスペインで医師の資格を取得した最初の女性であった。我々の愛しい天使である彼女も勉学を続けたかったが、ご母堂様がそれを許さず……。

我々は公邸内で再び座っていた。「お姉さま、喜びの表情でチターを演奏とは、なぜですか。知らない人に聞かせたくないのでしょう」

「わからない。偶然そうなったのよ」と、妹に後ほど思い出を語った時、「ご夫妻のために演奏してとても嬉しかったわ。他のチターが故障で合奏ができなかったことが残念。そうできればもっと素敵だったでしょう」と、私は言った。

彼女はテーブルに置かれた我々の大好きなバラを非常に美しいと感じた。バラを見て西洋に思いを馳せ、生まれ故郷のプエルトリコにもある美しい花々を思い出したからであった。好みや振る舞い、考え方に一致を見たのは喜びであった。食後、ベランダに佇み、住居部分に通じるプンドポでガムランの音が流れ、優雅な舞踊が披露され、一方、芸人がプンドポの下で人々の笑いを誘っていた。

彼女が強い関心を示した我々の美しい音楽であるガムランについて我々は語り合い、彼女が賞賛を惜しまない優雅な舞踊など、ジャワ人とその芸術についても話し合った。

「夫はあなたの民族のことをよく話します。夫は心からジャワ人が大好きです」と、「彼女」は言った。

「存じております。ご主人様はジャワ人に教育を与えようとなさっていらっしゃいます」と、私は言った。

「そうよ、あなたはご存知なのでしょう。夫はお父様にそれを話すためにここへ来ました」輝くその目が私には、「それについてどのように思うのか」と、尋ねているように思えた。

「ご主人様には感謝申し上げます。ご立派です。大きな前進です。しかし、教育を受けても早晩女子は旧態依然とした社会に戻らなければならず、結婚しかありません。職業教育を与えてくださされば、大勢の女子に降りかかる災厄の代わりに福が来ます」と、言った。

「あなた、お聞きになって。こちらのレディーが女子のための職業教育を尋ねてい

らしてよ」と、お声には喜びをともなう驚きがあり、その黒い瞳の中の眩い炎で私も心も温かくなった！　長官は驚き、友好的に見抜くような視線で、私の心を読むようによく通る声で、「本当に、原住民女子の職業訓練を望むのですか。何になりたいのですか。医者ですか」とお尋ねになり、私は頭の中を駆け巡る考えを抑制して、沈黙した。「知っています。ライターですね。でも、教育は必要ありません。勉強をしなくてもなれます」と、気さくに仰せになった。これ以上何も言うなと、父の黒い瞳は語っていた。

　しかし、もう叱責を気にしない。聞いて頂き理解される歓びの方が十倍の重みがある。私はこれまでの思いの丈を話した。自分の裡に溜め込んだ全ての事を、今やっと私の側に立って聴いてくださる人を見つけた！「あなた、こちらのレディーと私は賛成です」と、彼女の繰り返す叫びが天の調べのように私には聞こえた。「夢！我々ジャワ人女性は夢をもつことが許されません。ただ一つ許された夢、それは今日明日にでも両親が決めた相手に嫁ぐことです！」と、私は苦々しく言った。「いいえ、たくさんの夢があるにちがいありません」と、優しく愛情をこめて私を見つめ、勇気付けてくださった。

　12時を過ぎたので我々は別れた。彼女は私の肩に手を置き、「これでお別れをするのではありません。我が友よ、文通をしましょう」と、彼女は私の手を取って見つめた。「望むところでしょう」と、手を取ったまま彼女は言った。「はい」と、私は弱々しく言った。声におどおどした感じをともなって……。

　我々の部屋の灯は消え、私はベッドに横たわり黙って壁に顔を向けた。妹達は私の胸の高鳴りが聞こえなかったのであろうか。私は気を静めようとした。私は夢うつつでカルディナの声を聞いた。「明日、お客様に御供するお許しが出なければ、お姉様のせいよ！　なぜあのようなことを言ったの。パパとママが落胆していらしたことに気付かなかったの」

　私は答えなかった。今の私には、別世界からの声のように思えた。私は信じ難いほどの素晴しさの中に浸っていた。話しかけないで、私を一人にして、私は今幸せの只中にいるのだから！　喜びで酔いしれた瞬間を幾度も思い出し、彼女の心から溢れ出た素敵な言葉を何度も繰り返し、眠ることができなかった。私は心をときめかせて素晴しい人物の名前を口にしつつ、夢の国へと出航！

　翌朝になって母が私を呼び、「あなた方はパパと一緒にクドゥスまでお客様のお供することを、妹達に告げるのです。最初の予定ではスマランまでお供することになっていましたが変更になり、スマランへは直行せず先ずパティへいらっしゃいます」と言った。ということは、お見送りすることが許されたのだ！　私は両親に深謝した。両親は我々を幸福にしてくれた。我々の出過ぎた行動は確かに危険であったが、我々

は敢えてその危険に挑戦したからこそ、新しい友の支援を得ることができた。

彼女を乗せた立派な乗り物が駅へ向ったことを、忘れることができるでしょうか。それ以来、人生が充実！ 少しは楽しい事もあれば失望や悲惨な時も、酷い痛手を受けた時も苦しみ悩んだ時も私は生き抜いた！ その1年は、21年間を一まとめにした以上の充実感のある偉大な1年間！ そして、その日のことは私の心中で澄明かつ鮮やかなわずか数分の出来事のよう、365×24時間も前とは思えない！ 人生における偉大なる救済を思い出すと、なおも心が熱くなり魂が高揚して奮え、私は目の前の全てをもう一度確かに見据え ——「彼女」は水色のシンプルなコートを着て、まだ若い面立ちにかかる金髪のふさふさした髪には青に白の縁取りをした蝶結びの付いたかんかん帽をかぶっていた。約束通り我々も青 —— 誠実の色を身につけた。

誠実には愛以上の意味があり一層偉大な力が求められ！ おお、青い服の下で高鳴る若い心は、我々が着用する青色が意味する誠実を、生涯保つに十分な力がありますように！

馬車は神がお与えになった最高に素晴しい象徴で満ち、すなわち「誠実」は輝く太陽の道に、微笑む並木道に沿って、黄金の輝く草原の中に！ 自然は、歓喜の空気と太陽の閃光の中で震える我々の魂との調和における、微笑と光であった！

この至福の出会いがもう終わってしまうのか。一緒にいる時間をもう少し長引かせることはできないものなのか。

「我々がここにもっと長く滞在したいと心から思うことを、あなたはわからないでしょう。夫はお父様にもっと話すことがあります。私はあなたにお話したいことが多くあります！ でも、夫の時間は非常に限られ長居できません。時間に魔法をかけることができれば、あるいは我々と一緒にあなたがバタヴィアへ行くことができれば、最高でしょうね！」

「お越し頂きましたことに心から御礼を申し上げます」—— 彼女は黙って私の手を強く握り、私は彼女を二度と失いたくなかった。おお！ 親愛なるやさしい手、このまま温もりを感じていることができれば、善行を成す力を強め、私を悪から救い出す！

「気取らなければ互いの理解が深まる」と、私が甘い秘め事を黙っていられず何も隠し事がなくなった正にその時、彼女は言った。「ご夫妻と出会い、夫人と親しくなり、このような大きな共感をもつことができたことを、私は心の底から幸せに思う」と、私は言った。

それは、彼女と過した至福の時であった。私は喜びに酔い、幸福に酔った！ 羽根でも生えたかのように、微風が青空へ、輝く光へと運んでくれるような軽快な気持ちになった。

これが幸せでなければ幸せとは何だろう。我々の小さな心が喜びの鼓動を打つ瞬

間、我々を光の中へ、歓喜のなかへ、非現実の世界へと誘う喜びにむせぶ瞬間を、閃光のように短くも思え、長くも思え、それは幸福の余韻。

「私がいつも幸せだとは思わないで。長い間悩み続けました。私が身の上を話して、今のように幸福になる前に酷く不幸であったことをお伝えすることは、勇気ある者がいつかは勝利するという強い信念をもち、未来に希望をもって戦い続ける勇気をあなたに与えると思うからです」と、彼女は言った。

そして、波乱万丈の女性の人生を感動して聞いた。長い間の深い心傷と絶望的な夜を幾度も過し、日の出は来ないと思えた日々のことを。そして、心痛の暗雲の中に幸福の光が射した時、彼女は喜ぶどころか不安で希望なく幸福に当惑したのだった。私は話に聞き入り、感じたことを託す意味で彼女の手を握りしめた。目に愛情を湛え暖かい声で語る彼女は、天から降臨したかのようであった。彼女は率直に「私はあなたが好き！」と感情を伝え、私の心にストレートにひびき甘美な思いをもたらした！　私が何を言おうと何をしようとも私の感情を瞬時に捉え、私の感謝の念を読み取った。

愛を受けた人は幸福になる。愛をうけることは幸せ以上のことを成すのである……。

私を見据え確たる声で、「高貴な目的のために、あなた自身を捧げることができますか。人生をもっと素晴しくするために、貴重な働きを成すためにご両親のもとを離れることができますか」と、彼女は尋ねた。鼓動が激しくなり血が心臓にどっと流れ込み、その熱き血潮で頬が紅潮し、体調が変になるのを感じて……。

「クラスの前で立ちたいと思いませんか。子供の人格を形成し導きたいと思いませんか」

天国の門が一気に開き、永遠の美が私の目前に広がった瞬間であった！　長い間の夢！　起きたら覚めるただの夢ではないのか。否、また声が聞こえた。頬が紅潮するのを感じ、優しく私の腕をつかみ、彼女はもう一度尋ねた。「あなたはそうしたいのですか」と。「奥様！」という私の声は震え、「私には失うものはありません。夢の実現なのですから！」と、言った。彼女は目に微笑みを湛えて私をみた。「しかしながら」という私の声は小さくなり、「それをお受けすることは許されません」と、言った。

「なぜ許されないの」

「私にはその備えもなければ、教育もありません」

「いらないわ。あなたのままでいてください。子供達のお姉様として。子供達を導き、お手本になってください」

「でも、教えたことが全くありません。何も知らずに、どのようにして教育することができましょう」

「教育を受けたいのね。そうねえ、修道院の学校かどこかそのような所へ行ってみたらどうかしら。それなら大変なことではないわ。でも、ご両親様はどうお思いかしら。お許しになるかしら」

翳が私を被い、幸福の輝く太陽が暗くなった！　私は頭を振り、ゆっくりとその難しさを語った。天国での夢見心の気分から地上へ引き戻された心境であった ── 現実の冷たい世界へ。「許されないことでしょう」と、私は言った。

「いいえ、許してくださいます。あなたのお父様なら大丈夫ですよ。お父様と考えを分かち合うことができたのですから。でもお若くはないし、思い通りに事が運ばなかった経験もいろいろとおありのようですから、この件でもご心配なさるのでしょう」

「いいえ、奥様。私には許されないことです」

「夫もそのことを心配しています。昨夜、夫にあなたのことを話しました。夫はそれをよい案だと言いました。でも、ご両親様が賛成なさらない事を危惧しています」

「そうおっしゃったのですか」

「でもあなた、あなた自身はそれを望んでいるのですよね」

「はい、千回はいと申し上げたい」私の方へ伸びた彼女の手をとり、喜ぶ私を映した瞳には愛情が湛えられていた。

「そうです。我が友よ！　勇気をだして未来を信じなさい。あなたの前に一筋の道があります。このままではいけません。夫はお父様と文通をします。私はあなたとそうします。あなたはここからもっと広い世界へ行かなければなりません。勉強することが可能な所へ、立派な心の人々と交流できる所へ」

御声は私の耳には歌うように聞こえ、「彼女」は考え感じ経験した心に宿る美について、みごとに私に話した。輝く心をもつ気高きご主人様が、敬愛するご母堂様や奥様のような女性を育成する仕事を行いたいことを、彼女は語った。また、立派なジャワ人の事、そして、ジャワ人の友人である立派なご主人様がジャワ民族の地位を向上し、その社会的状況を改善し豊かにするために、確固とした意志をもって推進する事を、彼女は語った。オランダにいる風変わりな名前の強くて善良なご子息様や、母親を大好きで母親に愛された幸福な子達との親子関係について、彼女は語った。美しい御声から、私は次のような寸劇を思った。若き女性がピアノにむかい、側に母を見つめる幼な子がいる。子は母に「なぜ悲しいの。顔色が悪いよ。頬は紅くならないの」と、尋ねる。女性はピアノの椅子から飛び降り、目には涙を溜めてその子を抱き、父親のもとへ連れて行った！

最初の駅に到着、トラムに乗り継いだ！　蒸気の怪物よ、鉄のレールの上を飛ぶように進まないで。この素晴しい出会いを、この夢のような一緒の時を、我々の幸

福を続行させて！
　「この旅に終わりがなければいいのに。クドゥスに永遠に着かなければいいのに」と、妹は我々の思いを述べた。
　ご夫妻は我々がバタヴィアの御宅へ来て泊まるようにと父に迫ったので、ついに父はそれを真剣に考えると言わざるをえなかった。「しかし、彼女は奥様の所へいきません」と、父は私の方を向いて言った。そして、「彼女は母親と家にいなければなりません。もし、我々がいつの日にか行くとしても」と、言った。私は愚かにもそれを信じてしまった。再び駅に着いた時、我々は下車した。我々の天の御使いが優しい手ずから注いだお茶を、お断りする気は毛頭なく、飲む気はしなかったけれど頂いた。夫人自身が我々にお茶をふるまうことは、これが最初で最後ではないだろうか。彼女が親しみを込めた言葉とともに、にこやかにカップを手に注いだ熱いお茶を、我々は天の飲み物のように感じ、深謝して頂いた！　汽車が来た。
　「タベー、ウェドノ Tabeh Wedono」と、親しく言うのが聞こえた。そして長官がウェドノのW氏に手を差し伸べ、「彼女」は夫にしたがって白魚のような手を彼に差し出すのを我々は目にした。ウェドノがスンバ sembah の後、敬意を表して握手をした。挨拶の仕方に感動した。我を忘れなければ、素晴らしいシンプルさと愛情ゆえに、そうしたかもしれない。今までに例外なく、ヨーロッパ人とジャワ人の間には悲しいくらい差がある。我々はヨーロッパ人がジャワ人を見下すことを、苦々しく思う。高位の者は低い者に対して「尊敬の対象」であるように振舞うと、兄は言う。これまでに自分を半人半神と思う高位の者に何度か出合ってきたが、今回は高位であっても気さくで愛情がある、本当に気高いご夫妻に、我々は励まされた。パティへの旅路はハイライトであった。長官は旧友との再会を喜び、長官と一緒に仕事をした現地人官吏はその数年後、ジュワナ Djoewana 近郊の地方裁判所の長官になった。私は夫妻の心の立派さに惹かれ、賞賛が高まるにつれ、一層お二人のことを知りたく思った。
　おお、叫び声をあげたモンスターは減速して静まった！　我々を急かさないで。昨日共にいて、もうお別れとは。
　しかし、汽車の釜焚きは私のことなど耳に入らず、たとえ聞こえたとしても、愚かな娘の願いに耳を貸さなかったであろう。汽車は静かに線路を滑るように入って来た。構内は平時にものすごい嵐となった。多くの人がいたので、我々は後方に下がった。我々は車内で彼女のハンドバックやハンカチや扇子を置く等、最後のお手伝いをした。出発の合図が鳴った。夫妻が我々の方へ来た……。
　私は猛烈にこみ上げる嗚咽を必死で堪え、彼女と向かい合って立ち、黙って涙でかすんだ目で見つめた。彼女は暫く私の手を取り、「あなたは辛い戦いをしています。勇気をもって立ち向かってください。希望と信念をもって！」と、言って優しい手で

温かく強く私の手を握り、そして、愛情に満ちた目で見つめ、彼女はプラットホームに立ち「もう一度手を差し伸べてください」と、言った。無情のベルが鳴り、その激しい音に胸が張り裂けんばかりに痛んだ。
　ショック！　車輪が動き出し汽車はホームを出て行き、彼女はハンカチを振り、その夫は帽子を振った。汽車は速度を上げた。彼女とその夫は行ってしまった。24時間前まで全く面識もなかったが、今は私の心の中の一部になった！
　我心の最愛の方！　昨日大きな喜びを見つけたばかり、もう別れとは。本当に、いつ再会することができるのであろう。心の中、夢の中でしか会えない。辛すぎる。急ぐ怪物に私の人生の一部を持ち去られたよう！　こんなに辛いとは！
　人生、謎に満ちた人生、いつその秘密を、我々の人生にありえないような事を、誰が我々に明らかにするのだろう。魂の結びつきと言う、偉大なる素晴しいミステリーを、誰が我々に説明してくれるのか。全く出会ったことがなかった二人がたった一呼吸で、たった一言で、わずかに目が合っただけで、強い絆が生まれる不思議な精神的交流を、この神秘を誰が明らかにしてくれるのであろうか。

　　　　　　　　　　　　　　　　　　　　　ジュパラ、1901年8月8-9日

資料Ⅱ　パネ抄訳版 *HABIS GELAP TERBITLAH TERANG* より「1901年8月8-9日付アベンダノン夫人宛書簡」翻訳資料

オランダ語版とパネ抄訳インドネシア語版を比較するための一例として、資料Ⅰに挙げた原書簡［Kartini 1987: 62-75］の翻訳中、斜体文すなわち *Door Duisternis tot Licht*［Kartini 1911: 170-175］に基づいたインドネシア語版の翻訳をここに挙げた。

以下の翻訳から、パネの抄訳は原書簡 *Brieve* の約1割、*Door Duisternis tot Licht* の約3割にすぎず、カルティニの真意が十分に伝えられていないことがわかる（第6章第3節参照）。

パネ抄訳版 *HABIS GELAP TERBITLAH TERANG*
［Kartini 1985（1938）: 94-96］

　　　　　　　　　　　　　　　　　　1901年8月8-9日アベンダノン夫人宛

　再び見えたのは、綺麗で愛らしいくすんだ金色の月の光に照らされ、波打つ涼しげな水面にキラキラ光る浜辺、そう、限りなく広く、金色に輝きたゆたう浜辺であった。

　私は、緑の椰子の葉擦れの音を聞いた。それは、夜風に吹かれ、大羽の如くゆらゆらと、頬を撫で耳元で囁く。椰子の葉のそよぐ柔らかな音とともに、浜辺へと追いかけあう小波は、燦々と輝く白浜で砕けた。

　それこそが夢だった。美しい幸福の夢を見た！　まるで夢の世界にいるように、私達は美しく麗しいもの全てに囲まれ座っていた。浜辺のさざ波、白い月光、金と銀に輝く海、星が散りばめられて輝く青空、そして、銀色の光に照らされ風にそよぐ椰子の葉擦れを、私達は波音の拍手の只中に座って聞いていた。それは新しく得た宝石のような記憶であった。私達は座って美しい音を聞き、心が満たされ安らかで、ゆっくりと湧いてくる歓喜の嵐を感じ、我々の前に広がる金銀に輝く海の遥か向こうの遠い異国の調べ、清らかな、ふるさとの歌を聞いた。

・・・・・・・・・・・・・・・・・・・・・・・・・・・

　私は駅までお供した時を決して忘れない。既に1年があっという間に過去となり、不安を覚えて過すには十分すぎた。朗らかで大喜びする自分がいて、悲しく泣く自分がいて、最高に幸せと感じ、しかし同時に望みを絶つ事に何時間も迷い、地獄の苦しみを感じたこの一年は、私がこれまで生きてきた21年間よりも長く生きたように思える。そのように私の記憶は燦々と今も描き出されるが、私達が共に過した日はまだ数分前のことに感じ、365日×24時間が過ぎ去ったとは思えない。私の人生

に幸福と平安をもたらしたその日を思い起こせば、甘美なその時を思い出して今も心は震える。私は奥様が水色の服を御召しであったことを、鮮明に覚えている。私達は奥様と約束したかのように、ブルーの服を着て ── 青は誠実の印。
　trouwen（setia）誠実、シンプルだが何と意味深い言葉だろう！　誠実という約束を結ぶには、愛という約束の時よりも、心を強くもたなければ。ブルーの服の下で鼓動を打つ心は、今も彼女を慕うことができ、そしてその座右の名は、私達が着用した色、それは正に忠誠であった。
　・・・・・・・・・・・・・・・・・・・・・・・・・・・・・・・・・・・・
　私達が共に過した時間は、私には宝石のように感じられた。私の心は豊かで幸福であった。私は鳥のように軽やかな気持ちで、少しの風で青空へ飛んで行きそうに思えた。
　幸せを享受したことを再度述べるとすれば、それは我々が嬉しい時ではなく、心が歓喜の声をあげた時であり、胸が張り裂けそうで心臓が高鳴る時ではなく、我を忘れて自分の好きな事を求め、それが実現すると自身が感じる ── 稲妻のような瞬間だったけれど、過去の心地よい幸福感が残された跡がある。
　愛を得て、愛を維持した時のみ、人は心地よい幸福を蘇らせる。
　・・・・・・・・・・・・・・・・・・・・・・・・・・・・・・・・・・・・
　汽車に再び乗り込み、出発しなければならなかった。
　獰猛で悲鳴をあげゆっくり走ってきた。さっさと別れの場に到着しないで、我々を放っておいて。昨日お会いしたばかり。でも、釜炊きは我々なんかお構いなし……。
　奥様は私の手をずっと握り、「あなたの戦いは非常に酷だが、強く勇気を出して元気出して、信じぬくのよ」と、仰せになりました。
　奥様はハンカチを、ご主人様はトゥドゥンを振ってくださった。汽車は速度を上げた。ご夫妻は行ってしまわれた。遠く、我々から非常に遠い所へ。わずか24時間前まで全く存じ上げなかったが、しかし今、ご夫妻はすでに我々の命の一部となって人生と密接にかかわりをもっていらっしゃいます！
　ああ人生、謎に満ちた人生、あなたがその幕を開けるのはいつのか。

資料 III　カルティニ関連年表

年	カルティニ		インドネシア&オランダ		世界
1861	チョンドロネゴロ4世、オランダから家庭教師を招聘	57	ワヒディン誕生	69	スエズ運河開通
		60	Max Havelaar 出版	76	電話発明、電車発明
		64	ELS に現地人入学許可		
1879. 4.21.	カルティニ誕生	70	自由主義政策へ移行		インド国民議会結成
1885	ヨーロッパ人小学校（ELS）入学、レッティーとの会話	71	ウトヨ、リファイ誕生	79	エジソン電燈発明
		73	アチェ戦争 (-1904)		
1891	pingitan（婚前閉居）に入る	81	バタヴィアに電話会社設立	85	自動車発明
	長女スラストリおよび長兄スラメットとの確執、			86	英、ビルマ併合
	オーフィンク=スール副理事官夫人にオランダ語で手芸を習う	82	チョクロアミノト誕生	87	仏領インドシナ成立
		84	H. アグス・サリム誕生		
		85	チプト. M. 誕生	89	パリ万国博覧会
1895	スラメット公邸を去る、スラストリ嫁ぐ	88	ノトスロト誕生	94	日清戦争 (-1895)
	姉妹のアダットを破り、三姉妹が同室で共同生活を始める		王立郵船会社発足		
		93	OSVIA 設立		
1896	クドゥンプニャリンでの献堂式に参列し、閉居の慣習を破る	94	オランダで SDAP 設立	96	近代オリンピック開催
1897	三男カルトノ留学（オランダ）				
1898	スマランでウィルヘルミナ女王戴冠祝賀会に参列、閉居から解放される、ハーグでの全国女性工芸展にバティックを出品	98	オランダ初の女王即位		
1899	『KITLV 紀要』に論文が掲載される	99	万国平和会議開催、デフェンテル論文「名誉の負債」	99	ブーア戦争 (-1902)
	ステラ・ゼーハンデラールと文通を開始、オーフィンク家東ジャワ・ジョンバンへ赴任				
1900	スマランでローゼボーム総督歓迎会に参列、アベンダノン長官と女子教育問題について会談、バタヴィア・バテンゾルフージョグジャを訪問、アドリアニ博士に会う、De Echo に連載記事を執筆		ジャワ医学校が STOVIA に、ハーグに国際仲裁裁判所設立		義和団事件 (-01)
1901. 3	アベンダノン長官が三姉妹の奨学金を政庁へ申請	01	倫理政策実施 スカルノ誕生	01	ノーベル賞第1回授賞式、シベリア鉄道全通
6	父ソスロニングラット奨学金の件を取り下げる				
8	アンニ・フラーセル、ヨーロッパ人小学校へ着任				

年	カルティニ	インドネシア＆オランダ	世界
1902.	1. 妹カルディナ結婚 4. ファン・コル氏（SDAP国会議員）と会談 6 ファン・コル氏が本国政府に姉妹の留学奨学金を請願 9. オーフィンク家帰国、フラーセル転任	02 M. ハッタ誕生、会談がDe Locomotief紙に掲載される 留学請願が下院にて受諾	02 日英同盟
1903.	1. アベンダノン長官と会談し留学をやめる、覚書「ジャワ人に教育を」を作成、Eigen Haardに記事掲載 4. バタヴィア遊学の奨学金を申請 6. 公邸内に女子のための学校を開く 7. 婚約、奨学金の請願受理されるが辞退する 11. ジョヨアディニングラット（レンバンのレヘント）と結婚	03 東インド地方分権法成立 ジャワ初の現地人女子にる女子校開設	03 飛行機発明
1904.	9.13. 子息スサリット誕生 9.17. カルティニ永眠	08 ブディ・ウトモ、東インド協会結成	04 日露戦争（-05）
1911	Door Duisternis tot Licht 出版	11 イスラム同盟結成	11 辛亥革命
1912.	3. 第二版出版 11. 第三版出版		
1913	カルティニ基金設立、カルティニ学校開設	13 ハーグ平和宮完成 14 オランダ語現地人学校、女子師範学校開設	14 第一次世界大戦（-18）
1922	第四版出版、バライ・プスタカからEmpat SaudaraによるHabis Gelap Terbitlah Terang出版	28 青年の誓い	29 世界恐慌 39 第二次世界大戦（-45）
1938	バライ・プスタカからA. パネによるHabis Gelap Terbitlah Terang出版	42 日本軍政（-45）	
1945		45 独立宣言	45 ヤルタ会談、国際連合成立
1964	インドネシア共和国国家独立英雄（Pahlawan Nasional）となる		
1975	Door Duisternis tot Licht 第五版オランダで出版		
1979	Surat-surat Kartini（Door Duisternis tot Lichtの完訳）出版		
1985	Karini、紙幣（1万ルピア）の肖像画に採用される		
1987	Briven、オランダで出版		

あとがき

　本書は、カルティニ生誕 140 年を記念して彼女の誕生日 4 月 21 日に刊行されます。

　カルティニが祈念し、解決しようと努めた課題、解決することを願った問題そして解決できなかった問題はもう過去の出来事、と言えましょうか。人の尊厳を問い続けたカルティニを「昔話」としてよいのでしょうか。私達のこの地球上に、例えば、女子という理由だけで学校へ通う権利を拒否され、退学を強いられ、教育の機会を奪われたまま暮らす人々が、今も多くいます。彼女が投げた問いの本質に私達が気づき共感し、こうして、書簡は各国で読み継がれてきました。本書でカルティニとお出会いになったみなさまとともに、カルティニの記憶を新たにする機会が与えられましたことに、感謝を捧げます。

　本書は、東京大学大学院人文社会系研究科へ提出し、2011 年に学位認定された博士論文「カルティニの虚像と実像 ── 1987 年編カルティニ書簡集の研究」を基に、加筆をおこなったものであります。桜井由躬雄先生、古田元夫先生、加納啓良先生、水島司先生には、博士論文の御指導をたまわり心から深く御礼を申し上げます。先生方には多様性に富んだ「気づき」をたまわりましたこと、研究に対する熱情を覚醒していただきましたことに、今も深謝を覚えます。

　「カルティニの読書」を執筆するにあたり、オランダ領東インド時代の史料のみならず、19 世紀後期から 20 世紀初頭にかけてヨーロッパで刊行された書籍は絶対に必要な文献でした。東京大学総合図書館をはじめ、経済学図書館、法学政治学研究科・法学部研究室図書室、東洋文化研究所図書室、人文社会系研究科・文学部図書室、社会科学研究所図書室、地震研究所図書室、駒場図書館、総合文化研究科付属アメリカ太平洋地域研究センター図書室において、貴重な史料を閲覧する機会に恵まれ研究が前進しました。スタッフの方々のこころ細やかな温かい御対応、並びに、大学創立当初より書籍を収集し守り続けてくださいました方々に思いを馳せ、大変有難く存じました。同時に、上述の「図書館巡り」は、カルティニの読書と彼女のお付き合いの広さを表出すると

いえましょう。

　カルティニが感銘を受けた *Die Waffen Nieder* を鴎外文庫で閲覧しました。ライブラリーリサーチを進めますと、そもそも日本で、英語版 *Lay Down Your Arms* が図書館にある大学は十指に満たず、ズットナーの著作と生涯を収録した The Garland Library of War and Peace（国際連合ジュネーブ本部に納められた Peace Studies の叢書）をシリーズで蔵書とする大学は、東京大学法学政治学研究科・法学部研究室図書室に限られていました。彼女のノーベル平和賞受賞作品が和訳されていない現実、即ち、森鴎外（1862-1922）やカルティニと百年後に生きる私達との情報格差を、重く受けとめました。カルティニ研究を進めるなかで、図らずも足下を見つめ直す機会が与えられた瞬間でした。

　また、カルティニの文通相手が執筆した諸作品との出会いがありました。例えば、エディ Eduard C. Abendanon が最晩年に著した *De Buitenkanten van de Aarde en de Moon* の英語版とフランス語版が所蔵されています。彼はジャワに生まれ育ち、スマトラ島・オンビリで鉱山技師として従事した矢先に、事故で失明の危機に見舞われたのは 1903 年 1 月のことでありました。彼は治療のため帰国、カルティニは翌年に永眠しましたので、会い見えることはありませんでした。その後、彼は地質学者として世界各地を調査し、ハーグで 1917 年に結婚しました。第 2 次世界大戦が勃発しドイツのオランダへの侵攻は、アベンダノンファミリーには「冬の時代」を意味しました。実際に、従妹ネリー・コーヘンステゥアルト N. Cohen Stuart（1881-1964、母がアベンダノン長官の実妹・父が著名なジャワ学者の子息、オランダで医学を修め生地スマランへ戻り医療活動と看護婦育成に務め 1938 年に帰国）は「潜伏生活」を終戦まで続けました。日本軍政下のインドネシア（1942-1945）も、エディ達にとって安住の地ではなくなりました。エディはモナコで研究を続け、1962 年にモンテカルロで客死しました。先に挙げた著書には、人によって国境という「境目」を付された地という概念から放たれて、海と陸を調べるエディの足跡が残されています。淡々と綴られた研究記録の中で、カリムン・ジャワ（カルティニが地場産業振興活動で鼈甲を取り寄せたジュパラ県の島）の調査にあたり「ついに来た」という筆致は、彼の心の裡を表出していました。彼は地球の美を、そして、そこに真理が存在すると述べます。それは、カルティニが残した「我々の美しい地球」という言葉を彷彿とさせます。

桜井由躬雄先生の御指導のもと、それぞれが専門とする研究に励む学友と意見を交え、刺激を受け励まされ、学びを深めることができました桜井ゼミを誇りに思います。

　また、小林寧子様はじめ、折にふれて、青木恵理子様、土佐桂子様にはそれぞれの御専門の立場から貴重な御示唆を有難うございます。さらに、「カルティニの読書」の関係でインドネシア・東南アジアとはまた別の専門の方々とご縁をいただき、大変有益な情報・知識をたまわりました。厚く御礼を申し上げます。

　そしてなによりも、インドネシア──その人々と文化・社会について基礎から御指導をたまわりました土屋健治先生（1942-1995）に、深謝を捧げます。

　本書は、京都大学東南アジア地域研究研究所の地域研究叢書の1冊として、京都大学東南アジア地域研究研究所共同利用・共同研究拠点「東南アジア研究の国際共同研究拠点」の助成により、出版されますことに心から謝辞を表します。その過程で、3名の匿名の査読の先生方から大変貴重な御教示をたまわりましたこと、さらに、共同研究委員会から大変有益なコメントをたまわりましたことに、深謝を申し上げます。京都大学学術出版会の鈴木哲也編集長には非常に建設的な御教示をたまわり、大橋裕和氏には編集を通じて大変お世話になり、そして、カルティニの声が明快に響くように仕上げていただきましたことに、衷心より御礼を申し上げます。

　毎週の専攻科目講義でカルティニを知ったみなさま、本書でカルティニとお出会いになったみなさまと、カルティニの言葉を共有できますことは望外の喜びです。そして、これからも多くの方々へ、カルティニの言葉を伝えることができますよう励んでまいりたいと存じます。

2019年3月21日

富永泰代

引用文献目録

〈定期刊行物・新聞〉

De Echo-Weekblad voor Dames in Indië, Djokja (Yogyakarta), 1899-1901, 1904.
De Hollandsche Lelie, Amsterdam, 1886-1901.
De Locomotief: Semarangsche handels en advertentieblad, Semarang, 1902-1904.
Eigen Haard, Amsterdam, 1903-1904.
Indische Gids, 1904.
Weekblad voor Indië, 1904-1905.
Tempo
    "Edisi Khusus Gelap-Terang Kartini" (223 April 2013): 32-97.
    "Edisi Khusus Hari Kartini: Perempuan Perempuan Penembus Batas" (24 April 2016): 44-128.

〈著書・論文・史料集〉

Kartini, R. A., 1911, *Door Duisternis tot Licht: Gedachten over en voor het Javaansche volk*, bezorgd door J. H. Abendanon, 's-Gravenhage, Semarang, Soerabaya: Van Dorp.
―――, 1912, *Door Duisternis tot Licht: Gedachten voor en over het Javaansche volk*, bezorgd door J. H. Abendanon, 's-Gravenhage: Luctor et Emergo. Naar de 2e en 3e durk herzien.
―――, 1976, *DoorDuisternis tot Licht: Gedachten voor en over het Javaansche volk*, bezorgd door J. H. Abendanon, Amsterdam: Ge Nabrink & Zn. Ge Nabrink & Zn.
―――, 1987, *Brieven aan mevrouw R. M. Abendanon- Mandri en Haar Echtgenoot*, bezorgd door F. G. P. Jaquet, Dordrecht: Foris Publication.
―――, 1985 (1938), *Habis Gelap Terbitlah Terang*, diterdjemahkan oleh A. Pane, Jakarta: P. N. Balai Pustaka.
―――, 1940『暗黒を越えて』牛江清名訳、日新書院(*Habis Gelap Terbitlah Terang*, diterdjemahkan oleh A. Pane, Batavia, 1938)
―――, 1955『光は暗黒を越えて』早坂四郎訳、河出書房(原題 *Habis Gelap Terbitlah Terang*, diterdjemahkan oleh A. Pane)
―――, 1964, *Letters of a Javanese Princess*, edited by H. Geertz, translated by A. L. Symmers, New York: Norton.
―――, 1979, *Surat-Surat Kartini: Renungan tentang dan untuk Bangsanya*, diterdjemahkan oleh S. Sutrisno, Jakarta (*Door Duisternis tot Licht*, bezorgd door J. H. Abendanon, Amsterdam: Ge Nabrink & Zn. 1976)
―――, 1987「ジャワ人に教育を」富永泰代訳、『南方文化』14: 199-212.
―――, 1989, Suat-surat Kepada Ny. R. M. Abendanon-Mandri dan Suaminya, diterdjemahkan oleh S. Sutrisno, Jakarta: Djambatan (*Brieven aan mevrouw R. M. Abendanon-Mandri en Haar Echtgenoot*, bezorgd door F. G. P. Jaquet, Dordrecht, 1987)
―――, 1992, *Letters from Kartini: an Indonesian Feminist*, 1900-1904, translated by Coté J., Monash University.

―――, 2005, *On Feminism and Nationalism: Kartini's Letters to Stella Zeehandelaar 1899–1903*, translated by J. Coté, Clayton: Monash University Press.

―――, 2015, *Kartini: The Complete Writings 1898–1904*, edited and translated by J. Cotè, Clayton: Monash University Press.

Abendanon, E., C., 1957, *The Exterior of The Earth*, The Hague: C. Blommendaal N.V.

Aboe Hanifah, 1944, "R. Adjeng Kartni: Habis Gelap Terbitlah Terang", *Djawa Baroe* 9: 8-9.

Abrams, I., 1972, *Memory of Bertha von Suttner*, New York, London: Garland Publishing Inc.

Adriani, N., 1900, *Laolitai Sesen Taola: het verhaal van Sesen Taola, oorspronklijke tekst in de baretaal (Midden -Celebes)*, Batavia, s' Haag: Nijhoff.

―――, 1902, *Verhaal van Sesen Taola*, Batavia, s' Haag: Nijfoff.

青木恵理子、2012「蘭領東インドにおけるロマンチック・ラブと近代家族 ― ジャワ女性の解放を希求したカルティニの視点から」『国際社会文化研究所紀要』14: 65-84.

Anderson, B., 1983, *Imagined Communities, Reflections on the Origin and Spread of Nationalism*, London: Verso（白石隆・白石さや訳、1987『想像の共同体 ― ナショナリズムの起源と流行』リブロポート）

―――, 1998, *The Spectre of Comparisons: Nationalism, Southeast Asia and the world*, London: Verso.

Anton G., K., 1891, *Geschichte der preussischen fabrukgesetzgebung: bis zu ihrer Aufnahme durch die Reichsgewerbeordung*.

―――, 1902, *Een tot verbond met Nederland*（原題 *Ein Zollbundnis mit den Niederlanden*, Dresden, 1902）

Anten, J., 2005, "De Ontbrekende Brief van Kartini", *Indische letteren*, 20: 24-33.

バークマン，J.（丸山美千代子訳）、1992『知られざるオリーヴ・シュライナー』晶文社：（Berkman. J., A., 1989, *The Healing Imagination of Olive Schreiner: Beyond South African Colonialism*: The University of Massachusetts Press）

ブラウニング，E., B.（小堀トシ子訳）、2013『オーロラ・リー ― ある女性詩人の誕生と成熟の物語』九州大学出版会。

別枝篤彦、1977『モンスーンアジアの風土と人間 ― 民族のエトスを求めて』泰流社。

Bezemer, T., J., [n.d.], *Indonesische Kunstnijverheid*, 's-Gravenhage: Ten Hagen's Drukkerij en Uitgeversmaatschappij, N.V.

Bondan Winarno (ed.), 1979, *Satu Abad Kartini 1879–1979: Bunga Rampai Karangan mengenai Kartini*, Jakarta: Sinar Harapan.

Bouman, H., 1954, *Meer Licht over Kartini*, Amsterdam: H. J. Paris.

Briggs, A., 1984, *Toynbee Hall: The First Hundred Years*, London: Routledge & Kegan Paul plc.（阿部志郎監訳、1987『トインビー・ホールの100年』全国福祉協議会）

Coté, J. (ed.), 1998, "The Correspondence of Kartini's Sisters: Annotations on the Indonesian Nationalist Movement, 1905-1925", *Archipel*, 55: 61-82.

―――, 1999, "Our Indies Colony: Reading First Wave Dutch Feminism From The Periphery", *European Journal of Women's Studies* 1(6): 463-484.

―――, 2002, "Reading Kartini: The Experience and Politics of Colonial Education", In: *Gender, Colonialism and Education: the Politics of Experience*, edited by Goodman, J., London: Woburn Press, 199-224.

―――, 2008, *Realizing the Dream of R. A. Kartini: Her Sisters' Letters from Colonial Java*, Athens: Ohio University Press.
Couperus, L., 1988 (1900), *De Stille Kracht*, Utrecht: L. J. Veen B. V..
De Graaf, H., J., 1984, *Nederlandsch-Indië in Oude Ansichten*, Zaltbommel: Uitgeverij Europese Bibliotheek.
De Jong van Beek en Donk, C., 1902, *Hilda van Suylenburg*, Amsterdam: Scheltema & Holkema's Boekhandel.
De Wit, A., 1984 (1898), *Java: Facts and Fancies*, Singapore, Oxford, New York: Oxford University Press.
Deventer, C., Th., 1912, *Kartini, overdruk uit De Gids 1911*, Amsterdam: Uitgaaf Mij.
Dumosch, H., R., 1903, *Netherlands-India at the fifth National Industrial Exhibition of Japan held in the City of Osaka in the year 1903*『第 5 回内国勧業博覧会出品目録：和蘭陀領印度』, Kobe: Kaneko Job-Printing Works.
Faber, G. H. von, 1930, *A Short History of Journalism in the Dutch East Indies*, Surabaya: Kolff.
Furnival, J., S., 1939, *Netherlands India: A Study of Plural Economy*, Cambridge: Cambridge University Press.
古田元夫、1996『アジアのナショナリズム』山川出版社。
Geertz H., 1961, *The Javanese Family: a Study of Kinship and Socialization*, New York: The Free Press of Glencoe, Inc. (戸谷修・大鐘武訳、1980『ジャワの家族』みすず書房)
Govaars-Tija, M., 1999, *Hollands Onderwijs in een Koloniale Samenleving: De Chinese Ervaring in Indonesië 1900–1942*, Amsterdam.
Hanifah, Dr. A., 1951, "Raden Adjeng Kartini", *Cultuur Nieuws Indonesië* 7: 6-10.
Hatta, M., 1981, *Mohammad Hatta: Indonesian Patriot, Memoirs*, edited by C. L. M. Penders, Singapore: Gunung Agung.
Hesselink, L., 2018, "Voorvechtster van inheemse verpleegsters", *Indische Letteren*, 33: 428-439.
Hunt, L., A., 2007, *Inventing Human Rights*, New York: W. W. Norton Company, Inc.
Jacobs. A., 1996, *Memories: My Life as an International Leader in Health, Suffrage, and Peace*, New York: Feminist Press.
Jaquet, F., 1988, "Kartini: een Reactie", *Indische Letteren*, 3: 75-83.
―――, 1995, "Vier Zusterts", *Indische Letteren*, 10: 125-141.
ジム・サムソン編、1996『西洋の音楽と社会 9　後期ロマン派 II 世紀末とナショナリズム』音楽の友社。
Kahin, G., M., 1952, *Nationalism and Revolution in Indonesia*, Ithaca: Cornell University Press.
加納啓良、2003『インドネシアを齧る ── 知識の幅をひろげる試み』めこん。
―――、2012『東大講義 ── 東南アジア近現代史』めこん。
Kardinah, R., 1964 (1958), *Kartini: Tiga Sudara*, Salatiga.
―――, 1966, "Kartini: de Feiten", *Bijdragen tot Taal-, Land- en Volkenkunde*, 122: 283-289.
Karels, R. B., 2004, "Het Heerlijk Product eener Kruising van Javaansche en Nederlandsche Cultuur", *Indische Letteren*, 19: 177-192.
Kartinifonds (ed.), 1938, *Jubileum-Verslag: Uitgegeven ter Gelegenheid van het 25-jaar Bestaan der Vereeniging Kartinifonds*, 's-Gravenhage.
加藤朝鳥、1922『爪哇の旅』新光社（1942 年第二版南方書院、2002 年復刻版『爪哇の旅』ゆまに書

房)。

川端康成・芹沢光治良編、1971『ノーベル賞文学全集第8巻——ラーゲルレーヴ、メーテルリンク、ヒメネス』主婦の友社（原本 *The Presentation Speech and Acceptance Speech*, Amsterdam: Elsevier Publishing Co.）

川本静子、1999『〈新しい女たち〉の世紀末』みすず書房。

Kern, H., 1903, *Album-Kern: Opstellen geschreven ter eere van H. Kern hem aangeboden door vrienden en leerlingen op zijn zeventigsten verjaardag den VI. April MDCCCCIII*, Leiden: E. J. Brill.

小林寧子、2008『インドネシア　展開するイスラーム』名古屋大学出版会。

―――、2018「国家・英雄・ジェンダー——カルティニ像の変遷」小泉順子編『歴史の生成』京都大学学術出版会：23-73。

Kroeskamp H., 1974, *Early School-Master in Developing Country: A History of Experiments in School Education in Nineteenth Century Indonesia*, Assen: Van Corcum.

ラーゲルレフ（ママ）、（丸山武夫訳）、1941『ゲスタ・ベルリンクの傳説』第1巻・第2巻・第3巻　白水社。

Locher-Scholten, E., 1981, *Ethiek in Fragmenten: Vijf Studiën over Koloniaal Denken en Doen van Nederlanders in de Indonesische Archipel, 1877–1942*, Utrecht: HES.

―――, (ed.), 1987, *Indonesian Women in Focus: Past and Present Notions*, Dordrecht: Foris Publication.

松尾大、1997『バタビアの都市空間と文学』大阪外国語大学学術出版委員会。

松田京子、2003『帝国の視線：博覧会と異文化表象』吉川弘文館。

Meacham, S., 1987, *Toynbee Hall and Social Reform, 1880–1914: The Search for Community*, Yale University Press.

Meijer, R., 1978, *Literature of the Low Countries: A Short History of Dutch Literature in the Netherlands and Belgium*, The Hage: Martinus Nijhoff.

Moberly Bell, E., H., C., 1971 (1942), *Octavia Hill: A Biography,* London: Constable Edition Published（平松昭・松本茂訳、2001『英国住宅物語——ナショナルトラストの創始者オクタビア・ヒル伝』日本経済論評社）

Multatuli, 1988 (1860), *Max Havelaar, of de Koffieveilingen der Nederlandsche Handel-Maatschappij*, Rotterdam: A.D. Donker.

―――,（佐藤弘幸訳）、2003『マックス・ハーフェラールもしくはオランダ商事会社のコーヒー競売』めこん。

Museum voor de Volkenkunde Rotterdam (ed.), 1989, *Toekang Potret: 100 Jaar Fotografie in Nederlands Indië 1839–1939*, Amsterdam: Fragment Uitgeverij.

永積昭、1980『インドネシア民族意識の形成』東京大学出版会。

Nederlandsch Bijblegenootschap (ed.), 1930, *Dr. N. Adriani I en II*, Amsterdam: H. J. Paris.

Nieuwenhuys, R., 1978, *Oost - Indische Spiegel*, Amsterdam: Em. Querido's Uitgeverij B.V.

―――, 1988, *Tussen Twee Vaderlanden*, Amsterdam: Uitgeverij G. A. van Oorschot.

―――, 1988, *Met Vreemde Ogen: Tempo Doeloe —— een verzonken wereld*, Amsterdam: Em. Querido's Uitgeverij B.V.

Ovink-Soer, M., 1898, "Karbouwenjongetje: Een Stukje Desssa-Leven", *De Hollandsche Lelie* 11.

―――, 1899, "Races: Een Indisch Leven", *De Hollandsche Lelie* 11: 453-456.

―――, 1899, "Vrouwenleven in de Dessa", *De Hollandsche Lelie* 12: 166-168, 183-186, 197-199.

―――, 1925, "Persoonlijke Herinering aan R. A. Kartini", *Vrij Arbeid*, Mei-nummer: 3-36 (Copy in KITLV, Inventory 13, Archive H897: 20)

Pemerintah Kabupaten Daerah Tengkah II Jepara (ed.), 1980, *Risalah dan Kumpulan Data tentang Perkembangan Seni Ukir Jepara*, Jepara: Silas Press.

Pimlott, J., A., R., 1935, *Toynbee Hall: fifty years of social progress, 1884–1934*, London: Dent.

Praamstra, O., 2001, "Verblind door schoonheid: Het Indië van Augusta de Wit", *Indische Lettern* 16: 3-16.

Poeze, H., A., 1986, *Indonesiers in Nederland 1600–1950, (in het Land van Overheerser I)*, Dordrecht: Foris Publicaions.

Rouffaer, G. P., Juynboll, J., 1914, *De Batikkunst in Nederlandsch-Indië en haar Geschiedenis*, Utrecht: Uitgave van A. Oosthoek.

Rutherford, D., 1993, "Unpacking a National Heroine: Two Kartinis and Their People", *Indonesia* 55: 23-40.

坂本徳松、1942「カルティニの生涯：『婦人画報』1940年10月号より抜粋」『南方文化論』大阪屋：125-149。

桜井由躬雄、2003『東南アジアの歴史』放送大学振興会。

Sampson, G., 1953, *The Concise Cambridge History of English Literature*, Cambridge: Cambridge Univ. Press.

Sears, L. J. ed., 1996, *Fantasizing the Feminine in Indonesia*, Durham & London: Duke University Press.

Schreiner, O., 1899, *The Woman Qestion*, New York.

―――, (大井真理子・都築忠七訳)、2006『アフリカ農場物語　上・下』岩波書店。

白石隆、1997『スカルノとスハルト』岩波書店。

―――、2000『海の帝国』中央公論新社。

Smail, J. 1971, "Indonesia" in *In Search of Southeast Asia: A Modern History* edited by Steinberg, D. J., Oxford: Oxford University Press: 281-282.

Soebadio, H., 1978, "Kartini, a Modern Woman, and yet a Child of her Time", *The Indonesian Quartely* VI(2): 94-100.

Soeroto, S., 1977, *Kartini: Sebuah Biografi*, Jakarta: Gunung Agung（船知恵・松田あゆみ訳、1982『民族意識の母　カルティニ伝』井村文化事業社）

Stanley, L., 1983, Olive Schreiner: new women, free women, all women (1855-1920), Spender, D. edited by *Feminist Theorists: Three Centuries of Women's Intellectual Traditions*. The Women's Press: 229-243（遠藤芳江訳、1987「オリーヴ・シュライナー（1855-1902）― 新しい女性・自由な女性・すべての女性」D. スペンダー編、原恵理子・杉浦悦子・遠藤芳江・遠藤晶子・勝方恵子訳『フェミニスト群像』勁草書房）

Steinberg, D. J., 1971, *In Search of Southeast Asia: A Modern History*, Oxford: Oxford University Press.

Stoler, A. L., 2002, *Carnal Knowledge and Imperial Power: Race and the Intimate in Colonial Rule*, Berkeley and Los Angeles: University California Press.

Sukarno, 1965, *Sukarno: An Autobiography as told to Cindy Adams*, Hong Kong: Gunung Agung.

Sundoro, 1952, *Sedjarah Indonesia untuk Sekolah Landjutan*, Djakarta: Jajasan Pembangunan Djakarta.

Sutherland, H., 1979, *The Making of Bureaucratic Elite: The Colonial Transformation of the Javanese Priyayi*, Singapore: Heinemann Educational Books (Asia) Ltd.

Suttner, B. von, [n.d.], *Die Waffen Nieder*, Dresden: Pierson.

―――, 1906, *Lay Down Your Arms: The Autobiography of Martha von Tilling*, trans. T. Holmes, New York, London, Bombay: Longmans, Green and Co.

―――, 1972, *Lay Down Your Arms: The Autobiography of Martha von Tilling*, trans. T. Holmes, with a new intro. for the Garland ed. by Irwin Abrams, New York: Garland Publishing Inc.

Taylor, J., 1983, *The Social World of Batavia: European and Eurasian in Dutch Asia*, Madison: The University of Wisconsin Press.

―――, 1989a, "Kartini in her Historical Context", *Bijdragen tot Taal-, Land- en Volkenkunde*, 145: 295-307.

―――, 1989b, "A New Edition of Kartini's Letters", *Asian Studies Association of Australia Review*, 13: 156-160.

―――, 1993, "Once More Kartini: Autonomous Histories Particular Truth", in *Essays in Honor of John R. W. Small* edited by Sears, L. J., University of Wisconsin, Center for Southeast Asian Studies: 155-171.

―――, (ed.), 1997, *Women Creating Indonesia: The First Fifty Years*, Clayton: Monash Asian Institute.

Termorshuizen, G., 1988, "Daar heb je waarachtig weer een Indische roman!: Indische literatuur en literaire kiritiek tussen 1885 en 1898", *Indische Letteren*, 13: 139-148.

―――, 2004, "Was Kartini wel de Schrijfster van Haar Brieven?: een Polemiek uit 1921", *Indische Letteren*. 19: 167-175.

土屋健治、1982『インドネシア民族主義研究』創文社。

―――、1984「カルティニの心象風景」『東南アジア研究』22(1): 53-74.

―――、1986「カルティニ再論」日蘭学会編『オランダとインドネシア』山川出版社: 217-272.

―――、1991『カルティニの風景』めこん。

―――、1992「アルマナック・ムラユ論」『東南アジア研究』30(2): 113-191.

―――、白石隆編、1984『東南アジアの政治と文化』東京大学出版会。

Toer, P., A., 1962, *Panggil Aku Kartini Sadja jilid. I dan II*, Djakarta.: N. V. Nusantara.

―――, 2000, *Panggil Aku Kartini Saja: Jepara, 25 Mei 1899, Sebuah Pengantar pada Kartini*, Djakarta: P. T. Hasta Mitra.

―――, 1998, *Gadis Pantai*, Jakarta: P. T. Hasta Mitra.

富永泰代. 1987, *The Thought of Kartini: a Figure of Late Nineteenth Century Java (the final report submitted to LIPI)*, Jakarta.

―――、1991「カルティニの『世界認識』の形成過程」『南方文化』18: 33-55.

―――、1992「土屋健治著『カルティニの風景』」『史学雑誌』101(10): 1809-1817.

―――、1993「カルティニの著作と追悼記事について」『史林』76(4): 608-626.

―――, 2010, "Kartini: A Woman of Cosmopolitan Outlook in Late Nineteenth-Century Java", in Y. Nagazumi (ed.), *Large and Broad: The Dutch Impact on Early Modern Asia, Essays in Honor of Leonard Blusse*, Tokyo: The Toyo Bunko: 26-45.

―――、2011「カルティニの虚像と実像:1987年編カルティニ書簡集の研究」博士学位論文(東京大学)。

―――、2015「アベンダノン編カルティニ書簡編集の考察：1911 年編と 1987 年編を比較して」『国際社会文化研究所紀要』17: 33-50.

―――、2018「カルティニの読書ネットワーク」青木恵理子編『女たちの翼』ナカニシヤ書店：163-197.

Thomson Zainu'ddin, A., (ed.), 1980, *Kartini Centenary: Indonesian Woman Then and Now*, Melbourne: Monash University.

Toynbee Hall (ed.), 1889, *Toynbee Hall: General Information*, London: Penny and Hull.

Ulrijch, H., 1995, *Memo: Geschiedenis voor de bovenbouw*, Malmberg: Den Bosch.

van den Berg, J., 1998, "100 Jaar Feiten en Fatasiën over Java", *Indische Letteren*, 13: 149-158.

van Kol, H., 1903, *Uit Onze Koloniën*, Leiden: A. W. Sijthoff.

van Hofwegen, H., E., 1990, "Het Kartini-beeld van J. H. Abendanon: de heldin en de mens", *Indische Letteren* 5: 114-130.

van Zuylen-Tromp, N., 1898, "Oost-Indische Rubriek", *Vrouwenarbeid* 14: 117-121.

Veth, B., 1977 (1900), *Het Leven in Nederlandsch Indië*, 's-Gravenhage: Thomas & Eras.

Vierhout, M., 1943, *Raden Adjeng Kartini, 1879–1904: Een Javaansche over de Nooden ed Behoeften van Haar Volk*, 's-Gravenhage: Oceanus.

Vreede-de Stuers, C., 1960, *The Indonesian Woman: Struggles and Achievements*, 's-Gravenhage: Mouton & Co.

―――, 1965, "Kartini: Feiten en Ficties", *Bjidragen tot Taal-, Land- en Volkenkunde* 121: 233-244.

―――, 1968, "Een Nationale Heldin: R. A. Kartini", *Bijdragen tot Taal-, Land- en Volkenkunde* 124: 386-393.

―――, 1987, "The Life of Rankayo Rahmah El Yunusiya", in E. Locher-Scholten (ed.) *Indonesian Women in Focus*, Dordrecht: Foris Publication.

和田久徳・森弘之・鈴木恒之、1977『東南アジア現代史Ⅰ　総説・インドネシア』山川出版社。

Wertheim, W., F., 1964, *Indonesian Society in Transition*, The Hague: van Hoeve.

Zeggelen, M., 1945, *Kartini: Een Baanbreekster voor Haar Volk*, Amsterdam: Meulenhoff.

Zeehandelaar, E., 1898, "Hilda van Suylenburg van Goedkoop-de Jong van Beek en Donk", *De Hollandsche Lelie* 11: 519-520, 534-537, 550-552, 567-569, 583-584.

〈その他〉

KITLV（オランダ王立言語地理民族研究所）所蔵史料：Collectie Kartini, Koninklijk Instituut voor Taal- Land- en Volkenkunde No. 897, Leiden.

石井米雄監修、土屋健治・加藤剛・深見純生編、1991『インドネシアの事典』同朋舎出版。

Lissen (ed.), 1986, *Lexicon van De Nederlandse Letterkunde*, Amsterdam: Elsevier.

掲載写真　出典一覧

序章　p. 5　カルティニ写真［Kartini 1911: 000］
　　　p. 7　*De Locomotief: Semarangsche handels en advertentieblad*, 1904 年 10 月 10 日号
第1章　p. 42　ポスター［De Graaf 1984: 51］
　　　p. 43　タンジュンプリオック港上・中 *Toekang Potret*: p. 97
　　　p. 43　同上・下［De Graaf 1984: 54］
第2章　p. 49　上：三姉妹：KITLV 所蔵
　　　　　　中：ハディニングラット：*Toekang Potret*: p. 72
　　　　　　下：サトウキビ畑：*Toekang Potret*: p. 92
　　　p. 61　20 世紀初頭のジュパラ：上・中・下［Kartini 1911: 192, 288, 464］
　　　p. 67　上：三姉妹：KITLV 所蔵、下：KITLV 所蔵
第3章　p. 105　上：アドリアニ博士［De Graaf 1984: 142］
　　　　　　中：水牛 *Toekang Potret*: p. 92
　　　　　　下左：*De Hollandsche Lelie*, 1900 年 2 月 7 日号
　　　　　　下右：*De Echo —— Weekblad voor Dames in Indie*, 1899 年 10 月 1 日号
第4章　p. 155　東インド美術工芸展、上・下［De Graaf 1984: 32, 34］
　　　p. 161　上：木彫家具とカルティニ一家：KITLV 所蔵
　　　　　　下：ハーグ宮殿「東インドの間とシャンデリア」：［Bezemer n.d.: 108］
　　　p. 163　ハーグ宮殿「銅鑼」［Bezemer n.d.: 105］
　　　　　　ハーグ宮殿「内装」［Bezemer n.d.: 106］
　　　　　　透かし彫拡大写真［Bezemer n.d.: 106, 108］
　　　　　　マンティンガン出土品写真：個人蔵
第5章　p. 225　Batavia 上：トラム線路と東インド会社建造物［De Graaf 1984: 67］
　　　　　　同上下：旧市街の商家［De Graaf 1984: 82］
　　　p. 229　上：鉄道：*Toekang Potret*: p. 149
　　　　　　下左：バイテンゾルフ（現ボゴール植物園）［De Graaf 1984: 73］
　　　　　　下右：ジョグジャカルタ［Nieuwenhuys 1988: 24-25］
第6章　p. 343　上：「クレイン・スヘフェニンヘン」［Kartini 1911: 384］
　　　　　　下：「カルティニの墓碑」［Kartini 1911: 544］

参考：
・Bezemer, T. J. [n.d.], *Indonesische Kunstnijverheid*, 's-Gravenhage: Ten Hagen's Drukkerij en Uitgeversmaatschappij N.V. pp. 104-106, 108（第 4 章）
・De Graaf, H. J. 1984, *Nederlandsch-Indië in oude ansichten*, Zaltbommel: Utigeverij Europese Bibliotheek. p. 32, 24, 51, 54, 67, 73, 82, 142（第 1 章・2 章・第 3 章・第 4 章・第 5 章）
・Kartini, R. A. 1911, *Door Duisternis tot Licht: Gedachten over en voor het Javaansche volk*, bezorgd door J. H. Abendanon, 's-Gravenhage, Semarang, Surabaya: Van Dorp. p. 000, 192, 288, 464（序章・第 2 章）

- ―――. 1987, *Brieven aan mevrouw R. M. Abendanon- Mandri en Haar Echtgenoot*, bezorgd door F. G. P. Jaquet, Dordrecht: Foris Publication. p. 136, p. 316（第 2 章）〈カルティニコレクション〉No. 15467, No. 15468
- Museum voor de Volkenkunde Rotterdam (ed). 1989, *Toekang Potret: 100 Jaar fotografie in Nederlands Indië 1839–1939*, Amsterdam: Fragment Uitgeverij. p. 72, 92, 97, 149（第 1 章・第 2 章・第 3 章・第 5 章）
- Nieuwenhuys, R. 1988, *Met Vreemde Ogen: Tempo Doeloe ― een verzonken wereld*, Amsterdam: Em. Querido's Uitgeverij B.V. pp. 24-25, 92, 100-101（第 2 章・第 4 章・第 5 章）
  *92 頁と 100-101 頁の 4 葉は〈カルティニコレクション〉No. 15465、No. 15467、No. 15468（第 2 章）、No. 502381（第 4 章）と重複します。オリジナル写真はカルティニコレクションです。

〈カルティニコレクション〉
- KITLV（オランダ王立言語地理民族研究所）所蔵史料：Collectie Kartini No. 15465, No. 15467, No. 15468, No. 502381（第 2 章・第 4 章）。

索　引

■事項

【1-, A-Z】

「1901年1月21日付アベンダノン夫人宛書簡」（創作書簡）　→合成書簡
Album-Kern（ケルン博士古希記念論集）　114
Brieven　16
De Batikkunst in Nederlandsch-Indië en Haar Geschiedenis（オランダ領東インドにおけるバティックとその歴史）　115, 154
De Echo（こだま）　63, 126, 128, 137-140, 323
De Hollandsche Lelie（オランダの百合）　59, 62, 122, 130-136
De Locomotief（「デ・ロコモティーフ」）　3, 42, 76, 92-94, 321, 323
De Stille Kracht（沈黙の力）　108
『武器を捨てよ』Die Waffen Nieder　101, 129, 279, 280, 282, 302, 333
Door Duisternis tot Licht　8-11, 299-300, 336-337
Een Oorlogsschip op de ree（艀の軍艦）　141
Een Gouverneur Generaalsdag（総督の日）　141
Eigen Haard　149-153, 175, 202, 322, 323, 324
Gësta Berlings Saga（『イエスタ・ベーアリング伝説』）　88, 117, 119, 121
Habis Gelap Terbitlah Terang　13-14, 339-341
Het Toynbeewerk　→トインビー活動
Jepara manuscript（ジュパラ・マニュスクリプト）　154
Max Havelaar（『マックス・ハーフェラール』）　102-108
Orpheus in de Desa（デサの中のオルフェウス）　111
Van een Vergeten Uithoekje（忘れられた辺境から）　149-150

【あ】

アダット adat　→慣習
アチェ戦争　29, 276
英蘭条約　31
運輸・通信の発達　40-44, 134
オランダ語教育　38, 50, 267-273

【か】

カリムン・ジャワ Karimoen Djawa　191, 192, 262
ガルウォ・セリール Garwa Selir　231
ガルウォ・パドミ Garwa Padmi　231
カルティニ学校 Sekolah Kartini　265-266, 333, 336
慣習　11, 55, 56, 63, 69, 235, 236, 238, 240
慣習的結婚制度　222, 223, 230, 232, 233, 237, 238
官吏の2番目の妻　71, 72, 247, 250
強制栽培制度 Cultuurstelsel　29, 32, 40, 103-104
権利の侵害 rechtsverkrachting　226-227
合成書簡　17-18, 305, 306 313-317

【さ】

ジャワ語　57, 271-272
「ジャワ人に教育を」Geef den Javaan Opvoeding!　92, 125, 139, 208, 253, 260, 267, 273, 281, 305, 336
自由主義政策　36, 40
ジュパラ Djepara　1, 17, 171, 173, 323
植民地官僚制　32, 33
スマラン Semarang　41-42, 184-185, 279, 313
正当な怒り　58, 227
全国女性工芸展 Nationale Tentoonstelling van Vrouwenarbeid　98, 153-154

【た】

第5回内国勧業博覧会　172-175
タンジュン・プリオック港 Tanjung Priok　40-43
トインビー活動 Het Toynbeewerk　125-126, 138
東西協会 Vereeniging Oost en West　150, 154, 169, 173, 174

【な】

日本　172, 188

387

【は】
ハーグ万国平和会議　129, 279
パネ抄訳版　13, 15, 339-342
バライ・プスタカ Balai Pustaka　299, 336, 342
東インド美術工芸展 Inl. Kunst en Nijverheidstentoonsteling　150, 170, 200
「光と闇」の二元論　295, 298
ピンギタン pingitan　→閉居
ブーア Boer 戦争　139, 268, 279
ブディウトモ Budi Utomo　38, 267, 329
ブパティ Bupati（県長）　32, 47
プリヤイ Priyai（ジャワ貴族）　30, 32, 47
閉居　11, 51, 135, 136, 142

【ま】
マンティンガン Mantingan　121, 171
モジョワルノ Mojowarno　257, 278

【や】
ヨーロッパ人小学校 Europeesche Lagere School　34, 48, 52, 268

【ら】
ライデン大学　114
倫理政策 Ethischepolitiek　36
レヘント regent　→ブパティ
ロイター通信社 Reuters　44, 93

■人名

【あ】
アドリアニ N. Adriani　9, 88, 95, 115, 116
アベンダノン E. C. Abendadnon　9, 88, 118-119, 121, 293-298
アベンダノン（政庁教育・宗教・産業局長官）J. H. Abendadon　9, 39, 65, 95, 196, 200-203, 298
アベンダノン夫人 R. Abendanon　9, 65, 87, 288-290, 308-309
アントン G. K. Anton　9, 89, 94, 95
ウィッツ A. de Wit　91, 95, 110, 111, 307
ウィルヘルミナ（女王）Wilhelmina　62
ウェルムスケルケン・ユニウス S. M. C. van Wermeskerken-Junius　62, 98, 131, 132, 135
オーフィンク・スール夫人 M. C. M. Ovink-Soer　9, 58-59, 96, 130, 138-139, 141, 177, 257, 274, 291, 299, 337

【か】
カルディナ Kardinah　56, 64, 70, 224, 265, 330
カルトノ Kartono　87, 92, 114, 129, 325
クスモ・ウトヨ Koesoemo Oetojo　246
クペールス L. Couperus　95, 108, 109, 334
ケルン J. H. C. Kern　96, 114
黄仲凾　281, 312

【さ】
スカルノ Sukarno　37, 270-272, 332
ズットナー B. von Suttner　98, 101, 128, 129, 279-280, 282
ストモ Soetomo　38, 338
スヌック・フルフローニェ C. Snouck Hurgronje　30, 238-242, 244-247
ゼーハンデラール，ステラ E. H. Zeehandelaar　9, 62-63, 133-134, 257, 97, 324-326, 329
セイトホフ（理事官）P. F. Sythoff　60, 290, 276, 291

【た】
チアミスのブパティ令嬢　232-233, 246
チプト・マングンクスモ Cipto Mangunkusumo　38, 332
チョンドロネゴロ P. A. Tjondoronegoro 4 世（デマックのパンゲラン）　47, 106, 328
土屋健治　4
テイラー J. G. Taylor　15, 22, 311
デッケル E. D. Dekker　→ムルタトゥリー
テル・ホルスト Ter Horst-De Boer　97, 137, 323

【な】
ノト・スロト R. M.Noto Soeroto　330, 332, 338, 344

【は】
ハッタ，モハマド Mohammad Hatta　334
ハディニングラット R. M. A. A. Hadiningrat（デマックのブパティ）　66, 231
ファーニヴァル J.S. Furnivall　40, 319, 321
ファン・コル H. H. van Kol　9, 39, 72-73, 94, 97, 147, 206-207
ファン・コル夫人 N. van Kol　9, 73, 88-89, 91, 94, 97, 128, 138-139, 257, 296-298, 328
ファン・デフェンテル C. van Deventer　19, 36, 332, 333

ファン・デル・メイ H. van der Mei　97, 139, 257
フェット B. Veth　98, 111-113
フセイン・ジャヤディニングラット Hoese Djajadiningrat　246
プラムディヤ・アナンタ・トゥール Pramoedya Ananta Toer　19, 147, 201, 278-279, 344
ブロースホーフト P. Brooshooft　93
ボレル H. Borel　91, 96

【ま】
ムルタトゥリー　96, 103-108
メルシエール H. Mercier　91, 96, 123-125, 127, 153

【や】
ヤコブス A. Jacobs　127, 91, 96, 127-128, 138-139, 257

【ら】
ラーゲルレーヴ S. Logerlof　88, 96, 101, 117-119, 121
ルクミニ Roekmini　167, 205, 325, 330
ローゼボーム（総督）W. Rooseboom　141, 160, 168-169, 173, 181, 279

【わ】
ワヒディン・スディロフソド Wahidin Sudirohusodo　38, 267, 268

著者プロフィール
富永　泰代（とみなが　やすよ）
京都大学東南アジア地域研究研究所共同研究員（IPCR）。東京大学大学院人文社会系研究科アジア文化研究専攻博士課程修了、博士（文学）。専門は東南アジア歴史社会。主な著作に、'Kartini: A Woman of Cosmopolitan Outlook in Late Nineteenth-Century Java', In Y. Nagazumi (ed.), *Large and Broad: The Dutch Impact on Early Modern Asia, Essays in Honor of Leonard Blusse*, Tokyo: The Toyo Bunko（2010年、東洋文庫）、「カルティニの虚像と実像 ―― 1987年編カルティニ書簡集の研究」（博士学位論文、2011年、東京大学）などがある。

小さな学校――カルティニによるオランダ語書簡集研究
（地域研究叢書 37）　　　　　　　　　　© Yasuyo TOMINAGA 2019

2019年5月15日　初版第一刷発行

著　者	富　永　泰　代
発行人	末　原　達　郎
発行所	京都大学学術出版会

京都市左京区吉田近衛町69番地
京都大学吉田南構内（〒606-8315）
電　話（075）761-6182
FAX（075）761-6190
Home page http://www.kyoto-up.or.jp
振　替 01000-8-64677

ISBN 978-4-8140-0229-0　　　印刷・製本　亜細亜印刷株式会社
Printed in Japan　　　　　　　定価はカバーに表示してあります

本書のコピー，スキャン，デジタル化等の無断複製は著作権法上での例外を除き禁じられています。本書を代行業者等の第三者に依頼してスキャンやデジタル化することは，たとえ個人や家庭内での利用でも著作権法違反です。